JN366973

여러분의 합격을 응원하는

해커스PSAT의 특별 혜택

해커스PSAT 온라인 단과강의 **20% 할인쿠폰**

726FA845K3K60000

해커스PSAT 사이트(psat.Hackers.com) 접속 후 로그인 ▶
우측 퀵배너 [쿠폰/수강권등록] 클릭 ▶ 위 쿠폰번호 입력 후 이용

* 등록 후 7일간 사용 가능(ID당 1회에 한해 등록 가능)

PSAT 패스 [교재 포함형] **10% 할인쿠폰**

BKE6A847K6853000

해커스PSAT 사이트(psat.Hackers.com) 접속 후 로그인 ▶
우측 퀵배너 [쿠폰/수강권등록] 클릭 ▶ 위 쿠폰번호 입력 후 이용

* 등록 후 7일간 사용 가능(ID당 1회에 한해 등록 가능)

PSAT 패스 [교재 미포함형] **10% 할인쿠폰**

K635A846K66KD000

해커스PSAT 사이트(psat.Hackers.com) 접속 후 로그인 ▶
우측 퀵배너 [쿠폰/수강권등록] 클릭 ▶ 위 쿠폰번호 입력 후 이용

* 등록 후 7일간 사용 가능(ID당 1회에 한해 등록 가능)

쿠폰 이용 관련 문의 **1588-4055**

해커스PSAT

7급PSAT
유형별 기출 200제

자료해석

해커스

김용훈

이력

서울시립대 법학부 졸업
서울대 행정대학원 행정학 전공 석사과정 재학중
2012~2014년 5급 공채 행시 PSAT 합격
(현) 해커스 7급 공채 PSAT 자료해석 대표강사
(현) 베리타스 법학원 5급 공채 PSAT 자료해석 대표강사
(전) 위포트 NCS 필기 대표강사
(전) 강남대 공공인재론/공공인재실무와 역량 출강 교수
(전) 법률저널 PSAT 전국모의고사 출제 및 검수위원
(전) 중앙대 정보해석 출강 교수
2014~2018년 PSAT 자료해석 소수 그룹지도
강원대, 건국대, 경상대, 공주대, 서울시립대, 충북대 등 전국 다수 대학 특강 진행

저서

해커스PSAT 5급 PSAT 김용훈 자료해석 13개년 기출문제집
해커스PSAT 7급 PSAT 김용훈 자료해석 실전동형모의고사
해커스PSAT 7급 PSAT 유형별 기출 200제 자료해석
해커스PSAT 7급+민경채 PSAT 16개년 기출문제집 자료해석
해커스PSAT 7급 PSAT 기출문제집
해커스PSAT 7급 PSAT 기본서 자료해석
해커스공무원 7급 PSAT 입문서
EBS 와우패스 NCS 한국전력공사
EBS 와우패스 NCS 한국수력원자력
EBS 와우패스 NCS NH농협은행 5급
EBS 와우패스 NCS 고졸채용 통합마스터
EBS 와우패스 NCS 근로복지공단
PSAT 자료해석의 MIND 기본서 실전편
PSAT 초보자를 위한 입문서 기초편

서문

유형과 전략을 잡으면
고득점은 충분히 가능합니다!

7급 공채 PSAT를 준비하는 많은 수험생들이
PSAT 자료해석 점수를 어떻게 올릴 수 있는지 질문을 하곤 합니다.
PSAT는 공직적격성 평가이므로 단순 암기식 학습방법은 효과적이지 않습니다.
문제의 구조와 출제 패턴에 맞는 전략을 익히는 것이 더 중요합니다.

PSAT 자료해석에 출제되는 문제 유형에 대한 이해를 높일 수 있도록,
유형별 문제 풀이를 집중적으로 연습하여 문제 풀이의 정확도와 속도를 향상시킬 수 있도록,
취약한 유형을 파악하고 약점을 극복하여 고득점을 달성할 수 있도록
수많은 고민을 거듭한 끝에 **『해커스PSAT 7급 PSAT 유형별 기출 200제 자료해석』**을 출간하게 되었습니다.

『해커스PSAT 7급 PSAT 유형별 기출 200제 자료해석』은

1. **유형 공략 문제를 통해** 유형에 대한 이해를 높이고, 문제 풀이 전략을 습득**할 수 있습니다.**

2. **취약 유형 진단&약점 극복을 통해** 취약한 유형을 파악**하고,** 약점을 극복하여 고득점을 달성**할 수 있습니다.**

3. **기출 재구성 모의고사를 통해** 실전 감각을 극대화**하고** PSAT 자료해석 고득점을 달성**할 수 있습니다.**

『해커스PSAT 7급 PSAT 유형별 기출 200제 자료해석』이
7급 PSAT 고득점을 꿈꾸는 모든 수험생 여러분에게 훌륭한 길잡이가 되기를 바랍니다.

김용훈

목차

자료해석 고득점을 위한 이 책의 활용법 | 6
기간별 맞춤 학습 플랜 | 8
7급 공채 및 PSAT 알아보기 | 10
자료해석 고득점 가이드 | 12

1 자료비교

유형 1 곱셈 비교형 16
유형 2 분수 비교형 34
유형 3 반대해석형 80

2 자료판단

유형 4 매칭형 92
유형 5 빈칸형 110
유형 6 각주 판단형 138
유형 7 조건 판단형 164

3 자료검토·변환

유형 8 보고서 검토·확인형 198

유형 9 표-차트 변환형 216

4 자료이해

유형 10 평균 개념형 240

유형 11 분산·물방울형 250

유형 12 최소여집합형 256

기출 재구성 모의고사 264

[부록]

기출 출처 인덱스

[책 속의 책]

약점 보완 해설집

자료해석 고득점을 위한 **이 책의 활용법**

1 **유형 특징**을 파악하여 **전략적으로 학습**한다.

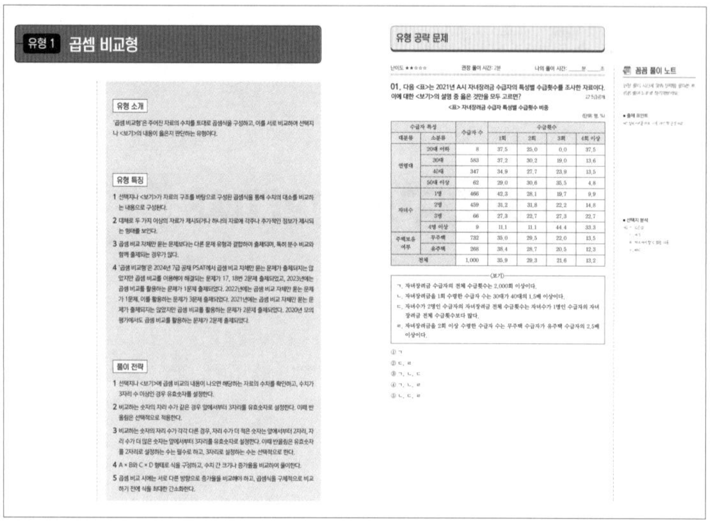

유형 특징 & 풀이 전략

7급 공채 및 출제 경향이 유사한 민간경력자, 5급 공채 PSAT 기출문제의 유형별 특징과 풀이 전략을 확인하여 유형에 대한 이해를 높일 수 있습니다.

2 **유형 공략 문제**로 **문제 풀이법**을 익히고 **시간 관리 능력**을 향상시킨다.

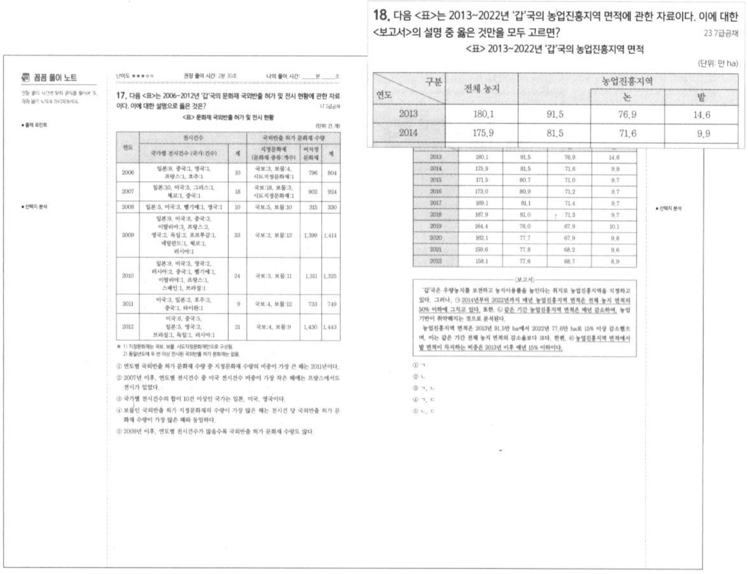

난이도 & 권장 풀이 시간 & 나의 풀이 시간

다양한 난이도로 구성된 유형별 기출문제를 풀면서 시간 관리 연습을 할 수 있습니다. 또한 문제별 난이도와 나의 풀이 시간을 체크하여 문제 풀이 실력을 점검할 수 있습니다.

꼼꼼 풀이 노트

문제 풀이 후, 출제 포인트와 풀이법 등을 정리하여 문제를 효과적으로 복습할 수 있습니다.

3 문항별 정오표 및 취약 유형 분석표로 취약한 유형을 꼼꼼하게 보완한다.

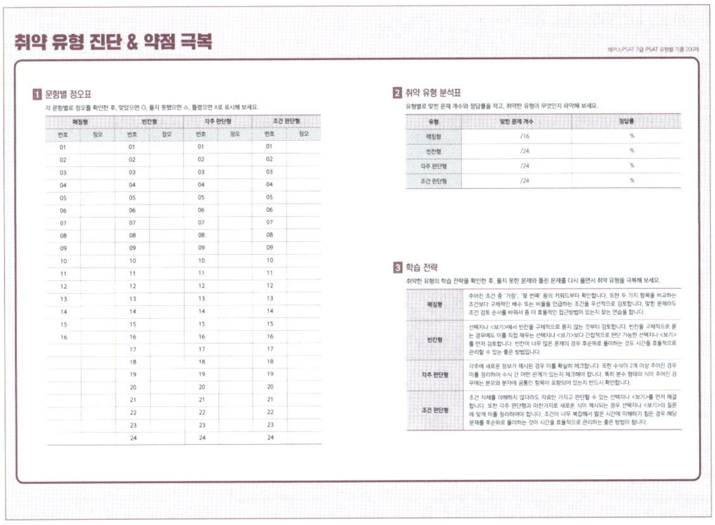

문항별 정오표 & 취약 유형 분석표

유형별로 맞힌 문제 개수와 정답률을 파악하여 유형별로 비교해보고, 자신의 취약한 유형이 무엇인지 확인할 수 있습니다.

학습 전략

취약한 유형의 학습 전략을 확인한 후, 이에 따라 틀린 문제와 풀지 못한 문제를 반복하여 풀면서 약점을 극복할 수 있습니다.

4 기출 재구성 모의고사로 실전 감각을 극대화하고, 상세한 해설로 완벽하게 정리한다.

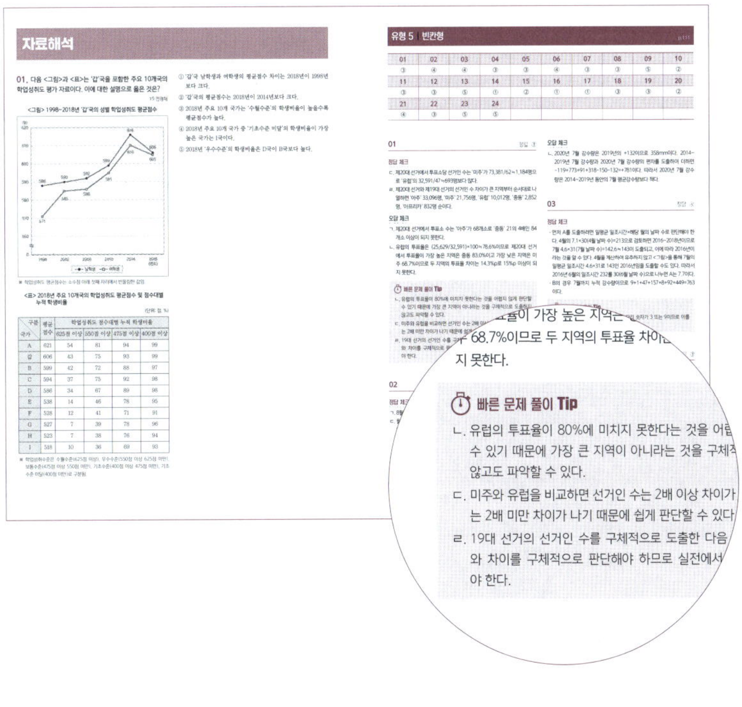

기출 재구성 모의고사

고난도 핵심 기출문제로 구성된 기출 재구성 모의고사를 풀면서 실전 감각을 기를 수 있습니다.

약점 보완 해설집

상세하고 이해하기 쉬운 해설로 모든 문제를 체계적으로 학습할 수 있습니다. 특히 '빠른 문제 풀이 Tip'을 통해 문제를 빠르고 정확하고 푸는 방법까지 익힐 수 있습니다.

기간별 맞춤 학습 플랜

10일 완성 학습 플랜

· 이틀에 한 파트씩 권장 풀이 시간에 따라 유형 공략 문제를 풀면서 유형별 문제 풀이법을 익히고, 취약한 유형을 중심으로 복습합니다. 이후, 실전처럼 시간을 정해 기출 재구성 모의고사를 풀고 마무리합니다.

1주차	___월___일	___월___일	___월___일	___월___일	___월___일
	자료비교 유형 1~3	자료비교 복습	자료판단 유형 4~7	자료판단 복습	자료검토·변환 유형 8~9
2주차	___월___일	___월___일	___월___일	___월___일	___월___일
	자료검토·변환 복습	자료이해 유형 10~12	자료이해 복습	기출 재구성 모의고사	전체 복습

20일 완성 학습 플랜

· 하루에 한 유형씩 권장 풀이 시간에 따라 유형 공략 문제를 풀면서 유형별 문제 풀이법을 익히고, 출제 포인트와 풀이법을 꼼꼼히 분석하며 복습합니다. 이후, 실전처럼 시간을 정해 기출 재구성 모의고사를 풀고 마무리합니다.

1주차	___월___일	___월___일	___월___일	___월___일	___월___일
	자료비교 유형 1	자료비교 유형 2	자료비교 유형 3	자료비교 복습	자료판단 유형 4
2주차	___월___일	___월___일	___월___일	___월___일	___월___일
	자료판단 유형 5	자료판단 유형 6	자료판단 유형 7	자료판단 복습	자료검토·변환 유형 8
3주차	___월___일	___월___일	___월___일	___월___일	___월___일
	자료검토·변환 유형 9	자료검토·변환 복습	자료이해 유형 10	자료이해 유형 11	자료이해 유형 12
4주차	___월___일	___월___일	___월___일	___월___일	___월___일
	자료이해 복습	기출 재구성 모의고사	기출 재구성 모의고사 복습	자료비교, 자료검토·변환 복습	자료판단, 자료이해 복습

7급 공채 및 PSAT 알아보기

7급 공채 알아보기

1. 7급 공채란?

7급 공채는 인사혁신처에서 학력, 경력에 관계없이 7급 행정직 및 기술직 공무원으로 임용되기를 원하는 불특정 다수인을 대상으로 실시하는 공개경쟁채용시험을 말합니다. 신규 7급 공무원 채용을 위한 균등한 기회 보장과 보다 우수한 인력의 공무원을 선발하는 데에 시험의 목적이 있습니다. 경력경쟁채용이나 지역인재채용과 달리 20세 이상의 연령이면 국가공무원법 제33조에서 정한 결격사유에 저촉되지 않는 한, 누구나 학력 제한이나 응시상한연령 없이 시험에 응시할 수 있습니다.

- **경력경쟁채용**: 공개경쟁채용시험에 의하여 충원이 곤란한 분야에 대해 채용하는 제도로서 다양한 현장 경험과 전문성을 갖춘 민간전문가를 공직자로 선발한다.
- **지역인재채용**: 자격요건을 갖춘 자를 학교별로 추천받아 채용하는 제도로서 일정 기간의 수습 근무를 마친 후 심사를 거쳐 공직자로 선발한다.

2. 7급 공채 채용 프로세스

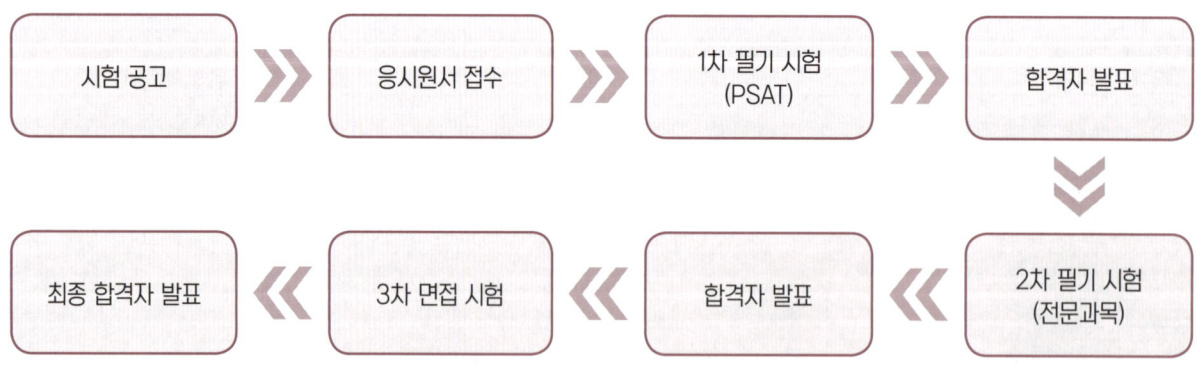

시험 공고 » 응시원서 접수 » 1차 필기 시험 (PSAT) » 합격자 발표 » 2차 필기 시험 (전문과목) » 합격자 발표 » 3차 면접 시험 » 최종 합격자 발표

※ 상세 일정은 사이버국가고시센터(www.gosi.kr) 참고

7급 공채 PSAT 알아보기

1. PSAT란?

PSAT(Public Service Aptitude Test, 공직적격성평가)는 공직과 관련된 상황에서 발생하는 여러 가지 문제에 신속히 대처할 수 있는 문제해결의 잠재력을 가진 사람을 선발하기 위해 도입된 시험입니다. 즉, 특정 과목에 대한 전문 지식 보유 수준을 평가하는 대신, 공직자로서 지녀야 할 기본적인 자질과 능력 등을 종합적으로 평가하는 시험입니다. 이에 따라 PSAT는 이해력, 추론 및 분석능력, 문제해결능력 등을 평가하는 언어논리, 상황판단, 자료해석 세 가지 영역으로 구성됩니다.

2. 시험 구성 및 평가 내용

과목	시험 구성	평가 내용
언어논리	각 25문항/120분	글의 이해, 표현, 추론, 비판과 논리적 사고 등의 능력을 평가함
상황판단		제시문과 표를 이해하여 상황 및 조건에 적용하고, 판단과 의사결정을 통해 문제를 해결하는 능력을 평가함
자료해석	25문항/60분	표, 그래프, 보고서 형태로 제시된 수치 자료를 이해하고 계산하거나 자료 간의 연관성을 분석하여 정보를 도출하는 능력을 평가함

※ 본 시험 구성은 2022년 시험부터 적용

자료해석 고득점 가이드

출제 유형 분석

자료해석은 표, 그래프, 보고서 형태로 제시된 수치 자료를 계산하고 분석하여 새로운 정보를 도출하는 능력을 평가하는 영역으로, 크게 자료비교, 자료판단, 자료검토·변환, 자료이해 네 가지 유형으로 나눌 수 있습니다. 이 중 자료판단이 가장 높은 비중으로 출제되고, 그 다음으로 자료비교가 높은 비중으로 출제되고 있습니다. 또한 자료검토·변환과 자료이해는 출제 비중이 높지는 않지만 매년 꾸준히 출제되고 있습니다. 네 가지 유형 모두 표나 그래프 등의 수치 자료를 올바르게 분석 또는 계산하여 해석하는 능력을 요구하므로 주어진 시간 내에 자료를 빠르고 정확하게 파악하는 능력이 필요합니다.

구분	유형	유형 설명
자료비교	· 곱셈 비교형 · 분수 비교형 · 반대해석형	제시된 자료의 수치를 올바르게 비교하고 분석할 수 있는지 평가하는 유형
자료판단	· 매칭형 · 빈칸형 · 각주 판단형 · 조건 판단형	제시된 자료와 조건을 활용하여 올바르게 항목을 매칭하고, 추가로 제시된 각주 및 정보를 활용하여 올바르게 판단할 수 있는지 평가하는 유형
자료검토·변환	· 보고서 검토·확인형 · 표-차트 변환형	보고서나 보도자료 등으로 제시된 자료를 해석하고, 특정 형태의 자료를 다른 형태로 변환할 수 있는지 평가하는 유형
자료이해	· 평균 개념형 · 분산·물방울형 · 최소여집합형	다양한 형태의 자료를 제시하고, 평균, 반대해석, 최소여집합 등의 개념을 활용하여 자료를 올바르게 이해할 수 있는지 평가하는 유형

출제 경향 분석 & 대비 전략

1. 출제 경향 분석

① 출제 유형

2024년 출제 패턴을 보면 기존의 민경채, 5급 공채 그리고 7급 공채에서 출제되었던 패턴의 문제가 대부분입니다. 빈칸형 문제가 2023년 7문제에 비해 비중이 줄어 2문제(16, 22번)가 출제되었고 다소 까다로운 각주 판단형(1, 12, 17, 18번)과 조건 판단형(4, 6번) 문제 비중이 작년과 비슷했지만 초중반에 출제되어 난도가 다소 하락하였습니다. 보고서 검토·확인형 문제가 3문제(3, 5, 7번)로 역대 가장 많이 출제되었으며 까다로운 평균 개념형 문제가 2문제(2, 25번) 출제되었습니다.

② 난이도

2024년 7급 공채 PSAT 자료해석 영역의 난도는 2023년 기출문제에 비해 평이한 수준이었고 2022년 기출문제와 유사한 난도를 보이고 있습니다. 킬러문항인 초고난도 문제가 25번 정도이고 나머지 문항은 어렵지 않게 풀 수 있는 문항으로 구성되어 있어 고득점이 가능한 기출 구성이라고 평가할 수 있습니다.

③ 소재

인포그래픽을 활용한 시각 자료의 비중이 낮아졌으며, 보고서의 출제 비중이 높아졌습니다. 인구, 사회, 산업, 교육, 수산 등의 분야의 일반적인 통계 자료와 스포츠 자료 등이 출제되었습니다.

2. 대비 전략

① 자료를 정확하게 이해하고, 분석하는 능력을 길러야 합니다.

자료해석 영역은 다양한 형태의 자료와 수치가 제시되므로 이를 이해하고 분석하는 능력이 필요합니다. 이에 따라 평소에 다양한 자료를 접해 보면서 도표 및 그래프를 분석하는 연습을 해야 합니다. 이때 자료의 흐름을 파악하고, 정확하게 이해하기 위해 표나 그래프의 제목, 단위, 항목 등 자료의 특징적인 부분을 먼저 확인하는 것이 중요합니다.

② 자료해석의 문제 유형을 파악하고, 유형에 따른 풀이법을 학습해야 합니다.

자료해석 영역은 다양한 유형으로 구분되어 있고, 유형에 따라 효과적인 풀이법이 있습니다. 그렇기 때문에 유형에 따른 풀이법을 정확히 파악하고 준비하는 것이 중요합니다. 이에 따라 기출문제를 반복적으로 풀면서 정확하게 유형을 분석하는 능력을 기르고, 빠르고 정확하게 문제를 풀이하는 연습이 필요합니다.

③ 자료를 해석하기 위해 필요한 이론을 학습해야 합니다.

자료해석 영역은 제시된 자료와 정보를 토대로 변화량, 증감률, 비중, 평균 등의 수치를 계산하기 때문에 계산에 필요한 이론 학습이 중요합니다. 이에 따라 문제 풀이에 필요한 계산식 등 이론을 꼼꼼히 학습하고, 학습한 이론을 문제에 적용하는 연습이 필요합니다.

PSAT 교육 1위, 해커스PSAT **psat.Hackers.com**

출제 경향

1 자료비교는 실수나 비율이 나타난 자료를 토대로 수치를 비교하는 능력을 평가하기 위한 유형이다. 실질적으로 자료해석에서 출제되는 문제는 대부분 자료비교의 과정을 거치기 때문에 유형의 분류뿐 아니라 접근 방법에 따른 분류로 볼 수 있다. 따라서 후술할 자료판단과 자료검토·변환 역시 자료비교에서 사용하는 곱셈 비교와 분수 비교를 바탕으로 접근해야 한다.

2 선택지나 <보기>에서 묻는 형태에 따라 ① 곱셈 비교형, ② 분수 비교형 ③ 반대해석형 총 3가지 세부 유형으로 출제된다.

3 2020년 모의평가에서는 '중' 난이도, 2021년 기출문제에서는 '상' 난이도로 출제되어 난이도가 점차 어려워졌으나, 2022년 기출문제에서는 '하' 난이도로 평이하게 출제되었고, 다시 2023년 기출문제에서는 '중' 이상의 난이도로 쉽지 않게 출제되었다. 2024년 기출문제에서는 다시 '하' 난이도로 평이하게 출제되었다.

1 자료비교

유형 1 곱셈 비교형

유형 2 분수 비교형

유형 3 반대해석형

유형 1 곱셈 비교형

유형 소개

'곱셈 비교형'은 주어진 자료의 수치를 토대로 곱셈식을 구성하고, 이를 서로 비교하여 선택지나 <보기>의 내용이 옳은지 판단하는 유형이다.

유형 특징

1 선택지나 <보기>가 자료의 구조를 바탕으로 구성된 곱셈식을 통해 수치의 대소를 비교하는 내용으로 구성된다.

2 대체로 두 가지 이상의 자료가 제시되거나 하나의 자료에 각주나 추가적인 정보가 제시되는 형태를 보인다.

3 곱셈 비교 자체만 묻는 문제보다는 다른 문제 유형과 결합하여 출제되며, 특히 분수 비교와 함께 출제되는 경우가 많다.

4 '곱셈 비교형'은 2024년 7급 공채 PSAT에서 곱셈 비교 자체만 묻는 문제가 출제되지는 않았지만 곱셈 비교를 이용해야 해결되는 문제가 17, 18번 2문제 출제되었고, 2023년에는 곱셈 비교를 활용하는 문제가 1문제 출제되었다. 2022년에는 곱셈 비교 자체만 묻는 문제가 1문제, 이를 활용하는 문제가 3문제 출제되었다. 2021년에는 곱셈 비교 자체만 묻는 문제가 출제되지는 않았지만 곱셈 비교를 활용하는 문제가 2문제 출제되었다. 2020년 모의평가에서도 곱셈 비교를 활용하는 문제가 2문제 출제되었다.

풀이 전략

1 선택지나 <보기>에 곱셈 비교의 내용이 나오면 해당하는 자료의 수치를 확인하고, 수치가 3자리 수 이상인 경우 유효숫자를 설정한다.

2 비교하는 숫자의 자리 수가 같은 경우 앞에서부터 3자리를 유효숫자로 설정한다. 이때 반올림은 선택적으로 적용한다.

3 비교하는 숫자의 자리 수가 각각 다른 경우, 자리 수가 더 적은 숫자는 앞에서부터 2자리, 자리 수가 더 많은 숫자는 앞에서부터 3자리를 유효숫자로 설정한다. 이때 반올림은 유효숫자를 2자리로 설정하는 수는 필수로 하고, 3자리로 설정하는 수는 선택적으로 한다.

4 A × B와 C × D 형태로 식을 구성하고, 수치 간 크기나 증가율을 비교하여 풀이한다.

5 곱셈 비교 시에는 서로 다른 방향으로 증가율을 비교해야 하고, 곱셈식을 구체적으로 비교하기 전에 식을 최대한 간소화한다.

유형 공략 문제

난이도 ★★☆☆☆ 권장 풀이 시간: 2분 나의 풀이 시간: ____분 ____초

01. 다음 <표>는 2021년 A시 자녀장려금 수급자의 특성별 수급횟수를 조사한 자료이다. 이에 대한 <보기>의 설명 중 옳은 것만을 모두 고르면? 22 5급공채

<표> 자녀장려금 수급자 특성별 수급횟수 비중

(단위: 명, %)

수급자 특성		수급자 수	수급횟수			
대분류	소분류		1회	2회	3회	4회 이상
연령대	20대 이하	8	37.5	25.0	0.0	37.5
	30대	583	37.2	30.2	19.0	13.6
	40대	347	34.9	27.7	23.9	13.5
	50대 이상	62	29.0	30.6	35.5	4.8
자녀수	1명	466	42.3	28.1	19.7	9.9
	2명	459	31.2	31.8	22.2	14.8
	3명	66	27.3	22.7	27.3	22.7
	4명 이상	9	11.1	11.1	44.4	33.3
주택보유 여부	무주택	732	35.0	29.5	22.0	13.5
	유주택	268	38.4	28.7	20.5	12.3
전체		1,000	35.9	29.3	21.6	13.2

〈보기〉

ㄱ. 자녀장려금 수급자의 전체 수급횟수는 2,000회 이상이다.

ㄴ. 자녀장려금을 1회 수령한 수급자 수는 30대가 40대의 1.5배 이상이다.

ㄷ. 자녀수가 2명인 수급자의 자녀장려금 전체 수급횟수는 자녀수가 1명인 수급자의 자녀장려금 전체 수급횟수보다 많다.

ㄹ. 자녀장려금을 2회 이상 수령한 수급자 수는 무주택 수급자가 유주택 수급자의 2.5배 이상이다.

① ㄱ

② ㄷ, ㄹ

③ ㄱ, ㄴ, ㄷ

④ ㄱ, ㄴ, ㄹ

⑤ ㄴ, ㄷ, ㄹ

꼼꼼 풀이 노트

권장 풀이 시간에 맞춰 문제를 풀어본 후, 꼼꼼 풀이 노트로 정리해보세요.

■ 출제 포인트

예) 실수+비율 자료, 비율 계산 및 곱셈 비교

■ 선택지 분석

예) ㄱ. 최솟값

ㄴ. 배수

ㄷ. 자료에서 알 수 없는 내용

ㄹ. 배수

꼼꼼 풀이 노트

권장 풀이 시간에 맞춰 문제를 풀어본 후, 꼼꼼 풀이 노트로 정리해보세요.

■ 출제 포인트

■ 선택지 분석

난이도 ★★☆☆☆ 권장 풀이 시간: 2분 나의 풀이 시간: _____분 _____초

02. 다음 <표>는 '갑'회사의 생산직 근로자 133명과 사무직 근로자 87명이 직무스트레스 조사에 응답한 결과이다. 이에 대한 <보기>의 설명 중 옳은 것만을 모두 고르면? 20 5급공채

<표 1> 생산직 근로자의 직무스트레스 수준 응답 구성비

(단위: %)

스트레스 수준 / 항목	상위		하위	
	매우 높음	높음	낮음	매우 낮음
업무과다	9.77	67.67	22.56	0.00
직위불안	10.53	64.66	24.06	0.75
관계갈등	10.53	67.67	20.30	1.50
보상부적절	10.53	60.15	27.82	1.50

<표 2> 사무직 근로자의 직무스트레스 수준 응답 구성비

(단위: %)

스트레스 수준 / 항목	상위		하위	
	매우 높음	높음	낮음	매우 낮음
업무과다	10.34	67.82	20.69	1.15
직위불안	12.64	58.62	27.59	1.15
관계갈등	10.34	64.37	24.14	1.15
보상부적절	10.34	64.37	20.69	4.60

〈보기〉

ㄱ. 항목별 직무스트레스 수준이 '상위'에 해당하는 근로자의 비율은 각 항목에서 사무직이 생산직보다 높다.

ㄴ. '직위불안' 항목에서 '낮음'으로 응답한 근로자는 생산직이 사무직보다 많다.

ㄷ. '관계갈등' 항목에서 '매우 높음'으로 응답한 생산직 근로자는 '매우 낮음'으로 응답한 생산직 근로자보다 11명 많다.

ㄹ. '보상부적절' 항목에서 '높음'으로 응답한 근로자는 사무직이 생산직보다 적다.

① ㄱ

② ㄹ

③ ㄱ, ㄷ

④ ㄴ, ㄷ

⑤ ㄴ, ㄹ

03. 다음 <그림>은 4대 곡물 세계 수입 현황에 대한 자료이다. 이에 대한 설명으로 옳지 않은 것은?

21 5급공채

<그림> 4대 곡물의 세계 총수입액 및 주요 수입국 현황

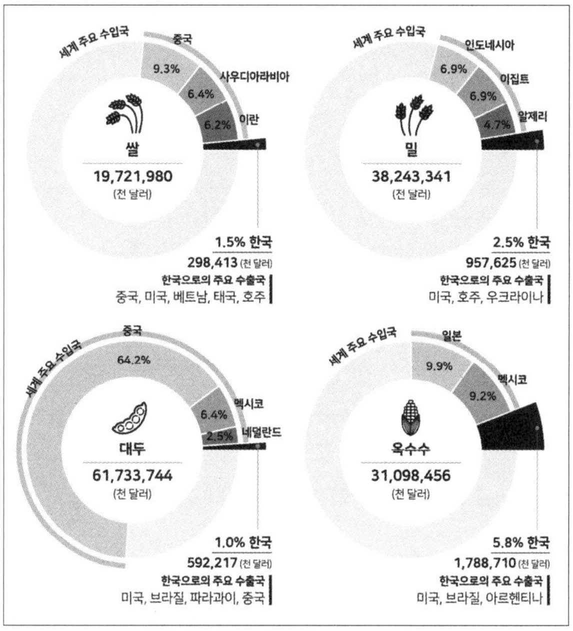

※ '세계 주요 수입국'은 세계 곡물 시장에서 한국보다 해당 곡물의 수입액이 큰 국가임.

① 한국의 밀 수입액은 쌀 수입액의 3배 이상이다.

② 중국이 수입한 4대 곡물 총수입액은 세계 밀 총수입액보다 크다.

③ 브라질은 4대 곡물 중 2개에서 '한국으로의 주요 수출국'이다.

④ 4대 곡물을 한국의 수입액이 큰 곡물부터 순서대로 나열하면 옥수수, 밀, 대두, 쌀 순이다.

⑤ 이란의 쌀 수입액은 알제리의 밀 수입액보다 크다.

꼼꼼 풀이 노트

권장 풀이 시간에 맞춰 문제를 풀어본 후, 꼼꼼 풀이 노트로 정리해보세요.

■ 출제 포인트

■ 선택지 분석

꼼꼼 풀이 노트

권장 풀이 시간에 맞춰 문제를 풀어본 후, 꼼꼼 풀이 노트로 정리해보세요.

■ 출제 포인트

■ 선택지 분석

난이도 ★★★☆☆ 권장 풀이 시간: 2분 30초 나의 풀이 시간: ____분 ____초

04. 다음 <표>는 2013~2020년 '갑'국 재정지출에 대한 자료이다. 이에 대한 설명으로 옳지 않은 것은?

21 5급공채

<표 1> 전체 재정지출

(단위: 백만 달러, %)

구분 / 연도	금액	GDP 대비 비율
2013	487,215	34.9
2014	466,487	31.0
2015	504,426	32.4
2016	527,335	32.7
2017	522,381	31.8
2018	545,088	32.0
2019	589,175	32.3
2020	614,130	32.3

<표 2> 전체 재정지출 중 5대 분야 재정지출 비중

(단위: %)

연도 / 분야	2013	2014	2015	2016	2017	2018	2019	2020
교육	15.5	15.8	15.4	15.9	16.3	16.3	16.2	16.1
보건	10.3	11.9	11.4	11.4	12.2	12.5	12.8	13.2
국방	7.5	7.7	7.6	7.5	7.8	7.8	7.7	7.6
안전	3.6	3.7	3.6	3.8	4.0	4.0	4.1	4.2
환경	3.1	2.5	2.4	2.4	2.4	2.5	2.4	2.4

① 2015~2020년 환경 분야 재정지출 금액은 매년 증가하였다.

② 2020년 교육 분야 재정지출 금액은 2013년 안전 분야 재정지출 금액의 4배 이상이다.

③ 2020년 GDP는 2013년 대비 30% 이상 증가하였다.

④ 2016년 이후 GDP 대비 보건 분야 재정지출 비율은 매년 증가하였다.

⑤ 5대 분야 재정지출 금액의 합은 매년 전체 재정지출 금액의 35% 이상이다.

난이도 ★★★☆☆ 권장 풀이 시간: 2분 30초 나의 풀이 시간: _____분 _____초

05. 다음 <표>와 <그림>은 2011~2015년 국가공무원 및 지방자치단체공무원 현황에 관한 자료이다. 이에 대한 설명으로 옳지 않은 것은? 17 5급공채

<표> 국가공무원 및 지방자치단체공무원 현황

(단위: 명)

구분 \ 연도	2011	2012	2013	2014	2015
국가공무원	621,313	622,424	621,823	634,051	637,654
지방자치단체공무원	280,958	284,273	287,220	289,837	296,193

<그림> 국가공무원 및 지방자치단체공무원 중 여성 비율

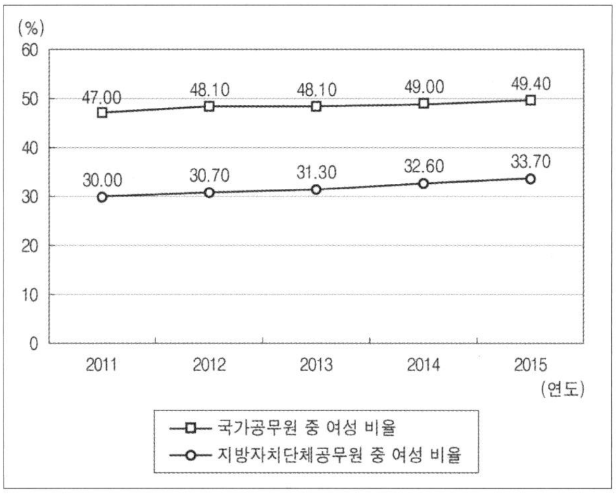

① 매년 국가공무원 중 여성 수는 지방자치단체공무원 중 여성 수의 3배 이상이다.

② 지방자치단체공무원 중 여성 수는 매년 증가하였다.

③ 매년 국가공무원 중 여성 수는 지방자치단체공무원 수보다 많다.

④ 국가공무원 중 남성 수는 2013년이 2012년보다 적다.

⑤ 국가공무원 중 여성 비율과 지방자치단체공무원 중 여성 비율의 차이는 매년 감소한다.

꼼꼼 풀이 노트

권장 풀이 시간에 맞춰 문제를 풀어본 후, 꼼꼼 풀이 노트로 정리해보세요.

■ 출제 포인트

■ 선택지 분석

꼼꼼 풀이 노트

권장 풀이 시간에 맞춰 문제를 풀어본 후, 꼼꼼 풀이 노트로 정리해보세요.

■ 출제 포인트

■ 선택지 분석

난이도 ★★★☆☆ 권장 풀이 시간: 2분 30초 나의 풀이 시간: ____분 ____초

06. 다음 <표>는 훈련대상별 훈련성과에 관한 자료이다. 이에 대한 설명으로 옳은 것은?

17 5급공채

<표 1> 훈련대상별 훈련실시인원과 자격증취득인원

(단위: 명)

구분 \ 훈련대상	전직 실업자	신규 실업자	지역 실업자	영세 자영업자	새터민
훈련실시인원	9,013	3,005	7,308	3,184	1,301
자격증취득인원	4,124	1,230	3,174	487	617

※ 1) 훈련대상은 '전직실업자', '신규실업자', '지역실업자', '영세자영업자', '새터민'으로 구성됨.
2) 훈련대상별 훈련실시인원의 중복은 없음.

<표 2> 훈련대상별 자격증취득인원의 성·연령대·최종학력별 구성비

(단위: %)

구분 \ 훈련대상		전직 실업자	신규 실업자	지역 실업자	영세 자영업자	새터민
성	남	45	63	44	58	40
	여	55	37	56	42	60
연령대	20대	5	17	18	8	21
	30대	13	32	21	24	25
	40대	27	27	27	22	18
	50대	45	13	23	31	22
	60대 이상	10	11	11	15	14
최종 학력	중졸이하	4	8	12	32	34
	고졸	23	25	18	28	23
	전문대졸	19	28	31	16	27
	대졸	38	21	23	15	14
	대학원졸	16	18	16	9	2

※ 소수점 아래 첫째 자리에서 반올림한 값임.

<표 3> 훈련대상·최종학력별 훈련실시인원 및 자격증취득률

(단위: 명, %)

구분 \ 훈련대상		전직 실업자	신규 실업자	지역 실업자	영세 자영업자	새터민	전체
최종 학력	중졸이하	1,498(11)	547(18)	865(44)	1,299(12)	499(42)	4,708(21)
	고졸	1,790(53)	854(36)	1,099(52)	852(16)	473(30)	5,068(42)
	전문대졸	2,528(31)	861(40)	1,789(55)	779(10)	203(82)	6,160(38)
	대졸	2,305(68)	497(52)	2,808(26)	203(36)	108(80)	5,921(46)
	대학원졸	892(74)	246(90)	747(68)	51(86)	18(70)	1,954(74)

※ 1) 자격증취득률(%) = $\frac{\text{자격증취득인원}}{\text{훈련실시인원}} \times 100$
2) ( ) 안 수치는 자격증취득률을 의미함.
3) 소수점 아래 첫째 자리에서 반올림한 값임.

① 고졸 전직실업자인 자격증취득인원은 전문대졸 지역실업자인 자격증취득인원보다 적다.

② 남성 자격증취득인원은 훈련대상 중 신규실업자가 가장 많다.

③ 신규실업자의 최종학력별 자격증취득률은 고졸이 대졸보다 높다.

④ 영세자영업자의 자격증취득률은 연령대 중 50대가 가장 낮다.

⑤ 전체 대졸 자격증취득인원 대비 훈련대상별 대졸 자격증취득인원의 비율이 가장 낮은 훈련대상은 새터민이다.

꼼꼼 풀이 노트

권장 풀이 시간에 맞춰 문제를 풀어본 후, 꼼꼼 풀이 노트로 정리해보세요.

■ 출제 포인트

■ 선택지 분석

난이도 ★★★★☆　　권장 풀이 시간: 3분　　나의 풀이 시간: ____분 ____초

07. 다음 <그림>과 <표>는 2021년 '갑'국 생물 갈치와 냉동 갈치의 유통구조 및 물량 현황에 관한 자료이다. 이에 대한 <보기>의 설명 중 옳은 것만을 모두 고르면? 22 5급공채

<그림 1> 생물 갈치의 유통구조 및 물량비율

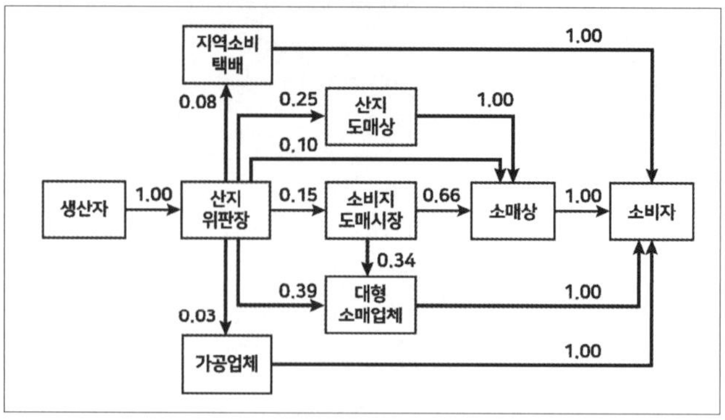

<그림 2> 냉동 갈치의 유통구조 및 물량비율

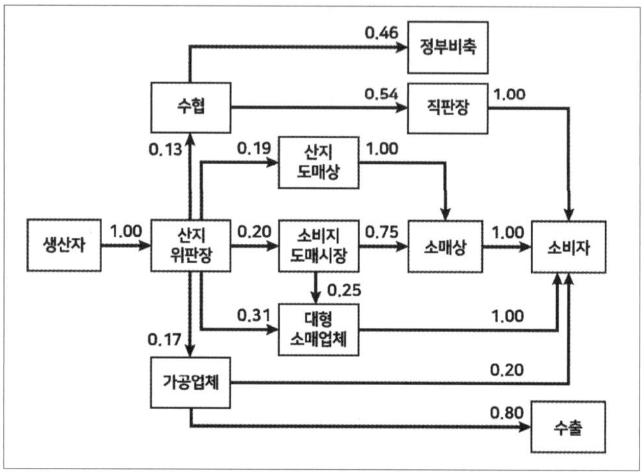

※ 유통구조 내 수치는 물량비율 = $\left(\frac{\text{다음 유통경로에 전달되는 유통물량}}{\text{해당 유통경로에 투입되는 유통물량}}\right)$을 의미함.

예를 들어, [가] —0.20→ [나]는 해당 유통경로 '가'에 100톤의 유통물량이 투입되면 이 중 20톤(= 100톤 × 0.20)의 유통물량이 다음 유통경로 '나'에 전달되어 투입됨을 의미함.

<표> 생산자가 공급한 생물 갈치와 냉동 갈치의 물량

(단위: 톤)

구분	생물 갈치	냉동 갈치
물량	42,100	7,843

<보기>

ㄱ. '생산자'가 공급한 냉동 갈치 물량의 85% 이상이 유통구조를 거쳐 '소비자'에게 전달되었다.
ㄴ. '소매상'을 통해 유통된 물량은 생물 갈치가 냉동 갈치의 6배 이상이다.
ㄷ. '대형소매업체'를 통해 유통된 생물 갈치와 냉동 갈치 물량의 합은 20,000톤 미만이다.
ㄹ. 2022년 냉동 갈치 '수출' 물량이 2021년보다 60% 증가한다면, 2022년 냉동 갈치 '수출' 물량은 2021년 '소비지 도매시장'을 통해 유통된 냉동 갈치 물량보다 많다.

① ㄱ, ㄴ
② ㄱ, ㄷ
③ ㄴ, ㄹ
④ ㄷ, ㄹ
⑤ ㄴ, ㄷ, ㄹ

꼼꼼 풀이 노트

권장 풀이 시간에 맞춰 문제를 풀어본 후,
꼼꼼 풀이 노트로 정리해보세요.

■ 출제 포인트

■ 선택지 분석

난이도 ★★★☆☆ 권장 풀이 시간: 2분 30초 나의 풀이 시간: _____분 _____초

08. 다음 <표>는 산림경영인의 산림경영지원제도 인지도에 대한 설문조사 결과이다. 이에 대한 설명으로 옳지 않은 것은?

20 5급공채

<표> 산림경영인의 산림경영지원제도 인지도

(단위: 명, %, 점)

구분	항목	응답자 수	인지도 점수별 응답자 비율					인지도 평균 점수
			1점	2점	3점	4점	5점	
경영주체	독림가	173	2.9	17.3	22.0	39.3	18.5	3.53
	임업후계자	292	4.5	27.1	20.9	33.9	13.7	3.25
	일반산주	353	11.0	60.9	10.5	16.4	1.1	2.36
거주지 권역	경기	57	12.3	40.4	3.5	36.8	7.0	2.86
	강원	112	6.3	20.5	11.6	43.8	17.9	3.46
	충청	193	7.8	35.2	20.2	25.9	10.9	2.97
	전라	232	6.9	44.0	20.7	20.3	8.2	2.79
	경상	224	5.4	48.2	15.2	25.9	5.4	2.78
소유면적	2ha 미만	157	8.9	63.7	11.5	14.0	1.9	2.36
	2ha 이상 6ha 미만	166	9.0	43.4	16.9	22.9	7.8	2.77
	6ha 이상 11ha 미만	156	7.7	35.3	16.7	32.7	7.7	2.97
	11ha 이상 50ha 미만	232	4.3	30.6	17.2	36.2	11.6	3.20
	50ha 이상	107	5.6	24.3	22.4	28.0	19.6	3.32
소재지 거주 여부	소재산주	669	5.8	41.0	15.7	28.4	9.1	2.94
	부재산주	149	12.1	33.6	20.8	23.5	10.1	2.86

※ 인지도 점수별 응답자 비율(인지도 평균점수)은 소수점 아래 둘째(셋째)자리에서 반올림한 값임.

① 소유면적별 인지도 평균점수는 '50ha 이상'이 '2ha 미만'의 1.4배 이상이다.

② 거주지 권역별 인지도 평균점수는 '강원'이 '경기'보다 높다.

③ 인지도 점수를 2점 이하로 부여한 응답자 대비 4점 이상으로 부여한 응답자의 비율이 가장 높은 거주지 권역은 '충청'이다.

④ 인지도 점수를 1점으로 부여한 '소재산주'는 5점으로 부여한 '부재산주'의 2배 이상이다.

⑤ 인지도 점수를 3점 이상으로 부여한 응답자가 가장 많은 경영주체는 '임업후계자'이다.

난이도 ★★★★☆ 권장 풀이 시간: 3분 나의 풀이 시간: ____분 ____초

09. 다음 <그림>은 2003년과 2013년 대학 전체 학과수 대비 계열별 학과수 비율과 대학 전체 입학정원 대비 계열별 입학정원 비율을 나타낸 자료이다. 이에 대한 설명으로 옳은 것은?

15 5급공채

<그림 1> 대학 전체 학과수 대비 계열별 학과수 비율

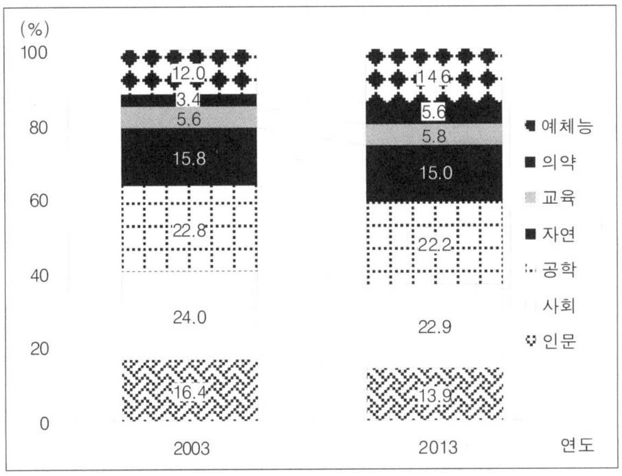

※ 대학 전체 학과수는 2003년 9,500개, 2013년 11,000개임.

<그림 2> 대학 전체 입학정원 대비 계열별 입학정원 비율

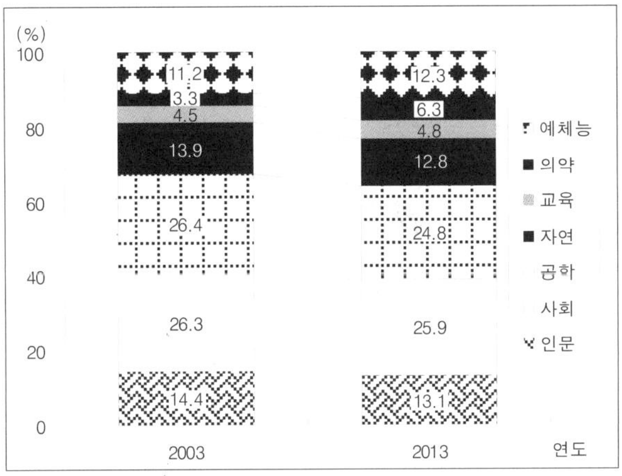

※ 대학 전체 입학정원은 2003년 327,000명, 2013년 341,000명임.

① 2013년 인문계열의 입학정원은 2003년 대비 5% 이상 감소하였다.

② 계열별 입학정원 순위는 2003년과 2013년에 동일하다.

③ 2003년 대비 2013년 학과수의 증가율이 가장 높은 계열은 예체능이다.

④ 2013년 예체능, 의약, 교육 계열 학과수는 2003년에 비해 각각 증가하였으나 나머지 계열의 학과수의 합계는 감소하였다.

⑤ 2003년과 2013년을 비교할 때, 계열별 학과수 비율의 증감방향과 계열별 입학정원 비율의 증감방향은 일치하지 않는다.

꼼꼼 풀이 노트

권장 풀이 시간에 맞춰 문제를 풀어본 후, 꼼꼼 풀이 노트로 정리해보세요.

■ 출제 포인트

■ 선택지 분석

꼼꼼 풀이 노트

권장 풀이 시간에 맞춰 문제를 풀어본 후, 꼼꼼 풀이 노트로 정리해보세요.

■ 출제 포인트

■ 선택지 분석

난이도 ★★★☆☆ 권장 풀이 시간: 2분 30초 나의 풀이 시간: ____분 ____초

10. 다음 <그림>과 <표>는 A~E국의 건설시장에 관한 자료이다. 2010년 A~E국의 건설시장의 주택부문 시장규모를 순서대로 나열할 때 가장 큰 국가인 (가)국과 A~E국의 건설시장 주택부문 중 16층 이상 시장규모를 순서대로 나열할 때 두 번째로 작은 국가인 (나)국을 바르게 연결한 것은? 12년 5급공채

<그림 1> 건설시장의 부문별 시장규모 구성비(2010년)

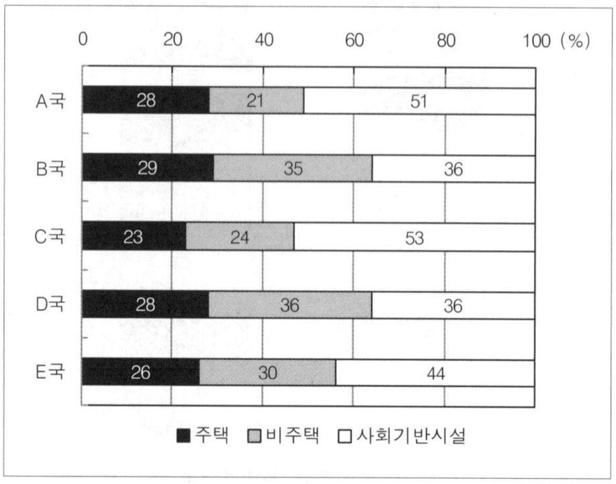

<그림 2> 건설시장의 주택부문에서 층수별 시장규모 구성비(2010년)

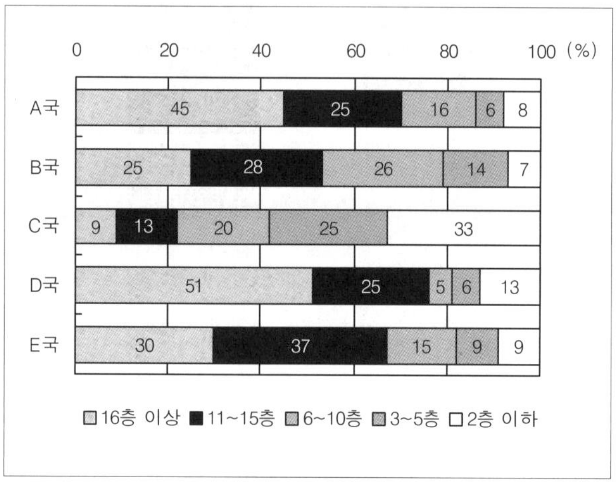

<표 1> 건설시장의 주택부문에서 16층 이상 시장규모 비율(2006~2010년)

(단위: %)

국가 / 연도	A	B	C	D	E
2006	20	20	8	15	37
2007	27	22	10	23	35
2008	33	27	11	33	32
2009	37	28	10	45	31
2010	45	25	9	51	30

<표 2> 건설시장의 시장규모(2010년)

(단위: 조 원)

국가	A	B	C	D	E
시장 규모	50	150	100	200	250

	(가)국	(나)국
①	B	C
②	D	A
③	D	C
④	E	A
⑤	E	C

꼼꼼 풀이 노트

권장 풀이 시간에 맞춰 문제를 풀어본 후, 꼼꼼 풀이 노트로 정리해보세요.

■ 출제 포인트

■ 선택지 분석

꼼꼼 풀이 노트

권장 풀이 시간에 맞춰 문제를 풀어본 후, 꼼꼼 풀이 노트로 정리해보세요.

■ 출제 포인트

■ 선택지 분석

난이도 ★★★★☆ 권장 풀이 시간: 3분 나의 풀이 시간: _____분 _____초

11. 다음 <표>와 <그림>은 우리나라의 에너지 유형별 1차에너지 생산과 최종에너지 소비에 관한 자료이다. 이에 대한 <보기>의 설명으로 옳지 않은 것은? 19 5급공채

<표 1> 2008~2012년 1차에너지의 유형별 생산량

(단위: 천 TOE)

유형 / 연도	석탄	수력	신재생	원자력	천연가스	합
2008	1,289	1,196	5,198	32,456	236	40,375
2009	1,171	1,213	5,480	31,771	498	40,133
2010	969	1,391	6,064	31,948	539	40,911
2011	969	1,684	6,618	33,265	451	42,987
2012	942	1,615	8,036	31,719	436	42,748

※ 국내에서 생산하는 1차에너지 유형은 제시된 5가지로만 구성됨.

<그림> 2012년 1차에너지의 지역별 생산량 비중(TOE 기준)

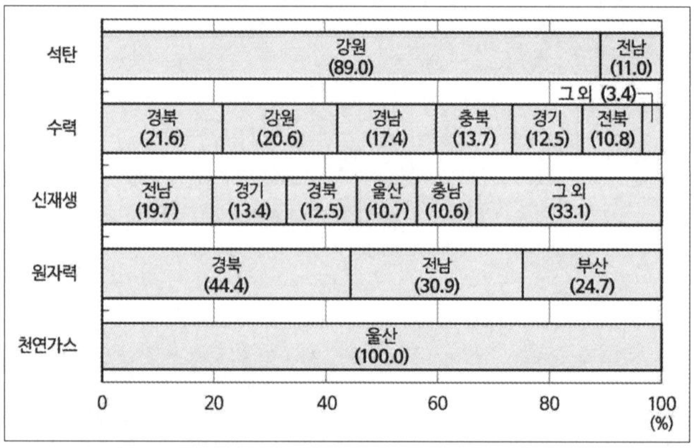

<표 2> 유형별 최종에너지 소비 추이(2008~2012년)와 지역별 최종에너지 소비(2012년)

(단위: 천 TOE)

유형 / 연도·지역	석탄	석유제품	천연 및 도시가스	전력	열	신재생	합
2008	26,219	97,217	19,765	33,116	1,512	4,747	182,576
2009	23,895	98,370	19,459	33,925	1,551	4,867	182,067
2010	29,164	100,381	21,640	37,338	1,718	5,346	195,587
2011	33,544	101,976	23,672	39,136	1,702	5,833	205,863
2012	31,964	101,710	25,445	40,127	1,751	7,124	208,121
서울	118	5,863	4,793	4,062	514	218	15,568
부산	62	3,141	1,385	1,777	–	104	6,469
대구	301	1,583	970	1,286	80	214	4,434
인천	54	6,798	1,610	1,948	–	288	10,698
광주	34	993	630	699	–	47	2,403
대전	47	945	682	788	–	51	2,513
울산	451	19,357	2,860	2,525	–	336	25,529
경기	335	10,139	5,143	8,625	1,058	847	26,147
강원	1,843	1,875	312	1,368	–	644	6,042
충북	1,275	2,044	752	1,837	59	471	6,438
충남	5,812	17,184	1,454	3,826	5	143	28,424
전북	27	2,177	846	1,846	–	337	5,233
전남	11,675	21,539	975	2,450	–	2,251	38,890
경북	9,646	3,476	1,505	3,853	–	879	19,359
경남	284	3,873	1,515	2,839	35	266	8,812
제주	–	721	13	332	–	28	1,094
기타	–	2	–	66	–	–	68

※ 국내에서 소비하는 최종에너지 유형은 제시된 6가지로만 구성됨.

① 2008년 대비 2012년의 생산량 증가율이 가장 큰 1차에너지 유형은 천연가스이다.

② 2012년 1차에너지를 가장 많이 생산한 지역에서는 같은 해 최종에너지 중 석유제품을 가장 많이 소비하였다.

③ 2012년 석탄 1차에너지 생산량은 2012년 경기 지역의 신재생 1차에너지 생산량보다 적다.

④ 2012년에 1차에너지 생산량이 최종에너지 소비량의 합보다 많은 지역이 존재한다.

⑤ 2008년 대비 2012년의 소비량 증가율이 가장 큰 최종에너지 유형은 신재생이다.

꼼꼼 풀이 노트

권장 풀이 시간에 맞춰 문제를 풀어본 후, 꼼꼼 풀이 노트로 정리해보세요.

■ 출제 포인트

■ 선택지 분석

난이도 ★★★★★ 권장 풀이 시간: 3분 30초 나의 풀이 시간: _____분 _____초

12. 다음 <표>는 2013년말 미국기업, 중국기업, 일본기업이 A씨에게 제시한 2014~2016년 연봉이고, <그림>은 2014~2016년 예상환율을 나타낸 자료이다. 이에 대한 설명으로 옳지 않은 것은?

14 5급공채

<표> 각 국의 기업이 A씨에게 제시한 연봉

구분	미국기업	중국기업	일본기업
연봉	3만 달러	26만 위안	290만 엔

<그림> 2014~2016년 예상환율

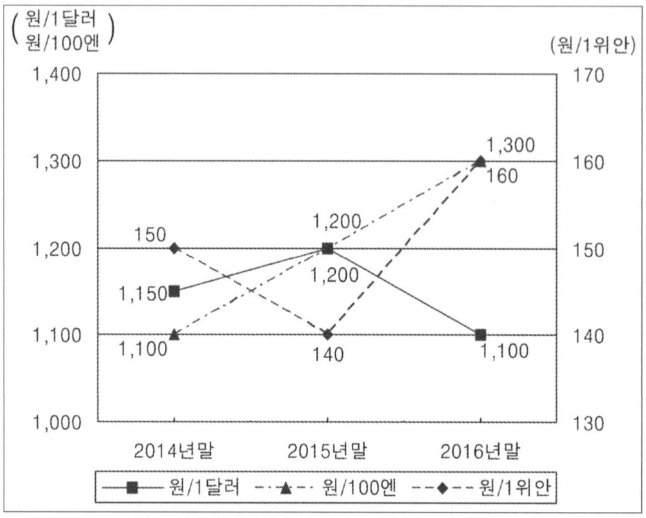

※ 1) 각 국의 기업은 제시한 연봉을 해당국 통화로 매년말 연 1회 지급함.
2) 해당년 원화환산 연봉은 각 국의 기업이 제시한 연봉에 해당년말 예상환율을 곱하여 계산함.

① 2014년 원화환산 연봉은 중국기업이 가장 많다.

② 2015년 원화환산 연봉은 일본기업이 가장 적다.

③ 2016년 원화환산 연봉은 일본기업이 미국기업보다 많다.

④ 2015년 대비 2016년 중국기업의 원화환산 연봉의 증가율은 2014년 대비 2016년 일본기업의 원화환산 연봉의 증가율보다 크다.

⑤ 2015년 대비 2016년 미국기업의 원화환산 연봉의 감소율은 2014년 대비 2015년 중국기업의 원화환산 연봉의 감소율보다 크다.

약점 보완 해설집 p.2

유형 2 분수 비교형

유형 소개

'분수 비교형'은 실수 또는 비율 자료가 제시되고, 분수 형태의 수식을 비교하여 선택지나 <보기>의 내용이 옳은지 판단하는 유형이다.

유형 특징

1 자료의 제목과 단위를 통해 자료인지, 비율 자료인지 구분된다.

2 대부분의 경우 단위가 '명, 개, 원' 등인 실수 자료가 제시되고, 자료의 제목이 '비중' 또는 '지수'이거나 단위가 '%'인 비율 자료가 제시되기도 한다.

3 선택지나 <보기>는 자료의 수치를 바탕으로 증감률, 비중 등을 비교하는 내용으로 구성된다.

4 '분수 비교형'은 2024년 7급 공채 PSAT에서 분수 비교 자체만 묻는 문제가 25문제 중 6문제 출제되었고, 2023년에는 4문제, 2022년에는 5문제, 2021년에는 7문제, 2020년 모의평가에서는 7문제가 출제되었다.

풀이 전략

1 선택지나 <보기>에서 분수 비교의 내용이 나오면 해당하는 자료의 수치를 확인하고, 수치가 4자리 수 이상인 경우 유효숫자를 설정한다.

2 $\frac{A}{B}$와 $\frac{C}{D}$ 형태로 식을 구성하고, 수치 간 크기나 증가율을 비교하여 풀이한다.

- 분자와 분모의 대소 비교법: A와 C, B와 D의 수치를 비교하여 분모와 분자의 크기에 따라 부등호 방향을 결정한다.
- 기준 설정 비교법: $\frac{A}{B}$와 $\frac{C}{D}$에서 A<C, B<D인 경우, 분수 비교 전에 비교 기준이 되는 수치를 설정한다.
- 분자와 분모의 증가율 비교법: $\frac{A}{B}$와 $\frac{C}{D}$에서 A<C, B<D인 경우, 분자와 분모 간의 증가율을 비교한다.
- 분자와 분모의 차이값 비교법: $\frac{A}{B}$와 $\frac{C}{D}$에서 A<C, B<D인 경우, 분자 값 간의 차와 분모 값 간의 차를 분수로 나타내어 와 비교한다.

유형 공략 문제

난이도 ★★★☆☆ **권장 풀이 시간:** 2분 30초 **나의 풀이 시간:** ____분 ____초

01. 다음 <표>는 '갑'도매시장에서 출하되는 4개 농산물의 수송 방법별 운송량에 관한 자료이다. 이에 대한 <보기>의 설명 중 옳은 것만을 모두 고르면? 22 5급공채

<표> 4개 농산물의 수송 방법별 운송량

(단위: 톤)

수송 방법 \ 농산물	쌀	밀	콩	보리	합계
도로	10,600	16,500	400	2,900	30,400
철도	5,800	7,500	600	7,100	21,000
해운	1,600	3,000	4,000	2,000	10,600

※ '갑'도매시장 농산물 수송 방법은 도로, 철도, 해운으로만 구성됨.

〈보기〉

ㄱ. 농산물별 해운 운송량이 각각 100톤씩 증가하면 4개 농산물 해운 운송량의 평균은 2,750톤이다.

ㄴ. 보리의 수송 방법별 운송량이 각각 50%씩 감소하고 콩의 수송 방법별 운송량이 각각 100%씩 증가하더라도, 4개 농산물 전체 운송량에는 변동이 없다.

ㄷ. 도로 운송량이 많은 농산물일수록 해당 농산물의 운송량 중 도로 운송량이 차지하는 비중이 더 크다.

ㄹ. 해운 운송량이 적은 농산물일수록 해당 농산물의 운송량 중 해운 운송량이 차지하는 비중이 더 작다.

① ㄱ, ㄷ

② ㄱ, ㄹ

③ ㄴ, ㄷ

④ ㄴ, ㄹ

⑤ ㄷ, ㄹ

꼼꼼 풀이 노트

권장 풀이 시간에 맞춰 문제를 풀어본 후, 꼼꼼 풀이 노트로 정리해보세요.

■ 출제 포인트

예) 실수 자료, 분수의 대소 비교

■ 선택지 분석

예) ㄱ. 평균

ㄴ. 증감량(증감률)

ㄷ. 비중

ㄹ. 비중

꼼꼼 풀이 노트

권장 풀이 시간에 맞춰 문제를 풀어본 후, 꼼꼼 풀이 노트로 정리해보세요.

■ 출제 포인트

■ 선택지 분석

난이도 ★★★☆☆ 권장 풀이 시간: 2분 30초 나의 풀이 시간: _____분 _____초

02. 다음 <표>는 2017~2021년 '갑'국의 불법체류외국인 현황에 관한 자료이다. 이에 대한 설명으로 옳은 것은?

22 5급공채

<표 1> 연도별 체류외국인 현황

(단위: 명, %)

구분 / 연도	체류 외국인	불법체류 외국인	체류유형별 구성비			
			단기체류 외국인	등록 외국인	외국국적동포 국내거소 신고자	전체
2017	1,797,618	208,778	54.0	45.0	1.0	100.0
2018	1,899,519	214,168	59.8	39.7	0.5	100.0
2019	2,049,441	208,971	63.5	36.0	0.5	100.0
2020	2,180,498	251,041	66.6	33.0	0.4	100.0
2021	2,367,607	355,126	74.4	25.4	0.3	100.0

※ 체류외국인은 불법체류외국인과 합법체류외국인으로 구분됨.

<표 2> 체류자격별 불법체류외국인 현황

(단위: 명, %)

체류자격 / 연도	2017	2018	2019	2020	2021	
						구성비
사증면제	46,117	56,307	63,319	85,196	162,083	45.6
단기방문	45,746	47,373	46,041	56,331	67,157	18.9
비전문취업	52,760	49,272	45,567	46,618	47,373	13.3
관광통과	15,899	19,658	19,038	20,662	30,028	8.5
일반연수	4,816	4,425	4,687	7,209	12,613	3.6
기타	43,440	37,133	30,319	35,025	35,872	10.1
전체	208,778	214,168	208,971	251,041	355,126	100.0

※ 체류자격은 불법체류외국인의 입국 당시 체류자격을 의미함.

<표 3> 국적별 불법체류외국인 현황

(단위: 명, %)

국적 / 연도	2017	2018	2019	2020	2021	
						구성비
A	53,689	61,943	65,647	81,129	153,485	43.2
B	79,717	76,757	65,379	75,507	85,964	24.2
C	36,338	35,987	37,410	44,371	56,950	16.0
D	16,814	17,698	19,694	25,399	30,813	8.7
기타	22,220	21,783	20,841	24,635	27,914	7.9
전체	208,778	214,168	208,971	251,041	355,126	100.0

① 2020년 대비 2021년 불법체류외국인 증가인원 중에서 국적이 A인 불법체류외국인이 차지하는 비중은 60% 이상이다.

② 체류유형이 등록외국인인 불법체류외국인의 수는 매년 감소한다.

③ 불법체류외국인 수가 많은 상위 3개 체류자격을 그 수가 큰 것부터 순서대로 나열하면 사증면제, 단기방문, 비전문취업 순으로 매년 동일하다.

④ 체류외국인 대비 불법체류외국인 비중은 매년 증가한다.

⑤ 2021년 체류외국인은 전년 대비 10% 이상 증가하였다.

꼼꼼 풀이 노트

권장 풀이 시간에 맞춰 문제를 풀어본 후, 꼼꼼 풀이 노트로 정리해보세요.

■ 출제 포인트

■ 선택지 분석

난이도 ★★☆☆☆ **권장 풀이 시간:** 2분 **나의 풀이 시간:** _____분 _____초

03. 다음 <표>는 '갑'지역 조사 대상지에 대한 A, B 두 기관의 토지피복 분류 결과를 상호비교한 것이다. 이에 대한 설명으로 옳은 것은?

20 5급공채

<표> 토지피복 분류 결과

(단위: 개소)

			B기관						
	대분류		농업지역		산림지역			수체지역	소계
		세부분류	논	밭	침엽수림	활엽수림	혼합림	하천	
A기관	농업지역	논	840	25	30	55	45	35	1,030
		밭	50	315	20	30	30	15	460
	산림지역	침엽수림	85	50	5,230	370	750	20	6,505
		활엽수림	70	25	125	3,680	250	25	4,175
		혼합림	40	30	120	420	4,160	20	4,790
	수체지역	하천	10	15	0	15	20	281	341
	소계		1,095	460	5,525	4,570	5,255	396	17,301

① A기관이 밭으로 분류한 대상지 중 B기관이 혼합림으로 분류한 대상지의 비율은, B기관이 밭으로 분류한 대상지 중 A기관이 혼합림으로 분류한 대상지의 비율과 같다.

② B기관이 침엽수림으로 분류한 대상지 중 10% 이상을 A기관은 다른 세부분류로 분류하였다.

③ B기관이 논으로 분류한 대상지 중 A기관도 논으로 분류한 대상지의 비율은, A기관이 논으로 분류한 대상지 중 B기관도 논으로 분류한 대상지의 비율과 같다.

④ 두 기관 모두 산림지역으로 분류한 대상지 중 두 기관 모두 활엽수림으로 분류한 대상지가 차지하는 비율은 30% 이상이다.

⑤ 두 기관 모두 농업지역으로 분류한 대상지 중 두 기관이 서로 다른 세부분류로 분류한 대상지가 차지하는 비율은, A 또는 B기관이 하천으로 분류한 대상지 중 두 기관 모두 하천으로 분류한 대상지의 비율보다 크다.

난이도 ★★☆☆☆ 권장 풀이 시간: 2분 나의 풀이 시간: ____분 ____초

04. 다음 <그림>은 2015~2018년 사용자별 사물인터넷 관련 지출액에 관한 자료이다. 이에 대한 설명으로 옳지 않은 것은? 19 5급공채

<그림> 사물인터넷 관련 지출액

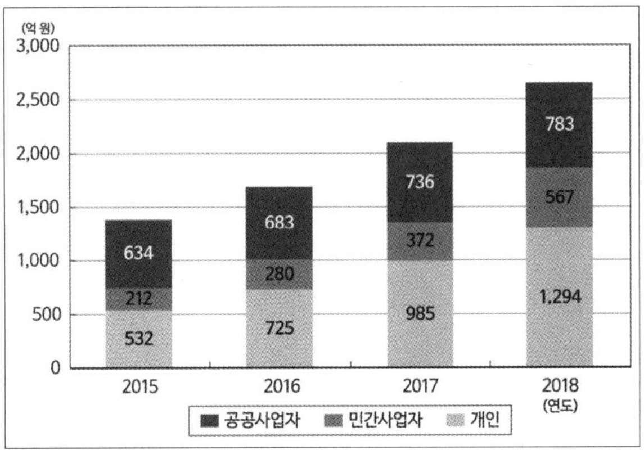

※ 사용자는 공공사업자, 민간사업자, 개인으로만 구성됨.

① 2016~2018년 동안 '공공사업자' 지출액의 전년대비 증가폭이 가장 큰 해는 2017년이다.

② 2018년 사용자별 지출액의 전년대비 증가율은 '개인'이 가장 높다.

③ 2016~2018년 동안 사용자별 지출액의 전년대비 증가율은 매년 '공공사업자'가 가장 낮다.

④ '공공사업자'와 '민간사업자'의 지출액 합은 매년 '개인'의 지출액보다 크다.

⑤ 2018년 모든 사용자의 지출액 합은 2015년 대비 80% 이상 증가하였다.

꼼꼼 풀이 노트

권장 풀이 시간에 맞춰 문제를 풀어본 후, 꼼꼼 풀이 노트로 정리해보세요.

■ 출제 포인트

■ 선택지 분석

꼼꼼 풀이 노트

권장 풀이 시간에 맞춰 문제를 풀어본 후,
꼼꼼 풀이 노트로 정리해보세요.

■ 출제 포인트

■ 선택지 분석

난이도 ★★★☆☆ **권장 풀이 시간:** 2분 30초 **나의 풀이 시간:** _____분 _____초

05. 다음 <표>는 '갑'마을의 2013~2022년 인구 및 가구 변화에 관한 자료이다. 이에 대한 설명으로 옳지 않은 것은? 23 5급공채

<표> 인구 및 가구 변화

(단위: 명, 가구)

구분 연도	남성 인구	여성 인구	외국인 인구	고령 인구	가구
2013	209	184	21	30	142
2014	249	223	22	34	169
2015	271	244	24	37	185
2016	280	252	26	38	190
2017	287	257	27	40	193
2018	289	261	25	42	196
2019	294	264	28	44	198
2020	303	270	32	46	204
2021	333	297	33	47	226
2022	356	319	35	53	246

※ 총인구 = 남성 인구 + 여성 인구

① 가구당 여성 인구는 2015년 이후 매년 감소하였다.
② 전년 대비 2022년 고령 인구 증가율은 전년 대비 2022년 총인구 증가율보다 높다.
③ 전년 대비 외국인 인구가 감소한 해와 전년 대비 총인구 증가폭이 가장 작은 해는 같다.
④ 전년 대비 총인구 증가율은 2014년이 가장 높다.
⑤ 전년 대비 가구 수 증가폭이 가장 큰 해와 전년 대비 남성 인구 증가폭이 가장 큰 해는 같다.

난이도 ★★★☆☆ 권장 풀이 시간: 2분 30초 나의 풀이 시간: _____분 _____초

06. 다음 <표>는 2020년 기준 글로벌 전기차 시장 점유율 상위 10개 업체의 2015~2020년 전기차 판매량에 관한 자료이다. 이에 대한 <보고서>의 설명 중 옳은 것만을 모두 고르면?

22 5급공채

<표> 2020년 기준 글로벌 전기차 시장 점유율 상위 10개 업체의 전기차 판매량 및 시장 점유율

(단위: 대, %)

업체 \ 연도	2015	2016	2017	2018	2019	2020
T사	43,840 (15.9)	63,479 (14.4)	81,161 (10.8)	227,066 (17.4)	304,353 (19.8)	458,385 (22.1)
G사	2,850 (1.0)	3,718 (0.8)	39,454 (5.2)	56,294 (4.3)	87,936 (5.7)	218,626 (10.6)
V사	5,190 (1.9)	12,748 (2.9)	18,424 (2.5)	24,093 (1.8)	69,427 (4.5)	212,959 (10.3)
R사	60,129 (21.8)	78,048 (17.7)	85,308 (11.3)	140,441 (10.8)	143,780 (9.4)	184,278 (8.9)
H사	1,364 (0.5)	6,460 (1.5)	26,841 (3.6)	53,138 (4.1)	98,737 (6.4)	146,153 (7.1)
B사	9,623 (3.5)	46,909 (10.6)	42,715 (5.7)	103,263 (7.9)	147,185 (9.6)	130,970 (6.3)
S사	412 (0.1)	1,495 (0.3)	10,490 (1.4)	34,105 (2.6)	52,547 (3.4)	68,924 (3.3)
P사	1,543 (0.6)	5,054 (1.1)	4,640 (0.6)	8,553 (0.7)	6,855 (0.4)	67,446 (3.3)
A사	–	–	–	15 (0.0)	40,272 (2.6)	60,135 (2.9)
W사	–	–	–	5,245 (0.4)	38,865 (2.5)	56,261 (2.7)

※ 괄호 안의 수치는 글로벌 전기차 시장에서 해당 업체의 판매량 기준 점유율임.

〈보고서〉

2020년 글로벌 전기차 시장에서 판매량 기준 업체별 순위는 T사, G사, V사, R사, H사 순이었다. ㉠H사의 2020년 전기차 판매량은 2016년 대비 20배 이상이었으며, 시장 점유율은 7.1%였다. ㉡H사의 전기차 판매량 순위는 2015년 7위에서 2016년 5위로 상승하였으며, 2019년에는 4위로 오른 후 2020년에 다시 5위를 기록하였다. T사는 2020년 약 45만 8천 대로 가장 많은 전기차를 판매한 업체였다. ㉢T사의 전기차 판매량이 2016년 이후 전년 대비 가장 많이 증가한 해에는 시장 점유율도 전년 대비 가장 많이 증가하였다. 한편, G사는 2020년 약 21만 9천 대의 전기차를 판매하였는데, 이 중 81.4%인 약 17만 8천 대가 중국에서 판매되었다. V사는 2020년 다양한 모델을 출시하여 시장 점유율을 확대하였는데, ㉣V사의 2020년 전기차 판매량은 전년 대비 14만 대 이상 증가하여 전기차 판매량 상위 10개 업체 중 판매량 증가율이 가장 높았다.

① ㄱ
② ㄱ, ㄴ
③ ㄱ, ㄹ
④ ㄴ, ㄷ
⑤ ㄴ, ㄷ, ㄹ

꼼꼼 풀이 노트

권장 풀이 시간에 맞춰 문제를 풀어본 후, 꼼꼼 풀이 노트로 정리해보세요.

■ 출제 포인트

■ 선택지 분석

꼼꼼 풀이 노트

권장 풀이 시간에 맞춰 문제를 풀어본 후, 꼼꼼 풀이 노트로 정리해보세요.

■ 출제 포인트

■ 선택지 분석

난이도 ★★☆☆☆ 권장 풀이 시간: 2분 나의 풀이 시간: ____분 ____초

07. 다음 <표>는 '갑'국의 교역대상국(A~F)별 2022년 7월 해상 수출 및 수입 운송비용에 관한 자료이다. 이에 대한 <보기>의 설명 중 옳은 것만을 모두 고르면? 23 5급공채

<표> 2022년 7월 해상 수출 및 수입 운송비용

(단위: 백만 원, %)

구분	수출			수입		
교역대상국	운송비용	전월 대비 증가율	전년 동월 운송비용	운송비용	전월 대비 증가율	전년 동월 운송비용
A	14,077	−0.1	9,734	3,298	−6.3	2,663
B	14,337	−5.2	8,744	3,141	14.7	1,762
C	13,103	−3.7	8,352	2,335	9.5	2,307
D	1,266	5.2	1,006	2,991	5.8	2,093
E	1,106	3.7	1,306	1,658	9.7	1,017
F	2,480	5.9	1,190	2,980	2.8	1,997

〈보기〉

ㄱ. 2022년 7월 수입 운송비용은 각 교역대상국에 대해 전년 동월 대비 증가하였다.

ㄴ. 2021년 7월 수출 운송비용이 많은 교역대상국일수록 2022년 7월 수출 운송비용도 많다.

ㄷ. 2022년 7월, 수입 운송비용의 전월 대비 증가율이 가장 높은 교역대상국과 수입 운송비용의 전년 동월 대비 증가율이 가장 높은 교역대상국은 같다.

ㄹ. 2022년 6월, 수출 운송비용이 수입 운송비용보다 많은 교역대상국은 2개이다.

① ㄱ, ㄷ

② ㄱ, ㄹ

③ ㄴ, ㄷ

④ ㄴ, ㄹ

⑤ ㄷ, ㄹ

난이도 ★★★☆☆ **권장 풀이 시간:** 2분 30초 **나의 풀이 시간:** _____분 _____초

08. 다음 <표>와 <그림>은 2013년 '갑'국의 자동차 매출에 관한 자료이다. 이에 대한 설명으로 옳은 것은?

17 5급공채

<표> 2013년 10월 월매출액 상위 10개 자동차의 매출 현황

(단위: 억 원, %)

순위	자동차	월매출액		
			시장점유율	전월대비 증가율
1	A	1,139	34.3	60
2	B	1,097	33.0	40
3	C	285	8.6	50
4	D	196	5.9	50
5	E	154	4.6	40
6	F	149	4.5	20
7	G	138	4.2	50
8	H	40	1.2	30
9	I	30	0.9	150
10	J	27	0.8	40

※ 시장점유율(%) = $\frac{\text{해당 자동차 월매출액}}{\text{전체 자동차 월매출 총액}} \times 100$

<그림> 2013년 I 자동차 누적매출액

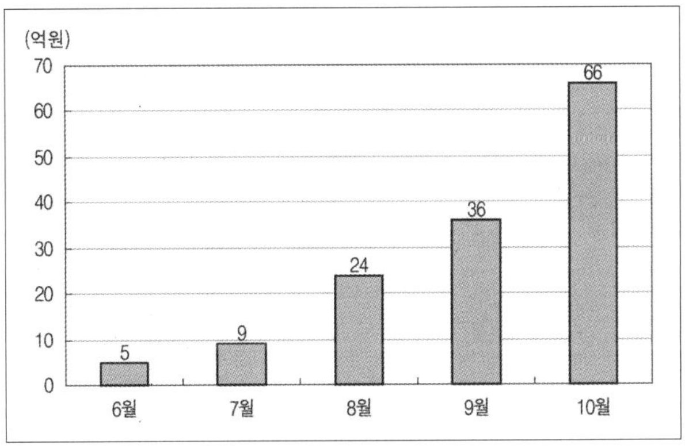

※ 월매출액은 해당 월 말에 집계됨.

① 2013년 9월 C 자동차의 월매출액은 200억 원 이상이다.

② 2013년 10월 월매출액 상위 5개 자동차의 순위는 전월과 동일하다.

③ 2013년 6월부터 2013년 9월 중 I 자동차의 월매출액이 가장 큰 달은 9월이다.

④ 2013년 10월 월매출액 상위 5개 자동차의 10월 월매출액 기준 시장점유율은 80% 이하이다.

⑤ 2013년 10월 '갑'국의 전체 자동차 매출액 총액은 4,000억 원 이하이다.

꼼꼼 풀이 노트

권장 풀이 시간에 맞춰 문제를 풀어본 후, 꼼꼼 풀이 노트로 정리해보세요.

■ 출제 포인트

■ 선택지 분석

꼼꼼 풀이 노트

권장 풀이 시간에 맞춰 문제를 풀어본 후, 꼼꼼 풀이 노트로 정리해보세요.

■ 출제 포인트

■ 선택지 분석

난이도 ★★★☆☆ 권장 풀이 시간: 2분 30초 나의 풀이 시간: _____분 _____초

09. 다음 <표>는 2014년 우리나라의 전자상거래물품 수입통관 현황에 대한 자료이다. 이에 대한 <보고서>의 설명 중 옳지 않은 것은? 19 5급공채

<표 1> 1회당 구매금액별 전자상거래물품 수입통관 현황

(단위: 천 건)

1회당 구매금액	수입통관 건수
50달러 이하	3,885
50달러 초과 100달러 이하	5,764
100달러 초과 150달러 이하	4,155
150달러 초과 200달러 이하	1,274
200달러 초과 1,000달러 이하	400
1,000달러 초과	52
합계	15,530

<표 2> 품목별 전자상거래물품 수입통관 현황

(단위: 천 건)

구분 / 품목	일반·간이 신고	목록통관	합
의류	524	2,438	2,962
건강식품	2,113	0	2,113
신발	656	1,384	2,040
기타식품	1,692	0	1,692
화장품	883	791	1,674
핸드백	869	395	1,264
완구인형	249	329	578
가전제품	89	264	353
시계	195	132	327
서적류	25	132	157
기타	1,647	723	2,370
전체	8,942	6,588	15,530

<보고서>

2014년 우리나라의 전자상거래물품 수입통관 현황을 ㉠1회당 구매금액별로 보았을 때, '50달러 초과 100달러 이하'인 수입통관 건수의 비중이 전체의 35% 이상으로 가장 크고, '50달러 이하'가 25%, '100달러 초과 150달러 이하'가 27%, '150달러 초과 200달러 이하'가 8%였다. 그리고 ㉡1회당 구매금액이 200달러 이하인 전자상거래물품의 수입통관 총 건수가 200달러 초과인 수입통관 총 건수의 30배 이상으로, 국내 소비자들은 대부분 200달러 이하의 소액물품 위주로 구입하고 있는 것으로 나타났다. '1,000달러 초과' 고가물품의 경우, 전체의 0.3% 정도로 비중은 작았으나 총 5만 2천 건 규모로 2009년 대비 767% 증가하며 전체 해외 직접 구매 증가 수준(330%)에 비해 상대적으로 2009년에 비해 크게 증가한 것으로 나타났다. 이는 최근 세금을 내더라도 가격차이 및 제품 다양성 등으로 인해 고가의 물품을 구매하는 경우가 증가하고 있기 때문으로 분석된다.

㉢품목별 수입통관 건수의 비중은 '의류'가 전체 수입통관 건수의 15% 이상으로 가장 크고, 그 다음으로 기타를 제외하고 '건강식품', '신발' 순이었다. ㉣'핸드백', '가전제품', '시계'의 3가지 품목의 수입통관 건수의 합은 전체의 12% 이상을 차지하였다. ㉤수입통관을 일반·간이 신고로 한 물품 중에서 식품류('건강식품'과 '기타식품') 건수는 절반 이상을 차지하였다.

① ㄱ

② ㄴ

③ ㄷ

④ ㄹ

⑤ ㅁ

꼼꼼 풀이 노트

권장 풀이 시간에 맞춰 문제를 풀어본 후, 꼼꼼 풀이 노트로 정리해보세요.

■ 출제 포인트

■ 선택지 분석

난이도 ★★★☆☆　　권장 풀이 시간: 2분 30초　　나의 풀이 시간: ____분 ____초

10. 다음 <표>는 A시의 2016~2020년 버스 유형별 노선 수와 차량대수에 관한 자료이다. 이에 대한 <보고서>의 내용 중 옳은 것만을 고르면?

21 5급공채

<표> 2016~2020년 버스 유형별 노선 수와 차량대수

(단위: 개, 대)

유형 / 구분 / 연도	간선버스		지선버스		광역버스		순환버스		심야버스	
	노선 수	차량대수	노선 수	차량대수	노선 수	차량대수	노선 수	차량대수	노선 수	차량대수
2016	122	3,703	215	3,462	11	250	4	25	9	45
2017	121	3,690	214	3,473	11	250	4	25	8	47
2018	122	3,698	211	3,474	11	249	3	14	8	47
2019	122	3,687	207	3,403	10	247	3	14	9	70
2020	124	3,662	206	3,406	10	245	3	14	11	78

※ 버스 유형은 간선버스, 지선버스, 광역버스, 순환버스, 심야버스로만 구성됨.

〈보고서〉

㉠2017~2020년 A시 버스 총노선 수와 총차량대수는 각각 매년 감소하고 있으며, ㉡전년 대비 감소폭은 총노선 수와 총차량대수 모두 2019년이 가장 크다. 이는 A시 버스 이용객의 감소와 버스 노후화로 인한 감차가 이루어져 나타난 결과로 볼 수 있다. ㉢2019년 심야버스는 버스 유형 중 유일하게 전년에 비해 차량대수가 증가하였고 전년 대비 차량대수 증가율은 45%를 상회하였다. 이는 심야시간 버스 이용객의 증가로 인해 나타난 것으로 볼 수 있다. ㉣2016~2020년 동안 노선 수 대비 차량대수 비는 간선버스가 매년 가장 크다. 이는 간선버스가 차량운행거리가 길고 배차시간이 짧다는 특성이 반영된 것으로 볼 수 있다. 마지막으로 ㉤2016~2020년 동안 노선 수 대비 차량대수 비는 심야버스가 순환버스보다 매년 크다.

① ㄱ, ㄴ, ㄷ

② ㄱ, ㄹ, ㅁ

③ ㄴ, ㄷ, ㄹ

④ ㄴ, ㄷ, ㅁ

⑤ ㄷ, ㄹ, ㅁ

난이도 ★★★☆☆　　권장 풀이 시간: 2분 30초　　나의 풀이 시간: ____분 ____초

11. 다음 <표>는 2011~2015년 군 장병 1인당 1일 급식비와 조리원 충원인원에 관한 자료이다. 이에 대한 설명으로 옳지 않은 것은? 18 5급공채

<표> 군 장병 1인당 1일 급식비와 조리원 충원인원

구분 \ 연도	2011	2012	2013	2014	2015
1인당 1일 급식비(원)	5,820	6,155	6,432	6,848	6,984
조리원 충원인원(명)	1,767	1,924	2,024	2,123	2,195
전년대비 물가상승률(%)	5	5	5	5	5

※ 2011~2015년 동안 군 장병 수는 동일함.

① 2012년 이후 군 장병 1인당 1일 급식비의 전년대비 증가율이 가장 큰 해는 2014년이다.

② 2012년의 조리원 충원인원이 목표 충원인원의 88%라고 할 때, 2012년의 조리원 목표 충원인원은 2,100명보다 많다.

③ 2012년 이후 조리원 충원인원의 전년대비 증가율은 매년 감소한다.

④ 2011년 대비 2015년의 군 장병 1인당 1일 급식비의 증가율은 2011년 대비 2015년의 물가상승률보다 낮다.

⑤ 군 장병 1인당 1일 급식비의 5년(2011~2015년) 평균은 2013년 군 장병 1인당 1일 급식비보다 작다.

꼼꼼 풀이 노트

권장 풀이 시간에 맞춰 문제를 풀어본 후, 꼼꼼 풀이 노트로 정리해보세요.

■ 출제 포인트

■ 선택지 분석

꼼꼼 풀이 노트

권장 풀이 시간에 맞춰 문제를 풀어본 후, 꼼꼼 풀이 노트로 정리해보세요.

■ 출제 포인트

■ 선택지 분석

난이도 ★★★☆☆ 권장 풀이 시간: 2분 30초 나의 풀이 시간: ____분 ____초

12. 다음 <표>는 '갑'시 자격시험 접수, 응시 및 합격자 현황이다. 이에 대한 설명으로 옳은 것은?

18 5급공채

<표> '갑'시 자격시험 접수, 응시 및 합격자 현황

(단위: 명)

구분	종목	접수	응시	합격
산업기사	치공구설계	28	22	14
	컴퓨터응용가공	48	42	14
	기계설계	86	76	31
	용접	24	11	2
	전체	186	151	61
기능사	기계가공조립	17	17	17
	컴퓨터응용선반	41	34	29
	웹디자인	9	8	6
	귀금속가공	22	22	16
	컴퓨터응용밀링	17	15	12
	전산응용기계제도	188	156	66
	전체	294	252	146

※ 1) 응시율(%) = $\frac{\text{응시자수}}{\text{접수자수}} \times 100$

2) 합격률(%) = $\frac{\text{합격자수}}{\text{응시자수}} \times 100$

① 산업기사 전체 합격률은 기능사 전체 합격률보다 높다.

② 산업기사 종목을 합격률이 높은 것부터 순서대로 나열하면 치공구설계, 컴퓨터응용가공, 기계설계, 용접 순이다.

③ 산업기사 전체 응시율은 기능사 전체 응시율보다 낮다.

④ 산업기사 종목 중 응시율이 가장 낮은 것은 컴퓨터응용가공이다.

⑤ 기능사 종목 중 응시율이 높은 종목일수록 합격률도 높다.

난이도 ★★★☆☆ 권장 풀이 시간: 2분 30초 나의 풀이 시간: _____분 _____초

13. 다음 <표>는 2014~2016년 추석연휴 교통사고에 관한 자료이다. 이에 대한 <보고서>의 설명 중 옳은 것만을 모두 고르면? 17 5급공채

<표 1> 추석연휴 및 평소 주말교통사고 현황

(단위: 건, 명)

구분	추석연휴 하루평균			평소 주말 하루평균		
	사고	부상자	사망자	사고	부상자	사망자
전체교통사고	487.4	885.1	11.0	581.7	957.3	12.9
졸음운전사고	7.8	21.1	0.6	8.2	17.1	0.3
어린이사고	45.4	59.4	0.4	39.4	51.3	0.3

※ 2014~2016년 동안 평균 추석연휴기간은 4.7일이었으며, 추석연휴에 포함된 주말의 경우 평소 주말 통계에 포함시키지 않음.

<표 2> 추석 전후 일자별 하루평균 전체교통사고 현황

(단위: 건, 명)

구분	추석연휴전날	추석전날	추석당일	추석다음날
사고	822.0	505.3	448.0	450.0
부상자	1,178.0	865.0	1,013.3	822.0
사망자	17.3	15.3	10.0	8.3

〈보고서〉

2014~2016년 추석 전후 발생한 교통사고를 분석한 결과, 추석연휴전날에 교통사고가 많이 발생한 것으로 나타났다. ㉠추석연휴전날에는 평소 주말보다 하루평균 사고건수는 240.3건, 부상자 수는 220.7명 많았고, 사망자 수는 30% 이상 많은 것으로 나타났다. ㉡교통사고 건당 부상자 수와 교통사고 건당 사망자 수는 각각 추석당일이 추석전날보다 많았다.

㉢졸음운전사고를 살펴보면, 추석연휴 하루평균 사고건수는 평소 주말보다 적었으나 추석연휴 하루평균 부상자 수와 사망자 수는 평소 주말보다 각각 많았다. 특히 ㉣졸음운전사고의 경우 평소 주말 대비 추석연휴 하루평균 사망자의 증가율은 하루평균 부상자의 증가율의 10배 이상이었다. 시간대별로는 졸음운전사고가 14~16시에 가장 많이 발생했다.

㉤어린이사고의 경우 평소 주말보다 추석연휴 하루평균 사고건수는 6.0건, 부상자 수는 8.1명, 사망자 수는 0.1명 많은 것으로 나타났다.

① ㄱ, ㄴ, ㄹ
② ㄱ, ㄷ, ㄹ
③ ㄱ, ㄷ, ㅁ
④ ㄴ, ㄴ, ㅁ
⑤ ㄴ, ㄹ, ㅁ

꼼꼼 풀이 노트

권장 풀이 시간에 맞춰 문제를 풀어본 후, 꼼꼼 풀이 노트로 정리해보세요.

■ 출제 포인트

■ 선택지 분석

꼼꼼 풀이 노트

권장 풀이 시간에 맞춰 문제를 풀어본 후, 꼼꼼 풀이 노트로 정리해보세요.

■ 출제 포인트

■ 선택지 분석

난이도 ★★★☆☆ 권장 풀이 시간: 2분 30초 나의 풀이 시간: _____분 _____초

14. 다음 <표>는 일본에서 조사한 1897~1910년 대한제국의 무역에 관한 자료이다. 이에 대한 <보기>의 설명 중 옳은 것만을 모두 고르면? 16 5급공채

<표 1> 1897~1910년 무역상대국별 수출액

(단위: 천 엔)

연도 \ 국가	일본	청	러시아	기타	전체
1897	8,090	736	148	0	8,974
1898	4,523	1,130	57	0	5,710
1899	4,205	685	107	0	4,997
1900	7,232	1,969	239	0	9,440
1901	7,443	821	261	17	8,542
1902	6,660	1,555	232	21	8,468
1903	7,666	1,630	310	63	9,669
1904	5,800	1,672	3	56	7,531
1905	5,546	2,279	20	72	7,917
1906	7,191	1,001	651	60	8,903
1907	12,919	3,220	787	58	16,984
1908	10,916	2,247	773	177	14,113
1909	12,053	3,203	785	208	16,249
1910	15,360	3,026	1,155	373	19,914

<표 2> 1897~1910년 무역상대국별 수입액

(단위: 천 엔)

연도 \ 국가	일본	청	러시아	기타	전체
1897	6,432	3,536	100	0	10,068
1898	6,777	4,929	111	0	11,817
1899	6,658	3,471	98	0	10,227
1900	8,241	2,582	117	0	10,940
1901	9,110	5,639	28	0	14,777
1902	8,664	4,851	21	157	13,693
1903	11,685	5,648	128	950	18,411
1904	19,255	5,403	165	2,580	27,403
1905	24,041	6,463	111	2,357	32,972
1906	23,223	4,394	56	2,632	30,305
1907	29,524	5,641	67	6,379	41,611
1908	23,982	4,882	45	12,116	41,025
1909	21,821	4,473	44	10,310	36,648
1910	25,238	3,845	18	10,681	39,782

〈보기〉

ㄱ. 전체 수입액이 가장 큰 해의 러시아 상대 수출액은 전년대비 20% 이상 증가한다.
ㄴ. 전체 수출액에서 기타가 차지하는 비중은 1901년 이후 매년 높아진다.
ㄷ. 1898~1910년 동안 청으로부터의 수입액이 전년보다 큰 모든 해에 전체 수입액도 전년보다 크다.
ㄹ. 전체 수출액과 전체 수입액 각각에서 일본이 차지하는 비중은 매년 60% 이상이다.

① ㄱ, ㄴ
② ㄱ, ㄷ
③ ㄴ, ㄷ
④ ㄴ, ㄹ
⑤ ㄱ, ㄷ, ㄹ

꼼꼼 풀이 노트

권장 풀이 시간에 맞춰 문제를 풀어본 후, 꼼꼼 풀이 노트로 정리해보세요.

■ 출제 포인트

■ 선택지 분석

난이도 ★★★☆☆ **권장 풀이 시간:** 2분 30초 **나의 풀이 시간:** ____분 ____초

15. 다음 <그림>은 A기업의 2011년과 2012년 자산총액의 항목별 구성비를 나타낸 자료이다. 이에 대한 <보기>의 설명 중 옳은 것만을 모두 고르면? 17 5급공채

<그림> 자산총액의 항목별 구성비

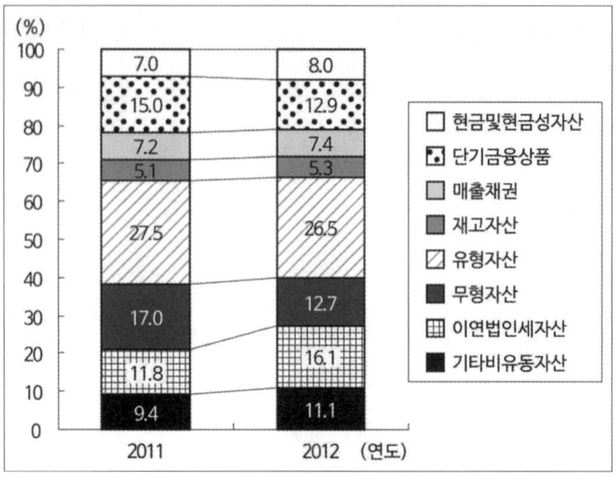

※ 1) 자산총액은 2011년 3,400억 원, 2012년 2,850억 원임.
2) 유동자산 = 현금및현금성자산 + 단기금융상품 + 매출채권 + 재고자산

〈보기〉

ㄱ. 2011년 항목별 금액의 순위가 2012년과 동일한 항목은 4개이다.
ㄴ. 2011년 유동자산 중 '단기금융상품'의 구성비는 45% 미만이다.
ㄷ. '현금및현금성자산' 금액은 2012년이 2011년보다 크다.
ㄹ. 2011년 대비 2012년에 '무형자산' 금액은 4.3% 감소하였다.

① ㄱ, ㄴ
② ㄱ, ㄷ
③ ㄴ, ㄷ
④ ㄱ, ㄴ, ㄹ
⑤ ㄴ, ㄷ, ㄹ

난이도 ★★★☆☆ 권장 풀이 시간: 2분 30초 나의 풀이 시간: _____분 _____초

16. 다음 <표>는 2013년 '갑'국의 식품 수입액 및 수입건수 상위 10개 수입상대국 현황을 나타낸 자료이다. 이에 대한 설명 중 옳은 것은? 16 5급공채

<표> 2013년 '갑'국의 식품 수입액 및 수입건수 상위 10개 수입상대국 현황

(단위: 조 원, 건, %)

수입액				수입건수			
순위	국가	금액	점유율	순위	국가	건수	점유율
1	중국	3.39	21.06	1	중국	104,487	32.06
2	미국	3.14	19.51	2	미국	55,980	17.17
3	호주	1.10	6.83	3	일본	15,884	4.87
4	브라질	0.73	4.54	4	프랑스	15,883	4.87
5	태국	0.55	3.42	5	이탈리아	15,143	4.65
6	베트남	0.50	3.11	6	태국	12,075	3.70
7	필리핀	0.42	2.61	7	독일	11,699	3.59
8	말레이시아	0.36	2.24	8	베트남	10,558	3.24
9	영국	0.34	2.11	9	영국	7,595	2.33
10	일본	0.17	1.06	10	필리핀	7,126	2.19
–	기타국가	5.40	33.53	–	기타국가	69,517	21.33

① 식품의 총 수입액은 17조 원 이상이다.

② 수입액 상위 10개 수입상대국의 식품 수입액 합이 전체 식품 수입액에서 차지하는 비중은 70% 이상이다.

③ 식품 수입액 상위 10개 수입상대국과 식품 수입건수 상위 10개 수입상대국에 모두 속하는 국가 수는 6개이다.

④ 식품 수입건수당 식품 수입액은 중국이 미국보다 크다.

⑤ 중국으로부터의 식품 수입건수는 수입건수 상위 10개 수입상대국으로부터의 식품 수입건수 합의 45% 이하이다.

꼼꼼 풀이 노트

권장 풀이 시간에 맞춰 문제를 풀어본 후, 꼼꼼 풀이 노트로 정리해보세요.

■ 출제 포인트

■ 선택지 분석

꼼꼼 풀이 노트

권장 풀이 시간에 맞춰 문제를 풀어본 후, 꼼꼼 풀이 노트로 정리해보세요.

■ 출제 포인트

■ 선택지 분석

난이도 ★★★☆☆ 권장 풀이 시간: 2분 30초 나의 풀이 시간: _____분 _____초

17. 다음 <표>는 2006~2012년 '갑'국의 문화재 국외반출 허가 및 전시 현황에 관한 자료이다. 이에 대한 설명으로 옳은 것은? 17 5급공채

<표> 문화재 국외반출 허가 및 전시 현황

(단위: 건, 개)

연도	전시건수		국외반출 허가 문화재 수량		
	국가별 전시건수 (국가:건수)	계	지정문화재 (문화재 종류:개수)	비지정 문화재	계
2006	일본:6, 중국:1, 영국:1, 프랑스:1, 호주:1	10	국보:3, 보물:4, 시도지정문화재:1	796	804
2007	일본:10, 미국:5, 그리스:1, 체코:1, 중국:1	18	국보:18, 보물:3, 시도지정문화재:1	902	924
2008	일본:5, 미국:3, 벨기에:1, 영국:1	10	국보:5, 보물:10	315	330
2009	일본:9, 미국:8, 중국:3, 이탈리아:3, 프랑스:2, 영국:2, 독일:2, 포르투갈:1, 네덜란드:1, 체코:1, 러시아:1	33	국보:2, 보물:13	1,399	1,414
2010	일본:9, 미국:5, 영국:2, 러시아:2, 중국:1, 벨기에:1, 이탈리아:1, 프랑스:1, 스페인:1, 브라질:1	24	국보:3, 보물:11	1,311	1,325
2011	미국:3, 일본:2, 호주:2, 중국:1, 타이완:1	9	국보:4, 보물:12	733	749
2012	미국:6, 중국:5, 일본:5, 영국:2, 브라질:1, 독일:1, 러시아:1	21	국보:4, 보물:9	1,430	1,443

※ 1) 지정문화재는 국보, 보물, 시도지정문화재만으로 구성됨.
2) 동일년도에 두 번 이상 전시된 국외반출 허가 문화재는 없음.

① 연도별 국외반출 허가 문화재 수량 중 지정문화재 수량의 비중이 가장 큰 해는 2011년이다.

② 2007년 이후, 연도별 전시건수 중 미국 전시건수 비중이 가장 작은 해에는 프랑스에서도 전시가 있었다.

③ 국가별 전시건수의 합이 10건 이상인 국가는 일본, 미국, 영국이다.

④ 보물인 국외반출 허가 지정문화재의 수량이 가장 많은 해는 전시건 당 국외반출 허가 문화재 수량이 가장 많은 해와 동일하다.

⑤ 2009년 이후, 연도별 전시건수가 많을수록 국외반출 허가 문화재 수량도 많다.

난이도 ★★★☆☆ 권장 풀이 시간: 2분 30초 나의 풀이 시간: _____분 _____초

18. 다음 <표>는 2013~2022년 '갑'국의 농업진흥지역 면적에 관한 자료이다. 이에 대한 <보고서>의 설명 중 옳은 것만을 모두 고르면? 23 7급공채

<표> 2013~2022년 '갑'국의 농업진흥지역 면적

(단위: 만 ha)

구분 / 연도	전체 농지	농업진흥지역		
			논	밭
2013	180.1	91.5	76.9	14.6
2014	175.9	81.5	71.6	9.9
2015	171.5	80.7	71.0	9.7
2016	173.0	80.9	71.2	9.7
2017	169.1	81.1	71.4	9.7
2018	167.9	81.0	71.3	9.7
2019	164.4	78.0	67.9	10.1
2020	162.1	77.7	67.9	9.8
2021	159.6	77.8	68.2	9.6
2022	158.1	77.6	68.7	8.9

〈보고서〉

'갑'국은 우량농지를 보전하고 농지이용률을 높인다는 취지로 농업진흥지역을 지정하고 있다. 그러나, ㉠ 2014년부터 2022년까지 매년 농업진흥지역 면적은 전체 농지 면적의 50% 이하에 그치고 있다. 또한, ㉡ 같은 기간 농업진흥지역 면적은 매년 감소하여, 농업 기반이 취약해지는 것으로 분석된다.

농업진흥지역 면적은 2013년 91.5만 ha에서 2022년 77.6만 ha로 15% 이상 감소했으며, 이는 같은 기간 전체 농지 면적의 감소율보다 크다. 한편, ㉢ 농업진흥지역 면적에서 밭 면적이 차지하는 비중은 2013년 이후 매년 15% 이하이다.

① ㄱ

② ㄴ

③ ㄱ, ㄴ

④ ㄱ, ㄷ

⑤ ㄴ, ㄷ

꼼꼼 풀이 노트

권장 풀이 시간에 맞춰 문제를 풀어본 후, 꼼꼼 풀이 노트로 정리해보세요.

■ 출제 포인트

■ 선택지 분석

꼼꼼 풀이 노트

권장 풀이 시간에 맞춰 문제를 풀어본 후, 꼼꼼 풀이 노트로 정리해보세요.

■ 출제 포인트

■ 선택지 분석

난이도 ★★★☆☆ 권장 풀이 시간: 2분 30초 나의 풀이 시간: _____분 _____초

19. 다음 <표>는 2011~2013년 개인정보분쟁조정위원회에 접수된 개인정보에 대한 분쟁사건 접수유형 및 조정결정 현황에 관한 자료이다. 이에 대한 설명으로 옳지 않은 것은?

15 5급공채

<표 1> 개인정보에 대한 분쟁사건의 접수유형 구성비

(단위: %)

접수유형 \ 연도	2011	2012	2013
이용자 동의 없는 개인정보수집	9.52	11.89	12.14
과도한 개인정보수집	0.79	0.70	2.89
목적 외 이용 및 제3자 제공	15.08	49.65	24.86
개인정보취급자에 의한 훼손·침해·누설	3.17	1.40	2.31
개인정보보호 기술적·관리적 조치 미비	57.14	13.29	15.03
수집 또는 제공받은 목적 달성 후 개인정보 미파기	3.97	6.99	7.51
열람·정정·삭제 또는 처리정지요구 불응	1.59	0.70	7.51
동의철회·열람·정정을 수집보다 쉽게 해야 할 조치 미이행	0.00	0.70	0.58
개인정보·사생활침해 일반	3.17	3.50	1.73
기타	5.57	11.18	25.44

※ 주어진 값은 소수점 아래 셋째 자리에서 반올림한 값임.

<표 2> 개인정보에 대한 분쟁사건 조정결정 현황

(단위: 건)

조정결정 \ 연도			2011	2012	2013
조정 전 합의			21	32	40
위원회 분쟁조정	인용결정	조정성립	30	29	14
		조정불성립	19	15	10
	기각결정		55	20	8
	각하결정		1	47	101
계			126	143	173

※ 조정결정은 접수된 분쟁사건만을 대상으로 하며, 접수된 모든 분쟁사건은 당해년도에 조정결정이 이루어짐.

① '목적 외 이용 및 제3자 제공' 건수는 2012년이 2013년의 2배 이하이다.

② '기타'를 제외한 접수유형 중 '이용자 동의 없는 개인정보수집' 건수는 매년 세 번째로 많다.

③ '위원회 분쟁조정' 대비 '인용결정' 건수의 비율은 매년 하락하였다.

④ 2011년 '인용결정' 대비 '조정불성립' 건수의 비율은 2012년 '위원회 분쟁조정' 대비 '각하결정' 건수의 비율보다 낮다.

⑤ '조정 전 합의' 건수가 분쟁사건 조정결정에서 차지하는 비율은 '목적 외 이용 및 제3자 제공'이 접수유형에서 차지하는 비율보다 매년 낮다.

난이도 ★★★☆☆ 권장 풀이 시간: 2분 30초 나의 풀이 시간: _____분 _____초

20. 다음 <표>와 <그림>은 2008~2011년 연도별 노인돌봄종합서비스 이용 및 매출 현황을 나타낸 자료이다. 이에 대한 설명으로 옳지 않은 것은? 15 5급공채

<표 1> 연도별 전국 노인돌봄종합서비스 이용 현황

구분 \ 연도	2008	2009	2010	2011
이용횟수(건)	104,712	88,794	229,100	253,211
이용자수(명)	11,159	8,421	25,482	28,108
이용시간(시간)	313,989	272,423	775,986	777,718

<그림> 연도별 전국 노인돌봄종합서비스 매출 현황

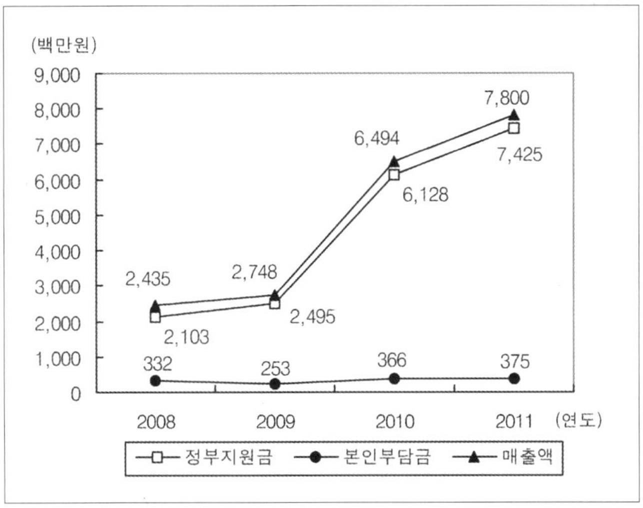

※ 매출액 = 정부지원금 + 본인부담금

<표 2> 연도별 7대 도시 노인돌봄종합서비스 이용자수

(단위: 명)

도시 \ 연도	2008	2009	2010	2011
서울	1,570	2,071	2,626	2,488
부산	1,010	1,295	2,312	2,305
대구	513	960	1,191	1,276
인천	269	624	873	1,017
대전	290	389	777	813
광주	577	530	796	785
울산	150	162	327	415
계	4,379	6,031	8,902	9,099

① 전국 노인돌봄종합서비스의 이용자수 대비 이용횟수가 가장 높은 연도는 2009년이다.

② 전국 노인돌봄종합서비스 매출액에서 본인부담금이 차지하는 비중은 매년 감소하였다.

③ 2008년 서울과 부산의 노인돌봄종합서비스 이용자수 합은 2008년 7대 도시 노인돌봄종합서비스 이용자수 합의 절반 이상이다.

④ 전국 노인돌봄종합서비스의 이용시간 당 매출액은 매년 증가하였다.

⑤ 2010년 7대 도시 중 노인돌봄종합서비스 이용자수의 전년대비 증가율이 가장 큰 도시는 울산이다.

꼼꼼 풀이 노트

권장 풀이 시간에 맞춰 문제를 풀어본 후, 꼼꼼 풀이 노트로 정리해보세요.

■ 출제 포인트

■ 선택지 분석

꼼꼼 풀이 노트

권장 풀이 시간에 맞춰 문제를 풀어본 후, 꼼꼼 풀이 노트로 정리해보세요.

■ 출제 포인트

■ 선택지 분석

난이도 ★★★☆☆ **권장 풀이 시간:** 2분 30초 **나의 풀이 시간:** ____분 ____초

21. 다음 <표>는 '가' 대학 2013학년도 2학기 경영정보학과의 강좌별 성적분포를 나타낸 것이다. 이에 대한 <보기>의 설명 중 옳은 것만을 모두 고르면? 15 5급공채

<표> 2013학년도 2학기 경영정보학과의 강좌별 성적분포

(단위: 명)

분야	강좌	담당 교수	교과목명	A+	A0	B+	B0	C+	C0	D+	D0	F	수강 인원
전공기초	DBA-01	이성재	경영정보론	3	6	7	6	3	2	0	0	0	27
	DBA-02	이민부	경영정보론	16	2	29	0	15	0	0	0	0	62
	DBA-03	정상훈	경영정보론	9	9	17	13	8	10	0	0	0	66
	DEA-01	황욱태	회계학원론	8	6	16	4	9	6	0	0	0	49
전공심화	MIC-01	이향옥	JAVA 프로그래밍	4	2	6	5	2	0	2	0	4	25
	MIG-01	김신재	e-비즈니스 경영	13	0	21	1	7	3	0	0	1	46
	MIH-01	황욱태	IT거버넌스	4	4	7	7	6	0	1	0	0	29
	MIO-01	김호재	CRM	14	0	23	8	2	0	2	0	0	49
	MIP-01	이민부	유비쿼터스 컴퓨팅	14	5	15	2	6	0	0	0	0	42
	MIZ-01	정상훈	정보보안관리	8	8	15	9	2	0	0	0	0	42
	MSB-01	이성재	의사결정 시스템	2	1	4	1	3	2	0	0	1	14
	MSD-01	김신재	프로젝트관리	3	3	6	4	1	1	0	1	0	19
	MSX-01	우희준	소셜네트워크 서비스	9	7	32	7	0	0	0	0	0	55

〈보기〉

ㄱ. A(A+, A0)를 받은 학생 수가 가장 많은 강좌는 전공심화 분야에 속한다.

ㄴ. 전공기초 분야의 강좌당 수강인원은 전공심화 분야의 강좌당 수강인원보다 많다.

ㄷ. 각 강좌별 수강인원 중 A+를 받은 학생의 비율이 가장 낮은 강좌는 황욱태 교수의 강좌이다.

ㄹ. 전공기초 분야에 속하는 각 강좌에서는 A(A+, A0)를 받은 학생 수가 C(C+, C0)를 받은 학생 수보다 많다.

① ㄱ, ㄴ

② ㄱ, ㄷ

③ ㄱ, ㄹ

④ ㄴ, ㄹ

⑤ ㄷ, ㄹ

난이도 ★★★☆☆ **권장 풀이 시간:** 2분 30초 **나의 풀이 시간:** ____분 ____초

22. 다음 <표>는 2011년 A국의 학교급별 특수학급 현황을 나타낸 것이다. 이에 대한 <보기>의 설명 중 옳은 것만을 모두 고르면? 14 5급공채

<표> 2011년 A국의 학교급별 특수학급 현황

(단위: 개교)

학교급	구분	학교 수	장애학생 배치학교 수	특수학급 설치학교 수
초등학교	국공립	5,868	4,596	3,668
	사립	76	16	4
중학교	국공립	2,581	1,903	1,360
	사립	571	309	52
고등학교	국공립	1,335	1,013	691
	사립	948	494	56
전체	국공립	9,784	7,512	5,719
	사립	1,595	819	112

※ 특수학급 설치율(%) = $\frac{\text{특수학급 설치학교 수}}{\text{장애학생 배치학교 수}} \times 100$

〈보기〉

ㄱ. 특수학급 설치율은 국공립초등학교가 사립초등학교보다 4배 이상 높다.
ㄴ. 모든 학교급에서 국공립학교의 특수학급 설치율은 50% 이상이다.
ㄷ. 전체 사립학교와 전체 국공립학교의 특수학급 설치율 차이는 50%p 이상이다.
ㄹ. 학교 수에서 장애학생 배치학교 수가 차지하는 비율은 사립초등학교가 사립고등학교보다 낮다.

① ㄴ, ㄷ
② ㄷ, ㄹ
③ ㄱ, ㄴ, ㄷ
④ ㄱ, ㄴ, ㄹ
⑤ ㄴ, ㄷ, ㄹ

꼼꼼 풀이 노트

권장 풀이 시간에 맞춰 문제를 풀어본 후, 꼼꼼 풀이 노트로 정리해보세요.

■ 출제 포인트

■ 선택지 분석

꼼꼼 풀이 노트

권장 풀이 시간에 맞춰 문제를 풀어본 후, 꼼꼼 풀이 노트로 정리해보세요.

■ 출제 포인트

■ 선택지 분석

난이도 ★★★☆☆ 권장 풀이 시간: 2분 30초 나의 풀이 시간: ____분 ____초

23. 다음 <표>는 2006~2007년 제조업의 1992년 각 동일 분기 대비 노동시간, 산출, 인건비의 비율에 대한 자료이다. 이에 대한 <보기>의 설명 중 옳은 것만을 모두 고르면? 14 5급공채

<표> 1992년 각 동일 분기 대비 제조업의 노동시간, 산출, 인건비의 비율

(단위: %)

연도	분기	노동시간 비율	노동시간당 산출 비율	노동시간당 인건비 비율	1인당 인건비 비율
2006	1	85.3	172.4	170.7	99.0
	2	85.4	172.6	169.5	98.2
	3	84.8	174.5	170.3	97.6
	4	84.0	175.4	174.6	98.3
2007	1	83.5	177.0	176.9	100.0
	2	83.7	178.7	176.4	98.7
	3	83.7	180.6	176.4	97.6
	4	82.8	182.5	179.7	98.5

〈보기〉

ㄱ. 1992년 노동시간당 산출은 매 분기 증가하였다.
ㄴ. 2007년 2분기의 1인당 인건비는 2007년 1분기에 비해 감소하였다.
ㄷ. 2007년 각 분기별 노동시간당 산출은 2006년 동기에 비해 모두 증가하였다.
ㄹ. 2007년 3분기의 노동시간당 인건비는 2006년 동기에 비해 6.1% 증가하였다.

① ㄱ
② ㄷ
③ ㄱ, ㄴ
④ ㄴ, ㄹ
⑤ ㄷ, ㄹ

난이도 ★★★☆☆ 권장 풀이 시간: 2분 30초 나의 풀이 시간: ____분 ____초

24. 다음 <표>는 A국의 전체 산업과 보건복지산업 취업자 현황에 관한 자료이다. 이에 대한 <보기>의 설명 중 옳은 것만을 모두 고르면? 14 5급공채

<표 1> 2009~2010년 전체 산업과 보건복지산업 취업자 수

(단위: 천 명)

산업 \ 연도	2009	2010
전체 산업	23,684	24,752
보건복지산업	1,971	2,127
보건업 및 사회복지서비스업	1,153	1,286
기타 보건복지산업	818	841

<표 2> 2010년 전체 산업과 보건복지산업 종사형태별 취업자 수

(단위: 천 명)

산업 \ 종사형태	상용 근로자	임시 및 일용근로자	무급가족 종사자	기타 근로자 및 종사자	합
전체 산업	10,716	7,004	1,364	5,668	24,752
보건복지산업	1,393	184	76	474	2,127
보건업 및 사회복지서비스업	1,046	90	2	148	1,286
보건업	632	36	1	90	759
사회복지서비스업	414	54	1	58	527
기타 보건복지산업	347	94	74	326	841

<표 3> 2007~2010년 보건복지산업 종사형태별 취업자 수

(단위: 천 명)

종사형태 \ 연도	2007	2008	2009	2010
상용근로자	1,133	1,207	1,231	1,393
임시 및 일용근로자	129	160	169	184
무급가족종사자	68	78	85	76
기타 근로자 및 종사자	415	466	486	474

〈보기〉

ㄱ. 2010년 보건업 취업자 중 상용근로자의 비율은 2010년 보건복지산업 취업자 중 상용근로자의 비율보다 높다.

ㄴ. 보건복지산업의 상용근로자 수 대비 임시 및 일용근로자 수의 비율은 2008~2010년 동안 매년 상승하였다.

ㄷ. 2009년 대비 2010년 취업자 수의 증가율은 전체 산업이 보건복지산업보다 낮다.

ㄹ. 보건업 및 사회복지서비스업 취업자 중 상용근로자의 비율이 2009년과 2010년에 동일하다고 가정하면 2009년 보건업 및 사회복지서비스업에 종사하는 상용근로자는 100만 명 이상이다.

① ㄱ, ㄷ

② ㄱ, ㄹ

③ ㄴ, ㄷ

④ ㄱ, ㄴ, ㄹ

⑤ ㄴ, ㄷ, ㄹ

꼼꼼 풀이 노트

권장 풀이 시간에 맞춰 문제를 풀어본 후, 꼼꼼 풀이 노트로 정리해보세요.

■ 출제 포인트

■ 선택지 분석

꼼꼼 풀이 노트

권장 풀이 시간에 맞춰 문제를 풀어본 후, 꼼꼼 풀이 노트로 정리해보세요.

■ 출제 포인트

■ 선택지 분석

난이도 ★★★☆☆ 권장 풀이 시간: 2분 30초 나의 풀이 시간: ____분 ____초

25. 다음은 '갑'군의 농촌관광 사업에 관한 <방송뉴스>이다. <방송뉴스>의 내용과 부합하는 자료는?

23 7급공채

〈방송뉴스〉

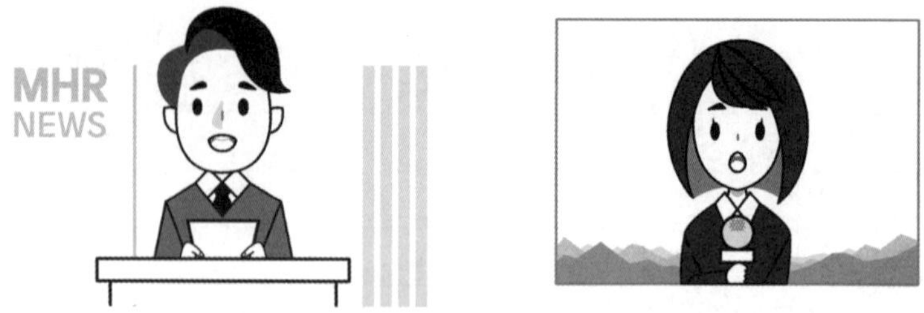

앵커: 농촌경제 활성화를 위하여 ○○부가 추진해오고 있는 농촌관광 사업이 있습니다. 최근 감염병으로 인해 농촌관광 사업도 큰 어려움을 겪고 있다고 합니다. □□□ 기자가 어려움을 겪고 있는 농촌관광 사업에 대해 보도합니다.

기자: …(중략)… '갑'군은 농촌의 소득 다변화를 위하여 다양한 농촌관광 사업을 추진했습니다. 하지만 감염병 확산으로 2020년 '갑'군의 농촌관광 방문객 수와 매출액이 크게 줄었습니다. 농촌체험마을은 2020년 방문객 수와 매출액이 2019년에 비해 75% 이상 감소하였습니다. 농촌민박도 2020년 방문객 수와 매출액이 전년과 비교하여 30% 이상 줄어들었습니다. 다만, 농촌융복합사업장은 2020년 방문객 수와 매출액이 전년과 비교해 줄어든 비율이 농촌체험마을보다는 작았습니다.

① (단위: 명, 천 원)

구분 / 연도	농촌체험마을		농촌민박		농촌융복합사업장	
	방문객 수	매출액	방문객 수	매출액	방문객 수	매출액
2019	1,118	12,280	2,968	98,932	395	6,109
2020	266	3,030	2,035	67,832	199	1,827

② (단위: 명, 천 원)

구분 / 연도	농촌체험마을		농촌민박		농촌융복합사업장	
	방문객 수	매출액	방문객 수	매출액	방문객 수	매출액
2019	1,118	12,320	2,968	98,932	395	6,109
2020	266	3,180	2,035	67,832	199	1,827

③ (단위: 명, 천 원)

구분 / 연도	농촌체험마을		농촌민박		농촌융복합사업장	
	방문객 수	매출액	방문객 수	매출액	방문객 수	매출액
2019	1,118	12,280	2,968	98,932	395	6,309
2020	266	3,030	2,035	67,832	199	1,290

④ (단위: 명, 천 원)

구분 / 연도	농촌체험마을		농촌민박		농촌융복합사업장	
	방문객 수	매출액	방문객 수	매출액	방문객 수	매출액
2019	1,118	12,320	2,968	96,932	395	6,309
2020	266	3,180	2,035	70,069	199	1,290

⑤ (단위: 명, 천 원)

구분 / 연도	농촌체험마을		농촌민박		농촌융복합사업장	
	방문객 수	매출액	방문객 수	매출액	방문객 수	매출액
2019	1,118	12,280	2,968	96,932	395	6,109
2020	266	3,030	2,035	70,069	199	1,827

난이도 ★★★☆☆ **권장 풀이 시간:** 2분 30초 **나의 풀이 시간:** ____분 ____초

26. 다음 <그림>과 <표>는 어느 나라의 이동통신시장 추이에 대한 자료이다. 이에 대한 <보기>의 설명 중 옳지 않은 것을 모두 고르면? 12 5급공채

<그림> 이동통신 서비스 유형별 매출액

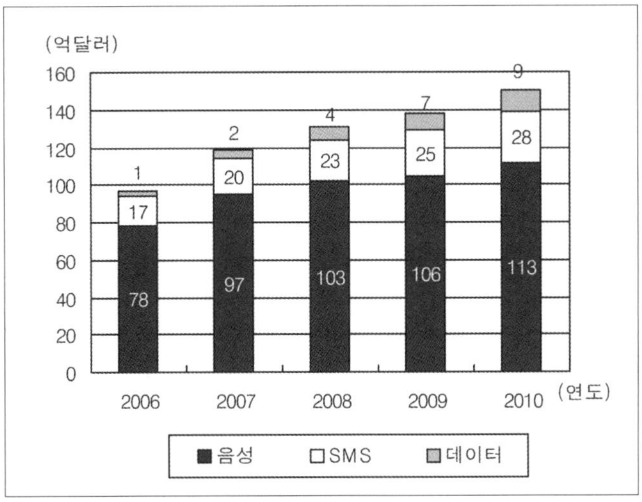

<표 1> 4대 이동통신사업자 매출액

(단위: 백만 달러)

구분	A사	B사	C사	D사	합 계
2008년	3,701	3,645	2,547	2,958	12,851
2009년	3,969	3,876	2,603	3,134	13,582
2010년	3,875	4,084	2,681	3,223	13,863
2011년 1~9월	2,709	3,134	1,956	2,154	9,953

<표 2> 이동전화 가입대수 및 보급률

(단위: 백만 대, %)

구분	2006년	2007년	2008년	2009년	2010년
가입대수	52.9	65.9	70.1	73.8	76.9
보급률	88.8	109.4	115.5	121.0	125.3

※ 보급률(%) = $\frac{\text{이동전화 가입대수}}{\text{전체 인구}} \times 100$

〈보기〉

ㄱ. 2007~2010년 동안 이동통신 서비스 유형 중 데이터 매출액의 전년대비 증가율은 매년 50% 이상이다.

ㄴ. 2010년 이동전화 보급률은 가입대수의 증가와 전체 인구의 감소에 따라 125.3%에 달한다.

ㄷ. 2007~2010년 동안 이동전화 가입대수의 전년대비 증가율은 매년 감소한다.

ㄹ. 2011년 10~12월 동안 4대 이동통신사업자의 월별 매출액이 당해년도 1~9월까지의 월평균 매출액을 유지한다면 2011년 매출액 합계는 전년도보다 감소할 것이다.

① ㄱ, ㄴ

② ㄱ, ㄷ

③ ㄱ, ㄹ

④ ㄴ, ㄹ

⑤ ㄷ, ㄹ

꼼꼼 풀이 노트

권장 풀이 시간에 맞춰 문제를 풀어본 후, 꼼꼼 풀이 노트로 정리해보세요.

■ 출제 포인트

■ 선택지 분석

꼼꼼 풀이 노트

권장 풀이 시간에 맞춰 문제를 풀어본 후, 꼼꼼 풀이 노트로 정리해보세요.

■ 출제 포인트

■ 선택지 분석

난이도 ★★☆☆☆ 권장 풀이 시간: 2분 나의 풀이 시간: _____분 _____초

27. 다음 <표>는 2016~2020년 '갑'국의 장기 기증 및 이식 현황에 관한 자료이다. 이에 대한 <보기>의 설명 중 옳은 것만을 모두 고르면? 22 5급공채

<표> 연도별 장기 기증 및 이식 현황

(단위: 명, 건)

구분 \ 연도	2016	2017	2018	2019	2020
기증 희망자	926,009	1,036,916	1,140,808	1,315,132	1,438,665
뇌사 기증자	268	368	409	416	446
이식 대기자	18,189	21,861	22,695	26,036	24,607
이식 건수	3,133	3,797	3,990	3,814	3,901
뇌사자장기이식	1,108	1,548	1,751	1,741	1,818
생체이식	1,780	1,997	2,045	1,921	1,952
사후각막이식	245	252	194	152	131

〈보기〉

ㄱ. 2017년 이후 뇌사 기증자 수의 전년 대비 증가율은 기증 희망자 수의 전년 대비 증가율보다 매년 높다.

ㄴ. 뇌사 기증자 1인당 뇌사자장기이식 건수는 매년 4건 이상이다.

ㄷ. 이식 대기자 수와 이식 건수는 연도별 증감 방향이 같다.

ㄹ. 이식 건수 중 생체이식 건수가 차지하는 비중은 매년 감소한다.

① ㄱ

② ㄱ, ㄴ

③ ㄴ, ㄹ

④ ㄷ, ㄹ

⑤ ㄴ, ㄷ, ㄹ

난이도 ★★★☆☆ 권장 풀이 시간: 2분 30초 나의 풀이 시간: _____분 _____초

28. 다음 <표>는 2022년 A~E국의 국방비와 GDP, 군병력, 인구에 관한 자료이다. 이에 대한 <보기>의 설명 중 옳은 것만을 모두 고르면? 23 7급공채

<표> 2022년 A~E국의 국방비와 GDP, 군병력, 인구

(단위: 억 달러, 만 명)

구분 / 국가	국방비	GDP	군병력	인구
A	8,010	254,645	133	33,499
B	195	13,899	12	4,722
C	502	16,652	60	5,197
D	320	20,120	17	6,102
E	684	30,706	20	6,814

〈보기〉

ㄱ. 국방비가 가장 많은 국가의 국방비는 A~E국 국방비 합의 80% 이상이다.
ㄴ. 인구 1인당 GDP는 B국이 C국보다 크다.
ㄷ. 국방비가 많은 국가일수록 GDP 대비 국방비 비율이 높다.
ㄹ. 군병력 1인당 국방비는 A국이 D국의 3배 이상이다.

① ㄱ, ㄴ
② ㄱ, ㄹ
③ ㄴ, ㄷ
④ ㄱ, ㄷ, ㄹ
⑤ ㄴ, ㄷ, ㄹ

꼼꼼 풀이 노트

권장 풀이 시간에 맞춰 문제를 풀어본 후, 꼼꼼 풀이 노트로 정리해보세요.

■ 출제 포인트

■ 선택지 분석

꼼꼼 풀이 노트

권장 풀이 시간에 맞춰 문제를 풀어본 후, 꼼꼼 풀이 노트로 정리해보세요.

■ 출제 포인트

■ 선택지 분석

난이도 ★★★☆☆ 권장 풀이 시간: 2분 30초 나의 풀이 시간: _____분 _____초

29. 다음 <그림>은 2020년 기준 A공제회 현황에 관한 자료이다. 이에 대한 설명으로 옳지 않은 것은?

21 7급공채

<그림> 2020년 기준 A공제회 현황

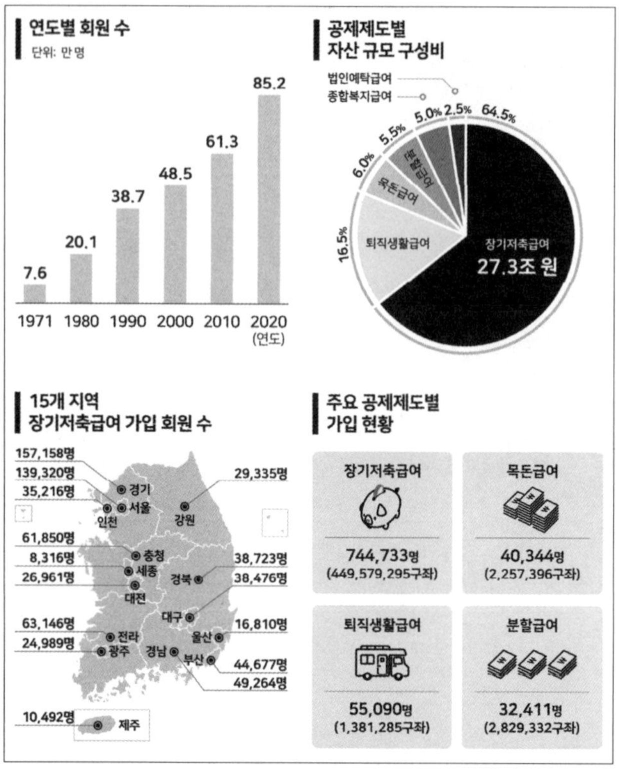

※ 1) 공제제도는 장기저축급여, 퇴직생활급여, 목돈급여, 분할급여, 종합복지급여, 법인예탁급여로만 구성됨.
2) 모든 회원은 1개 또는 2개의 공제제도에 가입함.

① 장기저축급여 가입 회원 수는 전체 회원의 85% 이하이다.

② 공제제도의 총자산 규모는 40조 원 이상이다.

③ 자산 규모 상위 4개 공제제도 중 2개의 공제제도에 가입한 회원은 2만 명 이상이다.

④ 충청의 장기저축급여 가입 회원 수는 15개 지역 평균 장기저축급여 가입 회원 수보다 많다.

⑤ 공제제도별 1인당 구좌 수는 장기저축급여가 분할급여의 5배 이상이다.

난이도 ★★★★☆ 권장 풀이 시간: 3분 나의 풀이 시간: _____분 _____초

30. 다음 <표>는 2015~2019년 A국의 보유세 추이에 관한 자료이다. 이에 대한 <보기>의 설명 중 옳은 것만을 모두 고르면? 21 5급공채

<표> A국의 보유세 추이

(단위: 십억 원)

구분 \ 연도	2015	2016	2017	2018	2019
보유세	5,030	6,838	9,196	9,856	8,722
재산세	2,588	3,123	3,755	4,411	4,423
도시계획세	1,352	1,602	1,883	2,183	2,259
공동시설세	446	516	543	588	591
종합부동산세	441	1,328	2,414	2,130	1,207
농어촌특별세	203	269	601	544	242

※ 보유세는 재산세, 도시계획세, 공동시설세, 종합부동산세, 농어촌특별세로만 구성됨.

〈보기〉

ㄱ. '보유세'는 2017년이 2015년의 1.8배 이상이다.
ㄴ. '보유세' 중 재산세 비중은 2017년까지는 매년 감소하다가 2018년부터는 매년 증가하였다.
ㄷ. 농어촌특별세는 '보유세'에서 차지하는 비중이 매년 가장 작다.
ㄹ. 재산세 대비 종합부동산세 비는 가장 큰 연도가 가장 작은 연도의 4배 이상이다.

① ㄱ, ㄴ
② ㄱ, ㄷ
③ ㄴ, ㄹ
④ ㄱ, ㄴ, ㄹ
⑤ ㄴ, ㄷ, ㄹ

꼼꼼 풀이 노트

권장 풀이 시간에 맞춰 문제를 풀어본 후, 꼼꼼 풀이 노트로 정리해보세요.

■ 출제 포인트

■ 선택지 분석

꼼꼼 풀이 노트

권장 풀이 시간에 맞춰 문제를 풀어본 후, 꼼꼼 풀이 노트로 정리해보세요.

■ 출제 포인트

■ 선택지 분석

난이도 ★★★☆☆　　권장 풀이 시간: 2분 30초　　나의 풀이 시간: ____분 ____초

31. 다음 <표>는 1995~2020년 '갑'지역의 농가구조 변화에 관한 자료이다. 이에 대한 설명으로 옳지 않은 것은? 24 5급공채

<표 1> '갑'지역의 가구원수별 농가수 추이

(단위: 가구)

조사연도 / 가구원수	1995	2000	2005	2010	2015	2020
1인	13,262	15,565	18,946	18,446	17,916	20,609
2인	43,584	52,394	56,264	57,023	52,023	53,714
3인	33,776	27,911	24,078	19,666	17,971	13,176
4인	33,047	23,292	17,556	13,122	11,224	7,176
5인 이상	64,491	33,095	20,573	13,492	10,299	5,687
전체	188,160	152,257	137,417	121,749	109,433	100,362
농가당 가구원수(명)	3.8	3.2	2.8	2.6	2.5	2.3

<표 2> '갑'지역의 경영주 연령대별 농가수 추이

(단위: 가구)

조사연도 / 연령대	1995	2000	2005	2010	2015	2020
30대 이하	23,891	12,445	8,064	3,785	3,120	1,567
40대	39,308	26,471	20,851	15,750	12,131	7,796
50대	61,989	44,919	34,927	28,487	24,494	21,126
60대	46,522	48,747	49,496	42,188	34,296	30,807
70대 이상	16,450	19,675	24,079	31,539	35,392	39,066
전체	188,160	152,257	137,417	121,749	109,433	100,362

① '5인 이상'을 제외하고, 1995년 대비 2020년 가구원수별 농가수 증감률은 '2인'이 가장 작다.

② 매 조사연도에서 '3인' 농가수는 그 외 농가수 합의 25% 이하이다.

③ 2000년 전체 농가 가구원수는 2020년 전체 농가 가구원수의 2배 이상이다.

④ 2020년 전체 농가수 중 경영주 연령대가 40대 이하인 농가수가 차지하는 비중은 10% 이하이다.

⑤ 경영주 연령대가 30대 이하인 농가수는 1995년 대비 2020년에 95% 이상 감소하였다.

난이도 ★★★★☆ 권장 풀이 시간: 3분 나의 풀이 시간: ____분 ____초

32. 다음 <표>는 상표심사 목표조정계수와 상표심사과 직원의 인사 발령에 관한 자료이다. 이에 대한 <보기>의 설명 중 옳은 것만을 모두 고르면? 18 5급공채

<표 1> 상표심사과 근무월수별 상표심사 목표조정계수

교육 이수 여부	직급	자격증 유무 \ 근무월수	1개월차	2개월차	3개월차	4개월차	5개월차	6개월차	7개월차 이후
이수	일반직 5·6급	유	0.3	0.4	0.6	0.8	0.9	1.0	1.0
		무	0.3	0.3	0.4	0.6	0.8	0.9	
	경채 5·6급		0.2	0.3	0.3	0.5	0.5	0.5	
미이수			직급과 자격증 유무가 동일한 교육이수자의 근무월수에 해당하는 상표심사 목표조정계수의 70%						

※ 상표심사 목표점수(점) = 150(점)×상표심사 목표조정계수

<표 2> 상표심사과 인사 발령 명단

이름 \ 구분	교육이수 여부	직급	자격증 유무
최연중	이수	일반직 6급	무
권순용	이수	경채 6급	무
정민하	미이수	일반직 5급	유
안필성	미이수	경채 5급	무

〈보기〉

ㄱ. 근무 3개월차 상표심사 목표점수가 높은 사람부터 순서대로 나열하면 정민하, 최연중, 권순용, 안필성이다.

ㄴ. 상표심사과 인사 발령자 중 5급의 근무 5개월차 상표심사 목표점수의 합은 6급의 근무 5개월차 상표심사 목표점수의 합보다 크다.

ㄷ. 근무 3개월차 대비 근무 4개월차 상표심사 목표점수의 증가율은 정민하가 최연중보다 크다.

ㄹ. 정민하와 안필성이 교육을 이수한 후 발령 받았다면, 근무 3개월차 상표심사 목표점수의 두 사람 간 차이는 40점 이상이다.

① ㄱ, ㄴ

② ㄱ, ㄹ

③ ㄴ, ㄷ

④ ㄱ, ㄷ, ㄹ

⑤ ㄴ, ㄷ, ㄹ

꼼꼼 풀이 노트

권장 풀이 시간에 맞춰 문제를 풀어본 후, 꼼꼼 풀이 노트로 정리해보세요.

■ 출제 포인트

■ 선택지 분석

꼼꼼 풀이 노트

권장 풀이 시간에 맞춰 문제를 풀어본 후, 꼼꼼 풀이 노트로 정리해보세요.

■ 출제 포인트

■ 선택지 분석

난이도 ★★★★☆ · 권장 풀이 시간: 3분 나의 풀이 시간: ____분 ____초

33. 다음 <그림>과 <표>는 2010~2014년 '갑'국 상업용 무인기의 국내 시장 판매량 및 수출입량과 '갑'국 A사의 상업용 무인기 매출액에 대한 자료이다. 이에 대한 <보기>의 설명 중 옳은 것만을 모두 고르면? 18 5급공채

<그림> '갑'국 상업용 무인기의 국내 시장 판매량

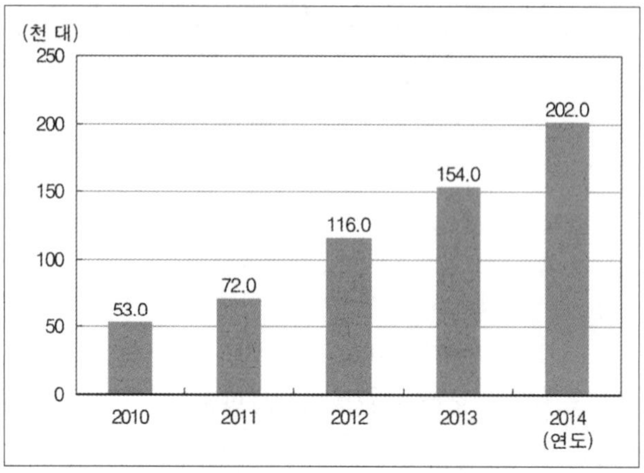

<표 1> '갑'국 상업용 무인기 수출입량

(단위: 천 대)

연도 / 구분	2010	2011	2012	2013	2014
수출량	1.2	2.5	18.0	67.0	240.0
수입량	1.1	2.0	3.5	4.2	5.0

※ 1) 수출량은 국내 시장 판매량에 포함되지 않음.
2) 수입량은 당해 연도 국내 시장에서 모두 판매됨.

<표 2> '갑'국 A사의 상업용 무인기 매출액

(단위: 백만 달러)

연도	2010	2011	2012	2013	2014
매출액	4.3	43.0	304.4	1,203.1	4,348.4

〈보기〉

ㄱ. 2014년 상업용 무인기의 국내 시장 판매량 대비 수입량의 비율은 3.0% 이하이다.
ㄴ. 2011~2014년 동안 상업용 무인기 국내 시장 판매량의 전년대비 증가율이 가장 큰 해는 2012년이다.
ㄷ. 2011~2014년 동안 상업용 무인기 수입량의 전년대비 증가율이 가장 작은 해에는 상업용 무인기 수출량의 전년대비 증가율이 가장 크다.
ㄹ. 2012년 '갑'국 상업용 무인기 수출량의 전년대비 증가율과 2012년 '갑'국 A사의 상업용 무인기 매출액의 전년대비 증가율의 차이는 30%p 이하이다.

① ㄱ, ㄴ
② ㄷ, ㄹ
③ ㄱ, ㄴ, ㄷ
④ ㄱ, ㄴ, ㄹ
⑤ ㄴ, ㄷ, ㄹ

34. 다음 <표>는 A국의 2008년과 2012년 의원 유형별, 정당별 전체 의원 및 여성 의원에 관한 자료이다. 이에 대한 <보기>의 설명 중 옳은 것만을 모두 고르면? 16 5급공채

<표 1> 2008년 의원 유형별, 정당별 전체 의원 및 여성 의원

(단위: 명)

유형	구분 \ 정당 의원	가	나	다	라	기타	전체
비례대표 의원	전체 의원 수	44	38	16	20	70	188
	여성 의원 수	21	18	6	10	25	80
지역구 의원	전체 의원 수	230	209	50	51	362	902
	여성 의원 수	16	21	2	7	17	63

<표 2> 2012년 의원 유형별, 정당별 전체 의원 및 여성 의원

(단위: 명, %)

유형	구분 \ 정당 의원	가	나	다	라	기타	전체
비례대표 의원	전체 의원 수	34	42	18	17	74	185
	여성 의원 비율	41.2	54.8	27.8	35.3	40.5	42.2
지역구 의원	전체 의원 수	222	242	60	58	344	926
	여성 의원 비율	7.2	12.4	10.0	13.8	4.1	8.0

※ 1) 의원 유형은 비례대표의원과 지역구의원으로만 구성됨.
2) 비율은 소수점 둘째 자리에서 반올림한 값임.

〈보기〉

ㄱ. 2012년 A국 전체 의원 중 여성 의원의 비율은 15% 이하이다.
ㄴ. 2008년 정당별 지역구의원 중 여성 의원 비율은 '기타'를 제외하고 '라' 정당이 가장 높다.
ㄷ. 2008년 대비 2012년의 '가' 정당 여성 의원 비율은 비례대표의원 유형과 지역구의원 유형에서 모두 감소하였다.
ㄹ. 2008년 대비 2012년에 여성 지역구의원 수는 '가'~'라' 정당에서 모두 증가하였다.

① ㄱ, ㄴ
② ㄱ, ㄷ
③ ㄴ, ㄷ
④ ㄴ, ㄹ
⑤ ㄱ, ㄴ, ㄹ

꼼꼼 풀이 노트

권장 풀이 시간에 맞춰 문제를 풀어본 후, 꼼꼼 풀이 노트로 정리해보세요.

■ 출제 포인트

■ 선택지 분석

꼼꼼 풀이 노트

권장 풀이 시간에 맞춰 문제를 풀어본 후, 꼼꼼 풀이 노트로 정리해보세요.

■ 출제 포인트

■ 선택지 분석

난이도 ★★★★☆ 권장 풀이 시간: 3분 나의 풀이 시간: _____분 _____초

35. 다음 <표>는 2008~2012년 한국을 포함한 OECD 주요국의 공공복지예산에 관한 자료이다. 이에 대한 <보기>의 설명 중 옳은 것만을 모두 고르면? 16 5급공채

<표 1> 2008~2012년 한국의 공공복지예산과 분야별 GDP 대비 공공복지예산 비율

(단위: 십억 원, %)

연도＼구분	공공복지예산	분야별 GDP 대비 공공복지예산 비율					
		노령	보건	가족	실업	기타	합
2008	84,466	1.79	3.28	0.68	0.26	1.64	7.65
2009	99,856	1.91	3.64	0.74	0.36	2.02	8.67
2010	105,248	1.93	3.74	0.73	0.29	1.63	8.32
2011	111,090	1.95	3.73	0.87	0.27	1.52	8.34
2012	124,824	2.21	3.76	1.08	0.27	1.74	9.06

<표 2> 2008~2012년 OECD 주요국의 GDP 대비 공공복지예산 비율

(단위: %)

국가＼연도	2008	2009	2010	2011	2012
한국	7.65	8.67	8.32	8.34	9.06
호주	17.80	17.80	17.90	18.20	18.80
미국	17.00	19.20	19.80	19.60	19.70
체코	18.10	20.70	20.80	20.80	21.00
영국	21.80	24.10	23.80	23.60	23.90
독일	25.20	27.80	27.10	25.90	25.90
핀란드	25.30	29.40	29.60	29.20	30.00
스웨덴	27.50	29.80	28.30	27.60	28.10
프랑스	29.80	32.10	32.40	32.00	32.50

〈보기〉

ㄱ. 2011년 한국의 실업분야 공공복지예산은 4조 원 이상이다.

ㄴ. 한국의 공공복지예산 중 보건분야 예산이 차지하는 비중은 2011년과 2012년에 전년대비 감소한다.

ㄷ. 매년 한국의 노령분야 공공복지예산은 가족분야 공공복지예산의 2배 이상이다.

ㄹ. 2009~2012년 동안 OECD 주요국 중 GDP 대비 공공복지예산 비율이 가장 높은 국가와 가장 낮은 국가 간의 비율 차이는 전년대비 매년 증가한다.

① ㄱ, ㄹ

② ㄴ, ㄷ

③ ㄴ, ㄹ

④ ㄱ, ㄴ, ㄷ

⑤ ㄱ, ㄷ, ㄹ

난이도 ★★★★☆ 권장 풀이 시간: 3분 나의 풀이 시간: ____분 ____초

36. 다음 <표>는 18세기 부여 지역의 토지 소유 및 벼 추수 기록을 나타낸 자료이다. 이에 대한 <보기>의 설명 중 옳은 것만을 모두 고르면? 15 5급공채

<표> 18세기 부여 지역의 토지 소유 및 벼 추수 기록

위치	소유주	작인	면적(두락)	계약량	수취량
도장동	송득매	주서방	8	4석	4석
도장동	자근노음	검금	7	4석	4석
불근보	이풍덕	막산	5	2석 5두	1석 3두
소삼	이풍덕	동이	12	7석 10두	6석
율포	송치선	주적	7	4석	1석 10두
부야	홍서방	주적	6	3석 5두	2석 10두
잠방평	쾌득	명이	7	4석	2석 1두
석을고지	양서방	수양	10	7석	4석 10두
계			62	36석 5두	26석 4두

※ 작인: 실제로 토지를 경작한 사람

〈보기〉

ㄱ. '석'을 '두'로 환산하면 1석은 15두이다.
ㄴ. 계약량 대비 수취량의 비율이 가장 높은 토지의 위치는 '도장동', 가장 낮은 토지의 위치는 '불근보'이다.
ㄷ. 작인이 '동이', '명이', '수양'인 토지 중 두락당 계약량이 가장 큰 토지의 작인은 '수양'이고, 가장 작은 토지의 작인은 '동이'이다.

① ㄱ
② ㄴ
③ ㄱ, ㄷ
④ ㄴ, ㄷ
⑤ ㄱ, ㄴ, ㄷ

꼼꼼 풀이 노트

권장 풀이 시간에 맞춰 문제를 풀어본 후, 꼼꼼 풀이 노트로 정리해보세요.

■ 출제 포인트

■ 선택지 분석

꼼꼼 풀이 노트

권장 풀이 시간에 맞춰 문제를 풀어본 후, 꼼꼼 풀이 노트로 정리해보세요.

■ 출제 포인트

■ 선택지 분석

난이도 ★★★★☆ 권장 풀이 시간: 3분 나의 풀이 시간: ____분 ____초

37. 다음 <표>와 <그림>은 '갑'국의 2019~2021년 신재생 에너지원별 발전소 현황 및 2022년 A~Q지역별 신재생 에너지 발전소 현황에 관한 자료이다. 이에 대한 설명으로 옳지 않은 것은?

23 5급공채

<표> 에너지원별 발전소 현황

(단위: 개소, MW)

연도 / 구분 / 에너지원		2019		2020		2021	
		발전소 수	발전용량	발전소 수	발전용량	발전소 수	발전용량
태양광		1,901	386	5,501	869	6,945	986
비태양광	풍력	6	80	7	66	14	227
	수력	7	3	17	18	10	3
	연료전지	14	104	5	35	4	14
	바이오	14	299	26	705	12	163
	기타	3	26	13	53	10	31
전체		1,945	898	5,569	1,746	6,995	1,424

<그림 1> 2022년 지역별 태양광 발전소 현황

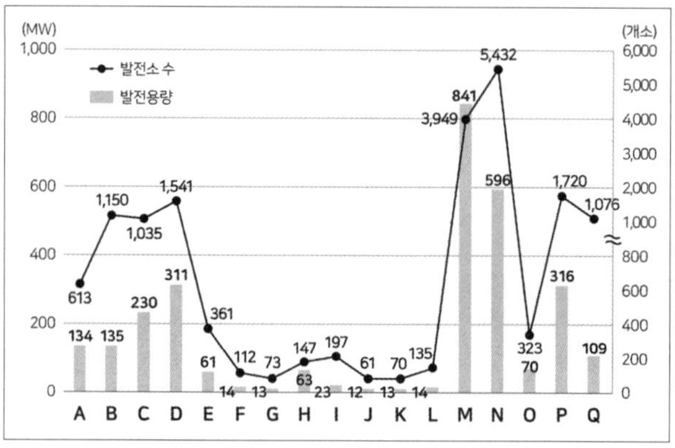

※'갑'국에는 A~Q지역만 있음.

<그림 2> 2022년 지역별 비태양광 발전소 현황

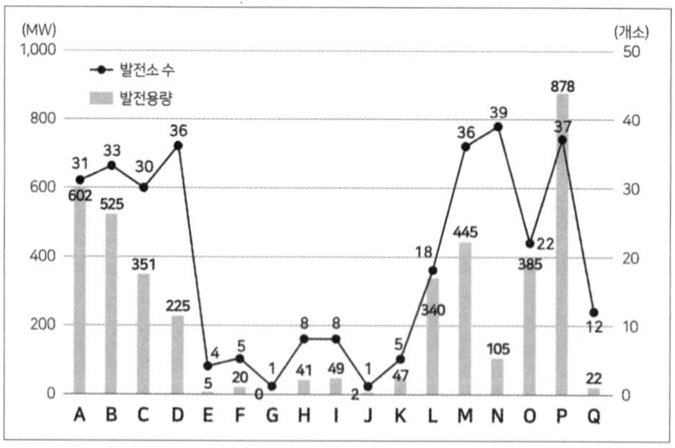

① 2022년 발전용량이 가장 큰 지역은 M이다.

② 태양광 발전소 수는 2022년이 2021년의 2배 이상이다.

③ 전체 발전용량 중 태양광이 차지하는 비중은 2019~2021년 동안 매년 증가하였다.

④ 2021년 발전소 수의 전년 대비 증가율은 풍력이 태양광의 3배 이상이다.

⑤ 기타를 제외하고, 2021년 발전소 1개소당 발전용량이 큰 에너지원부터 순서대로 나열하면 풍력, 바이오, 연료전지, 태양광, 수력이다.

꼼꼼 풀이 노트

권장 풀이 시간에 맞춰 문제를 풀어본 후, 꼼꼼 풀이 노트로 정리해보세요.

■ 출제 포인트

■ 선택지 분석

꼼꼼 풀이 노트

권장 풀이 시간에 맞춰 문제를 풀어본 후, 꼼꼼 풀이 노트로 정리해보세요.

■ 출제 포인트

■ 선택지 분석

난이도 ★★★★☆ 권장 풀이 시간: 3분 나의 풀이 시간: _____분 _____초

38. 다음 <그림>은 개발원조위원회 29개 회원국 중 공적개발원조액 상위 15개국과 국민총소득 대비 공적개발원조액 비율 상위 15개국 자료이다. 이에 대한 <보기>의 설명 중 옳은 것만을 모두 고르면?

21 7급공채

<그림 1> 공적개발원조액 상위 15개 회원국

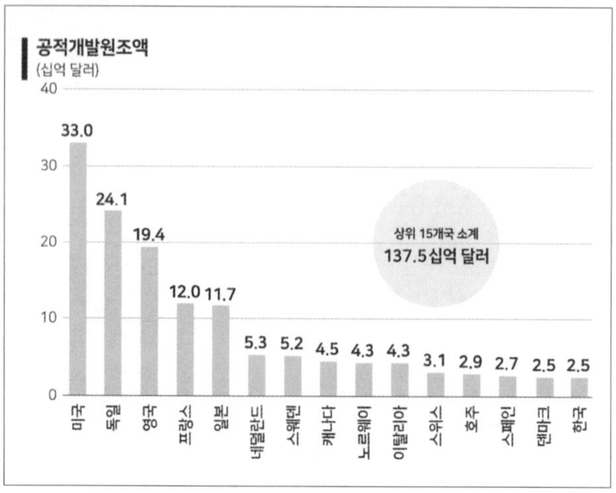

<그림 2> 국민총소득 대비 공적개발원조액 비율 상위 15개 회원국

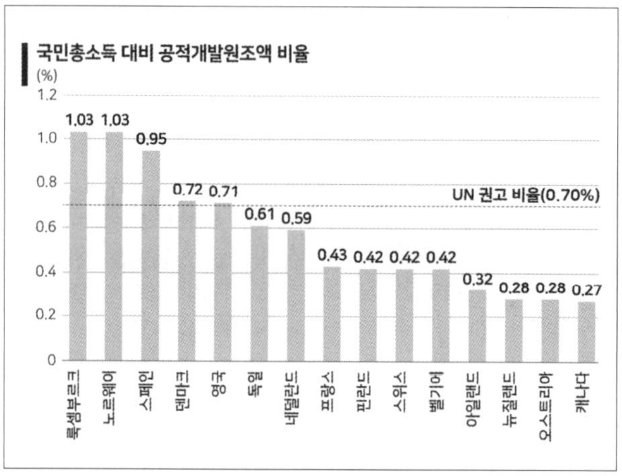

〈보기〉

ㄱ. 국민총소득 대비 공적개발원조액 비율이 UN권고 비율보다 큰 국가의 공적개발원조액 합은 250억 달러 이상이다.

ㄴ. 공적개발원조액 상위 5개국의 공적개발원조액 합은 개발원조위원회 29개 회원국 공적개발원조액 합의 50% 이상이다.

ㄷ. 독일이 공적개발원조액만 30억 달러 증액하면 독일의 국민총소득 대비 공적개발원조액 비율은 UN권고 비율 이상이 된다.

① ㄱ

② ㄷ

③ ㄱ, ㄴ

④ ㄴ, ㄷ

⑤ ㄱ, ㄴ, ㄷ

39. 다음 <표>는 2022년 '갑'시의 시내버스 현황에 관한 자료이다. 이에 대한 <보기>의 설명 중 옳은 것만을 모두 고르면? 23 5급공채

<표 1> 버스종류별 노선 수 및 인가차량 현황

(단위: 개, 대)

구분 / 버스종류	노선 수	인가차량	운행차량	예비차량
간선	126	3,598	3,429	169
지선	223	3,454	3,258	196
광역	10	229	211	18
순환	1	12	10	2
심야	14	100	96	4
계	374	7,393	7,004	389

<표 2> 인가차량 대수 구간별 회사 수

(단위: 개)

대수 구간	1~40대	41~80대	81~120대	121~160대	161~200대	201대 이상	합
회사	5	8	28	10	10	4	65

〈보기〉

ㄱ. 인가차량 중 운행차량의 비중은 '심야'가 가장 크다.

ㄴ. 노선 수 대비 예비차량 대수의 비율은 '광역'이 '지선'의 2배 이하이다.

ㄷ. 인가차량 대수 상위 4개 회사의 인가차량 대수 평균은 500 이하이다.

① ㄱ

② ㄴ

③ ㄷ

④ ㄱ, ㄴ

⑤ ㄱ, ㄷ

꼼꼼 풀이 노트

권장 풀이 시간에 맞춰 문제를 풀어본 후, 꼼꼼 풀이 노트로 정리해보세요.

■ 출제 포인트

■ 선택지 분석

꼼꼼 풀이 노트

권장 풀이 시간에 맞춰 문제를 풀어본 후, 꼼꼼 풀이 노트로 정리해보세요.

■ 출제 포인트

■ 선택지 분석

난이도 ★★★★★ 권장 풀이 시간: 3분 30초 나의 풀이 시간: _____분 _____초

40. 다음 <보고서>와 <표>는 2015년 '갑'국의 수출입 현황에 대한 자료이다. 이에 대한 설명으로 옳지 않은 것은?
19 5급공채

〈보고서〉

○ 2015년 '갑'국의 총 수출액에서 전자제품은 29.9%, 석유제품은 16.2%, 기계류는 11.2%, 농수산물은 6.3%를 차지한다.

○ 2015년 '갑'국의 총 수입액에서 전자제품은 23.7%, 농수산물은 12.5%, 기계류는 11.2%, 플라스틱은 3.8%를 차지한다.

<표 1> '갑'국의 수출입액 상위 10개 국가 현황

(단위: 억 달러, %)

순위	수출			수입		
	국가명	수출액	'갑'국의 총 수출액에 대한 비율	국가명	수입액	'갑'국의 총 수입액에 대한 비율
1	싱가포르	280	14.0	중국	396	18.0
2	중국	260	13.0	싱가포르	264	12.0
3	미국	188	9.4	미국	178	8.1
4	일본	180	9.0	일본	161	7.3
5	태국	114	5.7	태국	121	5.5
6	홍콩	100	5.0	대만	106	4.8
7	인도	82	4.1	한국	97	4.4
8	인도네시아	76	3.8	인도네시아	86	3.9
9	호주	72	3.6	독일	70	3.2
10	한국	64	3.2	베트남	62	2.8

※ 무역수지는 수출액에서 수입액을 뺀 값으로, 이 값이 양(+)이면 흑자, 음(−)이면 적자임.

<표 2> '갑'국의 대(對) '을'국 수출입액 상위 5개 품목 현황

(단위: 백만 달러, %)

순위	수출			수입		
	품목명	금액	전년대비 증가율	품목명	금액	전년대비 증가율
1	천연가스	2,132	33.2	농수산물	1,375	305.2
2	집적회로 반도체	999	14.5	집적회로 반도체	817	19.6
3	농수산물	861	43.0	평판 디스플레이	326	45.6
4	개별소자 반도체	382	40.6	기타정밀 화학원료	302	6.6
5	컴퓨터부품	315	14.9	합성고무	269	5.6

① 2015년 '갑'국의 수출액 상위 10개 국가 중 2015년 '갑'국과의 교역에서 무역수지 흑자를 기록한 국가는 4개국이다.

② 2014년 '갑'국의 대(對) '을'국 집적회로반도체 수출액은 수입액보다 크다.

③ 2015년 '갑'국의 무역수지는 적자이다.

④ 2015년 '갑'국의 전체 농수산물 수출액에서 '을'국에 대한 농수산물 수출액이 차지하는 비율은 2015년 '갑'국의 전체 농수산물 수입액에서 '을'국으로부터의 농수산물 수입액이 차지하는 비율보다 작다.

⑤ 2015년 '갑'국의 전자제품 수출액은 수입액보다 크다.

약점 보완 해설집 p.6

꼼꼼 풀이 노트

권장 풀이 시간에 맞춰 문제를 풀어본 후, 꼼꼼 풀이 노트로 정리해보세요.

■ 출제 포인트

■ 선택지 분석

유형 3 반대해석형

유형 소개

'반대해석형'은 제시된 자료에서 기준과 합계가 같은 2가지 이상의 항목이 제시되고, 선택지나 <보기>에서 특정 항목의 비율을 물어볼 때, 반대되는 항목의 비율로 해석하거나 반대되는 항목과의 배수 관계를 파악하여 선택지나 <보기>의 내용이 올바른지 판단하는 유형이다.

유형 특징

1 자료에서 기준과 합계가 동일한 여러 항목이 제시되고, 선택지나 <보기>는 특정 항목의 비율을 묻는 내용으로 구성된다.

2 '반대해석형'은 2024년 23번, 2023년 19번, 2021년 3번, 4번, 14번 문제와 같이 분수 비교형 문제 중 반대해석을 활용하면 문제풀이 시간을 단축할 수 있는 문제가 다수 출제 되었다.

풀이 전략

1 제시된 자료와 각주를 통해 전체 항목이 여러 가지 항목의 합으로 구성되었는지 체크한 후, 선택지나 <보기>에서 전체 대비 특정 항목의 비율을 묻고 있는지 체크한다.

2 전체 대비 특정 항목의 비율을 묻고 있는 선택지나 <보기>를 특정 항목의 반대 항목의 비율을 활용하여 문제를 풀이한다.

3 선택지나 <보기>에서 특정 항목 비율이 A% 이상인지 묻는 경우, 특정 항목을 제외한 나머지 항목이 (100-A)% 이하인지 파악한다.

4 선택지나 <보기>에서 특정 항목 비율이 A% 이하인지 묻는 경우, 특정 항목을 제외한 나머지 항목이 (100-A)% 이상인지 파악한다.

유형 공략 문제

난이도 ★★★☆☆ 권장 풀이 시간: 2분 30초 나의 풀이 시간: ____분 ____초

01. 다음 <표>는 어느 해 지방자치단체별 신기술 A의 도입 현황에 대한 조사 결과이다. 이에 대한 <보기>의 설명 중 옳은 것만을 모두 고르면? 14 5급공채

<표> 지방자치단체별 신기술 A의 도입 현황 조사 결과

(단위: 개, %)

구분		지방자치단체 수	응답			미응답	도입률	응답률
			도입	미도입	소계			
광역지방자치단체	시	8	7	1	8	0	87.5	100.0
	도	9	7	1	8	1	77.8	88.9
	소계	17	14	2	16	1	( )	94.1
기초지방자치단체	시	74	( )	15	66	8	68.9	( )
	군	84	( )	22	78	6	66.7	( )
	구	69	43	19	62	7	62.3	( )
	소계	227	150	56	206	21	( )	90.7
전체		244	164	58	222	22	67.2	91.0

※ 1) 신기술 A의 도입 여부는 광역지방자치단체 시, 도와 기초지방자치단체 시, 군, 구가 각각 결정함.

2) 도입률(%) = $\frac{\text{'도입'으로 응답한 지방자치단체 수}}{\text{지방자치단체 수}} \times 100$

3) 응답률(%) = $\frac{\text{응답한 지방자치단체 수}}{\text{지방자치단체 수}} \times 100$

〈보기〉

ㄱ. 기초지방자치단체 중에서는 군의 응답률이 가장 높다.

ㄴ. 미응답한 구가 모두 '도입'으로 응답한다면 구의 도입률은 75% 이상이다.

ㄷ. 기초지방자치단체 중에서 '도입'으로 응답한 기초지방자치단체 수는 군이 시보다 많다.

ㄹ. 광역지방자치단체의 도입률은 기초지방자치단체의 도입률보다 10%p 이상 높다.

① ㄱ, ㄴ

② ㄱ, ㄷ

③ ㄴ, ㄹ

④ ㄱ, ㄷ, ㄹ

⑤ ㄴ, ㄷ, ㄹ

꼼꼼 풀이 노트

권장 풀이 시간에 맞춰 문제를 풀어본 후, 꼼꼼 풀이 노트로 정리해보세요.

■ 출제 포인트

예) 실수+비율 자료, 반대해석 및 곱셈 계산으로 빈칸 수치 파악

■ 선택지 분석

예) ㄱ. 반대해석

ㄴ. 비율 계산(도입률)

ㄷ. 각주 식 변형, 곱셈 비교

ㄹ. 비율 계산(도입률), 평균 개념 적용

꼼꼼 풀이 노트

권장 풀이 시간에 맞춰 문제를 풀어본 후,
꼼꼼 풀이 노트로 정리해보세요.

■ 출제 포인트

■ 선택지 분석

난이도 ★★★☆☆ **권장 풀이 시간:** 2분 30초 **나의 풀이 시간:** _____분 _____초

02. 다음 <보고서>는 우리나라 광물자원 현황에 관한 내용이다. <보고서>의 내용과 부합하지 않는 것을 <보기>에서 모두 고르면?

12 5급공채

〈보고서〉

2006년 말 우리나라 광물자원 매장량을 살펴보면 비금속광이 국내 광물자원 매장량의 85.0% 이상을 차지하고 있다. 비금속광 중에는 5대 광종의 매장량이 비금속광 매장량의 95.0% 이상을 점유하고 있다.

주요 비금속광 중 석회석, 백운석, 대리석은 매장량 가운데 가채매장량이 차지하는 비중이 각각 70.0%를 초과하고 있다. 백운석의 가채매장량은 석회석 가채매장량의 5.0%에 미달하고 있다.

이들 광물 매장량의 지역별 분포를 살펴보면 석회석의 경우 강원도에 매장량의 79.5%가 집중되어 있다. 강원도에 이어 석회석이 많이 매장된 지역은 충북이며, 그 다음은 경북이다. 백운석과 대리석의 지역별 매장량도 각각 강원, 충북, 경북 순으로 많았다.

이와 같이 석회석 자원이 지역적으로 편재되어 있어 광산도 강원도에 집중되어 있다. 석회석 광산 수는 강원도가 전체 석회석 광산 수의 50.0%를 초과하고 품위별로도 강원도가 고품위, 저품위 광산 수의 50.0%를 각각 초과한다.

※ 가채매장량: 매장량(확정매장량+추정매장량) 중 채굴할 수 있는 매장량.

〈보기〉

ㄱ. 2006년 말 국내 광물자원 매장량 및 가채매장량 현황

(단위: 백만 톤, %)

구분		매장량		가채매장량	
			구성비		구성비
금속광		115	0.9	90	1.0
비금속광	5대 광종	11,548	87.7	8,671	94.4
	기타	132	1.0	96	1.0
	소계	11,680	88.7	8,767	95.4
석탄광		1,367	10.4	331	3.6
계		13,162	100.0	9,188	100.0

ㄴ. 2006년 말 국내 석회석, 백운석, 대리석 매장량 및 가채매장량 현황

(단위: 천 톤)

구분	매장량			가채매장량
	확정	추정		
석회석	515,815	8,941,163	9,456,978	7,146,062
백운석	2,353	448,574	450,927	340,136
대리석	0	65,709	65,709	47,566
계	518,168	9,455,446	9,973,614	7,533,764

ㄷ. 2006년 말 석회석, 백운석, 대리석의 지역별 매장량 현황

(단위: 천 톤, %)

구분	석회석			백운석	대리석	합	구성비
	고품위	저품위	소계				
강원	1,346,838	6,343,016	7,689,854	212,315	29,080	7,931,249	79.5
경기	0	410	410	13,062	2,970	16,442	0.2
경북	129,833	34,228	164,061	118,626	420	283,107	2.8
전남	0	2,492	2,492	0	0	2,492	0.0
전북	9,563	7,992	17,555	11,566	0	29,121	0.3
충남	12,740	5,866	18,606	6,952	598	26,156	0.3
충북	163,006	1,400,994	1,564,000	88,406	32,641	1,685,047	16.9
계	1,661,980	7,794,998	9,456,978	450,927	65,709	9,973,614	100.0

ㄹ. 2006년 말 석회석의 품위별 지역별 광산 수 현황

(단위: 개)

품위	지역	광산 수
고품위	강원	48
	경북	14
	전북	5
	충남	6
	충북	25
	소계	98
저품위	경기	1
	강원	47
	경북	8
	전남	4
	전북	5
	충남	3
	충북	18
	소계	86
전체		184

① ㄱ

② ㄴ

③ ㄷ

④ ㄴ, ㄹ

⑤ ㄷ, ㄹ

꼼꼼 풀이 노트

권장 풀이 시간에 맞춰 문제를 풀어본 후, 꼼꼼 풀이 노트로 정리해보세요.

■ 출제 포인트

■ 선택지 분석

꼼꼼 풀이 노트

권장 풀이 시간에 맞춰 문제를 풀어본 후, 꼼꼼 풀이 노트로 정리해보세요.

■ 출제 포인트

■ 선택지 분석

난이도 ★★★☆☆ **권장 풀이 시간:** 2분 30초 **나의 풀이 시간:** ____분 ____초

03. 다음 <보고서>는 2005~2013년 신고 접수된 노(老)-노(老)학대 현황에 관한 자료이다. <보고서>의 내용과 부합하지 않는 것은? 16 5급공채

〈보고서〉

노(老)-노(老)학대란 노인인 학대행위자가 노인을 학대하는 것을 의미한다. 노(老)-노(老)학대는 주로 고령 부부 간의 배우자 학대, 고령 자녀 및 며느리에 의한 부모 학대, 그리고 노인이 본인 스스로를 돌보지 않는 자기방임 유형의 학대로 나타난다.

신고 접수된 노(老)-노(老)학대행위 건수는 2005~2013년 동안 매년 증가하였다. 2013년에 신고 접수된 노(老)-노(老)학대행위 건수는 총 1,374건으로, 이 건수는 학대행위자 수와 동일하였다. 또한 2013년 신고 접수된 노(老)-노(老)학대행위 건수는 2005년 신고 접수된 노(老)-노(老)학대행위 건수의 300% 이상 증가하였다.

2013년 신고 접수된 노(老)-노(老)학대행위의 가구형태별 비율을 살펴보면, '노인 단독' 가구형태가 36.3%로 가장 높고, '노인 부부' 가구형태가 33.0%, '자녀 동거' 가구형태가 17.4%의 비율을 나타내고 있다. 노(老)-노(老)학대의 가구형태 중에는 '자녀, 손자녀 동거', '손자녀 동거'와 같이 손자녀가 포함된 가구도 있다.

2013년 노(老)-노(老)학대의 학대행위자 유형별 학대행위 건수를 살펴보면, '아들'에 의한 학대가 '딸'에 의한 학대의 3배 이상이고 '며느리'에 의한 학대가 '사위'에 의한 학대의 4배 이상이다. '손자녀'에 의한 학대는 한 건도 없다.

2013년 노(老)-노(老)학대의 학대행위자 직업 유형을 살펴보면 '무직'이 70.0% 이상으로 가장 많은 비율을 차지하고 있다. '공무원', '전문직', '사무종사자' 합은 '무직'을 제외한 직업 유형에 속한 학대행위자의 10.0% 미만이다.

2013년 노(老)-노(老)학대를 신고한 신고자 유형을 살펴보면, 비신고의무자의 신고 건수가 전체 신고 건수의 75.0% 이상이다. 비신고의무자의 세부유형을 신고 건수가 많은 것부터 순서대로 나열하면 '관련기관', '학대피해노인 본인', '친족', '친족 외 타인', '학대행위자 본인' 순이다.

① 2005~2013년 노(老)-노(老)학대행위 건수

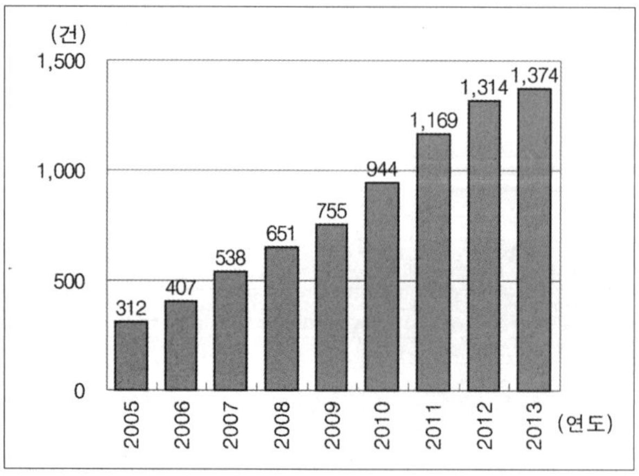

② 2013년 노(老)-노(老)학대행위의 가구형태별 비율

(단위: %)

가구형태	노인 단독	노인 부부	자녀 동거	자녀, 손자녀 동거	손자녀 동거	기타	계
비율	36.3	33.0	17.4	3.9	2.2	7.2	100.0

③ 2013년 노(老)－노(老)학대의 학대행위자 유형별 학대행위 건수

(단위: 건)

학대행위자 유형	피해자 본인	친족								친족 외 타인	기관	계
		배우자	아들	며느리	딸	사위	손자녀	친척	소계			
건수	370	530	198	29	53	6	0	34	850	122	32	1,374

④ 2013년 노(老)－노(老)학대의 학대행위자 직업 유형

(단위: 명)

직업 유형	인원수
공무원	5
전문직	30
기술공	9
사무종사자	9
판매종사자	36
농·어·축산업 종사자	99
기능종사자	11
기계조작원	2
노무종사자	79
자영업자	72
기타	7
무직	1,015
계	1,374

⑤ 2013년 노(老)－노(老)학대의 신고자 유형별 신고 건수

(단위: 건)

신고자 유형	세부유형	건수
신고 의무자	의료인	15
	노인 복지시설 종사자	70
	장애인 복지시설 종사자	0
	가정폭력관련 종사자	41
	사회복지전담 공무원	122
	사회복지관, 부랑인 및 노숙인 보호시설 관련 종사자	11
	구급대원	4
	재가 장기요양기관 종사자	13
	건강가정지원센터 종사자	0
	소계	276
비신고 의무자	학대피해노인 본인	327
	학대행위자 본인	5
	친족	180
	친족 외 타인	113
	관련기관	473
	소계	1,098
합계		1,374

꼼꼼 풀이 노트

권장 풀이 시간에 맞춰 문제를 풀어본 후, 꼼꼼 풀이 노트로 정리해보세요.

■ 출제 포인트

■ 선택지 분석

꼼꼼 풀이 노트

권장 풀이 시간에 맞춰 문제를 풀어본 후, 꼼꼼 풀이 노트로 정리해보세요.

■ 출제 포인트

■ 선택지 분석

난이도 ★★★☆☆ 권장 풀이 시간: 2분 30초 나의 풀이 시간: ____분 ____초

04. 다음은 외국인 노동자와 국제결혼에 관한 <보고서>이다. 아래 <보고서>에 제시된 내용과 부합하지 않는 것은? 11 5급공채

〈보고서〉

유럽의 국가들이 이삼백년에 걸쳐 산업화가 진행되었던 반면, 우리나라는 반세기라는 비교적 짧은 시간동안 산업화를 이룩하면서 빠른 성장을 거듭해 왔다. 이러한 빠른 경제성장 가운데 생활수준 역시 빠른 속도로 향상되었으며, 더불어 내국인 노동자의 인건비 역시 상승하였다. 결국 부가가치가 낮은 산업에서의 내국인 노동자의 인건비는 그 경쟁력을 잃어버리는 추세에 있으며, 기업들은 상대적으로 인건비가 낮은 외국인 노동자들을 선호하게 되었다.

이러한 까닭으로 우리나라에도 외국인 노동자의 유입이 증가하고 있는 실정이다. 2005년부터 2008년까지의 지역별 외국인등록인구를 보면, 경기도를 제외하고는 매년 전년대비 증가하고 있으며, 경기도 역시 2006년부터 2008년까지 전년대비 증가하는 추세를 보이고 있다. 한국국적을 신규로 취득한 전체 외국인수 역시 2007년에 비하여 2008년에 증가하였으며, 그 중에서 동북아시아 출신 외국인수는 900명 이상 증가하였다.

2008년 국제결혼 이주자수의 경우에는 아시아 지역이 90% 이상을 차지하고 있으며, 그 중에서도 특히 동북아시아 지역이 아시아 지역의 80% 이상을 차지하고 있다. 국제결혼이 증가함에 따라 국제결혼가정의 자녀수 역시 2007년에 비해 2008년에 두 배 이상이 되었다. 2008년 국제결혼가정 자녀의 연령층별 구성을 보면, 연령층이 높아질수록 그 수가 감소하였다.

① 2008년 국제결혼가정 부모의 출신지역별 자녀의 연령분포

(단위: 명)

출신지역 / 연령층	동북아시아	동남아시아	남부아시아	중앙아시아	미국	유럽	기타	합
6세 이하	18,210	8,301	281	532	880	171	714	29,089
7~12세	10,922	4,011	130	121	829	87	491	16,591
13~15세	4,207	2,506	30	28	391	24	132	7,318
16세 이상	3,070	1,494	13	26	306	21	79	5,009

② 출신지역별 한국국적 신규취득 외국인수

(단위: 명)

출신지역 / 연도	동북아시아	동남아시아	남부아시아	중앙아시아	미국	유럽	기타	합
2007	18,412	14,411	9,307	4,097	23,137	3,919	31,059	104,342
2008	19,374	12,737	8,906	5,283	24,428	4,468	29,448	104,644

③ 출신지역별 국제결혼가정 자녀수

(단위: 명)

출신지역 / 연도	동북아시아	동남아시아	남부아시아	중앙아시아	미국	유럽	기타	합
2007	17,477	8,224	288	550	852	263	652	28,306
2008	36,409	16,312	454	707	2,406	303	1,416	58,007

④ 2008년 출신지역별 국제결혼 이주자수

(단위: 명)

출신지역	동북 아시아	동남 아시아	남부 아시아	중앙 아시아	미국	유럽	기타	합
이주자수	65,139	17,805	1,179	1,173	1,794	835	2,564	90,489

⑤ 연도별 지역별 외국인등록인구

(단위: 명)

지역 \ 연도	2004	2005	2006	2007	2008
경기도	165,922	155,942	200,798	234,030	256,827
강원도	7,265	7,989	10,252	11,994	12,892
충청북도	11,665	12,871	17,326	20,731	22,700
충청남도	19,147	19,849	26,411	30,553	35,254
전라북도	8,932	10,165	13,475	16,151	18,749
전라남도	7,819	9,260	11,903	15,126	19,690
경상북도	22,696	23,409	29,721	33,721	35,731
경상남도	24,920	26,679	35,953	42,389	51,707
제주도	1,873	2,178	3,199	4,130	4,902

약점 보완 해설집 p.18

꼼꼼 풀이 노트

권장 풀이 시간에 맞춰 문제를 풀어본 후, 꼼꼼 풀이 노트로 정리해보세요.

■ 출제 포인트

■ 선택지 분석

취약 유형 진단 & 약점 극복

1 문항별 정오표

각 문항별로 정오를 확인한 후, 맞았으면 O, 풀지 못했으면 △, 틀렸으면 X로 표시해 보세요.

곱셈 비교형		분수 비교형				반대해석형	
번호	정오	번호	정오	번호	정오	번호	정오
01		01		22		01	
02		02		23		02	
03		03		24		03	
04		04		25		04	
05		05		26			
06		06		27			
07		07		28			
08		08		29			
09		09		30			
10		10		31			
11		11		32			
12		12		33			
		13		34			
		14		35			
		15		36			
		16		37			
		17		38			
		18		39			
		19		40			
		20					
		21					

2 취약 유형 분석표

유형별로 맞힌 문제 개수와 정답률을 적고, 취약한 유형이 무엇인지 파악해 보세요.

유형	맞힌 문제 개수	정답률
곱셈 비교형	/12	%
분수 비교형	/40	%
반대해석형	/4	%

3 학습 전략

취약한 유형의 학습 전략을 확인한 후, 풀지 못한 문제와 틀린 문제를 다시 풀면서 취약 유형을 극복해 보세요.

곱셈 비교형	곱셈 비교 전 유효숫자를 정리하여 식을 간단히 정리하는 습관을 들여야 합니다. 또한 식을 구성하여 증가율을 일일이 계산하지 말고, 선택지나 <보기>의 대소 비교 방향을 식 구성에 반영한 후에 정오를 판단하는 것이 실수를 줄이는 데 도움이 됩니다.
분수 비교형	분수 비교 전 유효숫자를 정리하여 식을 간단히 하여야 합니다. 또한 분자와 분모의 대소를 비교한 후 기준을 설정하고, 그 이후 증가율 비교 또는 차이 값 비교를 통해 판단합니다. 곱셈 비교와 마찬가지로 선택지나 <보기>의 대소 비교 방향을 식 구성에 반영한 후 정오를 판단하는 것이 실수를 줄이는 데 도움이 됩니다.
반대해석형	전체가 각 개별항목의 합인 구조 또는 비율의 합이 100%인 자료가 제시되었을 때 특정 비율을 묻는 경우 여사건 확률을 반대해석하여 도출한 다음 판단합니다. 특히 50%, 80%, 75%인 정형화된 비중을 묻는 경우에는 배수관계로 전환하면 답이 좀 더 쉽게 도출될수 있습니다.

출제 경향

1 자료판단은 제시된 자료와 조건을 활용하여 올바르게 항목을 매칭할 수 있는지, 자료에서 빈칸의 형태로 누락된 수치를 올바르게 유추할 수 있는지, 각주를 해석하여 적합한 판단이나 계산을 할 수 있는지, 기본적으로 제시되는 표나 그림 등의 자료 외 새로운 조건을 토대로 선택지나 <보기>의 정오를 판단하거나 계산할 수 있는지를 평가하기 위한 유형이다.

2 자료와 선택지 또는 <보기>에 따라 ① 매칭형, ② 빈칸형, ③ 각주 판단형, ④ 조건 판단형 총 4가지 세부 유형으로 출제된다.

3 2020년 모의평가에서는 '상' 난이도로 출제되었고, 2021년과 2022년 기출문제 모두 '중' 난이도로 출제되었으며, 2023년 기출문제에서는 '중~상' 난이도로 다소 까다롭게 출제되었으나 2024년 기출문제는 '중~하' 난이도로 어렵지 않게 출제되었다.

2 자료판단

유형 4 매칭형

유형 5 빈칸형

유형 6 각주 판단형

유형 7 조건 판단형

유형 4 매칭형

유형 소개

'매칭형'은 자료와 함께 조건이나 정보가 제시되고, 이를 활용하여 자료의 항목과 선택지의 항목이 일치되도록 매칭하는 유형이다.

유형 특징

1 자료에서 A, B, C, D 또는 가, 나, 다, 라 등으로 구성된 임시 항목이 제시되고, 추가적으로 조건이나 정보가 제시된다. 이를 통해 자료의 임시 항목이 실제로 어떠한 항목인지 조건이나 정보를 연결하여 추론해야 한다.

2 조건이나 정보의 내용은 자료의 수치를 활용하여 실제 항목명을 파악할 수 있는 내용으로 구성되며, 선택지는 A, B, C, D 또는 가, 나, 다, 라 항목의 실제 항목명으로 구성된다.

3 '매칭형'은 2024년 7급 공채 PSAT에서 2문제가 출제되었고, 2023년에는 1문제, 2022년에는 5문제, 2021년에는 3문제, 2020년 모의평가에서는 1문제가 출제되었다.

풀이 전략

1 자료의 제목·단위·각주를 체크하고, 조건이나 정보의 키워드를 체크한다.

2 각주에서 추가로 식이 주어지는 경우 반드시 체크한다.

3 조건이나 정보 중 비교 항목, 수식어 등의 키워드를 체크한다.

4 제시된 조건이나 정보 중 한 항목을 특정하거나 계산이 단순한 것을 먼저 풀이한다.

5 '첫 번째', '두 번째' 등으로 제시되는 내용은 한 항목을 특정하므로 먼저 풀이한다.

6 '가장' 등의 키워드가 없다면 계산이 간단하거나 제시하는 항목의 개수가 비교적 적은 조건이나 정보를 먼저 풀이하고, 계산이 복잡하거나 항목의 개수가 많은 조건이나 정보는 후순위로 풀이한다.

유형 공략 문제

난이도 ★★☆☆☆ 권장 풀이 시간: 2분 나의 풀이 시간: ____분 ____초

01. 다음 <표>는 우리나라 7개 도시의 공원 현황을 나타낸 자료이다. <표>와 <조건>을 바탕으로 '가'~'라' 도시를 바르게 나열한 것은? 21 5급공채

<표> 우리나라 7개 도시의 공원 현황

구분	개소	결정면적 (백만 m^2)	조성면적 (백만 m^2)	활용률 (%)	1인당 결정면적 (m^2)
전국	20,389	1,020.1	412.0	40.4	22.0
서울	2,106	143.4	86.4	60.3	14.1
(가)	960	69.7	29.0	41.6	25.1
(나)	586	19.6	8.7	44.2	13.4
부산	904	54.0	17.3	29.3	16.7
(다)	619	22.2	12.3	49.6	15.5
대구	755	24.6	11.2	45.2	9.8
(라)	546	35.9	11.9	33.2	31.4

〈조건〉

- 결정면적이 전국 결정면적의 3% 미만인 도시는 광주, 대전, 대구이다.
- 활용률이 전국 활용률보다 낮은 도시는 부산과 울산이다.
- 1인당 조성면적이 1인당 결정면적의 50% 이하인 도시는 부산, 대구, 광주, 인천, 울산이다.

	가	나	다	라
①	울산	광주	대전	인천
②	울산	대전	광주	인천
③	인천	광주	대전	울산
④	인천	대전	광주	울산
⑤	인천	울산	광주	대전

꼼꼼 풀이 노트

권장 풀이 시간에 맞춰 문제를 풀어본 후, 꼼꼼 풀이 노트로 정리해보세요.

■ 출제 포인트

예) 실수+비율 자료, 매칭

■ 선택지 분석

예) 제시된 〈조건〉별로 풀이 방법을 파악

첫 번째 조건: 비율

두 번째 조건: 단순 자료 읽기

세 번째 조건: 식 변형 → 해석을 통한 비교

꼼꼼 풀이 노트

권장 풀이 시간에 맞춰 문제를 풀어본 후, 꼼꼼 풀이 노트로 정리해보세요.

■ 출제 포인트

■ 선택지 분석

난이도 ★★☆☆☆ 권장 풀이 시간: 2분 나의 풀이 시간: _____분 _____초

02. 다음 <표>는 2020년 '갑'국의 가구당 보험료 및 보험급여 현황에 대한 자료이다. <표>와 <보고서>를 근거로 A, B, D에 해당하는 질환을 바르게 나열한 것은? 21 5급공채

<표> 2020년 가구당 보험료 및 보험급여 현황

(단위: 원)

구분 보험료 분위	보험료	전체질환 보험급여 (보험혜택 비율)	4대 질환별 보험급여 (보험혜택 비율)			
			A 질환	B 질환	C 질환	D 질환
전체	99,934	168,725 (1.7)	337,505 (3.4)	750,101 (7.5)	729,544 (7.3)	390,637 (3.9)
1분위	25,366	128,431 (5.1)	327,223 (12.9)	726,724 (28.6)	729,830 (28.8)	424,764 (16.7)
5분위	231,293	248,741 (1.1)	322,072 (1.4)	750,167 (3.2)	713,160 (3.1)	377,568 (1.6)

※ 1) 보험혜택 비율 = $\frac{\text{보험급여}}{\text{보험료}}$

2) 4대 질환은 뇌혈관, 심장, 암, 희귀 질환임.

〈보고서〉

2020년 전체 가구당 보험료는 10만 원 이하였지만 전체질환의 가구당 보험급여는 16만 원 이상으로 전체질환 보험혜택 비율은 1.7로 나타났다.

4대 질환 중 전체 보험혜택 비율이 가장 높은 질환은 심장 질환이었다. 뇌혈관, 심장, 암 질환의 1분위 보험혜택 비율은 각각 5분위의 10배에 미치지 못하였다. 또한, 뇌혈관, 심장, 희귀 질환의 1분위 가구당 보험급여는 각각 전체질환의 1분위 가구당 보험급여의 3배 이상이었다.

	A	B	D
①	뇌혈관	심장	희귀
②	뇌혈관	암	희귀
③	암	심장	희귀
④	암	희귀	심장
⑤	희귀	심장	암

난이도 ★★★☆☆ 권장 풀이 시간: 2분 30초 나의 풀이 시간: _____분 _____초

03. 다음 <표>는 2017~2021년 '갑'국의 해양사고 유형별 발생 건수와 인명피해 인원 현황이다. <표>와 <조건>을 근거로 A~E에 해당하는 유형을 바르게 연결한 것은? 23 7급공채

<표 1> 2017~2021년 해양사고 유형별 발생 건수

(단위: 건)

유형 / 연도	A	B	C	D	E
2017	258	65	29	96	160
2018	250	46	38	119	162
2019	244	110	61	132	228
2020	277	108	69	128	203
2021	246	96	54	149	174

<표 2> 2017~2021년 해양사고 유형별 인명피해 인원

(단위: 명)

유형 / 연도	A	B	C	D	E
2017	35	20	25	3	60
2018	19	25	1	0	52
2019	10	19	0	16	52
2020	8	25	2	8	79
2021	9	27	3	3	76

※ 해양사고 유형은 '안전사고', '전복', '충돌', '침몰', '화재폭발' 중 하나로만 구분됨.

〈조건〉

- 2017~2019년 동안 '안전사고' 발생 건수는 매년 증가한다.
- 2020년 해양사고 발생 건수 대비 인명피해 인원의 비율이 두 번째로 높은 유형은 '전복'이다.
- 해양사고 발생 건수는 매년 '충돌'이 '전복'의 2배 이상이다.
- 2017~2021년 동안의 해양사고 인명피해 인원 합은 '침몰'이 '안전사고'의 50% 이하이다.
- 2020년과 2021년의 해양사고 인명피해 인원 차이가 가장 큰 유형은 '화재폭발'이다.

	A	B	C	D	E
①	충돌	전복	침몰	화재폭발	안전사고
②	충돌	전복	화재폭발	안전사고	침몰
③	충돌	침몰	전복	화재폭발	안전사고
④	침몰	전복	안전사고	화재폭발	충돌
⑤	침몰	충돌	전복	안전사고	화재폭발

꼼꼼 풀이 노트

권장 풀이 시간에 맞춰 문제를 풀어본 후, 꼼꼼 풀이 노트로 정리해보세요.

■ 출제 포인트

■ 선택지 분석

꼼꼼 풀이 노트

권장 풀이 시간에 맞춰 문제를 풀어본 후, 꼼꼼 풀이 노트로 정리해보세요.

■ 출제 포인트

■ 선택지 분석

난이도 ★★☆☆☆ 권장 풀이 시간: 2분 나의 풀이 시간: ____분 ____초

04. 다음 <표>는 2020년과 2021년 A~E국의 선행시간별 태풍예보 거리오차에 관한 자료이고, <보고서>는 '갑'국의 태풍예보 거리오차를 분석한 자료이다. 이를 근거로 판단할 때, A~E 중 '갑'국에 해당하는 국가는? 22 5급공채

<표> 2020년과 2021년 A~E 국의 선행시간별 태풍예보 거리오차

(단위: km)

선행시간	48시간		36시간		24시간		12시간	
국가 \ 연도	2020	2021	2020	2021	2020	2021	2020	2021
A	121	119	95	90	74	66	58	51
B	151	112	122	88	82	66	77	58
C	128	132	106	103	78	78	59	60
D	122	253	134	180	113	124	74	81
E	111	170	88	100	70	89	55	53

〈보고서〉

태풍예보 정확도 개선을 위해 지난 2년간의 '갑'국 태풍예보 거리오차를 분석하였다. 이때 선행시간 48시간부터 12시간까지 12시간 간격으로 예측한 태풍에 대해 거리오차를 계산하였고, 그 결과 다음과 같은 사실을 확인하였다.

첫째, 2020년과 2021년 모두 선행시간이 12시간씩 감소할수록 거리오차도 감소하였다. 둘째, 2021년의 거리오차는 선행시간이 36시간, 24시간, 12시간일 때 각각 100km 이하였다. 셋째, 선행시간별 거리오차는 모두 2020년보다 2021년이 작았다. 마지막으로 2020년과 2021년 모두 선행시간이 12시간씩 감소하더라도 거리오차 감소폭은 30km 미만이었다.

① A

② B

③ C

④ D

⑤ E

난이도 ★★★☆☆ 권장 풀이 시간: 2분 30초 나의 풀이 시간: _____분 _____초

05. 다음 <표>는 2015~2021년 '갑'국 4개 대학의 변호사시험 응시자 및 합격자에 관한 자료이다. <표>와 <조건>에 근거하여 A~D에 해당하는 대학을 바르게 나열한 것은?

22 5급공채

<표> 2015~2021년 대학별 변호사시험 응시자 및 합격자

(단위: 명)

대학	구분 \ 연도	2015	2016	2017	2018	2019	2020	2021
A	응시자	50	52	54	66	74	89	90
	합격자	50	51	46	51	49	55	48
B	응시자	58	81	94	98	94	89	97
	합격자	47	49	65	73	66	53	58
C	응시자	89	101	109	110	115	142	145
	합격자	79	83	94	88	75	86	80
D	응시자	95	124	152	162	169	210	212
	합격자	86	82	85	109	80	87	95

〈조건〉

- ○ '우리대'와 '나라대'는 해당 대학의 응시자 수가 가장 많은 해에 합격률이 가장 낮다.
- ○ 2021년 '우리대'의 합격률은 55% 미만이다.
- ○ '푸른대'와 '강산대'는 해당 대학의 합격자 수가 가장 많은 해와 가장 적은 해의 합격자 수 차이가 각각 25명 이상이다.
- ○ '강산대'의 2015년 대비 2021년 합격률 감소폭은 40%p 이하이다.

※ 합격률(%) = $\frac{\text{합격자}}{\text{응시자}} \times 100$

	A	B	C	D
①	나라대	강산대	우리대	푸른대
②	나라대	푸른대	우리대	강산대
③	우리대	강산대	나라대	푸른대
④	우리대	푸른대	나라대	강산대
⑤	푸른대	나라대	강산대	우리대

꼼꼼 풀이 노트

권장 풀이 시간에 맞춰 문제를 풀어본 후, 꼼꼼 풀이 노트로 정리해보세요.

■ 출제 포인트

■ 선택지 분석

꼼꼼 풀이 노트

권장 풀이 시간에 맞춰 문제를 풀어본 후, 꼼꼼 풀이 노트로 정리해보세요.

■ 출제 포인트

■ 선택지 분석

난이도 ★★★☆☆ 권장 풀이 시간: 2분 30초 나의 풀이 시간: _____분 _____초

06. 다음 <표>는 2021~2023년 '갑'국 공무원의 교육방법별 교육시간에 관한 자료이다. <표>와 <정보>에 근거하여 A~C에 해당하는 교육방법을 바르게 연결한 것은? 24 5급공채

<표> 2021~2023년 '갑'국 공무원의 교육방법별 교육시간

(단위: 시간)

교육방법 \ 연도	2021	2022	2023
A	671	1,106	557
B	3,822	2,614	2,394
C	717	204	191
D	392	489	559
사례연구	607	340	385
세미나	80	132	391
역할연기	864	713	97
전체	7,153	5,598	4,574

※ 교육방법은 '강의', '분임토의', '사례연구', '세미나', '실습', '역할연기', '현장체험' 중 1개로만 구분됨.

〈정보〉

- 매년 교육시간이 감소하는 교육방법은 '강의', '실습', '역할연기'이다.
- 2023년 전체 교육시간 중 교육방법별 교육시간 비중이 전년 대비 감소한 교육방법은 '분임토의'와 '역할연기'이다.
- 2023년 교육시간의 전년 대비 감소율이 세 번째로 큰 교육방법은 '실습'이다.

	A	B	C
①	강의	실습	현장체험
②	분임토의	강의	실습
③	분임토의	실습	강의
④	실습	강의	현장체험
⑤	현장체험	강의	실습

07. 다음 <표>는 어느 해 12월말 기준 '가' 지역의 개설 및 등록 의료기관 수에 대한 자료이다. <표>와 <조건>을 근거로 하여 A~D에 해당하는 의료기관을 바르게 나열한 것은?

14 5급공채

<표> '가' 지역의 개설 및 등록 의료기관 수

(단위: 개소)

의료기관	개설 의료기관 수	등록 의료기관 수
A	2,784	872
B	( )	141
C	1,028	305
D	( )	360

※ 등록률(%) = $\frac{\text{등록 의료기관 수}}{\text{개설 의료기관 수}} \times 100$

〈조건〉

- ㅇ 등록률이 30% 이상인 의료기관은 '종합병원'과 '치과'이다.
- ㅇ '종합병원' 등록 의료기관 수는 '안과' 등록 의료기관 수의 2.5배 이상이다.
- ㅇ '치과' 등록 의료기관 수는 '한방병원' 등록 의료기관 수보다 작다.

	A	B	C	D
①	한방병원	종합병원	안과	치과
②	한방병원	종합병원	치과	안과
③	종합병원	치과	안과	한방병원
④	종합병원	치과	한방병원	안과
⑤	종합병원	안과	한방병원	치과

꼼꼼 풀이 노트

권장 풀이 시간에 맞춰 문제를 풀어본 후, 꼼꼼 풀이 노트로 정리해보세요.

■ 출제 포인트

■ 선택지 분석

꼼꼼 풀이 노트

권장 풀이 시간에 맞춰 문제를 풀어본 후, 꼼꼼 풀이 노트로 정리해보세요.

■ 출제 포인트

■ 선택지 분석

난이도 ★★★☆☆ 권장 풀이 시간: 2분 30초 나의 풀이 시간: _____분 _____초

08. 다음 <표>는 2010~2012년 남아공, 멕시코, 브라질, 사우디, 캐나다, 한국의 이산화탄소 배출량에 대한 자료이다. 다음 <조건>을 근거로 하여 A~D에 해당하는 국가를 바르게 나열한 것은? 16 5급공채

<표> 2010~2012년 국가별 이산화탄소 배출량

(단위: 천만 톤, 톤/인)

국가	구분 \ 연도	2010	2011	2012
한국	총배출량	56.45	58.99	59.29
	1인당 배출량	11.42	11.85	11.86
멕시코	총배출량	41.79	43.25	43.58
	1인당 배출량	3.66	3.74	3.75
A	총배출량	37.63	36.15	37.61
	1인당 배출량	7.39	7.01	7.20
B	총배출량	41.49	42.98	45.88
	1인당 배출량	15.22	15.48	16.22
C	총배출량	53.14	53.67	53.37
	1인당 배출량	15.57	15.56	15.30
D	총배출량	38.85	40.80	44.02
	1인당 배출량	1.99	2.07	2.22

※ 1인당 배출량(톤/인) = $\frac{\text{총배출량}}{\text{인구}}$

〈조건〉

○ 1인당 이산화탄소 배출량이 2011년과 2012년 모두 전년대비 증가한 국가는 멕시코, 브라질, 사우디, 한국이다.

○ 2010~2012년 동안 매년 인구가 1억 명 이상인 국가는 멕시코와 브라질이다.

○ 2012년 인구는 남아공이 한국보다 많다.

	A	B	C	D
①	남아공	사우디	캐나다	브라질
②	남아공	브라질	캐나다	사우디
③	캐나다	사우디	남아공	브라질
④	캐나다	브라질	남아공	사우디
⑤	캐나다	남아공	사우디	브라질

난이도 ★★★☆☆ 권장 풀이 시간: 2분 30초 나의 풀이 시간: _____분 _____초

09. 다음 <표>는 2006~2010년 국내 버스운송업의 업체 현황에 관한 자료이다. <표>와 <보기>를 근거로 A, B, D에 해당하는 유형을 바르게 나열한 것은? 15 5급공채

<표> 국내 버스운송업의 유형별 업체수, 보유대수, 종사자수

(단위: 개, 대, 명)

유형	구분 \ 연도	2006	2007	2008	2009	2010
A	업체수	10	10	8	8	8
	보유대수	2,282	2,159	2,042	2,014	1,947
	종사자수	5,944	5,382	4,558	4,381	4,191
B	업체수	99	98	96	92	90
	보유대수	2,041	1,910	1,830	1,730	1,650
	종사자수	3,327	3,338	3,341	3,353	3,400
C	업체수	105	95	91	87	84
	보유대수	7,907	7,529	7,897	7,837	7,901
	종사자수	15,570	14,270	14,191	14,184	14,171
D	업체수	325	339	334	336	347
	보유대수	29,239	30,036	30,538	30,732	32,457
	종사자수	66,191	70,253	70,404	71,126	74,427

〈보기〉

- ○ 시내버스와 농어촌버스의 종사자수는 각각 매년 증가한 반면, 시외일반버스와 시외고속버스 종사자수는 각각 매년 감소하였다.
- ○ 2010년 업체당 종사자수가 2006년에 비해 감소한 유형은 시외고속버스이다.
- ○ 농어촌버스의 업체당 보유대수는 매년 감소하였다.

	A	B	D
①	농어촌버스	시외고속버스	시내버스
②	농어촌버스	시내버스	시외고속버스
③	시외일반버스	농어촌버스	시내버스
④	시외고속버스	시내버스	농어촌버스
⑤	시외고속버스	농어촌버스	시내버스

꼼꼼 풀이 노트

권장 풀이 시간에 맞춰 문제를 풀어본 후, 꼼꼼 풀이 노트로 정리해보세요.

■ 출제 포인트

■ 선택지 분석

꼼꼼 풀이 노트

권장 풀이 시간에 맞춰 문제를 풀어본 후, 꼼꼼 풀이 노트로 정리해보세요.

■ 출제 포인트

■ 선택지 분석

난이도 ★★★☆☆ **권장 풀이 시간:** 2분 30초 **나의 풀이 시간:** ____분 ____초

10. 다음 <표>와 <그림>은 2015년 A~D국의 산업별 기업수와 국내총생산(GDP)에 대한 자료이다. 이와 <조건>에 근거하여 A~D에 해당하는 국가를 바르게 나열한 것은? 18 5급공채

<표> A~D국의 산업별 기업수

(단위: 개)

산업 국가	전체	제조업	서비스업	기타
A	3,094,595	235,093	2,283,769	575,733
B	3,668,152	396,422	2,742,627	529,103
C	2,975,674	397,171	2,450,288	128,215
D	3,254,196	489,530	2,747,603	17,063

<그림> A~D국의 전체 기업수와 GDP

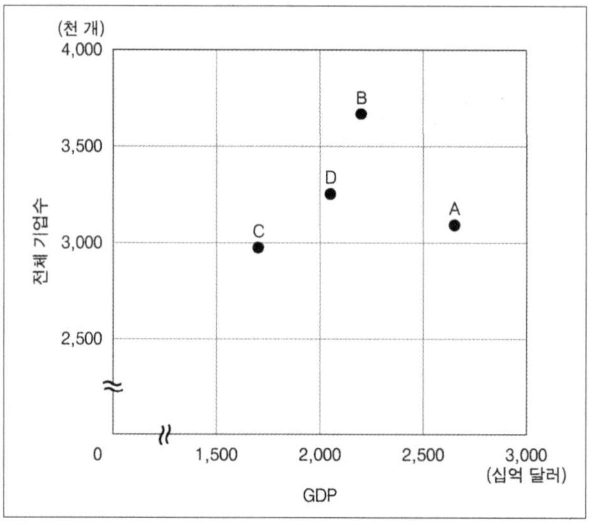

〈조건〉

ㅇ '갑'~'정'국 중 전체 기업수 대비 서비스업 기업수의 비중이 가장 큰 국가는 '갑'국이다.
ㅇ '정'국은 '을'국보다 제조업 기업수가 많다.
ㅇ '을'국은 '병'국보다 전체 기업수는 많지만 GDP는 낮다.

	A	B	C	D
①	갑	정	을	병
②	을	병	정	갑
③	병	을	갑	정
④	병	을	정	갑
⑤	정	을	병	갑

난이도 ★★★☆☆ 권장 풀이 시간: 2분 30초 나의 풀이 시간: ____분 ____초

11. 다음 <표>는 2023년 '갑'국의 농산물 가공식품 품목별 수입 현황에 관한 자료이다. <표>와 <조건>에 근거하여 A~C에 해당하는 농산물 가공식품을 바르게 연결한 것은?

24 5급공채

<표> 2023년 '갑'국의 농산물 가공식품 품목별 수입 현황

(단위: 톤, 원/kg, %)

품목	수입중량	수입단가	
			전년 대비 증가율
A	217	2,181	20.3
B	61	16,838	−16.1
C	2,634	1,174	24.1
D	43	1,479	−22.3
E	2,238	1,788	−37.0
김치	6,511	969	2.2
두부	86	3,848	8.4
밀가루	343	1,489	26.0

※ 1) A~E는 '간장', '고춧가루', '된장', '설탕', '식용유' 중 하나임.
2) 수입금액(천 원) = 수입중량(톤) × 수입단가(원/kg)

〈조건〉

- 2023년 '간장'과 '고춧가루'의 수입중량 합은 '식용유' 수입중량의 15% 이하이다.
- 2023년 수입금액이 가장 낮은 품목은 '된장'이다.
- 2022년 수입단가가 2,000원/kg 이상인 품목은 '고춧가루', '두부', '식용유'이다.
- 2023년 수입중량이 2,000톤 이상인 품목은 '김치', '설탕', '식용유'이다.

	A	B	C
①	간장	고춧가루	설탕
②	간장	고춧가루	식용유
③	간장	설탕	식용유
④	고춧가루	간장	식용유
⑤	된장	고춧가루	설탕

꼼꼼 풀이 노트

권장 풀이 시간에 맞춰 문제를 풀어본 후, 꼼꼼 풀이 노트로 정리해보세요.

■ 출제 포인트

■ 선택지 분석

꼼꼼 풀이 노트

권장 풀이 시간에 맞춰 문제를 풀어본 후,
꼼꼼 풀이 노트로 정리해보세요.

■ 출제 포인트

■ 선택지 분석

난이도 ★★★☆☆ 권장 풀이 시간: 2분 30초 나의 풀이 시간: _____분 _____초

12. 다음 <표>는 민속마을 현황에 관한 자료이다. <표>와 <보기>에 근거하여 B, D, E에 해당하는 민속마을을 바르게 나열한 것은? 15 5급공채

<표 1> 민속마을별 지정면적

(단위: 천 m^2)

구분	A	B	C	고성왕곡	D	E	영주무섬
지정면적	7,200	794	969	180	197	201	669

<표 2> 민속마을별 건물 현황

(단위: 개)

구분	A	B	C	고성왕곡	D	E	영주무섬
와가	162	18	180	39	57	117	37
초가	211	370	220	99	151	11	57
기타	85	287	78	9	28	98	22
계	458	675	478	147	236	226	116

<표 3> 민속마을별 입장료 현황

(단위: 원)

구분	A	B	C	고성왕곡	D	E	영주무섬
성인	3,000	무료	4,000	무료	2,000	무료	무료
청소년	1,500		2,000		1,000		
아동	1,000		1,500		1,000		

〈보기〉

○ 초가 수가 와가 수의 2배 이상인 곳은 '아산외암', '성읍민속', '고성왕곡'이다.
○ 성인 15명, 청소년 2명, 아동 8명의 입장료 총합이 56,000원인 곳은 '안동하회'이다.
○ 지정면적 천 m^2당 총 건물수가 가장 많은 곳은 '아산외암'이다.
○ '경주양동'의 지정면적은 '성주한개'와 '영주무섬'의 지정면적을 합한 것보다 크다.

	B	D	E
①	성읍민속	아산외암	성주한개
②	성읍민속	아산외암	경주양동
③	성읍민속	안동하회	경주양동
④	아산외암	성읍민속	성주한개
⑤	아산외암	성읍민속	안동하회

13. 다음 <표>는 2008~2012년 서울시 주요 문화유적지 A~D의 관람객 수에 대한 자료이다. <보고서>의 내용을 근거로 A~D에 해당하는 문화유적지를 바르게 나열한 것은?

14 5급공채

<표 1> 관람료별 문화유적지 관람객 수 추이

(단위: 천 명)

문화유적지	관람료 \ 연도	2008	2009	2010	2011	2012
A	유료	673	739	1,001	1,120	1,287
	무료	161	139	171	293	358
B	유료	779	851	716	749	615
	무료	688	459	381	434	368
C	유료	370	442	322	275	305
	무료	618	344	168	148	111
D	유료	1,704	2,029	2,657	2,837	3,309
	무료	848	988	1,161	992	1,212

※ 유료(무료) 관람객 수 = 외국인 유료(무료) 관람객수 + 내국인 유료(무료) 관람객 수

<표 2> 외국인 유료 관람객 수 추이

(단위: 천 명)

문화유적지 \ 연도	2008	2009	2010	2011	2012
A	299	352	327	443	587
B	80	99	105	147	167
C	209	291	220	203	216
D	773	1,191	1,103	1,284	1,423

〈보고서〉

최근 문화유적지를 찾는 관람객이 늘어나면서 문화재청에서는 서울시 4개 주요 문화유적지(경복궁, 덕수궁, 종묘, 창덕궁)를 찾는 관람객 수를 매년 집계하고 있다. 그 결과, 2008년 대비 2012년 4개 주요 문화유적지의 전체 관람객 수는 약 30% 증가하였다.

이 중 경복궁과 창덕궁의 유료 관람객 수는 매년 무료 관람객 수의 2배 이상이었다. 유료 관람객을 내국인과 외국인으로 나누어 분석해 보면, 창덕궁의 내국인 유료 관람객 수는 매년 증가하였다.

이런 추세와 달리, 덕수궁과 종묘의 유료 관람객 수와 무료 관람객 수는 각각 2008년보다 2012년에 감소한 것으로 나타났다. 특히 종묘는 전체 관람객 수가 매년 감소하여 국내외 홍보가 필요한 것으로 분석되었다.

	A	B	C	D
①	창덕궁	덕수궁	종묘	경복궁
②	창덕궁	종묘	덕수궁	경복궁
③	경복궁	덕수궁	종묘	창덕궁
④	경복궁	종묘	덕수궁	창덕궁
⑤	경복궁	창덕궁	종묘	덕수궁

꼼꼼 풀이 노트

권장 풀이 시간에 맞춰 문제를 풀어본 후, 꼼꼼 풀이 노트로 정리해보세요.

■ 출제 포인트

■ 선택지 분석

꼼꼼 풀이 노트

권장 풀이 시간에 맞춰 문제를 풀어본 후, 꼼꼼 풀이 노트로 정리해보세요.

■ 출제 포인트

■ 선택지 분석

난이도 ★★★★☆ 권장 풀이 시간: 3분 나의 풀이 시간: _____분 _____초

14. 다음 <표>와 <그림>은 2015년과 2016년 '갑'~'무'국의 경상수지에 관한 자료이다. 이와 <조건>을 이용하여 A~E에 해당하는 국가를 바르게 나열한 것은? 18 5급공채

<표> 국가별 상품수출액과 서비스수출액

(단위: 백만 달러)

국가	항목 \ 연도	2015	2016
A	상품수출액	50	50
	서비스수출액	30	26
B	상품수출액	30	40
	서비스수출액	28	34
C	상품수출액	60	70
	서비스수출액	40	46
D	상품수출액	70	62
	서비스수출액	55	60
E	상품수출액	50	40
	서비스수출액	27	33

<그림 1> 국가별 상품수지와 서비스수지

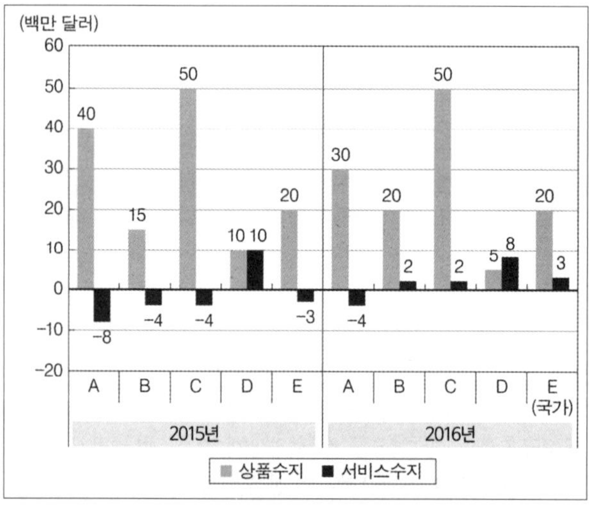

※ 상품(서비스)수지 = 상품(서비스)수출액 - 상품(서비스)수입액

<그림 2> 국가별 본원소득수지와 이전소득수지

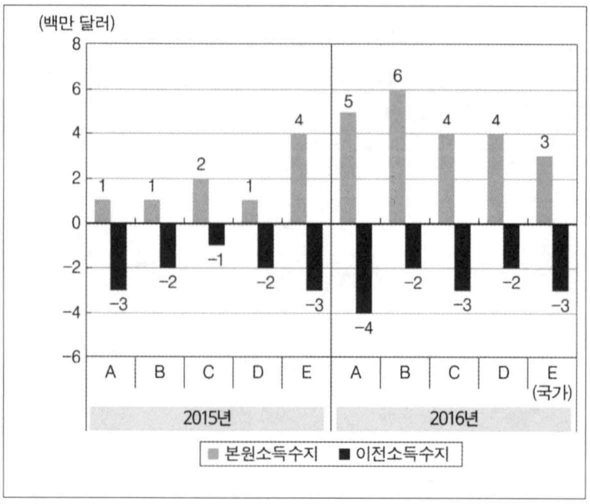

〈조건〉

○ 2015년 대비 2016년의 상품수입액 증가폭이 동일한 국가는 '을'국과 '정'국이다.
○ 2015년과 2016년의 서비스수입액이 동일한 국가는 '을'국, '병'국, '무'국이다.
○ 2015년 본원소득수지 대비 상품수지 비율은 '병'국이 '무'국의 3배이다.
○ 2016년 '갑'국과 '병'국의 이전소득수지는 동일하다.

	A	B	C	D	E
①	을	병	정	갑	무
②	을	무	갑	정	병
③	정	갑	을	무	병
④	정	병	을	갑	무
⑤	무	을	갑	정	병

1 자료비교
2 자료판단
3 자료검토·변환
4 자료이해
기출 재구성 모의고사
해커스PSAT 7급 PSAT 유형별 기출 200제 자료해석

꼼꼼 풀이 노트

권장 풀이 시간에 맞춰 문제를 풀어본 후, 꼼꼼 풀이 노트로 정리해보세요.

■ 출제 포인트

■ 선택지 분석

난이도 ★★★☆☆ 권장 풀이 시간: 2분 30초 나의 풀이 시간: ____분 ____초

15. 다음 <표>는 2020년 A~D 국의 어업 생산량에 관한 자료이다. <표>와 <조건>을 근거로 A~D에 해당하는 국가를 바르게 나열한 것은? 22 5급공채

<표> 2020년 A~D 국의 어업 생산량

(단위: 천 톤)

어업유형 / 국가	전체	해면어업	천해양식	원양어업	내수면어업
A	3,255	1,235	1,477	( )	33
B	10,483	3,245	( )	1,077	3,058
C	8,020	2,850	( )	720	1,150
D	9,756	4,200	324	( )	2,287

※ 1) 어업유형은 해면어업, 천해양식, 원양어업, 내수면어업으로만 구분됨.

2) 어업유형별 의존도 $= \frac{\text{해당 어업유형의 어업 생산량}}{\text{전체 어업 생산량}}$

〈조건〉

○ 내수면어업 생산량이 원양어업 생산량보다 많은 국가는 '갑'과 '병'이다.

○ 해면어업 의존도는 '갑'~'정' 중 '정'이 두 번째로 높다.

○ '병'의 천해양식 생산량은 '을'의 원양어업 생산량의 1.1배 이상이다.

	A	B	C	D
①	을	갑	병	정
②	을	병	갑	정
③	병	을	정	갑
④	정	갑	병	을
⑤	정	병	갑	을

난이도 ★★★★☆ 권장 풀이 시간: 3분 나의 풀이 시간: ____분 ____초

16. 다음 <표>와 <정보>는 2016년과 2021년 '갑'국 일평균 농식품 폐기량에 관한 자료이다. 이를 근거로 <보기>의 설명 중 옳은 것만을 모두 고르면? 23 5급공채

<표> 일평균 농식품 폐기량

(단위: 톤/일)

연도	분야		A	B	C	D	기타	합계
2016	제조		12.7	5.6	24.3	4.6	7.5	54.7
	유통		29.5	22.2	18.4	27.2	14.3	111.6
	소비	가정	52.3	40.7	29.9	19.8	24.0	166.7
		음식점업	280.6	112.9	184.4	156.2	148.2	882.3
		숙박업	113.0	55.4	52.2	47.5	46.6	314.7
		교육기관	66.5	34.2	41.9	30.7	23.4	196.7
2021	제조		16.9	5.1	10.9	5.8	6.0	44.7
	유통		64.8	35.2	55.5	30.4	40.1	226.0
	소비	가정	55.1	33.8	35.4	29.1	27.3	180.7
		음식점업	324.4	98.0	251.2	189.9	122.2	985.7
		숙박업	97.3	46.4	82.5	48.4	42.3	316.9
		교육기관	69.8	25.9	55.9	35.3	23.2	210.1

※ 소비 분야는 가정, 음식점업, 숙박업, 교육기관으로만 구성됨.

〈정보〉

- ○ A~D는 과일류, 곡류, 어육류, 채소류 중 하나이다.
- ○ 기타를 제외하고, 2016년 대비 2021년 제조 분야의 농식품 폐기량에서 차지하는 비중이 가장 많이 증가한 농식품은 채소류이다.
- ○ 기타를 제외하고, 2016년 대비 2021년 제조, 유통 분야와 소비의 각 분야에서 일평균 폐기량이 모두 증가한 농식품은 어육류이다.
- ○ 기타를 제외하고, 2021년 소비 분야의 연간 폐기량이 가장 적은 농식품은 과일류이다.

〈보기〉

ㄱ. 2021년 소비 분야 일평균 어육류 폐기량은 300톤보다 많다.
ㄴ. 2016년 유통 분야에서 연간 폐기량은 채소류가 과일류보다 많다.
ㄷ. 기타를 제외하고, 2016년 대비 2021년 가정의 일평균 농식품 폐기량은 모두 증가하였다.
ㄹ. 숙박업의 일평균 채소류 폐기량은 2021년이 2016년보다 적다.

① ㄱ
② ㄷ, ㄹ
③ ㄱ, ㄴ, ㄷ
④ ㄱ, ㄴ, ㄹ
⑤ ㄴ, ㄷ, ㄹ

약점 보완 해설집 p.20

꼼꼼 풀이 노트

권장 풀이 시간에 맞춰 문제를 풀어본 후, 꼼꼼 풀이 노트로 정리해보세요.

■ 출제 포인트

■ 선택지 분석

유형 5 빈칸형

유형 소개

'빈칸형'은 제시된 자료 중 일부 항목이 빈칸으로 나타나고, 이 누락된 수치를 직접 또는 간접적으로 파악하여 선택지나 <보기>의 내용이 올바른지 판단하는 유형이다.

유형 특징

1 <표>나 <그림>의 항목 또는 수치에 1개 이상의 빈칸이 괄호 형태로 제시되며, 발문 상으로는 다른 유형과 비교하여 특별한 점이 없다.

2 선택지나 <보기>는 빈칸에 해당하는 정보를 직접적으로 도출하거나 간접적으로 가늠하여 판단하는 내용으로 구성된다.

3 '빈칸형'은 2024년 7급 공채 PSAT에서 25문제 중 2문제가 출제되었고, 2023년에는 7문제, 2022년에는 4문제, 2021년에는 5문제, 2020년 모의평가에서는 6문제가 출제되었다. 꾸준히 높은 비중으로 출제되었으나 2024년에는 그 비중이 대폭 축소되었다.

풀이 전략

1 빈칸의 개수를 대략적으로 체크한 후 빈칸과 관련된 선택지나 <보기>가 무엇인지 확인한다.

2 선택지나 <보기> 중 빈칸을 고려하지 않아도 판단이 가능한 내용이 있다면 해당 내용을 먼저 풀이한다.

3 나머지 선택지나 <보기>가 빈칸의 수치를 직접적으로 도출해야 하는 것인지, 아니면 직접 도출하지 않고도 간접적으로 비교할 수 있는 것인지 체크한다.

4 빈칸의 개수가 적거나 계산이 간단한 경우에는 자료의 빈칸을 먼저 채운 후 풀이한다.

5 빈칸의 개수가 많거나 계산이 복잡한 경우에는 관련된 선택지나 <보기> 중 간접적으로 비교할 수 있는 것을 먼저 풀이하고, 직접적으로 수치를 도출해야 하는 것은 후순위로 풀이한다.

유형 공략 문제

난이도 ★★★☆☆ **권장 풀이 시간:** 2분 30초 **나의 풀이 시간:** ____분 ____초

01. 다음 <표>는 '갑'국 재외국민의 5개 지역별 투표 결과에 관한 자료이다. 이에 대한 <보기>의 설명 중 옳은 것만을 모두 고르면? 23 7급공채

<표> 재외국민 지역별 투표 결과

(단위: 개소, 명, %)

구분 / 지역	제20대 선거				제19대 선거	
	투표소 수	선거인 수	투표자 수	투표율	투표자 수	투표율
아주	( )	110,818	78,051	70.4	106,496	74.0
미주	62	( )	50,440	68.7	68,213	71.7
유럽	47	32,591	25,629	( )	36,170	84.9
중동	21	6,818	5,658	83.0	8,210	84.9
아프리카	21	2,554	2,100	82.2	2,892	85.4
전체	219	226,162	161,878	71.6	221,981	75.3

※ 1) 투표율(%) = $\frac{\text{투표자 수}}{\text{선거인 수}} \times 100$
2) '아주'는 '중동'을 제외한 아시아 및 오세아니아 지역을 의미함.

〈보기〉

ㄱ. 제20대 선거에서 투표소 수는 '아주'가 '중동'의 4배 이상이다.
ㄴ. 제20대 선거에서 투표율이 가장 높은 지역과 가장 낮은 지역의 투표율 차이는 15%p 이상이다.
ㄷ. 제20대 선거에서 투표소당 선거인 수는 '미주'가 '유럽'보다 많다.
ㄹ. 제20대 선거와 제19대 선거의 선거인 수 차이가 큰 지역부터 순서대로 나열하면 '아주', '미주', '유럽', '중동', '아프리카' 순이다.

① ㄱ
② ㄹ
③ ㄷ, ㄹ
④ ㄱ, ㄴ, ㄷ
⑤ ㄴ, ㄷ, ㄹ

꼼꼼 풀이 노트

권장 풀이 시간에 맞춰 문제를 풀어본 후, 꼼꼼 풀이 노트로 정리해보세요.

■ 출제 포인트
예) 실수, 지역별 비교

■ 선택지 분석
예) ㄱ. 비교, 배수
ㄴ. 차이, 비교
ㄷ. 비교
ㄹ. 순서

꼼꼼 풀이 노트

권장 풀이 시간에 맞춰 문제를 풀어본 후, 꼼꼼 풀이 노트로 정리해보세요.

■ 출제 포인트

■ 선택지 분석

난이도 ★★★☆☆　　권장 풀이 시간: 2분 30초　　나의 풀이 시간: ____분 ____초

※ 다음 <표>는 2014~2019년 '갑'지역의 월별 기상자료이다. 다음 물음에 답하시오. [02~03]

21 5급공채

<표 1> 2014~2019년 월별 평균기온

(단위: ℃)

연도＼월	1	2	3	4	5	6	7	8	9	10	11	12
2014	−4.5	1.4	4.3	9.5	17.2	23.4	25.8	26.5	21.8	14.5	6.5	−1.3
2015	−7.2	1.2	3.6	10.7	17.9	22.0	24.6	25.8	21.8	14.2	10.7	−0.9
2016	−2.8	−2.0	5.1	12.3	19.7	24.1	25.4	27.1	21.0	15.3	5.5	−4.1
2017	−3.4	−1.2	5.1	10.0	18.2	24.4	25.5	27.7	21.8	15.8	6.2	−0.2
2018	−0.7	1.9	7.9	14.0	18.9	23.1	26.1	25.2	22.1	15.6	9.0	−2.9
2019	−0.9	1.0	6.3	13.3	18.9	23.6	25.8	26.3	22.4	15.5	8.9	1.6

<표 2> 2014~2019년 월별 강수량

(단위: mm)

연도＼월	1	2	3	4	5	6	7	8	9	10	11	12	합계 (연강수량)
2014	6	55	83	63	124	128	239	599	672	26	11	16	2,022
2015	29	29	15	110	53	405	1,131	167	26	32	56	7	2,060
2016	9	1	47	157	8	92	449	465	212	99	68	41	1,648
2017	7	74	27	72	132	28	676	149	139	14	47	25	1,390
2018	22	16	7	31	63	98	208	173	88	52	42	18	818
2019	11	23	10	81	29	99	226	73	26	82	105	29	794

<표 3> 2014~2019년 월별 일조시간

(단위: 시간)

연도＼월	1	2	3	4	5	6	7	8	9	10	11	12	합계 (연일조시간)
2014	168	141	133	166	179	203	90	97	146	195	180	158	1,856
2015	219	167	240	202	180	171	80	94	180	215	130	196	2,074
2016	191	225	192	213	251	232	143	159	191	235	181	194	2,407
2017	168	187	256	213	238	224	101	218	191	250	188	184	2,418
2018	184	164	215	213	304	185	173	151	214	240	194	196	2,433
2019	193	180	271	216	290	258	176	207	262	240	109	178	2,580

02. 다음 <표 4>는 '갑'지역의 2020년 월별 기상 관측값의 전년 동월 대비 변화량을 나타낸 자료의 일부이다. 위 <표>와 아래 <표 4>를 근거로 <보기>의 설명 중 옳은 것만을 모두 고르면?

<표 4> 2020년 기상 관측값의 전년 동월 대비 변화량

(단위: °C, mm, 시간)

월 / 관측항목	1	2	3	4	5	6	7	8	9	10
평균기온	−23	−0.8	+0.7	+0.8	+0.7	0.0	+0.4	+1.7	+0.7	
강수량	−10	+25	+31	−4	+132	−45	+132	−6	+7	
일조시간	+3	+15	−17	+4	−10	−28	−16	+29	−70	

〈보기〉

ㄱ. 8월 평균기온은 2020년이 가장 높다.
ㄴ. 2020년 7월 강수량은 2014~2019년 동안의 7월 평균강수량보다 많다.
ㄷ. 연강수량은 2020년이 2019년보다 많다.
ㄹ. 여름(6~8월)의 일조시간은 2020년이 2019년보다 적으나 2018년보다는 많다.

① ㄱ, ㄴ
② ㄱ, ㄹ
③ ㄴ, ㄷ
④ ㄱ, ㄷ, ㄹ
⑤ ㄴ, ㄷ, ㄹ

03. 다음 <그림>은 2014~2019년 중 특정 연도의 '갑'지역 월별 일평균 일조시간과 누적 강수량에 대한 자료의 일부이다. 위 <표>와 아래 <그림>을 근거로 A, B에 해당하는 값을 바르게 나열한 것은?

<그림> 월별 일평균 일조시간과 누적 강수량

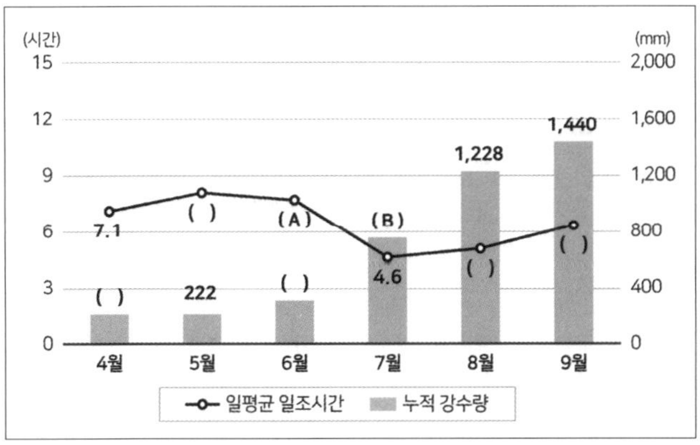

※ 1) 일평균 일조시간은 해당 월 일조시간을 해당 월 날짜 수로 나눈 값임.
2) 누적 강수량은 해당 연도 1월부터 해당 월까지의 강수량을 누적한 값임.

	A	B
①	7.5	763
②	7.5	779
③	7.5	794
④	7.7	763
⑤	7.7	779

꼼꼼 풀이 노트

권장 풀이 시간에 맞춰 문제를 풀어본 후, 꼼꼼 풀이 노트로 정리해보세요.

■ 출제 포인트

■ 선택지 분석

꼼꼼 풀이 노트

권장 풀이 시간에 맞춰 문제를 풀어본 후, 꼼꼼 풀이 노트로 정리해보세요.

■ 출제 포인트

■ 선택지 분석

난이도 ★★★☆☆ 권장 풀이 시간: 2분 30초 나의 풀이 시간: _____분 _____초

04. 다음 <표>는 12대 주요 산업별 총산업인력과 기술인력 현황에 관한 자료이다. 이에 대한 <보기>의 설명 중 옳은 것만을 고르면? 21 5급공채

<표> 12대 주요 산업별 총산업인력과 기술인력 현황

(단위: 명, %)

부문	구분 / 산업	총산업인력	기술인력			
			현원	비중	부족인원	부족률
제조	기계	287,860	153,681	53.4	4,097	( )
	디스플레이	61,855	50,100	( )	256	( )
	반도체	178,734	92,873	( )	1,528	1.6
	바이오	94,364	31,572	33.5	1,061	( )
	섬유	131,485	36,197	( )	927	2.5
	자동차	325,461	118,524	( )	2,388	2.0
	전자	416,111	203,988	( )	5,362	2.6
	조선	107,347	60,301	56.2	651	( )
	철강	122,066	65,289	( )	1,250	1.9
	화학	341,750	126,006	36.9	4,349	3.3
서비스	소프트웨어	234,940	139,454	( )	6,205	( )
	IT 비즈니스	111,049	23,120	20.8	405	( )

※ 1) 기술인력 비중(%) = $\frac{\text{기술인력 현원}}{\text{총산업인력}} \times 100$

2) 기술인력 부족률(%) = $\frac{\text{기술인력 부족인원}}{\text{기술인력 현원} + \text{기술인력 부족인원}} \times 100$

〈보기〉

ㄱ. 디스플레이 산업의 기술인력 비중은 80% 미만이다.

ㄴ. 기술인력 비중이 50% 이상인 산업은 6개다.

ㄷ. 소프트웨어 산업의 기술인력 부족률은 5% 미만이다.

ㄹ. 기술인력 부족률이 두 번째로 낮은 산업은 반도체 산업이다.

① ㄱ, ㄴ

② ㄱ, ㄷ

③ ㄴ, ㄷ

④ ㄴ, ㄹ

⑤ ㄷ, ㄹ

난이도 ★★★☆☆ **권장 풀이 시간:** 2분 30초 **나의 풀이 시간:** _____분 _____초

05. 다음 <표>는 '갑'국의 2021학년도 중등교사 임용시험 과목별 접수인원 및 경쟁률 현황에 대한 자료이다. 이에 대한 <보기>의 설명 중 옳은 것만을 고르면? 21 5급공채

<표> 2021학년도 중등교사 임용시험 과목별 접수 현황

(단위: 명)

구분 / 과목	모집정원	접수인원	경쟁률	2020학년도 경쟁률
국어	383	6,493	16.95	19.55
영어	( )	4,235	15.92	19.10
중국어	31	819	26.42	23.98
도덕윤리	297	1,396	4.70	( )
일반사회	230	1,557	6.77	7.06
지리	150	1,047	( )	6.83
역사	229	3,268	14.27	15.22
수학	( )	4,452	12.54	14.20
물리	133	( )	7.46	7.10
화학	142	1,122	7.90	8.10
생물	159	1,535	( )	11.14
지구과학	115	795	6.91	7.25
가정	141	1,048	7.43	8.03
기술	144	424	( )	2.65
정보컴퓨터	145	( )	6.26	5.88
음악	193	2,574	( )	11.33
미술	209	1,998	9.56	10.62
체육	425	4,046	9.52	9.46

※ 경쟁률 = $\frac{\text{접수인원}}{\text{모집정원}}$

〈보기〉

ㄱ. 2021학년도 경쟁률이 전년 대비 하락한 과목 수는 상승한 과목 수보다 많다.
ㄴ. 2021학년도 경쟁률 상위 3과목과 접수인원 상위 3과목은 일치한다.
ㄷ. 2021학년도 경쟁률이 5.0 미만인 과목의 모집정원은 각각 150명 이상이다.
ㄹ. 2021학년도 과목별 모집정원은 수학이 영어보다 많다.

① ㄱ, ㄴ
② ㄱ, ㄷ
③ ㄱ, ㄹ
④ ㄴ, ㄷ
⑤ ㄴ, ㄹ

꼼꼼 풀이 노트

권장 풀이 시간에 맞춰 문제를 풀어본 후, 꼼꼼 풀이 노트로 정리해보세요.

■ 출제 포인트

■ 선택지 분석

꼼꼼 풀이 노트

권장 풀이 시간에 맞춰 문제를 풀어본 후, 꼼꼼 풀이 노트로 정리해보세요.

■ 출제 포인트

■ 선택지 분석

난이도 ★★★☆☆ 권장 풀이 시간: 2분 30초 나의 풀이 시간: ____분 ____초

06. 다음 <표>는 '갑'국의 국가기술자격 등급별 시험 시행 결과이다. 이에 대한 <보기>의 설명 중 옳은 것을 고르면? 20 5급공채

<표> 국가기술자격 등급별 시험 시행 결과

(단위: 명, %)

구분 / 등급	필기			실기		
	응시자	합격자	합격률	응시자	합격자	합격률
기술사	19,327	2,056	10.6	3,173	1,919	60.5
기능장	21,651	9,903	(　)	16,390	4,862	29.7
기사	345,833	135,170	39.1	210,000	89,380	42.6
산업기사	210,814	78,209	37.1	101,949	49,993	(　)
기능사	916,224	423,269	46.2	752,202	380,198	50.5
전체	1,513,849	648,607	42.8	1,083,714	526,352	48.6

※ 합격률(%) = $\frac{\text{합격자}}{\text{응시자}} \times 100$

〈보기〉

ㄱ. '기능장'과 '기사' 필기 합격률은 각각의 실기 합격률보다 낮다.
ㄴ. 필기 응시자가 가장 많은 등급은 필기 합격률도 가장 높다.
ㄷ. 실기 합격률이 필기 합격률보다 높은 등급은 3개이다.
ㄹ. 필기 응시자가 많은 등급일수록 실기 응시자도 많다.

① ㄱ, ㄴ
② ㄱ, ㄹ
③ ㄴ, ㄷ
④ ㄴ, ㄹ
⑤ ㄷ, ㄹ

난이도 ★★★☆☆ **권장 풀이 시간:** 2분 30초 **나의 풀이 시간:** _____분 _____초

07. 다음 <표>는 A~E 지점을 연이어 주행한 '갑'~'병'자동차의 구간별 연료 소모량 및 평균 속력에 관한 자료이다. 이에 대한 <보기>의 설명 중 옳은 것만을 모두 고르면?

22 5급공채

<표> '갑'~'병'자동차의 구간별 연료 소모량 및 평균 속력

(단위: km, L, km/h)

자동차(연료) / 구분 / 구간	거리	갑 (LPG)		을 (휘발유)		병 (경유)	
		연료 소모량	평균 속력	연료 소모량	평균 속력	연료 소모량	평균 속력
A → B	100	7.0	100	5.0	100	3.5	110
B → C	50	4.0	90	3.0	100	2.0	90
C → D	70	5.0	100	4.0	90	3.0	100
D → E	20	2.0	100	1.5	110	1.5	100
전체	240	18.0	( )	13.5	( )	10.0	( )

※ 1) L당 연료비는 LPG 1,000원, 휘발유 1,700원, 경유 1,500원임.

2) 주행 연비(km/L) $= \frac{\text{주행 거리}}{\text{연료 소모량}}$

〈보기〉

ㄱ. 전체 구간 주행 시간은 '병'이 가장 길다.

ㄴ. 전체 구간 주행 연료비는 '을'이 가장 많고, '병'이 가장 적다.

ㄷ. 전체 구간 주행 연비는 '병'이 가장 높고, '갑'이 가장 낮다.

ㄹ. '갑'의 A → B 구간 주행 연비는 '을'의 B → C 구간 주행 연비보다 높다.

① ㄱ, ㄴ

② ㄱ, ㄷ

③ ㄴ, ㄷ

④ ㄷ, ㄹ

⑤ ㄴ, ㄷ, ㄹ

꼼꼼 풀이 노트

권장 풀이 시간에 맞춰 문제를 풀어본 후, 꼼꼼 풀이 노트로 정리해보세요.

■ 출제 포인트

■ 선택지 분석

꼼꼼 풀이 노트

권장 풀이 시간에 맞춰 문제를 풀어본 후, 꼼꼼 풀이 노트로 정리해보세요.

■ 출제 포인트

■ 선택지 분석

난이도 ★★★☆☆ 권장 풀이 시간: 2분 30초 나의 풀이 시간: ____분 ____초

08. 다음 <표>는 '갑'국 A공무원의 보수 지급 명세서이다. 이에 대한 설명으로 옳지 않은 것은?

17 5급공채

<표> 보수 지급 명세서

(단위: 원)

실수령액: ( )			
보수		공제	
보수항목	보수액	공제항목	공제액
봉급	2,530,000	소득세	160,000
중요직무급	150,000	지방소득세	16,000
시간외수당	510,000	일반기여금	284,000
정액급식비	130,000	건강보험료	103,000
직급보조비	250,000	장기요양보험료	7,000
보수총액	( )	공제총액	( )

※ 실수령액 = 보수총액 - 공제총액

① '봉급'이 '보수총액'에서 차지하는 비중은 70% 이상이다.

② '일반기여금'이 15% 증가하면 '공제총액'은 60만원 이상이 된다.

③ '실수령액'은 '봉급'의 1.3배 이상이다.

④ '건강보험료'는 '장기요양보험료'의 15배 이하이다.

⑤ '공제총액'에서 '일반기여금'이 차지하는 비중은 '보수총액'에서 '직급보조비'가 차지하는 비중의 6배 이상이다.

난이도 ★★☆☆☆ 권장 풀이 시간: 2분 나의 풀이 시간: _____분 _____초

09. 다음 <표>는 2019~2021년 '갑'국의 조세지출에 관한 자료이다. 이에 대한 <보기>의 설명 중 옳은 것만을 모두 고르면? 22 5급공채

<표> 2019~2021년 항목별 조세지출 현황

(단위: 억 원, %)

연도 / 항목	2019		2020		2021	
구분	금액	비중	금액	비중	금액	비중
중소기업지원	24,176	6.09	26,557	6.34	31,050	6.55
연구개발	29,514	7.44	29,095	6.95	28,360	5.98
국제자본거래	24	0.01	5	0.00	4	0.00
투자촉진	16,496	4.16	17,558	4.19	10,002	2.11
고용지원	1,742	0.44	3,315	0.79	4,202	0.89
기업구조조정	921	0.23	1,439	0.34	1,581	0.33
지역균형발전	25,225	6.36	26,199	6.26	27,810	5.87
공익사업지원	5,006	1.26	6,063	1.45	6,152	1.30
저축지원	14,319	3.61	14,420	3.44	14,696	3.10
국민생활안정	125,727	31.69	134,631	32.16	142,585	30.07
근로·자녀장려	17,679	4.46	18,314	4.38	57,587	12.15
간접국세	94,455	23.81	97,158	23.21	104,071	21.95
외국인투자	2,121	0.53	1,973	0.47	2,064	0.44
국제도시육성	2,316	( )	2,149	0.51	2,255	( )
기업도시	75	0.02	54	0.01	56	0.01
농협구조개편	480	0.12	515	0.12	538	0.11
수협구조개편	44	0.01	1	0.00	0	0.00
기타	36,449	9.19	39,155	9.35	41,112	8.67
전체	396,769	100.00	418,601	100.00	474,125	100.00

〈보기〉

ㄱ. 기타를 제외하고, 전년 대비 조세지출금액이 증가한 항목 수는 2020년이 2021년보다 많다.

ㄴ. 기타를 제외한 항목 중 조세지출금액 상위 3개 항목이 전체 조세지출에서 차지하는 비중의 합은 매년 60%를 초과한다.

ㄷ. 기타를 제외하고, 조세지출금액이 매년 증가한 항목은 10개이다.

ㄹ. 국제도시육성 항목의 비중은 매년 감소한다.

① ㄱ, ㄷ

② ㄱ, ㄹ

③ ㄴ, ㄷ

④ ㄷ, ㄹ

⑤ ㄴ, ㄷ, ㄹ

꼼꼼 풀이 노트

권장 풀이 시간에 맞춰 문제를 풀어본 후, 꼼꼼 풀이 노트로 정리해보세요.

■ 출제 포인트

■ 선택지 분석

꼼꼼 풀이 노트

권장 풀이 시간에 맞춰 문제를 풀어본 후, 꼼꼼 풀이 노트로 정리해보세요.

■ 출제 포인트

■ 선택지 분석

난이도 ★★★☆☆ 권장 풀이 시간: 2분 30초 나의 풀이 시간: _____분 _____초

10. 다음 <표>와 <보고서>는 2012~2013년 '갑'국의 철도사고 및 운행장애 발생 현황과 원인분석에 관한 자료이다. 이를 근거로 아래의 (가)~(마)에 알맞은 수를 바르게 나열한 것은?

16 5급공채

<표 1> 철도사고 및 운행장애 발생 현황

(단위: 건)

구분 \ 연도			2012	2013	전년대비 증감
철도사고	철도교통사고	열차사고	0	0	0
		철도교통사상사고	(가)	( )	+4
	철도안전사고	철도화재사고	0	0	0
		철도안전사상사고	(나)	( )	−1
		철도시설파손사고	0	0	0
운행장애	위험사건		0	0	0
	지연운행		5	3	−2
	기타		0	0	0

<표 2> 철도안전사상사고 피해자 유형별 사고 건수 및 피해정도별 피해자 수

(단위: 건, 명)

연도 \ 구분	피해자 유형별 사고 건수			피해정도별 피해자 수		
	승객	비승객 일반인	직원	사망	중상	경상
2012	( )	( )	( )	1	4	4
2013	( )	( )	8	1	(다)	4

<표 3> 사고원인별 운행장애 발생 현황

(단위: 건)

연도 \ 사고원인	차량 탈선	규정 위반	급전 장애	신호 장애	차량 고장	기타
2012	( )	( )	( )	(라)	2	( )
2013	1	( )	( )	( )	( )	(마)
전년대비 증감	+1	−1	−1	−1	−2	+2

〈보고서〉

○ 2013년 철도교통사상사고는 전년대비 4건이 증가하였으며, 이 중 '투신자살'이 27건으로 전체 철도교통사상사고 건수의 90%를 차지함
○ 2013년 철도안전사상사고 1건당 피해자 수는 1명으로 전년과 동일하였고, 피해자 유형은 모두 '직원'임
○ 2013년에는 '규정위반', '급전장애', '신호장애', '차량고장'을 제외한 원인으로 모두 3건의 운행장애가 발생함

	(가)	(나)	(다)	(라)	(마)
①	26	9	2	1	1
②	26	9	3	1	2
③	26	10	2	2	2
④	27	9	2	2	1
⑤	27	10	3	2	2

꼼꼼 풀이 노트

권장 풀이 시간에 맞춰 문제를 풀어본 후, 꼼꼼 풀이 노트로 정리해보세요.

■ 출제 포인트

■ 선택지 분석

난이도 ★★★☆☆ 권장 풀이 시간: 2분 30초 나의 풀이 시간: _____분 _____초

11. 다음 <표>는 축구팀 '가'~'다' 사이의 경기 결과이다. 이에 대한 <보기>의 설명 중 옳은 것만을 모두 고르면? 17 5급공채

<표> 경기 결과

기록 팀	승리 경기수	패배 경기수	무승부 경기수	총득점	총실점
가	2	(　)	(　)	(　)	2
나	(　)	(　)	(　)	4	5
다	(　)	(　)	1	2	8

※ 각 팀이 나머지 두 팀과 각각 한 번씩만 경기를 한 결과임.

〈보기〉

ㄱ. '가'의 총득점은 8점이다.
ㄴ. '나'와 '다'의 경기 결과는 무승부이다.
ㄷ. '가'는 '나'와의 경기에서 3:2로 승리했다.
ㄹ. '가'는 '다'와의 경기에서 5:0으로 승리했다.

① ㄱ, ㄷ
② ㄱ, ㄹ
③ ㄴ, ㄷ
④ ㄴ, ㄹ
⑤ ㄴ, ㄷ, ㄹ

난이도 ★★★☆☆　　권장 풀이 시간: 2분 30초　　나의 풀이 시간: ____분 ____초

12. 다음 <표>는 화학경시대회 응시생 A~J의 성적 관련 자료이다. 이에 대한 설명 중 옳은 것만을 모두 고르면? 14 5급공채

<표> 화학경시대회 성적 자료

구분 / 응시생	정답 문항수	오답 문항수	풀지 않은 문항수	점수(점)
A	19	1	0	93
B	18	2	0	86
C	17	1	2	83
D	( )	2	1	( )
E	( )	3	0	( )
F	16	1	3	78
G	16	( )	( )	76
H	( )	( )	( )	75
I	15	( )	( )	71
J	( )	( )	( )	64

※ 1) 총 20문항으로 100점 만점임.
2) 정답인 문항에 대해서는 각 5점의 득점, 오답인 문항에 대해서는 각 2점의 감점이 있고, 풀지 않은 문항에 대해서는 득점과 감점이 없음.

〈보기〉

ㄱ. 응시생 I의 '풀지 않은 문항수'는 3이다.
ㄴ. '풀지 않은 문항수'의 합은 20이다.
ㄷ. 80점 이상인 응시생은 5명이다.
ㄹ. 응시생 J의 '오답 문항수'와 '풀지 않은 문항수'는 동일하다.

① ㄱ, ㄴ
② ㄱ, ㄷ
③ ㄱ, ㄹ
④ ㄴ, ㄷ
⑤ ㄴ, ㄹ

꼼꼼 풀이 노트

권장 풀이 시간에 맞춰 문제를 풀어본 후, 꼼꼼 풀이 노트로 정리해보세요.

■ 출제 포인트

■ 선택지 분석

꼼꼼 풀이 노트

권장 풀이 시간에 맞춰 문제를 풀어본 후, 꼼꼼 풀이 노트로 정리해보세요.

■ 출제 포인트

■ 선택지 분석

난이도 ★★★☆☆ 권장 풀이 시간: 2분 30초 나의 풀이 시간: _____분 _____초

13. 다음 <표>는 2015~2019년 보호조치 아동의 발생원인 및 조치방법에 관한 자료이다. 이에 대한 <보기>의 설명 중 옳은 것만을 모두 고르면? 21 5급공채

<표 1> 보호조치 아동의 발생원인별 현황

(단위: 명)

연도 / 발생원인	2015	2016	2017	2018	2019
학대	2,866	3,139	2,778	2,726	2,865
비행	360	314	227	231	473
가정불화	930	855	847	623	464
유기	321	264	261	320	237
미아	26	11	12	18	8
전체	( )	( )	( )	( )	4,047

※ 보호조치 아동 한 명당 발생원인은 1개임.

<표 2> 보호조치 아동의 조치방법별 현황

(단위: 명)

연도 / 조치방법	2015	2016	2017	2018	2019
시설보호	2,682	2,887	2,421	2,449	2,739
가정위탁	1,582	1,447	1,417	1,294	1,199
입양	239	243	285	174	104
기타	0	6	2	1	5
전체	( )	( )	( )	( )	4,047

※ 보호조치 아동 한 명당 조치방법은 1개임.

〈보기〉

ㄱ. 매년 전체 보호조치 아동은 감소한다.

ㄴ. 매년 전체 보호조치 아동 중 발생원인이 '가정불화'인 보호조치 아동의 비중은 10% 이상이다.

ㄷ. 2019년 조치방법이 '시설보호'인 보호조치 아동 중 발생원인이 '학대'인 보호조치 아동의 비중은 50% 이상이다.

ㄹ. 2016년 이후 조치방법이 '가정위탁'인 보호조치 아동의 전년 대비 감소율은 매년 10% 이하이다.

① ㄱ, ㄴ

② ㄱ, ㄷ

③ ㄴ, ㄹ

④ ㄱ, ㄷ, ㄹ

⑤ ㄴ, ㄷ, ㄹ

난이도 ★★★★☆ 권장 풀이 시간: 3분 나의 풀이 시간: ______분 ______초

14. 다음 <표>는 2020년 '갑'시의 오염물질 배출원별 배출량에 대한 자료이다. 이에 대한 <보기>의 설명 중 옳은 것만을 모두 고르면? 21 5급공채

<표> 2020년 오염물질 배출원별 배출량 현황

(단위: 톤, %)

오염물질 / 구분 / 배출원	PM_{10}		$PM_{2.5}$		CO		NO_x		SO_x		VOC	
	배출량	배출비중	배출량	배출비중	배출량	배출비중	배출량	배출비중	배출량	배출비중	배출량	배출비중
선박	1,925	61.5	1,771	64.0	2,126	5.8	24,994	45.9	17,923	61.6	689	1.6
화물차	330	10.6	304	11.0	2,828	7.7	7,427	13.6	3	0.0	645	1.5
건설장비	253	8.1	233	8.4	2,278	6.2	4,915	9.0	2	0.0	649	1.5
비산업	163	5.2	104	3.8	2,501	6.8	6,047	11.1	8,984	30.9	200	0.5
RV	134	4.3	123	4.5	1,694	4.6	1,292	2.4	1	0.0	138	0.3
계	2,805	( )	2,535	( )	11,427	( )	44,675	( )	26,913	( )	2,321	( )

※ 1) PM_{10} 기준 배출량 상위 5개 오염물질 배출원을 선정하고, 6개 오염물질 배출량을 조사함.

2) 배출비중(%) = $\frac{\text{해당 배출원의 배출량}}{\text{전체 배출원의 배출량}} \times 100$

〈보기〉

ㄱ. 오염물질 CO, NO_x, SO_x, VOC 배출량 합은 '화물차'가 '건설장비'보다 많다.
ㄴ. $PM_{2.5}$ 기준 배출량 상위 5개 배출원의 $PM_{2.5}$ 배출비중 합은 90% 이상이다.
ㄷ. NO_x의 전체 배출원 중에서 '건설장비'는 네 번째로 큰 배출비중을 차지한다.
ㄹ. PM_{10}의 전체 배출량은 VOC의 전체 배출량보다 많다.

① ㄱ, ㄴ
② ㄱ, ㄷ
③ ㄴ, ㄹ
④ ㄱ, ㄴ, ㄷ
⑤ ㄴ, ㄷ, ㄹ

꼼꼼 풀이 노트

권장 풀이 시간에 맞춰 문제를 풀어본 후, 꼼꼼 풀이 노트로 정리해보세요.

■ 출제 포인트

■ 선택지 분석

꼼꼼 풀이 노트

권장 풀이 시간에 맞춰 문제를 풀어본 후,
꼼꼼 풀이 노트로 정리해보세요.

■ 출제 포인트

■ 선택지 분석

난이도 ★★★★☆ 권장 풀이 시간: 3분 나의 풀이 시간: ____분 ____초

15. 다음 <표>는 2022년 '갑'부처 기금 A~E의 예산과 기금건전성 평가 결과 및 2023년 기금예산 결정방식에 관한 자료이다. 이에 대한 <보기>의 설명 중 옳은 것만을 모두 고르면?

23 5급공채

<표 1> 2022년 기금별 예산과 기금건전성 평가 결과

(단위: 백만 원, 점)

구분 기금	2022년 예산	평가항목별 점수			기금건전성 총점
		사업 적정성 점수	재원구조 적정성 점수	기금존치 타당성 점수	
A	200,220	30	18	( )	76
B	34,100	24	30	13	( )
C	188,500	( )	14	15	82
D	9,251	25	17	13	( )
E	90,565	18	15	6	45

※ 기금건전성 총점 = 사업 적정성 점수 + 재원구조 적정성 점수 + 기금존치 타당성 점수×2

<표 2> 2023년 기금예산 결정방식

2022년 기금건전성 총점	2023년 예산
60점 미만	2022년 예산의 80%
60점 이상 80점 미만	2022년 예산의 100%
80점 이상	2022년 예산의 110%

〈보기〉

ㄱ. 2022년 기금건전성 총점이 가장 높은 기금은 C이다.
ㄴ. 기금존치 타당성 점수는 A가 B보다 낮다.
ㄷ. 2023년 A~E예산의 합은 전년 대비 2% 이상 증가한다.
ㄹ. 2022년 사업 적정성 점수가 가장 높은 기금은 2023년 예산이 가장 많다.

① ㄱ, ㄴ
② ㄱ, ㄹ
③ ㄴ, ㄷ
④ ㄷ, ㄹ
⑤ ㄱ, ㄷ, ㄹ

난이도 ★★★☆☆ **권장 풀이 시간:** 2분 30초 **나의 풀이 시간:** ____분 ____초

16. 다음 <표>는 A~D기업의 2022년 8월 첫째 주의 주간 소비자 불만 신고 건수에 대한 각 기업의 요일별 편차를 산출한 자료이다. 다음 <표>를 근거로 '가'~'바'에 들어갈 값 중 최솟값과 최댓값을 바르게 연결한 것은? 23 5급공채

<표> A~D기업의 주간 소비자 불만 신고 건수의 편차

(단위: 건)

기업＼요일	월	화	수	목	금	토	일
A	−1	0	(가)	−1	−1	1	−1
B	−1	2	0	−1	(나)	0	(다)
C	1	(라)	2	−1	−2	(마)	1
D	(바)	2	1	−5	1	0	−1

※ 1) 편차 = 해당 기업의 해당 요일 신고 건수 − 해당 기업의 8월 첫째 주 하루 평균 신고 건수
2) 각 기업의 한 주간 편차의 합은 0임.
3) 한 주간 편차 제곱의 합은 A기업과 B기업이 같고, C기업과 D기업이 같음.

	최솟값	최댓값
①	−4	3
②	−4	4
③	−3	3
④	−3	4
⑤	−2	2

꼼꼼 풀이 노트

권장 풀이 시간에 맞춰 문제를 풀어본 후, 꼼꼼 풀이 노트로 정리해보세요.

■ 출제 포인트

■ 선택지 분석

꼼꼼 풀이 노트

권장 풀이 시간에 맞춰 문제를 풀어본 후, 꼼꼼 풀이 노트로 정리해보세요.

■ 출제 포인트

■ 선택지 분석

난이도 ★★★☆☆ 권장 풀이 시간: 2분 30초 나의 풀이 시간: _____분 _____초

17. 다음 <표>는 2022년 3월 기준 '갑'시 A~L동의 지방소멸위험지수 및 지방소멸위험 수준에 관한 자료이다. 이에 대한 설명으로 옳지 않은 것은? 24 7급공채

<표 1> 2022년 3월 기준 '갑'시 A~L동의 지방소멸위험지수

(단위: 명)

동	총인구	65세 이상 인구	20~39세 여성 인구	지방소멸 위험지수
A	14,056	2,790	1,501	0.54
B	23,556	3,365	( )	0.88
C	29,204	3,495	3,615	1.03
D	21,779	3,889	2,614	0.67
E	11,224	2,300	1,272	( )
F	16,792	2,043	2,754	1.35
G	19,163	2,469	3,421	1.39
H	27,146	4,045	4,533	1.12
I	23,813	2,656	4,123	( )
J	29,649	5,733	3,046	0.53
K	36,326	7,596	3,625	( )
L	15,226	2,798	1,725	0.62

※ 지방소멸위험지수 = $\frac{\text{20~39세 여성 인구}}{\text{65세 이상 인구}}$

<표 2> 지방소멸위험 수준

지방소멸위험지수	지방소멸위험 수준
1.5 이상	저위험
1.0 이상 1.5 미만	보통
0.5 이상 1.0 미만	주의
0.5 미만	위험

① 지방소멸위험 수준이 '주의'인 동은 5곳이다.
② '20~39세 여성 인구'는 B동이 G동보다 적다.
③ 지방소멸위험지수가 가장 높은 동의 '65세 이상 인구'는 해당 동 '총인구'의 10% 이상이다.
④ '총인구'가 가장 많은 동은 지방소멸위험지수가 가장 낮다.
⑤ 지방소멸위험 수준이 '보통'인 동의 '총인구' 합은 90,000명 이상이다.

난이도 ★★★☆☆ 권장 풀이 시간: 2분 30초 나의 풀이 시간: ____분 ____초

18. 다음 <표>는 '갑'국의 2017~2021년 소년 범죄와 성인 범죄 현황에 관한 자료이다. 이에 대한 <보기>의 설명 중 옳은 것만을 모두 고르면? 22 5급공채

<표> 소년 범죄와 성인 범죄 현황

(단위: 명, %)

구분 연도	소년 범죄			성인 범죄			소년 범죄자 비율
	범죄자수	범죄율	발생지수	범죄자수	범죄율	발생지수	
2017	63,145	1,172	100.0	953,064	2,245	100.0	6.2
2018	56,962	1,132	96.6	904,872	2,160	96.2	5.9
2019	61,162	1,246	106.3	920,760	2,112	94.1	( )
2020	58,255	1,249	( )	878,991	2,060	( )	6.2
2021	54,205	1,201	102.5	878,917	2,044	91.0	5.8

※ 1) 범죄는 소년 범죄와 성인 범죄로만 구분함.
2) 소년(성인) 범죄율은 소년(성인) 인구 10만 명당 소년(성인) 범죄자수를 의미함.
3) 소년(성인) 범죄 발생지수는 2017년 소년(성인) 범죄율을 100.0으로 할 때, 해당 연도 소년(성인) 범죄율의 상대적인 값임.
4) 소년 범죄자 비율(%) = $\left(\frac{\text{소년 범죄자수}}{\text{소년 범죄자수}+\text{성인 범죄자수}}\right)\times 100$

〈보기〉

ㄱ. 2017년 대비 2021년 소년 인구는 증가하고 소년 범죄자수는 감소하였다.

ㄴ. 소년 범죄율이 2017년 대비 6.0% 이상 증가한 연도의 소년 범죄자 비율은 6.0% 이상이다.

ㄷ. 소년 범죄 발생지수와 성인 범죄 발생지수 모두 2021년이 2020년보다 작다.

ㄹ. 소년 범죄 발생지수가 전년 대비 증가한 연도에는 소년 범죄자수도 전년 대비 증가하였다.

① ㄱ, ㄴ
② ㄱ, ㄷ
③ ㄴ, ㄷ
④ ㄴ, ㄹ
⑤ ㄷ, ㄹ

꼼꼼 풀이 노트

권장 풀이 시간에 맞춰 문제를 풀어본 후, 꼼꼼 풀이 노트로 정리해보세요.

■ 출제 포인트

■ 선택지 분석

꼼꼼 풀이 노트

권장 풀이 시간에 맞춰 문제를 풀어본 후, 꼼꼼 풀이 노트로 정리해보세요.

■ 출제 포인트

■ 선택지 분석

난이도 ★★★★☆ 권장 풀이 시간: 3분 나의 풀이 시간: ____분 ____초

19. 다음 <표>는 2013년과 2016년에 A~D 국가 전체 인구를 대상으로 통신 가입자 현황을 조사한 자료이다. 이에 대한 설명으로 옳은 것은? 19 5급공채

<표> 국가별 2013년과 2016년 통신 가입자 현황

(단위: 만 명)

연도 / 구분 / 국가	2013				2016			
	유선 통신 가입자	무선 통신 가입자	유·무선 통신 동시 가입자	미 가입자	유선 통신 가입자	무선 통신 가입자	유·무선 통신 동시 가입자	미 가입자
A	( )	4,100	700	200	1,600	5,700	400	100
B	1,900	3,000	300	400	1,400	( )	100	200
C	3,200	7,700	( )	700	3,000	5,500	1,100	400
D	1,100	1,300	500	100	1,100	2,500	800	( )

※ 유·무선 통신 동시 가입자는 유선 통신 가입자와 무선 통신 가입자에도 포함됨.

① A국의 2013년 인구 100명당 유선 통신 가입자가 40명이라면, 유선 통신 가입자는 2,200만 명이다.

② B국의 2013년 대비 2016년 무선 통신 가입자 수의 비율이 1.5라면, 2016년 무선 통신 가입자는 5,000만 명이다.

③ C국의 2013년 인구 100명당 무선 통신 가입자가 77명이라면, 유·무선 통신 동시 가입자는 1,600만 명이다.

④ D국의 2013년 대비 2016년 인구 비율이 1.5라면, 2016년 미가입자는 100만 명이다.

⑤ 2013년 유선 통신만 가입한 인구는 B국이 D국의 3배 이상이다.

난이도 ★★★★☆ 권장 풀이 시간: 3분 나의 풀이 시간: ____분 ____초

20. 다음 <표>는 조선시대 화포인 총통의 종류별 제원에 관한 자료이다. 이에 대한 설명으로 옳지 않은 것은?

15 5급공채

<표> 조선시대 총통의 종류별 제원

제원 \ 종류		천자총통	지자총통	현자총통	황자총통
전체길이(cm)		129.0	89.5	79.0	50.4
약통길이(cm)		35.0	25.1	20.3	13.5
구경	내경(cm)	17.6	10.5	7.5	4.0
	외경(cm)	22.5	15.5	13.2	9.4
사정거리		900보 (　　)	800보 (1.01km)	800보 (1.01km)	1,100보 (1.39km)
사용되는 화약무게		30냥 (1,125g)	22냥 (825g)	16냥 (600g)	12냥 (450g)
총통무게		452근8냥 (271.5kg)	155근 (93.0kg)	89근 (53.4kg)	36근 (　　)
제조년도		1555	1557	1596	1587

① 전체길이가 짧은 총통일수록 사용되는 화약무게가 가볍다.

② 황자총통의 총통무게는 21.0kg 이하이다.

③ 제조년도가 가장 늦은 총통이 내경과 외경의 차이가 가장 크다.

④ 전체길이 대비 약통길이의 비율이 가장 큰 총통은 지자총통이다.

⑤ 천자총통의 사정거리는 1.10km 이상이다.

꼼꼼 풀이 노트

권장 풀이 시간에 맞춰 문제를 풀어본 후, 꼼꼼 풀이 노트로 정리해보세요.

■ 출제 포인트

■ 선택지 분석

꼼꼼 풀이 노트

권장 풀이 시간에 맞춰 문제를 풀어본 후, 꼼꼼 풀이 노트로 정리해보세요.

■ 출제 포인트

■ 선택지 분석

난이도 ★★★★☆ 권장 풀이 시간: 3분 나의 풀이 시간: ____분 ____초

21. 다음은 어느 부처의 2009년 인사부문 업무평가현황과 <지표별 달성목표>이다. 이에 대한 설명으로 옳지 않은 것은?

11 5급공채

<표 1> 부서별 탄력근무제 활용현황

(단위 : 명, %)

구분 부서	대상자 (a)	실시인원 (b)	탄력근무제 활용지표 (b/a × 100)
운영지원과	17	2	11.8
감사팀	14	1	7.1
총무과	12	2	16.7
인사과	15	1	6.7
전략팀	19	2	10.5
심사1팀	46	8	17.4
심사2팀	35	1	2.9
심사3팀	27	6	( )
정보관리팀	15	2	13.3

<표 2> 부서별 연가사용현황

(단위 : 일, %)

구분 부서	연가가능일수 (a)	연가사용일수 (b)	연가사용지표 (b/a × 100)
운영지원과	192	105	54.7
감사팀	185	107	( )
총무과	249	137	55.0
인사과	249	161	64.7
전략팀	173	94	54.3
심사1팀	624	265	( )
심사2팀	684	359	52.5
심사3팀	458	235	51.3
정보관리팀	178	104	58.4

<표 3> 부서별 초과근무 사전승인현황

(단위 : 건, %)

구분 부서	총승인건수 (a)	사전승인건수 (b)	초과근무 사전승인지표 (b/a × 100)
운영지원과	550	335	60.9
감사팀	369	327	( )
총무과	321	169	52.6
인사과	409	382	( )
전략팀	1,326	1,147	86.5
심사1팀	2,733	2,549	93.3
심사2팀	1,676	1,486	88.7
심사3팀	1,405	1,390	( )
정보관리팀	106	93	87.7

〈지표별 달성목표〉

○ 탄력근무제 활용지표: 7% 이상
○ 연가사용지표: 50% 이상
○ 초과근무 사전승인지표: 80% 이상

※ 각각의 지표는 개별적으로 평가함.

① 감사팀은 모든 지표에서 목표를 달성하였다.
② 목표를 달성하지 못한 지표가 있는 부서는 총 5개이다.
③ 초과근무 사전승인지표가 가장 높은 부서는 심사3팀이다.
④ 목표를 달성하지 못한 지표가 두 개 이상인 부서가 있다.
⑤ 탄력근무제 활용지표가 두 번째로 높은 부서는 연가사용지표가 목표미달이다.

꼼꼼 풀이 노트

권장 풀이 시간에 맞춰 문제를 풀어본 후, 꼼꼼 풀이 노트로 정리해보세요.

■ 출제 포인트

■ 선택지 분석

난이도 ★★★★☆ **권장 풀이 시간:** 3분 **나의 풀이 시간:** _____분 _____초

※ 다음 <표>는 2021년 '갑'기관에서 출제한 1차, 2차 면접 문제의 문항별 점수 및 반영률과 면접에 참여한 지원자 A~F의 면접 점수 및 결과를 나타낸 자료이다. 다음 물음에 답하시오. [22~23]

22 5급공채

<표 1> '갑'기관의 면접 문항별 점수 및 반영률

차수＼구분	평가항목	문항번호	문항점수	기본점수	명목 반영률	실질 반영률
1차	교양	1	20	10	( )	0.17
		2	30	10	0.25	( )
	전문성	3	30	20	( )	( )
		4	40	20	( )	( )
	합계		120	60	1.00	1.00
2차	창의성	1	20	10	0.22	( )
	도전성	2	20	10	0.22	( )
	인성	3	50	20	0.56	0.60
	합계		90	40	1.00	1.00

※ 1) 문항의 명목 반영률 $= \frac{\text{문항점수}}{\text{해당차수 문항점수의 합계}}$

2) 문항의 실질 반영률 $= \frac{\text{문항점수} - \text{기본점수}}{\text{해당차수 문항별(문항점수} - \text{기본점수)의 합계}}$

<표 2> 지원자 A~F의 면접 점수 및 결과

차수	1차					2차				종합점수	결과
평가항목	교양		전문성		합계	창의성	도전성	인성	합계		
지원자＼문항번호	1	2	3	4		1	2	3			
A	18	26	30	38	112	20	18	46	84	( )	( )
B	20	28	28	38	114	18	20	46	84	93.0	합격
C	18	28	26	38	110	20	20	46	86	( )	( )
D	20	28	30	40	118	20	18	44	82	( )	불합격
E	18	30	30	40	118	18	18	50	86	95.6	( )
F	18	28	28	40	114	20	20	48	88	( )	( )

※ 1) 종합점수 = 1차 합계 점수 × 0.3 + 2차 합계 점수 × 0.7

2) 합격정원까지 종합점수가 높은 지원자부터 순서대로 합격시킴.

3) 지원자는 A~F뿐임.

22. 위 <표>에 근거하여 결과가 합격인 지원자를 종합점수가 높은 지원자부터 순서대로 모두 나열하면?

① E, F, B

② E, F, B, C

③ F, E, C, B

④ E, F, C, B, A

⑤ F, E, B, C, A

23. 위 <표>에 근거한 <보기>의 설명 중 옳은 것만을 모두 고르면?

〈보기〉

ㄱ. 각 문항에서 명목 반영률이 높을수록 실질 반영률도 높다.

ㄴ. 1차 면접에서 문항별 실질 반영률의 합은 '교양'이 '전문성'보다 크다.

ㄷ. D가 1차 면접 2번 문항에서 1점을 더 받았다면, D의 결과는 합격이다.

ㄹ. 명목 반영률보다 실질 반영률이 더 높은 2차 면접 문항에서 지원자 중 가장 낮은 점수를 받은 지원자는 2차 합계 점수도 가장 낮다.

① ㄱ

② ㄹ

③ ㄱ, ㄹ

④ ㄴ, ㄷ

⑤ ㄷ, ㄹ

꼼꼼 풀이 노트

권장 풀이 시간에 맞춰 문제를 풀어본 후, 꼼꼼 풀이 노트로 정리해보세요.

■ 출제 포인트

■ 선택지 분석

꼼꼼 풀이 노트

권장 풀이 시간에 맞춰 문제를 풀어본 후, 꼼꼼 풀이 노트로 정리해보세요.

■ 출제 포인트

■ 선택지 분석

난이도 ★★★★☆ 권장 풀이 시간: 3분 나의 풀이 시간: _____분 _____초

24. 다음 <표>는 2020년 1~4월 애니메이션을 등록한 회사의 애니메이션 등록 현황에 관한 자료이다. 이에 대한 <보기>의 설명 중 옳은 것만을 모두 고르면? 21 5급공채

<표 1> 월별 애니메이션 등록 회사와 유형별 애니메이션 등록 현황

(단위: 개사, 편)

월	회사 \ 유형	국내단독	국내합작	해외합작	전체
1	13	6	6	2	14
2	6	4	0	2	6
3	( )	6	4	1	11
4	7	3	5	0	8

※ 애니메이션 1편당 등록 회사는 1개사임.

<표 2> 1~4월 동안 2편 이상의 애니메이션을 등록한 회사의 월별 애니메이션 등록 현황

(단위: 편)

회사	유형 \ 월	1	2	3	4
아트팩토리	국내단독	0	1	1	0
꼬꼬지	국내단독	1	1	0	0
코닉스	국내단독	0	0	1	1
제이와이제이	국내합작	1	0	0	1
유이락	국내단독	2	0	3	1
한스튜디오	국내합작	1	0	1	2

〈보기〉

ㄱ. 1~4월 동안 1편의 애니메이션만 등록한 회사는 20개사 이상이다.
ㄴ. 1월에 국내단독 유형인 애니메이션을 등록한 회사는 5개사이다.
ㄷ. 3월에 애니메이션을 등록한 회사는 9개사이다.

① ㄱ

② ㄴ

③ ㄱ, ㄴ

④ ㄴ, ㄷ

⑤ ㄱ, ㄴ, ㄷ

약점 보완 해설집 p.25

유형 6 각주 판단형

유형 소개

'각주 판단형'은 각주에 문제 풀이에 관한 핵심적인 정보나 계산식 등이 추가로 제시되고, 이를 적용하여 새로운 항목값을 계산·비교하는 유형이다. 즉, 각주의 구조를 선행적으로 판단하여 답을 도출해야 한다.

유형 특징

1 표나 그래프 등 기본적인 자료가 제시되고, 자료의 하단에 각주 형태로 계산식 및 계산에 대한 정보가 제시된다.

2 각주에 제시되는 계산식은 자주 접하지 않는 형태로 나타나기도 한다.

3 2024년 7급 공채 PSAT에서 25문제 중 4문제가 출제되었고, 2023년에는 1문제, 2022년에는 4문제, 2021년에는 2문제, 2020년 모의평가에서는 4문제가 출제되었다. 2021년 민간경력자 PSAT에서도 1문제가 출제되었으며, PSAT 시험에서 매년 꾸준히 출제되는 중요 유형이다.

풀이 전략

1 동그라미나 밑줄 등으로 선택지나 <보기>의 키워드 및 자료의 각주를 체크한다.

2 각주에 여러 개의 식이 제시되는 경우 각각의 식에 공통적으로 포함된 요소와 차이가 나는 요소를 구분하여 체크하고, 차이가 나는 요소를 중심으로 문제에 접근한다.

3 각주에 제시된 식을 정리한 후, 계산해야 하는 항목을 찾고 문제를 풀이한다.

4 구체적인 수치가 제시되지 않고 계산이 간단한 것을 먼저 풀이하고, 수치가 구체적이고 계산이 복잡한 것은 후순위로 풀이한다.

5 각주에 '단', '다만' 등의 표현이 제시된 경우, 문제를 풀이하는 중요한 단서가 될 수 있다.

유형 공략 문제

난이도 ★★☆☆☆ 권장 풀이 시간: 2분 나의 풀이 시간: ____분 ____초

01. 다음 <그림>과 <표>는 2014~2018년 A~C국의 GDP 및 조세부담률을 나타낸 자료이다. 이에 대한 설명으로 옳지 않은 것은? 21 5급공채

<그림> 연도별 A~C국 GDP

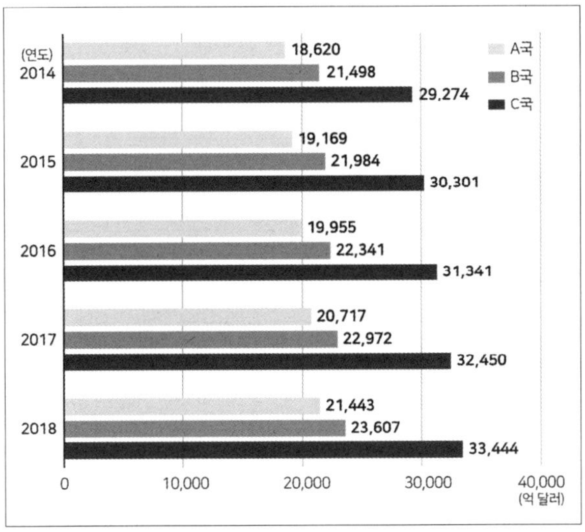

<표> 연도별 A~C국 조세부담률

(단위: %)

연도	구분 \ 국가	A	B	C
2014	국세	24.1	16.4	11.4
	지방세	1.6	5.9	11.3
2015	국세	24.4	15.1	11.3
	지방세	1.6	6.0	11.6
2016	국세	24.8	15.1	11.2
	지방세	1.6	6.1	12.1
2017	국세	25.0	15.9	11.1
	지방세	1.6	6.2	12.0
2018	국세	25.0	15.6	11.4
	지방세	1.6	6.2	12.5

※ 1) 조세부담률 = 국세부담률 + 지방세부담률

2) $\text{국세(지방세)부담률(\%)} = \frac{\text{국세(지방세) 납부액}}{\text{GDP}} \times 100$

① 2016년에는 전년 대비 GDP 성장률이 가장 높은 국가가 조세부담률도 가장 높다.

② B국은 GDP가 증가한 해에 조세부담률도 증가한다.

③ 2017년 지방세 납부액은 B국이 A국의 4배 이상이다.

④ 2018년 A국의 국세 납부액은 C국의 지방세 납부액보다 많다.

⑤ C국의 국세 납부액은 매년 증가한다.

꼼꼼 풀이 노트

권장 풀이 시간에 맞춰 문제를 풀어본 후, 꼼꼼 풀이 노트로 정리해보세요.

■ 출제 포인트

예) 실수/비율+시계열 자료, 각주식 응용

■ 선택지 분석

예) ① 증가율, 비교

② 단순 자료 읽기

③ 배수

④ 곱셈 비교

⑤ 곱셈 비교

꼼꼼 풀이 노트

권장 풀이 시간에 맞춰 문제를 풀어본 후,
꼼꼼 풀이 노트로 정리해보세요.

■ 출제 포인트

■ 선택지 분석

난이도 ★★★☆☆ **권장 풀이 시간:** 2분 30초 **나의 풀이 시간:** ____분 ____초

02. 다음 <표>는 '갑'국의 학교급별 여성 교장 수와 비율을 1980년부터 5년마다 조사한 자료이다. 이에 대한 설명으로 옳은 것은? 22 7급공채

<표> 학교급별 여성 교장 수와 비율

(단위: 명, %)

학교급 / 구분 / 조사연도	초등학교		중학교		고등학교	
	여성 교장 수	비율	여성 교장 수	비율	여성 교장 수	비율
1980	117	1.8	66	3.6	47	3.4
1985	122	1.9	98	4.9	60	4.0
1990	159	2.5	136	6.3	64	4.0
1995	222	3.8	181	7.6	66	3.8
2000	490	8.7	255	9.9	132	6.5
2005	832	14.3	330	12.0	139	6.4
2010	1,701	28.7	680	23.2	218	9.5
2015	2,058	34.5	713	24.3	229	9.9
2020	2,418	40.3	747	25.4	242	10.4

※ 1) 학교급별 여성 교장 비율(%) = $\frac{\text{학교급별 여성 교장 수}}{\text{학교급별 전체 교장 수}} \times 100$

2) 교장이 없는 학교는 없으며, 각 학교의 교장은 1명임.

① 2000년 이후 중학교 여성 교장 비율은 매년 증가한다.

② 초등학교 수는 2020년이 1980년보다 많다.

③ 고등학교 남성 교장 수는 1985년이 1990년보다 많다.

④ 1995년 초등학교 수는 같은 해 중학교 수와 고등학교 수의 합보다 많다.

⑤ 초등학교 여성 교장 수는 2020년이 2000년의 5배 이상이다.

난이도 ★★★☆☆ **권장 풀이 시간:** 2분 30초 **나의 풀이 시간:** _____분 _____초

03. 다음 <그림>은 '갑'공업단지 내 8개 업종 업체 수와 업종별 스마트시스템 도입률 및 고도화율에 관한 자료이다. 이에 대한 <보기>의 설명 중 옳은 것만을 모두 고르면? 22 7급공채

<그림 1> 업종별 업체 수

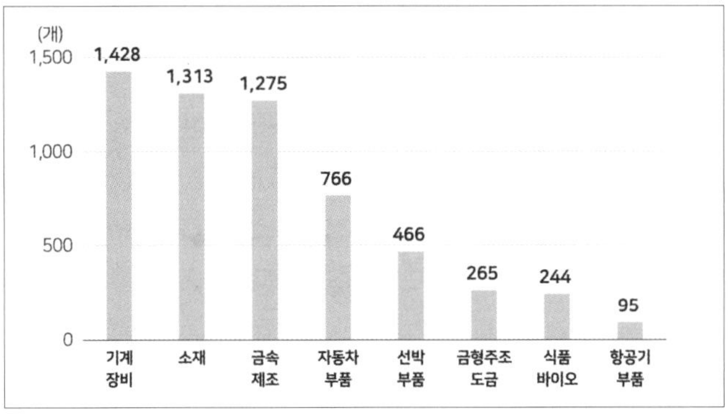

<그림 2> 업종별 스마트시스템 도입률 및 고도화율

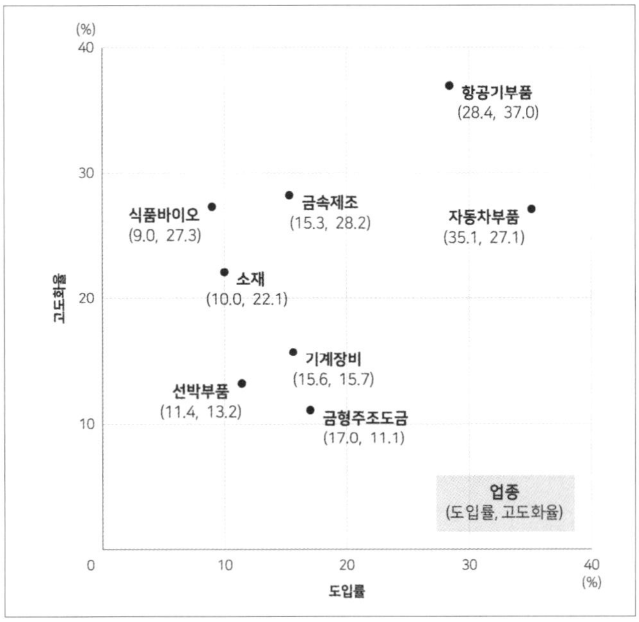

※ 1) 도입률(%) $= \frac{\text{업종별 스마트시스템 도입 업체 수}}{\text{업종별 업체 수}} \times 100$

2) 고도화율(%) $= \frac{\text{업종별 스마트시스템 고도화 업체 수}}{\text{업종별 스마트시스템 도입 업체 수}} \times 100$

〈보기〉

ㄱ. 스마트시스템 도입 업체 수가 가장 많은 업종은 '자동차부품'이다.

ㄴ. 고도화율이 가장 높은 업종은 스마트시스템 고도화 업체 수도 가장 많다.

ㄷ. 업체 수 대비 스마트시스템 고도화 업체 수가 가장 높은 업종은 '항공기부품'이다.

ㄹ. 도입률이 가장 낮은 업종은 고도화율도 가장 낮다.

① ㄱ, ㄴ

② ㄱ, ㄷ

③ ㄱ, ㄹ

④ ㄴ, ㄷ

⑤ ㄴ, ㄹ

꼼꼼 풀이 노트

권장 풀이 시간에 맞춰 문제를 풀어본 후, 꼼꼼 풀이 노트로 정리해보세요.

■ 출제 포인트

■ 선택지 분석

꼼꼼 풀이 노트

권장 풀이 시간에 맞춰 문제를 풀어본 후, 꼼꼼 풀이 노트로 정리해보세요.

■ 출제 포인트

■ 선택지 분석

난이도 ★★☆☆☆ 권장 풀이 시간: 2분 나의 풀이 시간: ____분 ____초

04. 다음 <그림>은 2004~2017년 '갑'국의 엥겔계수와 엔젤계수를 나타낸 자료이다. 이에 대한 설명으로 옳은 것은?

18 5급공채

<그림> 2004~2017년 엥겔계수와 엔젤계수

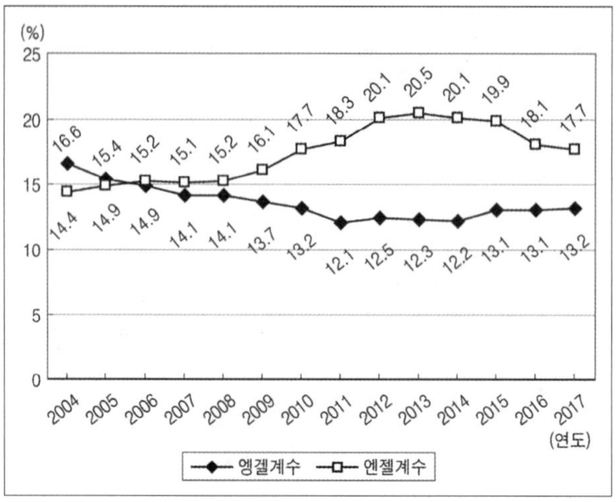

※ 1) 엥겔계수(%) = $\frac{\text{식료품비}}{\text{가계지출액}} \times 100$

2) 엔젤계수(%) = $\frac{\text{18세 미만 자녀에 대한 보육·교육비}}{\text{가계지출액}} \times 100$

3) 보육·교육비에는 식료품비가 포함되지 않음.

① 2008~2013년 동안 엔젤계수의 연간 상승폭은 매년 증가한다.

② 2004년 대비 2014년, 엥겔계수 하락폭은 엔젤계수 상승폭보다 크다.

③ 2006년 이후 매년 18세 미만 자녀에 대한 보육·교육비는 식료품비를 초과한다.

④ 2008~2012년 동안 매년 18세 미만 자녀에 대한 보육·교육비 대비 식료품비의 비율은 증가한다.

⑤ 엔젤계수는 가장 높은 해가 가장 낮은 해에 비해 7.0%p 이상 크다.

05. 다음 <표>는 미국이 환율조작국을 지정하기 위해 만든 요건별 판단기준과 '가'~'카'국의 2015년 자료이다. 이에 대한 <보기>의 설명 중 옳은 것만을 모두 고르면? 17 5급공채

<표 1> 요건별 판단기준

	A	B	C
요건	현저한 대미무역수지 흑자	상당한 경상수지 흑자	지속적 환율시장 개입
판단 기준	대미무역수지 200억 달러 초과	GDP 대비 경상수지 비중 3% 초과	GDP 대비 외화자산 순매수액 비중 2% 초과

※ 1) 요건 중 세 가지를 모두 충족하면 환율조작국으로 지정됨.
2) 요건 중 두 가지만을 충족하면 관찰대상국으로 지정됨.

<표 2> 환율조작국 지정 관련 자료(2015년)

(단위: 10억 달러, %)

항목 / 국가	대미무역수지	GDP 대비 경상수지 비중	GDP 대비 외화자산 순매수액 비중
가	365.7	3.1	−3.9
나	74.2	8.5	0.0
다	68.6	3.3	2.1
라	58.4	−2.8	−1.8
마	28.3	7.7	0.2
바	27.8	2.2	1.1
사	23.2	−1.1	1.8
아	17.6	−0.2	0.2
자	14.9	−3.3	0.0
차	14.9	14.6	2.4
카	−4.3	−3.3	0.1

〈보기〉

ㄱ. 환율조작국으로 지정되는 국가는 없다.
ㄴ. '나'국은 A요건과 B요건을 충족한다.
ㄷ. 관찰대상국으로 지정되는 국가는 모두 4개이다.
ㄹ. A요건의 판단기준을 '대미무역수지 200억 달러 초과'에서 '대미무역수지 150억 달러 초과'로 변경하여도 관찰대상국 및 환율조작국으로 지정되는 국가들은 동일하다.

① ㄱ, ㄴ
② ㄱ, ㄷ
③ ㄴ, ㄹ
④ ㄷ, ㄹ
⑤ ㄴ, ㄷ, ㄹ

꼼꼼 풀이 노트

권장 풀이 시간에 맞춰 문제를 풀어본 후, 꼼꼼 풀이 노트로 정리해보세요.

■ 출제 포인트

■ 선택지 분석

꼼꼼 풀이 노트

권장 풀이 시간에 맞춰 문제를 풀어본 후, 꼼꼼 풀이 노트로 정리해보세요.

■ 출제 포인트

■ 선택지 분석

난이도 ★★☆☆☆ 권장 풀이 시간: 2분 나의 풀이 시간: ____분 ____초

06. 다음 <표>는 2007~2013년 동안 '갑'국의 흡연율 및 금연계획률에 관한 자료이다. 이에 대한 설명으로 옳은 것은? 16 5급공채

<표 1> 성별 흡연율

(단위: %)

성별 \ 연도	2007	2008	2009	2010	2011	2012	2013
남성	45.0	47.7	46.9	48.3	47.3	43.7	42.1
여성	5.3	7.4	7.1	6.3	6.8	7.9	6.1
전체	20.6	23.5	23.7	24.6	25.2	24.9	24.1

<표 2> 소득수준별 남성 흡연율

(단위: %)

소득수준 \ 연도	2007	2008	2009	2010	2011	2012	2013
최상	38.9	39.9	38.7	43.5	44.1	40.8	36.6
상	44.9	46.4	46.4	45.8	44.9	38.6	41.3
중	45.2	49.6	50.9	48.3	46.6	45.4	43.1
하	50.9	55.3	51.2	54.2	53.9	48.2	47.5

<표 3> 금연계획률

(단위: %)

구분 \ 연도	2007	2008	2009	2010	2011	2012	2013
금연계획률	59.8	56.9	( )	( )	56.3	55.2	56.5
단기 금연계획률	19.4	( )	18.2	20.8	20.2	19.6	19.3
장기 금연계획률	40.4	39.2	39.2	32.7	( )	35.6	37.2

※ 1) 흡연율(%) = $\frac{\text{흡연자 수}}{\text{인구 수}} \times 100$

2) 금연계획률(%) = $\frac{\text{금연계획자 수}}{\text{흡연자 수}} \times 100$

= 단기 금연계획률 + 장기 금연계획률

① 매년 남성 흡연율은 여성 흡연율의 6배 이상이다.

② 매년 소득수준이 높을수록 남성 흡연율은 낮다.

③ 2007~2010년 동안 매년 소득수준이 높을수록 여성 흡연자 수는 적다.

④ 2008~2010년 동안 매년 금연계획률은 전년대비 감소한다.

⑤ 2011년의 장기 금연계획률은 2008년의 단기 금연계획률의 두 배 이상이다.

난이도 ★★★☆☆ 권장 풀이 시간: 2분 30초 나의 풀이 시간: ____분 ____초

07. 다음 <표>는 2020년 12월 '갑'공장 A~C제품의 생산량과 불량품수에 대한 자료이다. 이에 대한 설명으로 옳지 않은 것은?

21 5급공채

<표> A~C제품의 생산량과 불량품수

(단위: 개)

구분 \ 제품	A	B	C	전체
생산량	2,000	3,000	5,000	10,000
불량품수	200	300	400	900

※ 1) 불량률(%) = $\frac{\text{불량품수}}{\text{생산량}} \times 100$

2) 수율(%) = $\frac{\text{생산량} - \text{불량품수}}{\text{생산량}} \times 100$

① 불량률이 가장 낮은 제품은 C이다.

② 제품별 생산량 변동은 없고 불량품수가 제품별로 100%씩 증가한다면 전체 수율은 82%이다.

③ 제품별 불량률 변동은 없고 생산량이 제품별로 100%씩 증가한다면 전체 수율은 기존과 동일하다.

④ 제품별 생산량 변동은 없고 불량품수가 제품별로 100개씩 증가한다면 전체 수율은 88%이다.

⑤ 제품별 불량률 변동은 없고 생산량이 제품별로 1,000개씩 증가한다면 전체 수율은 기존과 동일하다.

꼼꼼 풀이 노트

권장 풀이 시간에 맞춰 문제를 풀어본 후, 꼼꼼 풀이 노트로 정리해보세요.

■ 출제 포인트

■ 선택지 분석

꼼꼼 풀이 노트

권장 풀이 시간에 맞춰 문제를 풀어본 후, 꼼꼼 풀이 노트로 정리해보세요.

■ 출제 포인트

■ 선택지 분석

난이도 ★★★☆☆ 권장 풀이 시간: 2분 30초 나의 풀이 시간: ____분 ____초

08. 다음 <표>는 감염자와 비감염자로 구성된 유증상자 1,000명을 대상으로 인공지능 시스템 A~E의 정확도를 측정한 결과이다. <표>에 근거한 <보기>의 설명 중 옳은 것만을 모두 고르면?

20 5급공채

<표> 인공지능 시스템 A~E의 정확도

(단위: 명, %)

시스템 판정 / 실제 감염 여부 / 시스템	양성		음성		음성 정답률	양성 검출률	정확도
	감염자	비감염자	감염자	비감염자			
A	0	1	8	991	( )	0.0	99.1
B	8	0	0	992	( )	100.0	100.0
C	6	4	2	988	99.8	75.0	99.4
D	8	2	0	990	100.0	( )	99.8
E	0	0	8	992	99.2	( )	99.2

※ 1) 정확도(%) = $\frac{\text{'양성' 판정된 감염자 + '음성' 판정된 비감염자}}{\text{유증상자}} \times 100$

2) '양성(음성)' 정답률(%) = $\frac{\text{'양성(음성)' 판정된 감염(비감염)자}}{\text{'양성(음성)' 판정된 유증상자}} \times 100$

3) '양성(음성)' 검출률(%) = $\frac{\text{'양성(음성)' 판정된 감염(비감염)자}}{\text{감염(비감염)자}} \times 100$

〈보기〉

ㄱ. 모든 유증상자를 '음성'으로 판정한 시스템의 정확도는 A보다 높다.
ㄴ. B, D는 '음성' 정답률과 '양성' 검출률 모두 100%이다.
ㄷ. B의 '양성' 정답률과 '음성' 정답률은 같다.
ㄹ. '양성' 검출률이 0%인 시스템의 '음성' 정답률은 100%이다.

① ㄱ, ㄴ
② ㄱ, ㄷ
③ ㄱ, ㄹ
④ ㄴ, ㄹ
⑤ ㄱ, ㄴ, ㄷ

난이도 ★★★☆☆ **권장 풀이 시간:** 2분 30초 **나의 풀이 시간:** _____분 _____초

09. 다음 <표>는 6개 지목으로 구성된 A지구의 토지수용 보상비 산출을 위한 자료이다. 이에 대한 <보기>의 설명 중 옳은 것만을 모두 고르면? 20 5급공채

<표> 지목별 토지수용 면적, 면적당 지가 및 보상 배율

(단위: m^2, 만 원/m^2)

지목	면적	면적당 지가	보상 배율	
			감정가 기준	실거래가 기준
전	50	150	1.8	3.2
답	50	100	1.8	3.0
대지	100	200	1.6	4.8
임야	100	50	2.5	6.1
공장	100	150	1.6	4.8
창고	50	100	1.6	4.8

※ 1) 총보상비는 모든 지목별 보상비의 합임.
2) 보상비 = 용지 구입비 + 지장물 보상비
3) 용지 구입비 = 면적 × 면적당 지가 × 보상 배율
4) 지장물 보상비는 해당 지목 용지 구입비의 20%임.

〈보기〉

ㄱ. 모든 지목의 보상 배율을 감정가 기준에서 실거래가 기준으로 변경하는 경우, 총보상비는 변경 전의 2배 이상이다.
ㄴ. 보상 배율을 감정가 기준에서 실거래가 기준으로 변경하는 경우, 보상비가 가장 많이 증가하는 지목은 '대지'이다.
ㄷ. 보상 배율이 실거래가 기준인 경우, 지목별 보상비에서 용지 구입비가 차지하는 비율은 '임야'가 '창고'보다 크다.
ㄹ. '공장'의 감정가 기준 보상비와 '전'의 실거래가 기준 보상비는 같다.

① ㄱ, ㄷ
② ㄱ, ㄹ
③ ㄴ, ㄷ
④ ㄴ, ㄹ
⑤ ㄱ, ㄴ, ㄹ

꼼꼼 풀이 노트

권장 풀이 시간에 맞춰 문제를 풀어본 후, 꼼꼼 풀이 노트로 정리해보세요.

■ 출제 포인트

■ 선택지 분석

꼼꼼 풀이 노트

권장 풀이 시간에 맞춰 문제를 풀어본 후, 꼼꼼 풀이 노트로 정리해보세요.

■ 출제 포인트

■ 선택지 분석

난이도 ★★★☆☆ 권장 풀이 시간: 2분 30초 나의 풀이 시간: ____분 ____초

10. 다음 <표>는 '갑'국의 전기자동차 충전요금 산정기준과 계절별 부하 시간대에 대한 자료이다. 이에 대한 설명으로 옳은 것은? 19 5급공채

<표 1> 전기자동차 충전요금 산정기준

월 기본요금(원)	전력량 요율(원/kWh)			
	계절 / 시간대	여름(6~8월)	봄(3~5월), 가을(9~10월)	겨울(1~2월, 11~12월)
2,390	경부하	57.6	58.7	80.7
	중간부하	145.3	70.5	128.2
	최대부하	232.5	75.4	190.8

※ 1) 월 충전요금(원) = 월 기본요금 + (경부하 시간대 전력량 요율 × 경부하 시간대 충전 전력량)
+ (중간부하 시간대 전력량 요율 × 중간부하 시간대 충전 전력량)
+ (최대부하 시간대 전력량 요율 × 최대부하 시간대 충전 전력량)
2) 월 충전요금은 해당 월 1일에서 말일까지의 충전 전력량을 사용하여 산정함.
3) 1시간에 충전되는 전기자동차의 전력량은 5kWh임.

<표 2> 계절별 부하 시간대

계절 / 시간대	여름(6~8월)	봄(3~5월), 가을(9~10월)	겨울(1~2월, 11~12월)
경부하	00:00~09:00 23:00~24:00	00:00~09:00 23:00~24:00	00:00~09:00 23:00~24:00
중간부하	09:00~10:00 12:00~13:00 17:00~23:00	09:00~10:00 12:00~13:00 17:00~23:00	09:00~10:00 12:00~17:00 20:00~22:00
최대부하	10:00~12:00 13:00~17:00	10:00~12:00 13:00~17:00	10:00~12:00 17:00~20:00 22:00~23:00

① 모든 시간대에서 봄, 가을의 전력량 요율이 가장 낮다.
② 월 100kWh를 충전했을 때 월 충전요금의 최댓값과 최솟값 차이는 16,000원 이하이다.
③ 중간부하 시간대의 총 시간은 6월 1일과 12월 1일이 동일하다.
④ 22시 30분의 전력량 요율이 가장 높은 계절은 여름이다.
⑤ 12월 중간부하 시간대에만 100kWh를 충전한 월 충전요금은 6월 경부하 시간대에만 100kWh를 충전한 월 충전요금의 2배 이상이다.

난이도 ★★★☆☆　　권장 풀이 시간: 2분 30초　　나의 풀이 시간: _____분 _____초

11. 다음 <표>는 A국의 농·축·수산물 안전성 조사결과에 관한 자료이다. 이에 대한 <보기>의 설명 중 옳은 것만을 모두 고르면? 16 5급공채

<표 1> 2014년 A국의 단계별 농·축·수산물 안전성 조사결과

(단위: 건)

구분 / 단계	농산물		축산물		수산물	
	조사건수	부적합건수	조사건수	부적합건수	조사건수	부적합건수
생산단계	91,211	1,209	418,647	1,803	12,922	235
유통단계	55,094	516	22,927	106	8,988	49
총계	146,305	1,725	441,574	1,909	21,910	284

<표 2> A국의 연도별 농·축·수산물 생산단계 안전성 조사결과

(단위: 건)

구분 / 연도	농산물		축산물		수산물	
	조사 실적지수	부적합건수	조사 실적지수	부적합건수	조사 실적지수	부적합건수
2011	84	(　)	86	(　)	84	(　)
2012	87	(　)	92	(　)	91	(　)
2013	99	(　)	105	(　)	92	(　)
2014	100	1,209	100	1,803	100	235

※ 1) 해당년도 조사실적지수 = $\frac{\text{해당년도 조사건수}}{\text{2014년 조사건수}} \times 100$

단, 조사실적지수는 소수점 첫째 자리에서 반올림한 값임.

2) 부적합건수비율(%) = $\frac{\text{부적합건수}}{\text{조사건수}} \times 100$

〈보기〉

ㄱ. 2014년 생산단계에서의 부적합건수비율은 농산물이 수산물보다 낮다.

ㄴ. 2011년 대비 2012년 생산단계 조사건수 증가량은 수산물이 농산물보다 많다.

ㄷ. 2013년 생산단계 안전성 조사결과에서, 농산물 부적합건수비율이 축산물 부적합건수비율의 10배라면 부적합건수는 농산물이 축산물의 2배 이상이다.

ㄹ. 2012~2014년 동안 농·축·수산물 각각의 생산단계 조사건수는 전년대비 매년 증가한다.

① ㄱ, ㄴ

② ㄱ, ㄷ

③ ㄱ, ㄹ

④ ㄴ, ㄹ

⑤ ㄷ, ㄹ

꼼꼼 풀이 노트

권장 풀이 시간에 맞춰 문제를 풀어본 후, 꼼꼼 풀이 노트로 정리해보세요.

■ 출제 포인트

■ 선택지 분석

꼼꼼 풀이 노트

권장 풀이 시간에 맞춰 문제를 풀어본 후, 꼼꼼 풀이 노트로 정리해보세요.

■ 출제 포인트

■ 선택지 분석

난이도 ★★★☆☆ **권장 풀이 시간:** 2분 30초 **나의 풀이 시간:** _____분 _____초

12. 다음 <그림>은 A국의 세계시장 수출점유율 상위 10개 산업에 관한 자료이다. 이에 대한 <보기>의 설명 중 옳은 것만을 모두 고르면? 16 5급공채

<그림 1> A국의 세계시장 수출점유율 상위 10개 산업(2008년)

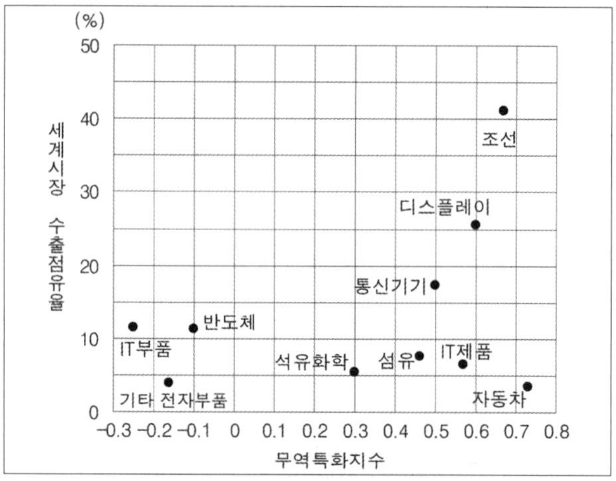

<그림 2> A국의 세계시장 수출점유율 상위 10개 산업(2013년)

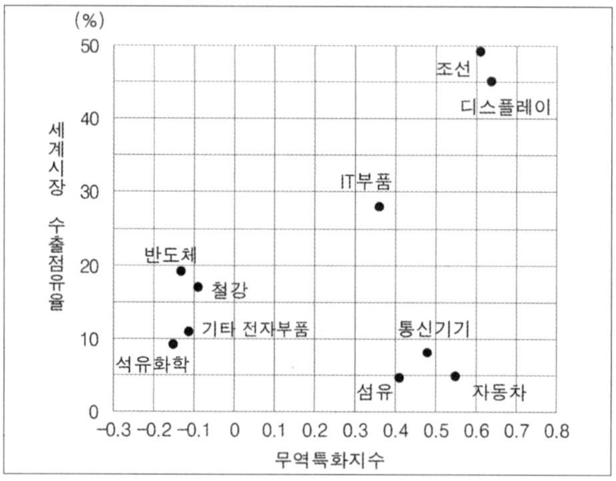

※ 1) 세계시장 수출점유율(%) $= \frac{\text{A국 해당산업 수출액}}{\text{세계 해당산업 수출액}} \times 100$

2) 무역특화지수 $= \frac{\text{A국 해당산업 수출액} - \text{A국 해당산업 수입액}}{\text{A국 해당산업 수출액} + \text{A국 해당산업 수입액}}$

〈보기〉

ㄱ. 2008년 세계시장 수출점유율 상위 10개 산업 중에서 2013년 세계시장 수출점유율이 2008년에 비해 하락한 산업은 모두 3개이다.

ㄴ. 세계시장 수출점유율 상위 10개 산업 중에서 세계시장 수출점유율이 10% 이상이면서 무역특화지수가 0.3 이하인 산업은 2008년과 2013년 각각 3개이다.

ㄷ. 세계시장 수출점유율 상위 10개 산업 중에서 A국 수출액보다 A국 수입액이 큰 산업은 2008년에 3개, 2013년에 4개이다.

ㄹ. 2008년 세계시장 수출점유율 상위 5개 산업 중에서 2013년 무역특화지수가 2008년에 비해 증가한 산업은 모두 2개이다.

① ㄱ, ㄴ

② ㄱ, ㄷ

③ ㄴ, ㄹ

④ ㄱ, ㄷ, ㄹ

⑤ ㄴ, ㄷ, ㄹ

난이도 ★★★☆☆　　권장 풀이 시간: 2분 30초　　나의 풀이 시간: ____분 ____초

13. 다음 <그림>과 <표>는 '갑' 도시 지하철의 역간 거리와 출발역에서 도착역까지의 소요시간에 관한 자료이다. 이에 대한 <보기>의 설명 중 옳은 것만을 모두 고르면? 15 5급공채

<그림> 인접한 두 지하철역 간 거리

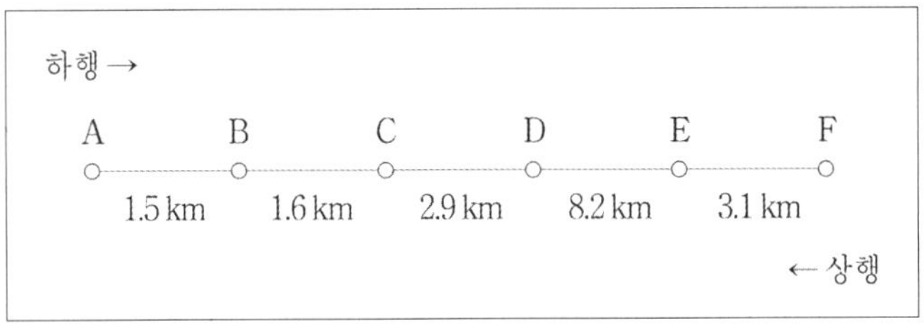

<표> 출발역에서 도착역까지의 소요시간

출발역 / 도착역	A	B	C	D	E	F
A		1분 52초	4분 6초	7분 6초	13분 41초	16분 51초
B	1분 44초		1분 49초	4분 49초	11분 24초	14분 34초
C	3분 55초	1분 46초		2분 35초	9분 10초	12분 20초
D	6분 55초	4분 46초	2분 35초		6분 10초	9분 20초
E	13분 30초	11분 21초	9분 10초	6분 10초		2분 45초
F	16분 49초	14분 40초	12분 29초	9분 29초	2분 54초	

※ 1) 지하철은 모든 역에서 정차함.
2) 두 역 사이의 소요시간에는 출발역과 도착역을 제외하고 중간에 경유하는 모든 역에서의 정차시간이 포함되어 있음. 예를 들어, <표>에서 B열과 D행이 만나는 4분 46초는 B역에서 출발하여 C역까지의 소요시간 1분 46초, C역에서의 정차시간, C역에서 D역까지의 소요시간 2분 35초가 더해진 것임.

〈보기〉

ㄱ. 하행의 경우 B역에서의 정차시간은 25초이다.
ㄴ. 인접한 두 역간 거리가 짧을수록 두 역간 하행의 소요시간도 짧다.
ㄷ. 인접한 두 역간 상행과 하행의 소요시간이 동일한 구간은 C↔D 구간뿐이다.

① ㄱ
② ㄴ
③ ㄱ, ㄴ
④ ㄴ, ㄷ
⑤ ㄱ, ㄴ, ㄷ

꼼꼼 풀이 노트

권장 풀이 시간에 맞춰 문제를 풀어본 후, 꼼꼼 풀이 노트로 정리해보세요.

■ 출제 포인트

■ 선택지 분석

꼼꼼 풀이 노트

권장 풀이 시간에 맞춰 문제를 풀어본 후, 꼼꼼 풀이 노트로 정리해보세요.

■ 출제 포인트

■ 선택지 분석

난이도 ★★★☆☆ **권장 풀이 시간:** 2분 30초 **나의 풀이 시간:** _____분 _____초

14. 다음 <그림>은 우리나라 광역지자체 간 산업연관성을 나타낸 자료이다. 이에 대한 <보기>의 설명 중 옳은 것만을 모두 고르면? 15 5급공채

<그림> 광역지자체의 타지역 전방연관성 및 타지역 후방연관성

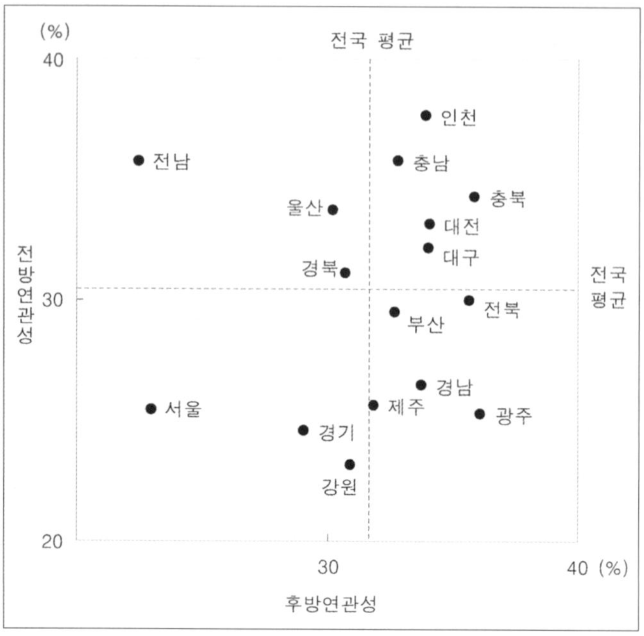

※ 1) 타지역(자기지역) 전방연관성은 한 지역의 생산이 타지역(자기지역) 생산에 의해 어느 정도 유발되는지를, 타지역(자기지역) 후방연관성은 한 지역의 생산이 타지역(자기지역) 생산을 어느 정도 유발시키는지를 의미함.
2) 자기지역 전방연관성 + 타지역 전방연관성 = 100%
3) 자기지역 후방연관성 + 타지역 후방연관성 = 100%

〈보기〉

ㄱ. 타지역 전방연관성이 가장 큰 지역은 인천이다.
ㄴ. 자기지역 전방연관성과 자기지역 후방연관성이 각각의 전국 평균보다 큰 지역은 인천, 충남, 충북, 대전, 대구이다.
ㄷ. 경남의 자기지역 전방연관성은 강원의 자기지역 후방연관성보다 작다.
ㄹ. 인천, 부산, 대구, 대전, 광주, 울산은 각각 자기지역 전방연관성이 타지역 전방연관성보다 크다.

① ㄱ, ㄴ
② ㄱ, ㄷ
③ ㄱ, ㄹ
④ ㄴ, ㄷ
⑤ ㄷ, ㄹ

난이도 ★★★☆☆ 권장 풀이 시간: 2분 30초 나의 풀이 시간: ____분 ____초

15. 다음 <표>는 2020년과 2021년 '갑'국 주요 축산물의 축종별 수익성 현황에 관한 자료이다. 이에 대한 설명으로 옳은 것은? 23 5급공채

<표> 2020년과 2021년 '갑'국 주요 축산물의 축종별 수익성 현황

(단위: 천 원/마리)

연도 / 축종	2020			2021		
	총수입	소득	순수익	총수입	소득	순수익
한우번식우	3,184	1,367	518	3,351	1,410	563
한우비육우	9,387	1,190	58	10,215	1,425	292
육우	4,789	377	-574	5,435	682	-231
젖소	10,657	3,811	2,661	10,721	3,651	2,434
비육돈	362	63	47	408	83	68
산란계	31	4	3	52	21	20

※ 1) 소득 = 총수입 - 일반비
2) 순수익 = 총수입 - 사육비
3) 일반비 = 사육비 - 내급비

① 2020년 대비 2021년 소득 증가율이 가장 높은 축종은 '육우'이다.
② 2021년 '한우번식우'의 사육비는 2020년보다 적다.
③ 2020년의 경우, 사육비가 총수입보다 많은 축종은 2개이다.
④ 2021년 일반비는 '젖소'가 '육우'의 2배 이상이다.
⑤ 2021년 내급비가 가장 많은 축종은 '젖소'이다.

꼼꼼 풀이 노트

권장 풀이 시간에 맞춰 문제를 풀어본 후, 꼼꼼 풀이 노트로 정리해보세요.

■ 출제 포인트

■ 선택지 분석

꼼꼼 풀이 노트

권장 풀이 시간에 맞춰 문제를 풀어본 후, 꼼꼼 풀이 노트로 정리해보세요.

■ 출제 포인트

■ 선택지 분석

난이도 ★★★☆☆ 권장 풀이 시간: 2분 30초 나의 풀이 시간: ____분 ____초

16. 다음 <표>와 <그림>은 2008~2012년 A지역의 임가소득 현황을 나타낸 자료이다. 이에 대한 <보기>의 설명 중 옳은 것만을 모두 고르면? 14 5급공채

<표> A지역의 임가소득 현황

(단위: 천 원, %)

구분 \ 연도	2008	2009	2010	2011	2012
임가소득	27,288	27,391	27,678	28,471	29,609
경상소득	24,436	( )	( )	25,803	26,898
임업소득	8,203	7,655	7,699	8,055	8,487
임업외소득	11,786	11,876	12,424	12,317	13,185
이전소득	4,447	4,348	4,903	5,431	5,226
비경상소득	2,852	3,512	2,652	2,668	2,711
임업의존도	30.1	27.9	27.8	( )	( )

※ 1) 임가소득 = 경상소득 + 비경상소득
2) 경상소득 = 임업소득 + 임업외소득 + 이전소득
3) 임업의존도(%) = $\frac{\text{임업소득}}{\text{임가소득}} \times 100$

<그림> A지역의 임업소득 현황

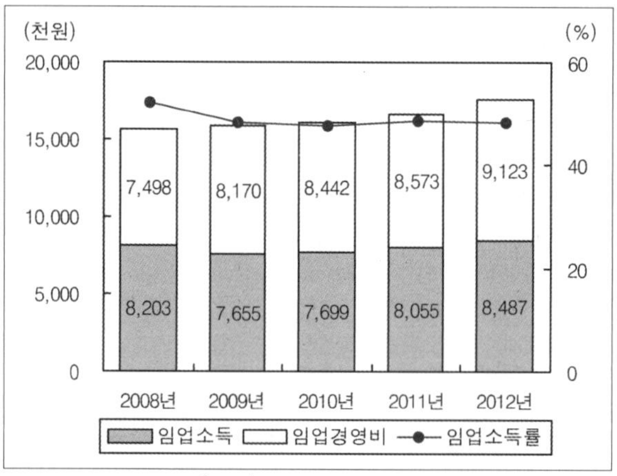

※ 1) 임업소득 = 임업총수입 − 임업경영비
2) 임업소득률(%) = $\frac{\text{임업소득}}{\text{임업총수입}} \times 100$

〈보기〉

ㄱ. 임업소득률이 50% 이상인 연도는 2008년뿐이다.
ㄴ. 임업의존도는 2008년부터 2010년까지 매년 감소하다가 이후 매년 증가한다.
ㄷ. 2012년 임업총수입의 전년대비 증가율은 5% 이하이다.
ㄹ. 경상소득은 2008년부터 2012년까지 매년 증가한다.

① ㄱ, ㄴ
② ㄱ, ㄹ
③ ㄴ, ㄷ
④ ㄱ, ㄴ, ㄹ
⑤ ㄴ, ㄷ, ㄹ

난이도 ★★★☆☆ **권장 풀이 시간:** 2분 30초 **나의 풀이 시간:** ____분 ____초

17. 다음 <표>는 농구대회의 중간 성적에 대한 자료이다. 이에 대한 설명 중 옳지 않은 것은?

12 5급공채

<표> 농구대회 중간 성적(2012년 2월 25일 현재)

순위	팀	남은 경기수	전체		남은홈 경기수	홈경기		최근10경기		최근 연승연패
			승수	패수		승수	패수	승수	패수	
1	A	6	55	23	2	33	7	9	1	1 패
2	B	6	51	27	4	32	6	6	4	3 승
3	C	6	51	27	3	30	9	9	1	1 승
4	D	6	51	27	3	16	23	5	5	1 승
5	E	5	51	28	2	32	8	7	3	1 패
6	F	6	47	31	3	28	11	7	3	1 패
7	G	6	47	31	4	20	18	8	2	2 승
8	H	6	46	32	3	23	16	6	4	2 패
9	I	6	40	38	3	22	17	4	6	2 승
10	J	6	39	39	2	17	23	3	7	3 패
11	K	5	35	44	3	16	23	2	8	4 패
12	L	6	27	51	3	9	30	2	8	6 패
13	M	6	24	54	3	7	32	1	9	8 패
14	N	6	17	61	3	7	32	5	5	1 승
15	O	6	5	73	3	1	38	1	9	3 패

※ 1) '최근 연승 연패'는 최근 경기까지 몇 연승(연속으로 이김), 몇 연패(연속으로 짐)를 했는지를 뜻함. 단, 연승 또는 연패하지 않은 경우 최근 1경기의 결과만을 기록함

2) 각 팀은 홈과 원정 경기를 각각 42경기씩 총 84경기를 하며, 무승부는 없음.

3) 순위는 전체 경기 승률이 높은 팀부터 1위에서 15위까지 차례로 결정되며, 전체 경기 승률이 같은 경우 홈 경기 승률이 낮은 팀이 해당 순위보다 하나 더 낮은 순위로 결정됨.

4) $\text{전체(홈 경기) 승률} = \frac{\text{전체(홈 경기) 승수}}{\text{전체(홈 경기) 승수} + \text{전체(홈 경기) 패수}}$

① A팀은 최근에 치른 1경기만 지고 그 이전에 치른 9경기를 모두 이겼다.

② I팀의 최종 순위는 남은 경기 결과에 따라 8위가 될 수 있다.

③ L팀과 M팀은 각 팀이 치른 최근 5경기에서 서로 경기를 치르지 않았다.

④ 남은 경기 결과에 따라 1위 팀은 변경될 수 있다.

⑤ 2012년 2월 25일 현재 순위 1~3위인 팀의 홈 경기 승률은 각각 0.8 이상이다.

꼼꼼 풀이 노트

권장 풀이 시간에 맞춰 문제를 풀어본 후, 꼼꼼 풀이 노트로 정리해보세요.

■ 출제 포인트

■ 선택지 분석

꼼꼼 풀이 노트

권장 풀이 시간에 맞춰 문제를 풀어본 후, 꼼꼼 풀이 노트로 정리해보세요.

■ 출제 포인트

■ 선택지 분석

난이도 ★★★☆☆ 권장 풀이 시간: 2분 30초 나의 풀이 시간: _____분 _____초

18. 다음 <표>는 승완이가 A지점에서 B지점을 거쳐 C지점으로 갈 때 각 경로의 거리와 주행속도를 나타낸 것이다. 승완이가 오전 8시 정각에 A지점을 출발해서 B지점을 거쳐 C지점으로 갈 때, 이에 대한 <보기>의 설명 중 옳은 것을 모두 고르면? 10 5급공채

<표> 구간별·시간대별 각 경로의 거리와 주행속도

구간	경로	주행속도(km/h)		거리(km)
		출근 시간대	기타 시간대	
A → B	경로 1	30	45	30
	경로 2	60	90	
B → C	경로 3	40	60	40
	경로 4	80	120	

※ 출근 시간대는 오전 8시부터 오전 9시까지이며, 그 이외의 시간은 기타 시간대임.

〈보기〉

ㄱ. C지점에 가장 빨리 도착하는 시각은 오전 9시 정각이다.

ㄴ. C지점에 가장 늦게 도착하는 시각은 오전 9시 20분이다.

ㄷ. B지점에 가장 빨리 도착하는 시각은 오전 8시 40분이다.

ㄹ. 경로 2와 경로 3을 이용하는 경우와, 경로 1과 경로 4를 이용하는 경우 C지점에 도착하는 시각은 동일하다.

① ㄱ, ㄷ

② ㄱ, ㄹ

③ ㄴ, ㄷ

④ ㄴ, ㄹ

⑤ ㄷ, ㄹ

난이도 ★★★★☆ 권장 풀이 시간: 3분 나의 풀이 시간: _____분 _____초

19. 다음 <표>는 3D기술 분야 특허등록건수 상위 10개국의 국가별 영향력지수와 기술력지수를 나타낸 자료이다. 이에 대한 <보기>의 설명 중 옳은 것만을 모두 고르면? 19 5급공채

<표> 3D기술 분야 특허등록건수 상위 10개국의 국가별 영향력지수와 기술력지수

구분 국가	특허등록건수(건)	영향력지수	기술력지수
미국	500	( )	600.0
일본	269	1.0	269.0
독일	( )	0.6	45.0
한국	59	0.3	17.7
네덜란드	( )	0.8	24.0
캐나다	22	( )	30.8
이스라엘	( )	0.6	10.2
태국	14	0.1	1.4
프랑스	( )	0.3	3.9
핀란드	9	0.7	6.3

※ 1) 해당국가의 기술력지수 = 해당국가의 특허등록건수 × 해당국가의 영향력지수

2) 해당국가의 영향력지수 = $\frac{\text{해당국가의 피인용비}}{\text{전세계 피인용비}}$

3) 해당국가의 피인용비 = $\frac{\text{해당국가의 특허피인용건수}}{\text{해당국가의 특허등록건수}}$

4) 3D기술 분야의 전세계 피인용비는 10임.

〈보기〉

ㄱ. 캐나다의 영향력지수는 미국의 영향력지수보다 크다.

ㄴ. 프랑스와 태국의 특허피인용건수의 차이는 프랑스와 핀란드의 특허피인용건수의 차이보다 크다.

ㄷ. 특허등록건수 상위 10개국 중 한국의 특허피인용건수는 네 번째로 많다.

ㄹ. 네덜란드의 특허등록건수는 한국의 특허등록건수의 50% 미만이다.

① ㄱ, ㄴ

② ㄱ, ㄷ

③ ㄴ, ㄹ

④ ㄱ, ㄷ, ㄹ

⑤ ㄴ, ㄷ, ㄹ

꼼꼼 풀이 노트

권장 풀이 시간에 맞춰 문제를 풀어본 후, 꼼꼼 풀이 노트로 정리해보세요.

■ 출제 포인트

■ 선택지 분석

꼼꼼 풀이 노트

권장 풀이 시간에 맞춰 문제를 풀어본 후, 꼼꼼 풀이 노트로 정리해보세요.

■ 출제 포인트

■ 선택지 분석

난이도 ★★★★☆　　권장 풀이 시간: 3분　　나의 풀이 시간: ____분 ____초

20. 다음 <표>와 <그림>은 2017년 지역별 정보탐색에 관한 자료이다. 이에 대한 설명으로 옳은 것은?

19 5급공채

<표> 지역별 인구수 및 정보탐색 시도율과 정보탐색 성공률

(단위: 명, %)

구분 / 성별 / 지역	인구수		정보탐색 시도율		정보탐색 성공률	
	남	여	남	여	남	여
A	5,800	4,200	35.0	39.0	90.1	91.6
B	1,000	800	28.0	30.0	92.9	95.8
C	2,500	3,000	15.0	25.0	88.0	92.0
D	4,000	3,500	37.0	40.0	91.2	92.9
E	4,800	3,200	42.0	45.0	87.3	84.7
F	6,000	6,500	20.0	33.0	81.7	93.2
G	1,200	900	35.0	28.0	95.2	95.2
H	1,400	1,600	16.0	13.0	89.3	91.3

※ 1) 정보탐색 시도율(%) $= \frac{\text{정보탐색 시도자수}}{\text{인구수}} \times 100$

2) 정보탐색 성공률(%) $= \frac{\text{정보탐색 성공자수}}{\text{정보탐색 시도자수}} \times 100$

<그림> 지역별 정보탐색 시도율과 정보탐색 성공률 분포

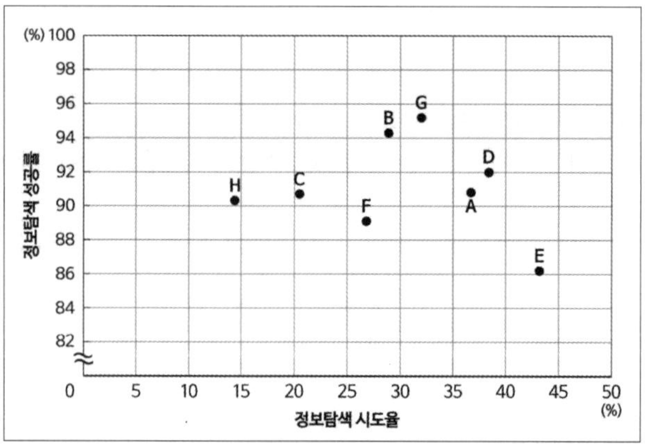

① 인구수 대비 정보탐색 성공자수의 비율은 B 지역이 D 지역보다 높다.

② 인구수 대비 정보탐색 성공자수의 비율이 가장 낮은 지역은 H 지역이다.

③ 정보탐색 시도율이 높은 지역일수록 정보탐색 성공률도 높다.

④ 인구수가 가장 작은 지역과 남성 정보탐색 성공자수가 가장 작은 지역은 동일하다.

⑤ D 지역의 여성 정보탐색 성공자수는 C 지역의 여성 정보탐색 성공자수의 2배 이상이다.

난이도 ★★★★☆ 권장 풀이 시간: 3분 나의 풀이 시간: _____분 _____초

21. 다음 <표>는 2006~2009년 사업자 유형별 등록 현황에 대한 자료이다. 이에 대한 <보기>의 설명 중 옳은 것을 모두 고르면? 12 5급공채

<표> 2006~2009년 사업자 유형별 등록 현황

(단위: 천 명)

유형 \ 연도		2006	2007	2008	2009
법인사업자	등록사업자	420	450	475	( )
	신규등록자	65	( )	75	80
	폐업신고자	35	45	( )	55
일반사업자	등록사업자	2,200	( )	2,405	2,455
	신규등록자	450	515	( )	450
	폐업신고자	350	410	400	( )
간이사업자	등록사업자	1,720	1,810	( )	1,950
	신규등록자	380	440	400	( )
	폐업신고자	310	( )	315	305
면세사업자	등록사업자	500	515	540	565
	신규등록자	105	100	105	105
	폐업신고자	95	85	80	80
전체 등록사업자		4,840	5,080	5,315	5,470

※ 1) 사업자 유형은 법인사업자, 일반사업자, 간이사업자, 면세사업자로만 구분됨.
2) 각 유형의 사업자 수는 해당 유형의 등록사업자 수를 의미함.
3) 당해년도 등록사업자 수 = 직전년도 등록사업자 수 + 당해년도 신규 등록자 수 − 당해년도 폐업신고자 수

〈보기〉

ㄱ. 2007~2009년 동안 전체 등록사업자 수의 전년대비 증가율은 매년 감소하였다.
ㄴ. 2006~2009년 동안 일반사업자 중에서 폐업신고자 수가 가장 많았던 연도와 법인사업자 중에서 폐업신고자 수가 가장 많았던 연도는 일치한다.
ㄷ. 2006~2009년 동안 전체 등록사업자 수 중 간이사업자 수와 면세사업자 수가 차지하는 비중의 합은 매년 50% 이상이다.
ㄹ. 2005~2009년 동안 전체 등록사업자 수 중 면세사업자 수가 차지하는 비중은 매년 10% 이상이다.

① ㄱ
② ㄱ, ㄴ
③ ㄱ, ㄹ
④ ㄴ, ㄷ
⑤ ㄷ, ㄹ

꼼꼼 풀이 노트

권장 풀이 시간에 맞춰 문제를 풀어본 후, 꼼꼼 풀이 노트로 정리해보세요.

■ 출제 포인트

■ 선택지 분석

꼼꼼 풀이 노트

권장 풀이 시간에 맞춰 문제를 풀어본 후, 꼼꼼 풀이 노트로 정리해보세요.

■ 출제 포인트

■ 선택지 분석

난이도 ★★★★☆ 권장 풀이 시간: 3분 나의 풀이 시간: ____분 ____초

22. 다음 <표>는 '갑'국의 6~9월 무역지수 및 교역조건지수에 관한 자료이다. 이에 대한 <보기>의 설명 중 옳은 것만을 모두 고르면? 22 5급공채

<표 1> 무역지수

구분 / 월	수출		수입	
	수출금액지수	수출물량지수	수입금액지수	수입물량지수
6	110.06	113.73	120.56	114.54
7	103.54	106.28	111.33	102.78
8	104.32	108.95	116.99	110.74
9	105.82	110.60	107.56	103.19

※ 수출(입)물가지수 = $\frac{\text{수출(입)금액지수}}{\text{수출(입)물량지수}}$ × 100

<표 2> 교역조건지수

구분 / 월	순상품교역조건지수	소득교역조건지수
6	91.94	( )
7	( )	95.59
8	( )	98.75
9	91.79	( )

※ 1) 순상품교역조건지수 = $\frac{\text{수출물가지수}}{\text{수입물가지수}}$ × 100

2) 소득교역조건지수 = $\frac{\text{수출물가지수} \times \text{수출물량지수}}{\text{수입물가지수}}$

〈보기〉

ㄱ. 수출금액지수와 수출물량지수는 매월 상승한다.
ㄴ. 수출물가지수는 매월 90 이상이다.
ㄷ. 순상품교역조건지수는 매월 100 이하이다.
ㄹ. 소득교역조건지수는 9월이 6월보다 낮다.

① ㄱ, ㄴ
② ㄴ, ㄷ
③ ㄴ, ㄹ
④ ㄱ, ㄷ, ㄹ
⑤ ㄴ, ㄷ, ㄹ

난이도 ★★★★☆ 권장 풀이 시간: 3분 나의 풀이 시간: _____분 _____초

23. 다음 <표>와 <그림>은 '갑'공장의 재료 매입 실적 및 운반비 관련 자료이다. 이를 이용하여 톤당 산지가격을 계산할 때 A~E 중 톤당 산지가격이 가장 높은 재료는? 15 5급공채

<표> '갑'공장의 재료 매입 실적

(단위: 톤, 만 원)

재료	매입량	총 매입가격	산지
A	200	10,800	가
B	100	5,300	나
C	200	12,800	다
D	200	11,600	가
E	100	5,100	라

※ 재료의 총 매입가격 = (톤당 산지가격 + 톤당 운반비) × 매입량(톤)

<그림 1> '갑'공장과 재료 산지 간 운반경로 및 거리

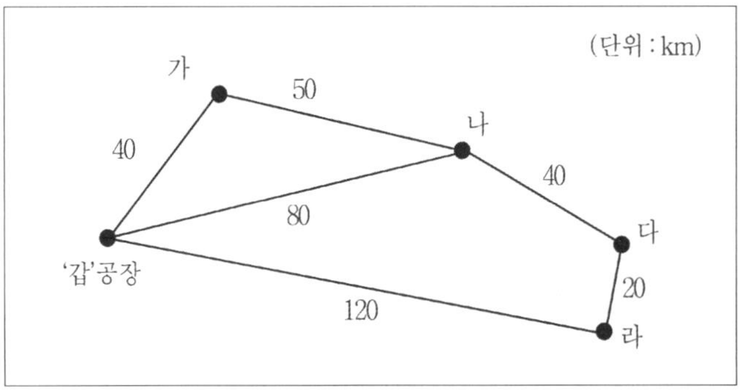

※ 주어진 경로로만 운반할 수 있음.

<그림 2> 최단거리별 재료의 톤당 운반비

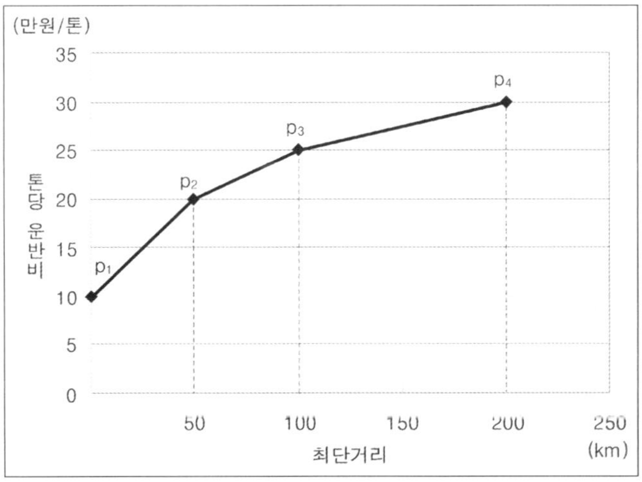

※ 1) $\overline{P_1P_2}$, $\overline{P_2P_3}$, $\overline{P_3P_4}$는 각각 직선임.
2) 톤당 운반비는 재료의 산지로부터 '갑'공장까지의 운반경로의 최단거리를 위 그림에 적용하여 결정함.

① A

② B

③ C

④ D

⑤ E

꼼꼼 풀이 노트

권장 풀이 시간에 맞춰 문제를 풀어본 후, 꼼꼼 풀이 노트로 정리해보세요.

■ 출제 포인트

■ 선택지 분석

꼼꼼 풀이 노트

권장 풀이 시간에 맞춰 문제를 풀어본 후, 꼼꼼 풀이 노트로 정리해보세요.

■ 출제 포인트

■ 선택지 분석

난이도 ★★★★☆ 권장 풀이 시간: 3분 나의 풀이 시간: ____분 ____초

24. 다음 <표>는 A시의 제조업 주요 업종별 현황에 관한 자료이다. 이에 대한 <보기>의 설명 중 옳은 것을 모두 고르면? 09 5급공채

<표 1> 2004~2005년 제조업 주요 업종별 생산액 현황

(단위: 십억원, %)

제조업 업종	2004년 생산액			2005년 생산액		
	전국(a)	A시(b)	A시의 비율 (b/a×100)	전국(c)	A시(d)	A시의 비율 (d/c×100)
제조업 전체	702,487	24,374	3.47	868,318	28,989	3.34
음식료품	42,330	1,602	3.78	42,895	1,472	(　)
섬유제품	24,915	1,617	(　)	24,405	(　)	7.13
가죽 · 가방 및 신발	4,739	953	20.11	3,858	773	20.04
화합물 및 화학제품	65,360	698	1.07	70,332	739	(　)
자동차 및 트레일러	66,545	2,855	(　)	91,925	3,375	3.67
기타 운송장비	25,907	1,087	4.20	35,730	1,867	5.23
재생용 가공원료	902	32	3.55	1,677	69	4.11

<표 2> 2004~2005년 A시의 제조업 주요 업종별 입지상계수

제조업 업종 구분	2004년 LQ	2005년 LQ
제조업 전체	1.00	1.00
음식료품	1.09	1.03
섬유제품	1.87	(　)
가죽 · 가방 및 신발	(　)	6.00
화합물 및 화학제품	0.31	0.31
자동차 및 트레일러	1.24	1.10
기타 운송장비	1.21	1.57
재생용 가공원료	1.02	1.23

※ 1) 입지상계수(LQ: Location Quotient)는 지역의 특정 업종이 전국에 비해 특화되어 있는 정도를 나타내는 지표임.

2) $LQ = \dfrac{S_{jk} / S_k}{S_j / S}$

S = 전국 제조업 전체 생산액, S_j = 전국 j업종 생산액

S_k = k지역 제조업 전체 생산액, S_{jk} = k지역 j업종 생산액

3) LQ > 1: 특화산업, LQ = 1: 자급산업, LQ < 1: 비특화산업

〈보기〉

ㄱ. 2005년 음식료품 업종의 전국 생산액에서 A시가 차지하는 비율은 전년에 비하여 증가하였다.

ㄴ. 2004년 LQ 값이 가장 큰 업종은 해당 업종의 전국 생산액에서 A시가 차지하는 비율도 가장 크다.

ㄷ. 2005년 LQ 값이 전년에 비해 증가한 업종은 해당 업종의 전국 생산액에서 A시가 차지하는 비율도 증가한다.

ㄹ. 섬유제품 업종의 2005년 LQ 값은 2.0 이상이다.

① ㄱ, ㄴ

② ㄱ, ㄷ

③ ㄴ, ㄷ

④ ㄴ, ㄹ

⑤ ㄷ, ㄹ

약점 보완 해설집 p.32

유형 7 조건 판단형

유형 소개

'조건 판단형'은 표 또는 그래프와 함께 박스 형태로 추가적인 규칙이나 계산방식이 제시되었을 때, 이를 자료에 적용하여 문제에서 요구하는 항목을 도출하는 유형이다. 자료해석에서 난이도가 가장 어려운 유형 중 하나이다.

유형 특징

1 표나 그래프 등 기본적인 자료 이외에 규칙이나 계산방식이 추가로 제시되며, 추가적인 정보는 <조건>, <평가방식>, <산식> 등의 형태로 제시된다.

2 익숙한 계산 방식이 조건으로 제시되는 경우도 종종 있으나 대부분의 경우 처음 보는 형태의 조건이 제시된다.

3 '조건 판단형'은 2024년 7급 공채 PSAT에서 25문제 중 2문제가 출제되었고, 2023년에는 6문제, 2022년에는 3문제, 2021년에는 3문제, 2020년 모의평가에서는 3문제가 출제되었다.

풀이 전략

1 발문, 자료의 제목·단위·각주, 선택지나 <보기>를 확인하여 조건에서 새롭게 제시되는 항목이나 키워드를 동그라미나 밑줄 등으로 체크한다.

2 선택지나 <보기>에 구체적인 수치가 제시되지 않은 경우, 항목 간 대소를 비교하는 내용을 먼저 해결할 수 있도록 체크한다.

3 선택지나 <보기>에 구체적인 수치가 제시되는 경우, 이를 역으로 조건의 공식에 직접 대입하여 문제를 해결할 수 있다.

4 조건을 통해 여러 항목을 계산하여 비교해야 하는 경우, 일반적으로 공통점보다 차이점 위주로 물어볼 가능성이 높으므로 차이점에 주목한다.

5 조건에 '단', '다만' 등의 표현이 제시된 경우, 문제를 풀이하는 중요한 단서가 될 수 있다.

유형 공략 문제

난이도 ★★☆☆☆　　권장 풀이 시간: 2분　　나의 풀이 시간: ____분 ____초

01. 다음 <그림>은 '갑' 택지지구의 개발 적합성 평가 기초 자료이다. <조건>을 이용하여 '갑' 택지지구 내 A~E 지역의 개발 적합성 점수를 계산했을 때, 개발 적합성 점수가 가장 낮은 지역과 가장 높은 지역을 바르게 나열한 것은? 16 5급공채

<그림> '갑' 택지지구의 개발 적합성 평가 기초 자료

A~E 지역 위치

	A			
		B		
C				
	D			
			E	

토지이용 유형
(1-산림, 2-농지, 3-주택지)

1	1	2	2	2
1	2	2	2	3
2	2	2	3	3
2	2	3	3	3
2	3	3	3	3

경사도(%)

15	15	20	20	20
15	15	20	20	20
10	15	15	15	20
10	10	15	15	15
10	10	10	15	15

토지소유 형태
(1-국유지, 2-사유지)

2	2	2	2	2
1	1	1	1	1
1	1	1	1	1
2	2	2	2	2
2	2	2	2	2

※ 음영 지역(□)은 개발제한구역을 의미함.

〈조건〉

○ 평가 점수=(0.6×토지이용 기준 점수)+(0.4×경사도 기준 점수)
○ 토지이용 기준 점수는 유형에 따라 산림 5점, 농지 8점, 주택지 10점이다.
○ 경사도 기준 점수는 경사도 10%이면 10점, 나머지는 5점이다.
○ 개발 적합성 점수는 토지소유 형태가 사유지이면 '평가 점수'의 80%를 부여하고, 국유지이면 100%를 부여한다. 단, 토지소유 형태와 상관없이 개발제한구역의 개발 적합성 점수는 0점으로 한다.

	가장 낮은 지역	가장 높은 지역
①	A	B
②	A	C
③	A	E
④	D	C
⑤	D	E

꼼꼼 풀이 노트

권장 풀이 시간에 맞춰 문제를 풀어본 후, 꼼꼼 풀이 노트로 정리해보세요.

■ 출제 포인트
예) 기호화 점수+비율 자료, 기호화된 정보를 점수화

■ 선택지 분석
예) 가중치 부여

꼼꼼 풀이 노트

권장 풀이 시간에 맞춰 문제를 풀어본 후,
꼼꼼 풀이 노트로 정리해보세요.

■ 출제 포인트

■ 선택지 분석

난이도 ★★★☆☆ 권장 풀이 시간: 2분 30초 나의 풀이 시간: _____분 _____초

02. 다음 <표>는 2019년 아세안 3개국 7개 지역별 외국투자기업의 지출 항목별 단가 및 보조금 지급기준에 관한 자료이다. <표>와 <정보>에 근거하여 7개 지역에 진출한 우리나라 '갑'기업의 월간 순지출액이 가장 작은 지역과 가장 큰 지역을 바르게 나열한 것은?

21 5급공채

<표 1> 지역별 외국투자기업의 지출 항목별 단가

(단위: 달러)

국가 \ 지역 \ 항목		급여 (1인당 월지급액)	전력 사용료 (100kWh당 요금)	운송비 (1회당 운임)
인도네시아	자카르타	310	7	2,300
	바탐	240	7	3,500
베트남	하노이	220	19	3,400
	호치민	240	10	2,300
	다낭	200	19	4,000
필리핀	마닐라	230	12	2,300
	세부	220	21	3,500

<표 2> 국가별 외국투자기업의 지출 항목별 보조금 지급기준

국가 \ 항목	급여	전력 사용료	운송비
인도네시아	1인당 월 50달러	보조금 없음	1회당 50% 보조
베트남	1인당 월 30달러	100kWh당 5달러	보조금 없음
필리핀	보조금 없음	100kWh당 10달러	1회당 50% 보조

〈정보〉

○ 지역별 외국투자기업의 월간 순지출액은 각 지역에서 월간 발생하는 총지출액에서 해당 국가의 월간 총보조금을 뺀 금액임.

○ 지출과 보조금 항목은 급여, 전력 사용료, 운송비로만 구성됨.

○ '갑'기업은 7개 지역에서 각각 10명의 직원에게 급여를 지급하고, 월간 전력 사용량은 각각 1만 kWh이며, 월간 4회 운송을 각각 시행함.

	가장 작은 지역	가장 큰 지역
①	마닐라	다낭
②	마닐라	하노이
③	자카르타	다낭
④	자카르타	세부
⑤	자카르타	하노이

03. 다음 <표>는 A~F로만 구성된 '갑'반 학생의 일대일채팅방 참여 현황을 표시한 자료이다. <보기>의 설명 중 <표>와 <규칙>에 근거하여 옳은 것만을 모두 고르면? 17 5급공채

<표> '갑'반의 일대일채팅방 참여 현황

학생	F	E	D	C	B
A	0	1	0	0	1
B	1	1	0	1	
C	1	0	1		
D	0	1			
E	0				

※ 학생들이 참여할 수 있는 모든 일대일채팅방의 참여 여부를 '0'과 '1'로 표시함.

〈규칙〉

○ 서로 다른 두 학생이 동일한 일대일채팅방에 참여하고 있으면 '1'로, 그 이외의 경우에는 '0'으로 나타내며, 그 값을 각 학생이 속한 행 또는 열이 만나는 곳에 표시한다.

○ 학생 수가 n일 때 학생들이 참여할 수 있는 모든 일대일채팅방의 개수는 $\frac{n(n-1)}{2}$이다.

○ 일대일채팅방 밀도 $= \frac{\text{학생들이 참여하고 있는 일대일채팅방의 개수}}{\text{학생들이 참여할 수 있는 모든 일대일채팅방의 개수}}$

〈보기〉

ㄱ. 참여하고 있는 일대일채팅방의 수가 가장 많은 학생은 B이다.

ㄴ. A는 C와 일대일채팅방에 참여하고 있지 않지만, A는 B와, B는 C와 일대일채팅방에 참여하고 있다.

ㄷ. '갑'반의 일대일채팅방 밀도는 0.6 이상이다.

ㄹ. '갑'반으로 전학 온 새로운 학생 G가 C, D와만 각각 일대일채팅방에 참여한다면, '갑'반의 일대일채팅방 밀도는 낮아진다.

① ㄱ, ㄴ

② ㄱ, ㄷ

③ ㄴ, ㄹ

④ ㄷ, ㄹ

⑤ ㄱ, ㄴ, ㄹ

꼼꼼 풀이 노트

권장 풀이 시간에 맞춰 문제를 풀어본 후, 꼼꼼 풀이 노트로 정리해보세요.

■ 출제 포인트

■ 선택지 분석

꼼꼼 풀이 노트

권장 풀이 시간에 맞춰 문제를 풀어본 후, 꼼꼼 풀이 노트로 정리해보세요.

■ 출제 포인트

■ 선택지 분석

난이도 ★★★☆☆ 권장 풀이 시간: 2분 30초 나의 풀이 시간: ____분 ____초

04. 다음 <표>는 A지역 공무원 150명을 대상으로 설문조사를 실시한 뒤, 제출된 설문지의 문항별 응답 결과를 정리한 것이다. <표>와 <조건>을 적용한 <보기>의 설명 중 옳은 것만을 모두 고르면?

16 5급공채

<표> 설문지 문항별 응답 결과

(단위: 명)

문항	응답 결과		문항	응답 결과	
	응답속성	응답수		응답속성	응답수
성	남자	63	소속 기관	고용센터	71
	여자	63		시청	3
연령	29세 이하	13		고용노동청	41
	30~39세	54	직급	5급 이상	4
	40~49세	43		6~7급	28
	50세 이상	15		8~9급	44
학력	고졸 이하	6	직무 유형	취업지원	34
	대졸	100		고용지원	28
	대학원 재학 이상	18		기업지원	27
근무 기간	2년 미만	19		실업급여 상담	14
	2년 이상 5년 미만	24		외국인 채용	8
	5년 이상 10년 미만	21		기획 총괄	5
	10년 이상	23		기타	8

〈조건〉

○ 설문조사는 동일 시점에 조사 대상자별로 독립적으로 이루어졌다.
○ 설문조사 대상자 1인당 1부의 동일한 설문지를 배포하였다.
○ 설문조사 문항별로 응답 거부는 허용된 반면 복수 응답은 허용되지 않았다.
○ 배포된 150부의 설문지 중 제출된 130부로 문항별 응답 결과를 정리하였다.

〈보기〉

ㄱ. 배포된 설문지 중 제출된 설문지 비율은 85% 이상이다.
ㄴ. 전체 설문조사 대상자의 학력 분포에서 '고졸 이하'의 비율이 가장 낮다.
ㄷ. 제출된 설문지의 문항별 응답률은 '직무유형'이 '소속기관'보다 높다.
ㄹ. '직급' 문항 응답자 중 '8~9급' 비율은 '근무기간' 문항 응답자 중 5년 이상이라고 응답한 비율보다 높다.

① ㄱ, ㄴ
② ㄱ, ㄹ
③ ㄴ, ㄷ
④ ㄱ, ㄷ, ㄹ
⑤ ㄴ, ㄷ, ㄹ

난이도 ★★★★☆ 권장 풀이 시간: 3분 나의 풀이 시간: ____분 ____초

05. 다음은 '갑'국의 건설공사 안전관리비에 관한 자료이다. 이에 대한 <보기>의 설명 중 옳은 것만을 모두 고르면? 23 7급공채

<표> '갑'국의 건설공사 종류 및 대상액별 안전관리비 산정 기준

공사종류 \ 대상액 / 구분	5억 원 미만	5억 원 이상 50억 원 미만		50억 원 이상
	요율(%)	요율(%)	기초액(천 원)	요율(%)
일반건설공사(갑)	2.93	1.86	5,350	1.97
일반건설공사(을)	3.09	1.99	5,500	2.10
중건설공사	3.43	2.35	5,400	2.46
철도·궤도신설공사	2.45	1.57	4,400	1.66
특수 및 기타 건설공사	1.85	1.20	3,250	1.27

〈안전관리비 산정 방식〉

○ 대상액이 5억 원 미만 또는 50억 원 이상인 경우,
안전관리비 = 대상액 × 요율

○ 대상액이 5억 원 이상 50억 원 미만인 경우,
안전관리비 = 대상액 × 요율 + 기초액

〈보기〉

ㄱ. 대상액이 10억 원인 경우, 안전관리비는 '일반건설공사(을)'가 '중건설공사'보다 적다.

ㄴ. 대상액이 4억 원인 경우, '일반건설공사(갑)'와 '철도·궤도신설공사'의 안전관리비 차이는 200만 원 이상이다.

ㄷ. '특수 및 기타 건설공사' 안전관리비는 대상액이 100억 원인 경우가 대상액이 10억 원인 경우의 10배 이상이다.

① ㄱ

② ㄴ

③ ㄱ, ㄷ

④ ㄴ, ㄷ

⑤ ㄱ, ㄴ, ㄷ

꼼꼼 풀이 노트

권장 풀이 시간에 맞춰 문제를 풀어본 후, 꼼꼼 풀이 노트로 정리해보세요.

■ 출제 포인트

■ 선택지 분석

꼼꼼 풀이 노트

권장 풀이 시간에 맞춰 문제를 풀어본 후, 꼼꼼 풀이 노트로 정리해보세요.

■ 출제 포인트

■ 선택지 분석

난이도 ★★★☆☆ 권장 풀이 시간: 2분 30초 나의 풀이 시간: _____분 _____초

06. 다음 <표>와 <조건>은 A시 버스회사 보조금 지급에 관한 자료이다. 이에 대한 <보기>의 설명 중 옳은 것을 모두 고르면? 13 5급공채

<표> 대당 운송수입금별 버스회사 수

(단위: 개)

대당 운송수입금	버스회사 수
600천 원 이상	24
575천 원 이상 600천 원 미만	6
550천 원 이상 575천 원 미만	12
525천 원 이상 550천 원 미만	9
500천 원 이상 525천 원 미만	6
475천 원 이상 500천 원 미만	7
450천 원 이상 475천 원 미만	10
425천 원 이상 450천 원 미만	5
400천 원 이상 425천 원 미만	11
375천 원 이상 400천 원 미만	4
350천 원 이상 375천 원 미만	13
325천 원 이상 350천 원 미만	15
300천 원 이상 325천 원 미만	9
275천 원 이상 300천 원 미만	4
250천 원 이상 275천 원 미만	4
250천 원 미만	11
계	150

〈조건〉

- ○ 버스의 표준운송원가는 대당 500천 원이다.
- ○ 대당 운송수입금이 표준운송원가의 80% 미만인 버스회사를 보조금 지급대상으로 한다.
- ○ 대당 운송수입금이 표준운송원가의 50% 이상 80% 미만인 버스회사에는 표준운송원가와 대당 운송수입금의 차액의 50%를 대당 보조금으로 지급한다.
- ○ 대당 운송수입금이 표준운송원가의 50% 미만인 버스회사에는 표준운송원가의 25%를 대당 보조금으로 지급한다.

〈보기〉

ㄱ. 보조금 지급대상 버스회사 수는 60개이다.

ㄴ. 표준운송원가를 625천 원으로 인상한다면, 보조금 지급대상 버스회사 수는 93개가 된다.

ㄷ. 버스를 30대 보유한 버스회사의 대당 운송수입금이 200천 원이면, 해당 버스회사가 받게 되는 총 보조금은 3,750천 원이다.

ㄹ. 대당 운송수입금이 각각 230천 원인 버스회사와 380천 원인 버스회사가 받게 되는 대당 보조금의 차이는 75천 원이다.

① ㄱ, ㄴ ② ㄴ, ㄷ

③ ㄷ, ㄹ ④ ㄱ, ㄴ, ㄷ

⑤ ㄱ, ㄷ, ㄹ

난이도 ★★★★☆ 권장 풀이 시간: 3분 나의 풀이 시간: _____분 _____초

07. 다음 <표>는 어느 학술지의 우수논문 선정대상 논문 I~V에 대한 심사자 '갑', '을', '병'의 선호순위를 나열한 것이다. <표>와 <규칙>에 근거한 <보기>의 설명 중 옳은 것만을 모두 고르면?

21 5급공채

<표> 심사자별 논문 선호순위

심사자 \ 논문	I	II	III	IV	V
갑	1	2	3	4	5
을	1	4	2	5	3
병	5	3	1	4	2

※ 선호순위는 1~5의 숫자로 나타내며 숫자가 낮을수록 선호가 더 높음.

〈규칙〉

○ 평가점수 산정방식

가. [(선호순위가 1인 심사자 수×2)+(선호순위가 2인 심사자 수×1)]의 값이 가장 큰 논문은 1점, 그 외의 논문은 2점의 평가점수를 부여한다.

나. 논문별 선호순위의 중앙값이 가장 작은 논문은 1점, 그 외의 논문은 2점의 평가점수를 부여한다.

다. 논문별 선호순위의 합이 가장 작은 논문은 1점, 그 외의 논문은 2점의 평가점수를 부여한다.

○ 우수논문 선정방식

A. 평가점수 산정방식 가, 나, 다 중 한 가지만을 활용하여 평가점수가 가장 낮은 논문을 우수논문으로 선정한다. 단, 각 산정방식이 활용될 확률은 동일하다.

B. 평가점수 산정방식 가, 나, 다에서 도출된 평가점수의 합이 가장 낮은 논문을 우수논문으로 선정한다.

C. 평가점수 산정방식 가, 나, 다에서 도출된 평가점수에 가중치를 각각 $\frac{1}{6}$, $\frac{1}{3}$, $\frac{1}{2}$을 적용한 점수의 합이 가장 낮은 논문을 우수논문으로 선정한다.

※ 1) 중앙값은 모든 관측치를 크기 순서로 나열하였을 때, 중앙에 오는 값을 의미함. 예를 들어, 선호순위가 2, 3, 4인 경우 3이 중앙값이며, 선호순위가 2, 2, 4인 경우 2가 중앙값임.

2) 점수의 합이 가장 낮은 논문이 2편 이상이면, 심사자 '병'의 선호가 더 높은 논문을 우수논문으로 선정함.

〈보기〉

ㄱ. 선정방식 A에 따르면 우수논문으로 선정될 확률이 가장 높은 논문은 I이다.

ㄴ. 선정방식 B에 따르면 우수논문은 II이다.

ㄷ. 선정방식 C에 따르면 우수논문은 III이다.

① ㄴ

② ㄱ, ㄴ

③ ㄱ, ㄷ

④ ㄴ, ㄷ

⑤ ㄱ, ㄴ, ㄷ

꼼꼼 풀이 노트

권장 풀이 시간에 맞춰 문제를 풀어본 후, 꼼꼼 풀이 노트로 정리해보세요.

■ 출제 포인트

■ 선택지 분석

꼼꼼 풀이 노트

권장 풀이 시간에 맞춰 문제를 풀어본 후, 꼼꼼 풀이 노트로 정리해보세요.

■ 출제 포인트

■ 선택지 분석

난이도 ★★★★☆ 권장 풀이 시간: 3분 나의 풀이 시간: _____분 _____초

08. 다음 <조건>, <그림>과 <표>는 2015~2019년 '갑'지역의 작물재배와 생산, 판매가격에 대한 자료이다. 이에 대한 설명으로 옳지 않은 것은? 21 5급공채

〈조건〉

- ㅇ '갑'지역의 전체 농민은 '가', '나', '다' 3명뿐이다.
- ㅇ 각 농민은 1,000m^2 규모의 경작지 2곳만을 가지고 있다.
- ㅇ 한 경작지에는 한 해에 하나의 작물만 재배한다.
- ㅇ 각 작물의 '경작지당 연간 최대 생산량'은 A는 100kg, B는 200kg, C는 100kg, D는 200kg, E는 50kg이다.
- ㅇ 생산된 작물은 해당 연도에 모두 판매된다.
- ㅇ 각 작물의 판매가격은 해당 연도의 '갑'지역 작물별 연간 총생산량에 따라 결정된다.

<그림> A~E작물별 '갑'지역 연간 총생산량에 따른 판매가격

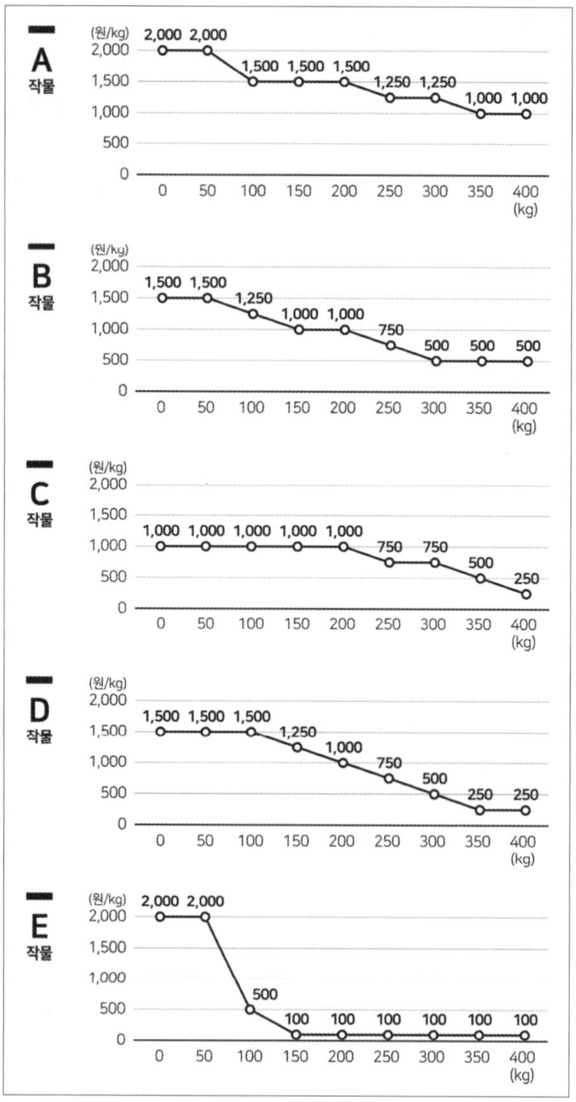

<표> 2015~2019년 경작지별 재배작물 종류 및 생산량

(단위: kg)

농민	경작지	2015 작물	2015 생산량	2016 작물	2016 생산량	2017 작물	2017 생산량	2018 작물	2018 생산량	2019 작물	2019 생산량
가	경작지1	A	100	A	50	A	25	B	100	A	100
	경작지2	A	100	B	100	D	200	B	100	B	50
나	경작지3	B	100	B	50	C	100	C	50	D	200
	경작지4	C	100	A	100	D	200	E	50	E	50
다	경작지5	D	200	D	200	C	50	D	200	D	200
	경작지6	E	50	E	50	E	50	E	50	E	50

① 동일 경작지에서 동일 작물을 다년간 연속 재배하였을 때, 전년 대비 생산량 감소를 보인 작물은 A, B, C이다.

② 2016년 농민 '가'의 작물 총판매액은 225,000원이다.

③ E작물은 동일 경작지에서 다년간 연속 재배해도 생산량이 감소하지 않았다.

④ 동일 경작지에서 A작물을 3개년 연속 재배하고 B작물을 재배한 후 다시 A작물을 재배한 해에는 A작물이 '경작지당 연간 최대 생산량'만큼 생산되었다.

⑤ 2016년과 2019년의 작물 판매가격 차이는 D작물이 E 작물보다 작다.

꼼꼼 풀이 노트

권장 풀이 시간에 맞춰 문제를 풀어본 후, 꼼꼼 풀이 노트로 정리해보세요.

■ 출제 포인트

■ 선택지 분석

난이도 ★★★★☆　　권장 풀이 시간: 3분　　나의 풀이 시간: ____분 ____초

09. 다음 <표>는 성인 A~F의 일일 영양소 섭취량에 관한 자료이다. <표>와 <조건>을 근거로 <에너지 섭취 권장기준>에 부합하는 남성과 여성을 바르게 나열한 것은? 21 5급공채

<표> 성인 A~F의 일일 영양소 섭취량

(단위: g)

영양소 / 성인	탄수화물	단백질	지방
A	375	50	60
B	500	50	60
C	300	75	50
D	350	120	70
E	400	100	70
F	200	80	90

〈조건〉

○ 에너지 섭취량은 탄수화물 1g당 4kcal, 단백질 1g당 4kcal, 지방 1g당 9kcal이다.
○ 에너지는 탄수화물, 단백질, 지방으로만 섭취하며, 섭취하는 과정에서 손실되는 에너지는 없다.
○ 〈에너지 섭취 권장기준〉에 부합하는 남성과 여성은 1명씩 존재한다.

〈에너지 섭취 권장기준〉

○ 일일 총에너지 섭취량 중 55~65%를 탄수화물로, 7~20%를 단백질로, 15~30%를 지방으로 섭취한다.
○ 일일 에너지 섭취 권장량은 성인 남성이 2,600~2,800kcal이며, 성인 여성이 1,900~2,100kcal이다.

	남성	여성
①	A	F
②	B	C
③	B	F
④	E	C
⑤	E	F

난이도 ★★★☆☆　　권장 풀이 시간: 2분 30초　　나의 풀이 시간: _____분 _____초

10. 다음 <표>는 2019년 3월 사회인 축구리그 경기일별 누적승점에 대한 자료이다. <표>와 <조건>에 근거한 설명으로 옳지 않은 것은? 20 5급공채

<표> 경기일별 경기 후 누적승점

(단위: 점)

경기일(요일) \ 팀	A	B	C	D	E	F
9일(토)	3	0	0	3	1	1
12일(화)	6	1	0	3	2	4
14일(목)	7	2	3	4	2	5
16일(토)	8	2	3	7	3	8
19일(화)	8	5	3	8	4	11
21일(목)	8	8	4	9	7	11
23일(토)	9	9	5	10	8	12
26일(화)	9	12	5	13	11	12
28일(목)	10	12	8	16	12	12
30일(토)	11	12	11	16	15	13

〈조건〉

- ○ 팀별로 다른 팀과 2번씩 경기한다.
- ○ 경기일별로 세 경기가 진행된다.
- ○ 경기일별로 팀당 한 경기만 진행한다.
- ○ 승리팀은 승점 3점을 얻고, 패배팀은 승점 0점을 얻는다.
- ○ 무승부일 경우 두 팀 모두 각각 승점 1점을 얻는다.
- ○ 3월 30일 경기 후 누적승점이 가장 높은 팀이 우승팀이 된다.

① A팀과 C팀은 승리한 횟수가 같다.

② B팀은 화요일에는 패배한 적이 없다.

③ 모든 팀이 같은 경기일에 무승부를 기록한 적이 있다.

④ C팀은 3월 14일에 E팀과 경기하여 승리하였다.

⑤ 3월 30일 경기결과가 달라져도 우승팀은 바뀌지 않는다.

꼼꼼 풀이 노트

권장 풀이 시간에 맞춰 문제를 풀어본 후, 꼼꼼 풀이 노트로 정리해보세요.

■ 출제 포인트

■ 선택지 분석

꼼꼼 풀이 노트

권장 풀이 시간에 맞춰 문제를 풀어본 후, 꼼꼼 풀이 노트로 정리해보세요.

■ 출제 포인트

■ 선택지 분석

난이도 ★★★★☆ 권장 풀이 시간: 3분 나의 풀이 시간: ____분 ____초

11. 다음 <표>와 <그림>은 '갑'요리대회 참가자의 종합점수 및 항목별 득점기여도 산정 방법과 항목별 득점 결과이다. 이에 대한 <보기>의 설명 중 옳은 것만을 모두 고르면?

19 5급공채

<표> 참가자의 종합점수 및 항목별 득점기여도 산정 방법

○ 종합점수=(항목별 득점×항목별 가중치)의 합계

○ 항목별 득점기여도 $= \dfrac{\text{항목별 득점} \times \text{항목별 가중치}}{\text{종합점수}}$

항목	가중치
맛	6
향	4
색상	4
식감	3
장식	3

<그림> 전체 참가자의 항목별 득점 결과

(단위: 점)

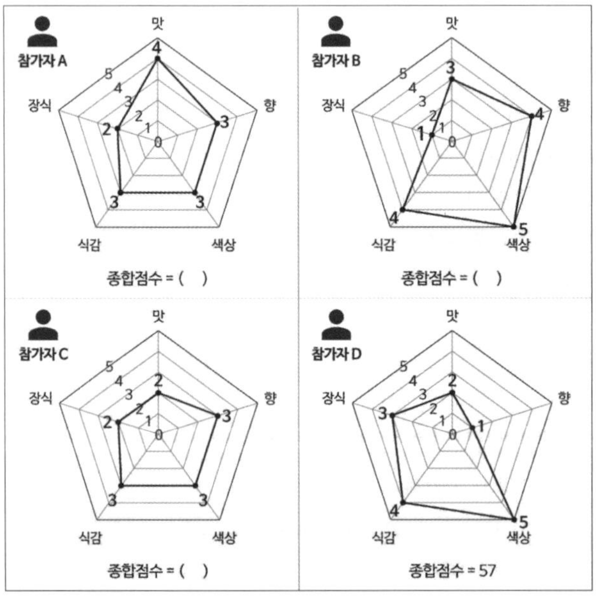

※ 종합점수가 클수록 순위가 높음.

〈보기〉

ㄱ. 참가자 A의 '색상' 점수와 참가자 D의 '장식' 점수가 각각 1점씩 상승하여도 전체 순위에는 변화가 없다.

ㄴ. 참가자 B의 '향' 항목 득점기여도는 참가자 A의 '색상' 항목 득점기여도보다 높다.

ㄷ. 참가자 C는 모든 항목에서 1점씩 더 득점하더라도 가장 높은 순위가 될 수 없다.

ㄹ. 순위가 높은 참가자일수록 '맛' 항목 득점기여도가 높다.

① ㄱ, ㄴ

② ㄱ, ㄷ

③ ㄱ, ㄹ

④ ㄴ, ㄷ

⑤ ㄴ, ㄹ

난이도 ★★★★☆ 권장 풀이 시간: 3분 나의 풀이 시간: _____분 _____초

12. 다음 <표>는 특별·광역·특별자치시의 도로현황이다. 이를 바탕으로 <조건>을 모두 만족하는 두 도시 A, B를 비교한 것으로 옳은 것은? 18 5급공채

<표> 특별·광역·특별자치시의 도로현황

구분	면적 (km²)	인구 (천 명)	도로 연장 (km)	포장 도로 (km)	도로 포장률 (%)	면적당 도로 연장 (km/km²)	인구당 도로 연장 (km/천 명)	자동차 대수 (천 대)	자동차당 도로 연장 (km/천 대)	도로 보급률
서울	605	10,195	8,223	8,223	100.0	13.59	0.81	2,974	2.76	3.31
부산	770	3,538	3,101	3,022	97.5	4.03	0.88	1,184	2.62	1.88
대구	884	2,506	2,627	2,627	100.0	2.97	1.05	1,039	2.53	1.76
인천	1,041	2,844	2,743	2,605	95.0	2.63	0.96	1,142	2.40	1.59
광주	501	1,469	1,806	1,799	99.6	3.60	1.23	568	3.18	2.11
대전	540	1,525	2,077	2,077	100.0	3.85	1.36	606	3.43	2.29
울산	1,060	1,147	1,760	1,724	98.0	1.66	1.53	485	3.63	1.60
세종	465	113	412	334	81.1	0.89	3.65	53	7.77	1.80
전국	100,188	50,948	106,440	87,798	82.5	1.06	2.09	19,400	5.49	1.49

〈조건〉

- ○ 자동차당 도로연장은 A시와 B시 모두 전국보다 짧다.
- ○ A시 인구는 B시 인구의 2배 이상이다.
- ○ A시는 B시에 비해 면적이 더 넓다.
- ○ A시는 B시에 비해 도로포장률이 더 높다.

① 자동차 대수: A < B

② 도로보급률: A < B

③ 면적당 도로연장: A > B

④ 인구당 도로연장: A > B

⑤ 자동차당 도로연장: A > B

꼼꼼 풀이 노트

권장 풀이 시간에 맞춰 문제를 풀어본 후, 꼼꼼 풀이 노트로 정리해보세요.

■ 출제 포인트

■ 선택지 분석

꼼꼼 풀이 노트

권장 풀이 시간에 맞춰 문제를 풀어본 후, 꼼꼼 풀이 노트로 정리해보세요.

■ 출제 포인트

■ 선택지 분석

난이도 ★★★★☆ 권장 풀이 시간: 3분 나의 풀이 시간: ____분 ____초

13. 다음 <표>는 학생 '갑'~'정'의 시험 성적에 관한 자료이다. <표>와 <순위산정방식>을 이용하여 순위를 산정할 때, <보기>의 설명 중 옳은 것만을 모두 고르면? 17 5급공채

<표> '갑'~'정'의 시험 성적

(단위: 점)

과목 / 학생	국어	영어	수학	과학
갑	75	85	90	97
을	82	83	79	81
병	95	75	75	85
정	89	70	91	90

〈순위산정방식〉

○ A방식: 4개 과목의 총점이 높은 학생부터 순서대로 1, 2, 3, 4위로 하되, 4개 과목의 총점이 동일한 학생의 경우 국어 성적이 높은 학생을 높은 순위로 함.

○ B방식: 과목별 등수의 합이 작은 학생부터 순서대로 1, 2, 3, 4위로 하되, 과목별 등수의 합이 동일한 학생의 경우 A방식에 따라 산정한 순위가 높은 학생을 높은 순위로 함.

○ C방식: 80점 이상인 과목의 수가 많은 학생부터 순서대로 1, 2, 3, 4위로 하되, 80점 이상인 과목의 수가 동일한 학생의 경우 A방식에 따라 산정한 순위가 높은 학생을 높은 순위로 함.

〈보기〉

ㄱ. A방식과 B방식으로 산정한 '병'의 순위는 동일하다.

ㄴ. C방식으로 산정한 '정'의 순위는 2위이다.

ㄷ. '정'의 과학점수만 95점으로 변경된다면, B방식으로 산정한 '갑'의 순위는 2위가 된다.

① ㄱ

② ㄴ

③ ㄷ

④ ㄱ, ㄴ

⑤ ㄱ, ㄴ, ㄷ

14. 식물학자 '갑'은 2016년 2월 14일 A지역에 위치한 B지점에 X식물을 파종하였다. 다음 <조건>과 <표>를 근거로 산정한 X식물의 발아예정일로 옳은 것은? 17 5급공채

〈조건〉

○ A지역 기온측정 기준점의 고도는 해발 110m이고, B지점의 고도는 해발 710m이다.

○ A지역의 날씨는 지점에 관계없이 동일하나, 기온은 고도에 의해서 변한다. 지점의 고도가 10m 높아질 때마다 기온은 0.1℃씩 낮아진다.

○ 발아예정일 산정방법

1) 파종 후, 일 최고기온이 3℃ 이상인 날이 연속 3일 이상 존재한다.

2) 1)을 만족한 날 이후, 일 최고기온이 0℃ 이하인 날이 1일 이상 존재한다.

3) 2)를 만족한 날 이후, 일 최고기온이 3℃ 이상인 날이 존재한다.

4) 발아예정일은 3)을 만족한 최초일에 6일을 더한 날이다. 단, 1)을 만족한 최초일 다음날부터 3)을 만족한 최초일 사이에 일 최고기온이 0℃ 이상이면서 비가 온 날이 있다면 그 날 수만큼 발아예정일이 앞당겨진다.

<표> 2016년 A지역의 날씨 및 기온측정 기준점의 일 최고기온

날짜	일 최고기온(℃)	날씨	날짜	일 최고기온(℃)	날씨
2월 15일	3.8	맑음	3월 6일	7.9	맑음
2월 16일	3.3	맑음	3월 7일	8.0	비
2월 17일	2.7	흐림	3월 8일	5.8	비
2월 18일	4.0	맑음	3월 9일	6.5	맑음
2월 19일	4.9	흐림	3월 10일	5.3	흐림
2월 20일	5.2	비	3월 11일	4.8	맑음
2월 21일	8.4	맑음	3월 12일	6.8	맑음
2월 22일	9.1	맑음	3월 13일	7.7	흐림
2월 23일	10.1	맑음	3월 14일	8.7	맑음
2월 24일	8.9	흐림	3월 15일	8.5	비
2월 25일	6.2	비	3월 16일	6.1	흐림
2월 26일	3.8	흐림	3월 17일	5.6	맑음
2월 27일	0.2	흐림	3월 18일	5.7	비
2월 28일	0.5	맑음	3월 19일	6.2	흐림
2월 29일	7.6	맑음	3월 20일	7.3	맑음
3월 1일	7.8	맑음	3월 21일	7.9	맑음
3월 2일	9.6	맑음	3월 22일	8.6	흐림
3월 3일	10.7	흐림	3월 23일	9.9	맑음
3월 4일	10.9	맑음	3월 24일	8.2	흐림
3월 5일	9.2	흐림	3월 25일	11.8	맑음

① 2016년 3월 7일

② 2016년 3월 8일

③ 2016년 3월 19일

④ 2016년 3월 27일

⑤ 2016년 3월 29일

꼼꼼 풀이 노트

권장 풀이 시간에 맞춰 문제를 풀어본 후, 꼼꼼 풀이 노트로 정리해보세요.

■ 출제 포인트

■ 선택지 분석

꼼꼼 풀이 노트

권장 풀이 시간에 맞춰 문제를 풀어본 후, 꼼꼼 풀이 노트로 정리해보세요.

■ 출제 포인트

■ 선택지 분석

난이도 ★★★★☆ 권장 풀이 시간: 3분 나의 풀이 시간: ____분 ____초

15. 다음 <그림>은 2013~2017년 '갑'기업의 '가', '나'사업장의 연간 매출액에 대한 자료이고, 다음 <보고서>는 2018년 '갑'기업의 '가', '나'사업장의 직원 증원에 대한 내부 검토 내용이다. <그림>과 <보고서>를 근거로 2018년 '가', '나'사업장의 증원인원별 연간 매출액을 추정한 결과로 옳은 것은? 18 5급공채

<그림> 2013~2017년 '갑'기업 사업장별 연간 매출액

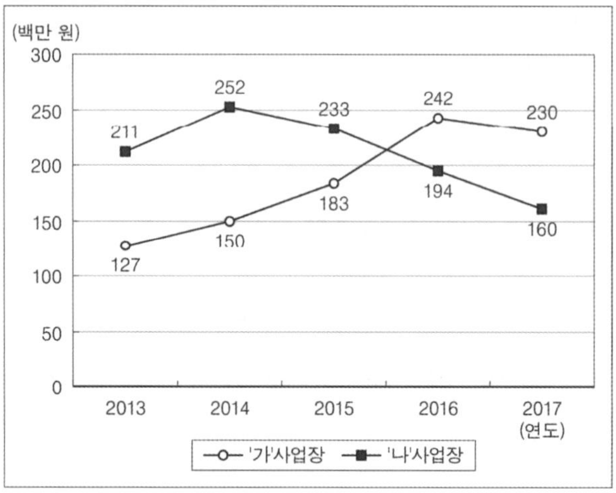

〈보고서〉

○ 2018년 '가', '나'사업장은 각각 0~3명의 직원을 증원할 계획임.

○ 추정 결과, 직원을 증원하지 않을 경우 '가', '나'사업장의 2017년 대비 2018년 매출액 증감률은 각각 10% 이하일 것으로 예상됨.

○ 직원 증원이 없을 때와 직원 3명을 증원할 때의 2018년 매출액 차이는 '나'사업장이 '가'사업장보다 클 것으로 추정됨.

○ '나'사업장이 2013~2017년 중 최대 매출액을 기록했던 2014년보다 큰 매출액을 기록하기 위해서는 2018년에 최소 2명의 직원을 증원해야 함.

①

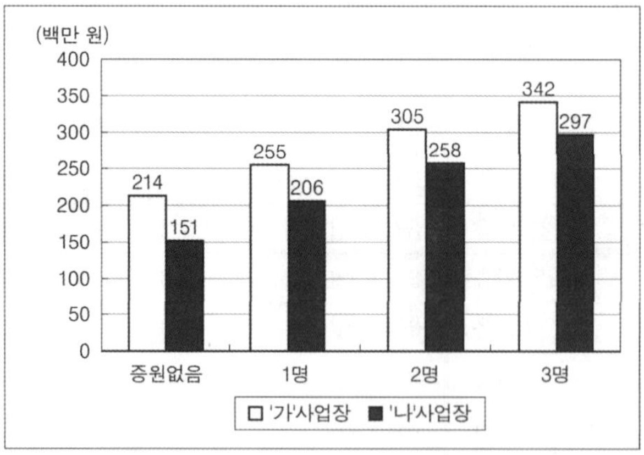

②

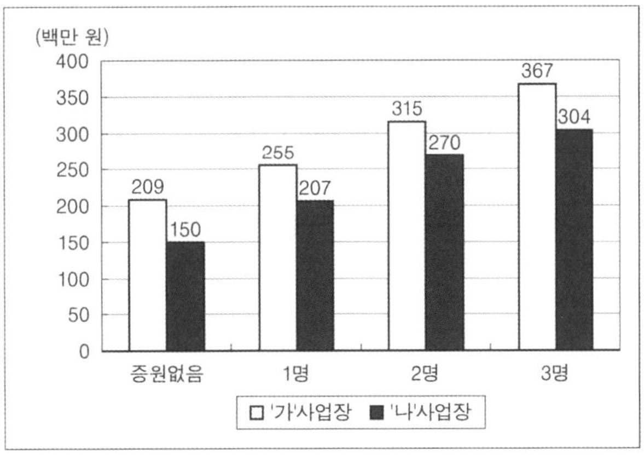
(백만 원)
400
350
300
250
200
150
100
50
0
209
150
255
207
315
270
367
304
증원없음
1명
2명
3명
'가'사업장
'나'사업장

③

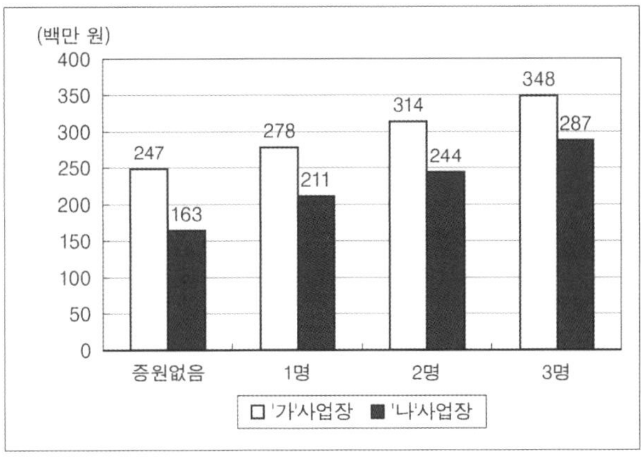
(백만 원)
400
350
300
250
200
150
100
50
0
247
163
278
211
314
244
348
287
증원없음
1명
2명
3명
'가'사업장
'나'사업장

④

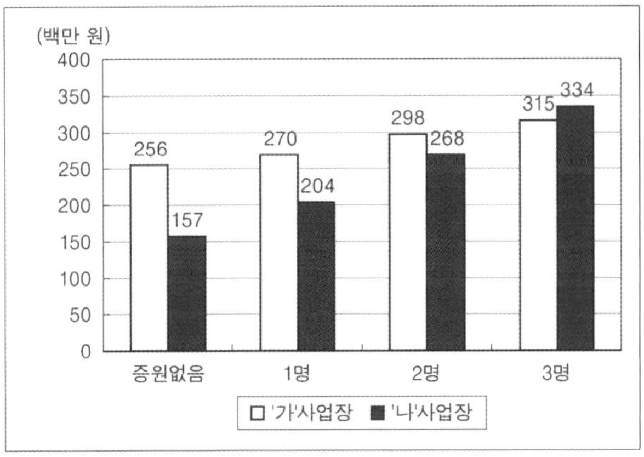
(백만 원)
400
350
300
250
200
150
100
50
0
256
157
270
204
298
268
315
334
증원없음
1명
2명
3명
'가'사업장
'나'사업장

⑤

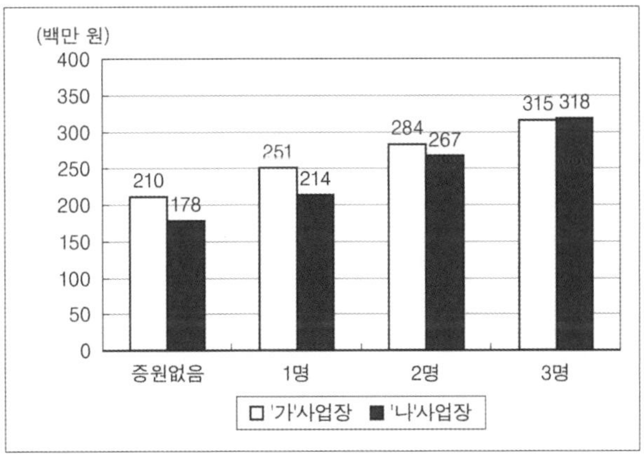
(백만 원)
400
350
300
250
200
150
100
50
0
210
178
251
214
284
267
315
318
증원없음
1명
2명
3명
'가'사업장
'나'사업장

꼼꼼 풀이 노트

권장 풀이 시간에 맞춰 문제를 풀어본 후, 꼼꼼 풀이 노트로 정리해보세요.

■ 출제 포인트

■ 선택지 분석

난이도 ★★★★☆ 권장 풀이 시간: 3분 나의 풀이 시간: ____분 ____초

16. 다음 <그림>은 '갑'소독제 소독실험에서 소독제 누적주입량에 따른 병원성미생물 개체수의 변화를 나타낸 것이다. <그림>과 <실험정보>에 근거한 <보기>의 설명 중 옳은 것만을 모두 고르면?

17 5급공채

<그림> 소독제 누적주입량에 따른 병원성미생물 개체수 변화

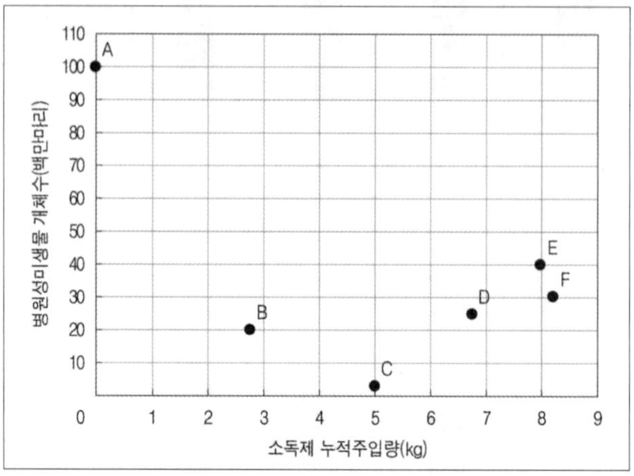

〈실험정보〉

○ 이 실험은 1회 시행한 단일 실험임.

○ 실험 시작시점(A)에서 측정한 값과, 이후 5시간 동안 소독제를 주입하면서 매 1시간이 경과하는 시점을 순서대로 B, C, D, E, F라고 하고 각 시점에서 측정한 값을 표시하였음.

○ 소독효율(마리/kg)

$$=\frac{\text{시작시점(A) 병원성미생물 개체수} - \text{측정시점 병원성미생물 개체수}}{\text{측정시점의 소독제 누적주입량}}$$

○ 구간 소독속도(마리/시간)

$$=\frac{\text{구간의 시작시점 병원성미생물 개체수} - \text{구간의 종료시점 병원성미생물 개체수}}{\text{두 측정시점 사이의 시간}}$$

〈보기〉

ㄱ. 실험시작 후 2시간이 경과한 시점의 소독효율이 가장 높다.

ㄴ. 소독효율은 F가 D보다 낮다.

ㄷ. 구간 소독속도는 B~C 구간이 E~F 구간보다 낮다.

① ㄱ

② ㄴ

③ ㄷ

④ ㄴ, ㄷ

⑤ ㄱ, ㄴ, ㄷ

난이도 ★★★★☆ 권장 풀이 시간: 3분 나의 풀이 시간: ____분 ____초

17. 다음 <표>와 <조건>은 고객기관 유형별 기관수와 고객기관 유형별 공공데이터 자체활용 및 제공 현황이고, <그림>은 공공데이터의 제공 경로를 나타낸다. 이에 대한 <보기>의 설명 중 옳은 것만을 모두 고르면? 16 5급공채

<표> 고객기관 유형별 기관수

(단위: 개)

유형	기관수
1차 고객기관	600
2차 고객기관	300

〈조건〉

- 모든 1차 고객기관은 공공데이터 원천기관으로부터 제공받은 공공데이터를 보유하고 있으며, 1차 고객기관은 공공데이터를 자체활용만 하는 기관과 자체활용 없이 개인고객 또는 2차 고객기관에게 공공데이터를 제공하는 기관으로 구분된다.
- 1차 고객기관 중 25%는 공공데이터를 자체활용만 한다.
- 1차 고객기관 중 50%는 2차 고객기관에게 공공데이터를 제공하고, 1차 고객기관 중 60%는 개인고객에게 공공데이터를 제공한다.
- 2차 고객기관 중 30%는 공공데이터를 자체활용만 하고, 70%는 개인고객에게 공공데이터를 제공한다.
- 1차 고객기관으로부터 공공데이터를 제공받지 않는 2차 고객기관은 없다.

<그림> 공공데이터의 제공 경로

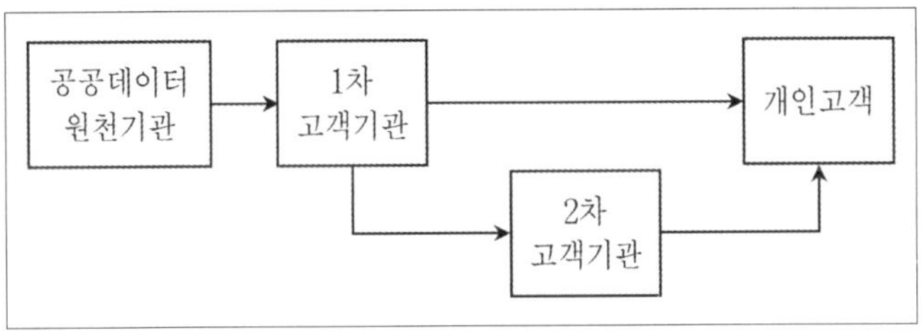

〈보기〉

ㄱ. 개인고객에게 공공데이터를 제공하는 기관의 수는 1차 고객기관이 2차 고객기관보다 크다.

ㄴ. 공공데이터를 자체활용만 하는 기관의 수는 1차 고객기관이 2차 고객기관보다 크다.

ㄷ. 1차 고객기관 중 개인고객에게만 공공데이터를 제공하는 기관의 수는 1차 고객기관의 25%이다.

ㄹ. 1차 고객기관 중 개인고객에게만 공공데이터를 제공하는 기관의 수는 1차 고객기관 중 2차 고객기관에게만 공공데이터를 제공하는 기관의 수에 비해 70% 이상 더 크다.

① ㄱ, ㄴ

② ㄱ, ㄷ

③ ㄴ, ㄹ

④ ㄱ, ㄴ, ㄷ

⑤ ㄱ, ㄴ, ㄹ

꼼꼼 풀이 노트

권장 풀이 시간에 맞춰 문제를 풀어본 후, 꼼꼼 풀이 노트로 정리해보세요.

■ 출제 포인트

■ 선택지 분석

꼼꼼 풀이 노트

권장 풀이 시간에 맞춰 문제를 풀어본 후, 꼼꼼 풀이 노트로 정리해보세요.

■ 출제 포인트

■ 선택지 분석

난이도 ★★★★☆ 권장 풀이 시간: 3분 나의 풀이 시간: _____분 _____초

18. 다음 <표>는 '갑'국의 빈집 철거 및 활용을 위한 빈집정비기준이고, <그림>은 '갑'국의 '가'~'자' 구역 및 빈집의 정보에 관한 자료이다. 이에 대한 설명으로 옳은 것은? 24 5급공채

<표 1> 빈집 철거 및 활용을 위한 빈집정비기준

항목			철거	활용
구역 종류	공가기간	건축물 연령		
일반구역	20년 이하	건축구조의 사용연한 이하	불가능	가능
		건축구조의 사용연한 초과	가능	불가능
	20년 초과	-	가능	불가능
정비구역	-	-	불가능	불가능

※ 1) 공가기간: 빈집이 된 이후부터 현재까지의 기간
2) 건축물 연령: 건축물의 완공부터 현재까지의 기간
3) '-'는 해당 항목을 고려하지 않음을 의미함.

<표 2> 건축구조별 사용연한

건축구조	사용연한
목구조	20년
조적조	30년
철골구조	40년

<그림> '가'~'자' 구역 및 빈집의 정보

※ 각 구역에는 빈집이 1개씩만 존재함.

① 철거가 가능한 빈집은 3개이다.
② '가', '바', '사' 구역의 빈집은 철거가 가능하다.
③ '다' 구역의 빈집은 활용이 불가능하다.
④ 활용이 가능한 빈집은 4개이다.
⑤ '마' 구역의 빈집은 철거가 가능하다.

꼼꼼 풀이 노트

권장 풀이 시간에 맞춰 문제를 풀어본 후, 꼼꼼 풀이 노트로 정리해보세요.

■ 출제 포인트

■ 선택지 분석

난이도 ★★★★☆ 권장 풀이 시간: 3분 나의 풀이 시간: _____분 _____초

19. 다음 <표>와 <조건>은 공유킥보드 운영사 A~D의 2022년 1월 기준 대여요금제와 대여방식이고 <보고서>는 공유킥보드 대여요금제 변경 이력에 관한 자료이다. <보고서>에서 (다)에 해당하는 값은?

22 7급공채

<표> 공유킥보드 운영사 A~D의 2022년 1월 기준 대여요금제

(단위: 원)

구분 \ 운영사	A	B	C	D
잠금해제료	0	250	750	1,600
분당대여료	200	150	120	60

〈조건〉

○ 대여요금=잠금해제료+분당대여료×대여시간
○ 공유킥보드 이용자는 공유킥보드 대여시간을 분단위로 미리 결정하고 운영사 A~D의 대여요금을 산정한다.
○ 공유킥보드 이용자는 산정된 대여요금이 가장 낮은 운영사의 공유킥보드를 대여한다.

〈보고서〉

2022년 1월 기준 대여요금제에 따르면 운영사 (가) 는 이용자의 대여시간이 몇 분이더라도 해당 대여시간에 대해 운영사 A~D 중 가장 낮은 대여요금을 제공하지 못하는 것으로 나타났다. 자사 공유킥보드가 1대도 대여되지 않고 있음을 확인한 운영사 (가) 는 2월부터 잠금해제 이후 처음 5분간 분당대여료를 면제하는 것으로 대여요금제를 변경하였다.

운영사 (나) 가 2월 기준 대여요금제로 운영사 A~D의 대여요금을 재산정한 결과, 이용자의 대여시간이 몇 분이더라도 해당 대여시간에 대해 운영사 A~D 중 가장 낮은 대여요금을 제공하지 못하는 것을 파악하였다. 이에 운영사 (나) 는 3월부터 분당대여료를 50원 인하하는 것으로 대여요금제를 변경하였다.

그 결과 대여시간이 20분일 때, 3월 기준 대여요금제로 산정된 운영사 (가) 와 (나) 의 공유킥보드 대여요금 차이는 (다) 원이다.

① 200
② 250
③ 300
④ 350
⑤ 400

20. 다음 <표>와 <정보>는 2021년과 2022년 A기업의 전체 직원 1,000명을 대상으로 갑질 발생 위험도를 설문조사한 결과이다. 이를 근거로 한 <보기>의 설명 중 옳은 것만을 모두 고르면?

23 5급공채

<표 1> 종합위험도 평가 결과

(단위: 명)

구분 \ 연도 / 갑질 발생 위험도		2021 매우 낮음	2021 낮음	2021 보통	2021 높음	2021 매우 높음	2022 매우 낮음	2022 낮음	2022 보통	2022 높음	2022 매우 높음
전체		770	78	49	45	58	790	121	33	31	25
성별	남성	320	38	24	15	18	336	55	10	11	3
	여성	450	40	25	30	40	454	66	23	20	22
직급	관리자	180	11	4	2	3	185	15	4	4	2
	실무자	590	67	45	43	55	605	106	29	27	23
소속	본사	70	9	5	5	6	80	11	4	3	2
	공장	700	69	44	40	52	710	110	29	28	23

<표 2> 갑질 유형별 평가 결과

(단위: 명)

갑질 유형 \ 연도 / 갑질 발생 위험도	2021 매우 낮음	2021 낮음	2021 보통	2021 높음	2021 매우 높음	2022 매우 낮음	2022 낮음	2022 보통	2022 높음	2022 매우 높음
언어	747	85	50	53	65	770	120	35	44	31
부당한 지시	788	78	43	38	53	810	127	25	21	17
불리한 처우	781	73	52	41	53	795	117	37	27	24

〈정보〉

○ 2021년과 2022년 설문조사 대상자는 같으며, 무응답과 중복응답은 없음.
○ 2021년 실무자의 절반은 여성임.
○ 각 설문조사에서 '부당한 지시'의 갑질 발생 위험도를 '높음' 또는 '매우 높음'으로 답변한 응답자는 '언어'와 '불리한 처우'에 대해서도 '높음' 또는 '매우 높음'으로 답변함.

〈보기〉

ㄱ. 2021년 여성 관리자는 185명이다.
ㄴ. 소속이 본사인 직원은 2022년이 2021년보다 5명 많다.
ㄷ. '부당한 지시'의 갑질 발생 위험도를 '매우 낮음', '낮음' 또는 '보통'으로 답변한 응답자 중 '언어'의 갑질 발생 위험도를 '높음' 또는 '매우 높음'으로 답변한 응답자는 2021년이 2022년보다 많다.

① ㄴ ② ㄷ ③ ㄱ, ㄴ
④ ㄱ, ㄷ ⑤ ㄱ, ㄴ, ㄷ

꼼꼼 풀이 노트

권장 풀이 시간에 맞춰 문제를 풀어본 후, 꼼꼼 풀이 노트로 정리해보세요.

■ 출제 포인트

■ 선택지 분석

꼼꼼 풀이 노트

권장 풀이 시간에 맞춰 문제를 풀어본 후, 꼼꼼 풀이 노트로 정리해보세요.

■ 출제 포인트

■ 선택지 분석

난이도 ★★★★☆　　권장 풀이 시간: 3분　　나의 풀이 시간: ____분 ____초

21. 다음 <표>는 총 100회 개최된 사내 탁구대회에 매회 모두 참가한 사원 A, B, C의 라운드별 승률에 관한 자료이다. <표>와 <탁구대회 운영방식>에 근거한 <보기>의 설명 중 옳은 것만을 모두 고르면?

22 5급공채

<표> 사원 A, B, C의 사내 탁구대회 라운드별 승률

(단위: %)

라운드 \ 사원	16강	8강	4강	결승
A	80.0	100.0	( )	( )
B	100.0	90.0	( )	( )
C	96.0	87.5	( )	( )

〈탁구대회 운영방식〉

○ 매회 사내 탁구대회는 16강, 8강, 4강, 결승 순으로 라운드가 치러지고, 라운드별 경기 승자만 다음 라운드에 진출하며, 결승 라운드 승자가 우승한다.
○ 매회 16명이 대회에 참가하고, 각 라운드에서 참가자는 한 경기만 치른다.
○ 모든 경기는 참가자 1:1 방식으로 진행되며 무승부는 없다.

〈보기〉

ㄱ. 사원 A, B, C 중 4강에 많이 진출한 사원부터 순서대로 나열하면 B, A, C 순이다.
ㄴ. A가 8번 우승했다면, A의 결승 라운드 승률 최솟값은 10%이다.
ㄷ. 16강에서 A와 B 간 또는 B와 C 간 경기가 있었던 대회 수는 24회 이하이다.
ㄹ. 사원 A, B, C가 모두 4강에 진출한 대회 수는 50회 이상이다.

① ㄱ, ㄷ
② ㄴ, ㄷ
③ ㄴ, ㄹ
④ ㄱ, ㄴ, ㄷ
⑤ ㄴ, ㄷ, ㄹ

난이도 ★★★★★ 권장 풀이 시간: 3분 30초 나의 풀이 시간: _____분 _____초

22. A씨는 서울사무소에서 출발하여 정부세종청사로 출장을 가려고 한다. <그림>과 <표>는 서울사무소에서 정부세종청사까지의 이동경로와 이용 가능한 교통수단에 따른 소요시간 및 비용이다. 아래의 <조건>에 맞는 이동방법은? 15 5급공채

<그림> 이동경로 및 이용 가능 교통수단

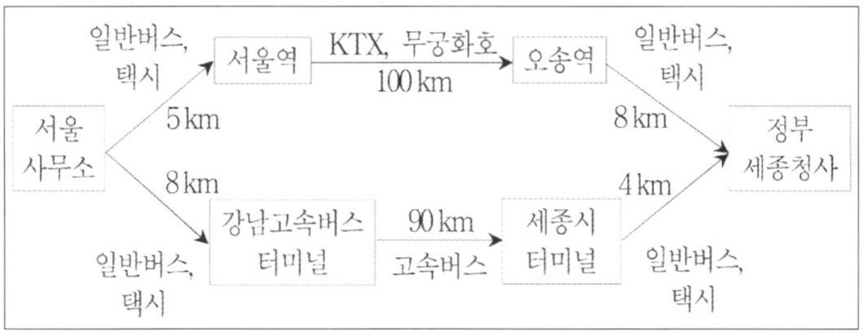

<표> 교통수단별 1km당 소요시간 및 비용

교통수단	소요시간	비용
일반버스	5분/km	200원/km
택시	2분/km	1,500원/km
KTX	18초/km	300원/km
무궁화호	1분/km	150원/km
고속버스	1분/km	250원/km

〈조건〉

○ 총 교통비는 편도로 32,000원을 넘지 않아야 한다.
○ 총 소요시간은 편도로 2시간 20분을 넘지 않아야 한다.
○ 〈표〉에 주어진 교통수단별 소요시간과 비용 이외의 다른 소요시간과 비용은 고려하지 않는다.

① 택시를 타고 서울역으로 이동하여 무궁화호를 타고 오송역으로 이동 후 일반버스를 탄다.
② 일반버스를 타고 서울역으로 이동하여 무궁화호를 타고 오송역으로 이동 후 일반버스를 탄다.
③ 일반버스를 타고 서울역으로 이동하여 KTX를 타고 오송역으로 이동 후 일반버스를 탄다.
④ 일반버스를 타고 강남고속버스터미널로 이동하여 고속버스를 타고 세종시 터미널로 이동 후 택시를 탄다.
⑤ 택시를 타고 강남고속버스터미널로 이동하여 고속버스를 타고 세종시 터미널로 이동 후 택시를 탄다.

꼼꼼 풀이 노트

권장 풀이 시간에 맞춰 문제를 풀어본 후, 꼼꼼 풀이 노트로 정리해보세요.

■ 출제 포인트

■ 선택지 분석

꼼꼼 풀이 노트

권장 풀이 시간에 맞춰 문제를 풀어본 후, 꼼꼼 풀이 노트로 정리해보세요.

■ 출제 포인트

■ 선택지 분석

난이도 ★★★★★　　권장 풀이 시간: 3분 30초　　나의 풀이 시간: _____분 _____초

23. 다음 <표>는 1908년 대한제국의 내각 직원 수에 관한 자료이다. <조건>의 설명에 근거하여 <보기>의 내용 중 옳은 것만을 모두 고르면? 16 5급공채

<표> 1908년 대한제국의 내각 직원 수

(단위: 명)

구분			직원 수
본청	경비국		(A)
	대신관방	문서과	7
		비서과	3
		회계과	4
		소계	14
	법제국	총무과	1
		관보과	3
		기록과	(B)
		법제과	5
		소계	(　)
	외사국	총무과	(C)
		번역과	3
		외사과	3
		소계	7
법전조사국	경비과		(D)
	서무과		(E)
	회계과		5
	조사과		12
	소계		(　)
표훈원	경비과		1
	제장과		6
	서무과		4
	소계		(　)
문관전고소			9
전체			99

※ 내각은 본청, 법전조사국, 표훈원, 문관전고소만으로 구성되어 있음.

〈조건〉

○ 본청 경비국 직원 수(A)는 법전조사국 서무과 직원 수(E)의 1.5배이다.

○ 법전조사국 경비과 직원 수(D)는 본청 경비국 직원 수(A)에 본청 법제국 기록과 직원 수(B)를 합한 것과 같다.

○ 법전조사국 경비과 직원 수(D)는 본청 법제국 기록과 직원 수(B)의 3배와 본청 외사국 총무과 직원 수(C)를 합한 것과 같다.

○ 법전조사국 서무과 직원 수(E)는 본청 외사국 총무과 직원 수(C)의 2배와 본청 법제국 기록과 직원 수(B)를 합한 것과 같다.

〈보기〉

ㄱ. 표훈원 직원 수는 내각 전체 직원 수의 $\frac{1}{9}$이다.

ㄴ. 법전조사국 서무과 직원 수와 표훈원 서무과 직원 수의 합은 법전조사국 조사과 직원 수보다 크다.

ㄷ. 법전조사국 직원 수는 내각 전체 직원 수의 30% 미만이다.

ㄹ. A+B+C+D의 값은 27이다.

① ㄱ, ㄴ

② ㄱ, ㄷ

③ ㄱ, ㄹ

④ ㄴ, ㄷ

⑤ ㄴ, ㄹ

꼼꼼 풀이 노트

권장 풀이 시간에 맞춰 문제를 풀어본 후, 꼼꼼 풀이 노트로 정리해보세요.

■ 출제 포인트

■ 선택지 분석

난이도 ★★★★★ 권장 풀이 시간: 3분 30초 나의 풀이 시간: _____분 _____초

24. 다음 <표>는 '갑'국의 2022년 4~6월 A~D 정유사의 휘발유와 경유 가격에 관한 자료이다. <표>와 <정보>를 근거로 <보기>의 설명 중 옳은 것만을 모두 고르면? 23 7급공채

<표> 정유사별 휘발유와 경유 가격

(단위: 원/L)

정유사 \ 유종 / 월	휘발유			경유		
	4	5	6	4	5	6
A	1,840	1,825	1,979	1,843	1,852	2,014
B	1,795	1,849	1,982	1,806	1,894	2,029
C	1,801	1,867	2,006	1,806	1,885	2,013
D	1,807	1,852	1,979	1,827	1,895	2,024

※ 가격은 해당 월의 정유사별 공시가임.

〈정보〉

- 가격 = 원가 + 유류세 + 부가가치세
- 4월 유류세는 원가의 50%임.
- 부가가치세는 원가와 유류세를 합한 금액의 10%임.

〈보기〉

ㄱ. 5월 B의 휘발유 유류세가 원가의 40%라면, 5월 B의 휘발유 원가는 1,300원/L 이상이다.

ㄴ. 5월 C의 경유 원가가 전월과 같다면, 5월 C의 경유 유류세는 600원/L 이상이다.

ㄷ. 6월 D의 경유 유류세가 4월과 같은 금액이라면, 6월 D의 경유 유류세는 원가의 50% 이상이다.

① ㄱ

② ㄴ

③ ㄷ

④ ㄱ, ㄴ

⑤ ㄴ, ㄷ

약점 보완 해설집 p.39

취약 유형 진단 & 약점 극복

1 문항별 정오표

각 문항별로 정오를 확인한 후, 맞았으면 O, 풀지 못했으면 △, 틀렸으면 X로 표시해 보세요.

매칭형		빈칸형		각주 판단형		조건 판단형	
번호	정오	번호	정오	번호	정오	번호	정오
01		01		01		01	
02		02		02		02	
03		03		03		03	
04		04		04		04	
05		05		05		05	
06		06		06		06	
07		07		07		07	
08		08		08		08	
09		09		09		09	
10		10		10		10	
11		11		11		11	
12		12		12		12	
13		13		13		13	
14		14		14		14	
15		15		15		15	
16		16		16		16	
		17		17		17	
		18		18		18	
		19		19		19	
		20		20		20	
		21		21		21	
		22		22		22	
		23		23		23	
		24		24		24	

2 취약 유형 분석표

유형별로 맞힌 문제 개수와 정답률을 적고, 취약한 유형이 무엇인지 파악해 보세요.

유형	맞힌 문제 개수	정답률
매칭형	/16	%
빈칸형	/24	%
각주 판단형	/24	%
조건 판단형	/24	%

3 학습 전략

취약한 유형의 학습 전략을 확인한 후, 풀지 못한 문제와 틀린 문제를 다시 풀면서 취약 유형을 극복해 보세요.

매칭형	주어진 조건 중 '가장', '몇 번째' 등의 키워드부터 확인합니다. 또한 두 가지 항목을 비교하는 조건보다 구체적인 배수 또는 비율을 언급하는 조건을 우선적으로 검토합니다. 맞힌 문제라도 조건 검토 순서를 바꿔서 좀 더 효율적인 접근방법이 있는지 찾는 연습을 합니다.
빈칸형	선택지나 <보기>에서 빈칸을 구체적으로 묻지 않는 것부터 검토합니다. 빈칸을 구체적으로 묻는 경우에도 이를 직접 채우는 선택지나 <보기>보다 간접적으로 판단 가능한 선택지나 <보기>를 먼저 검토합니다. 빈칸이 너무 많은 문제의 경우 후순위로 풀이하는 것도 시간을 효율적으로 관리할 수 있는 좋은 방법입니다.
각주 판단형	각주에 새로운 정보가 제시된 경우 이를 확실히 체크합니다. 또한 수식이 2개 이상 주어진 경우 이를 정리하여 수식 간 어떤 관계가 있는지 체크해야 합니다. 특히 분수 형태의 식이 주어진 경우에는 분모와 분자에 공통인 항목이 포함되어 있는지 반드시 확인합니다.
조건 판단형	조건 자체를 이해하지 않더라도 자료만 가지고 판단할 수 있는 선택지나 <보기>를 먼저 해결합니다. 또한 각주 판단형과 마찬가지로 새로운 식이 제시되는 경우 선택지나 <보기>의 질문에 맞게 이를 정리하여야 합니다. 조건이 너무 복잡해서 짧은 시간에 이해하기 힘든 경우 해당 문제를 후순위로 풀이하는 것이 시간을 효율적으로 관리하는 좋은 방법이 됩니다.

PSAT 교육 1위, 해커스PSAT **psat.Hackers.com**

출제 경향

1 자료검토·변환은 자료와 함께 보고서를 제시하고 보고서의 내용을 토대로 사용된 자료 및 추가로 이용한 자료를 확인할 수 있는지, 자료로 제시된 표를 그래프로 올바르게 변환할 수 있는지를 평가하기 위한 유형이다.

2 발문에 따라 ① 보고서 검토·확인형, ② 표-차트 변환형 총 2가지 세부 유형으로 출제된다.

3 2020년 모의평가와 2021년 기출문제에서 모두 '상' 난이도로 출제되었으나, 2022년 기출문제에서는 '하' 난이도로 평이하게 출제되었고, 2023년 기출문제에서는 '상' 난이도 문제와 '하' 난이도 문제가 각각 출제되었으며 2024년 기출문제에서는 대부분 '하' 난이도 문제로 출제되었다.

3 자료검토·변환

유형 8 보고서 검토·확인형

유형 9 표-차트 변환형

유형 8 보고서 검토·확인형

유형 소개

'보고서 검토·확인형'은 보고서를 작성하기 위해 추가로 필요한 자료가 있는지 검토하거나 보고서 작성 시 사용된 자료가 있는지 표나 그래프를 통해 확인하는 유형이다.

유형 특징

1 보고서만 제시되거나 1~2개 내외의 자료와 보고서가 함께 제시된다.

2 보고서의 형태로 많은 양의 내용이 제시되지만, 구체적인 수치를 도출하는 것이 아니라 자료의 내용과 선택지나 <보기>의 키워드를 확인하여 추가로 필요한 자료가 무엇인지, 사용된 자료가 무엇인지 등을 판단한다는 특징이 있다.

3 '보고서 검토·확인형'은 2024년 7급 공채 PSAT에서 25문제 중 무려 3문제나 출제되었고, 2023년과 2022년, 2021년에는 1문제, 2020년 모의평가에서도 1문제가 출제되었다.

풀이 전략

1 제시된 자료의 제목과 선택지나 <보기>의 키워드를 체크한다.

2 자료의 제목과 유사한 키워드가 선택지나 <보기>에서 제시되는 경우, 공통적인 부분을 제외하고 차이가 나는 부분에 동그라미나 밑줄 등으로 표시한다.

3 시점을 언급하는 키워드는 반드시 시작 시점과 종료 시점을 체크한다.

4 보고서 작성 시 사용된 자료가 있는지 표나 그래프를 통해 파악하는 문제의 경우, 선택지나 <보기>의 키워드가 보고서에 포함되어 있는지 확인한다.

5 추가로 필요한 자료를 찾는 문제의 경우, 제시된 자료의 내용이 보고서에 포함되지 않아 도출될 가능성이 없는 내용 또는 보고서에 처음 등장한 내용이 선택지나 <보기>의 키워드로 제시되어 있는지 확인한다.

꼼꼼 풀이 노트

권장 풀이 시간에 맞춰 문제를 풀어본 후, 꼼꼼 풀이 노트로 정리해보세요.

■ 출제 포인트

■ 선택지 분석

유형 공략 문제

난이도 ★★☆☆☆　　**권장 풀이 시간:** 2분　　**나의 풀이 시간:** _____분 _____초

01. 다음 <보고서>는 '갑'시 시민의 2023년 문화예술교육 수강 현황에 관한 자료이다. <보고서>를 작성하는 데 사용되지 않은 자료는? 24 7급공채

〈보고서〉

'갑'시 시민 1,000명을 대상으로 2023년 한 해 동안의 문화예술교육 수강 현황을 조사한 결과, 316명이 수강 경험이 있다고 응답하였다. 문화예술교육 수강 경험이 있는 응답자가 가장 많이 수강한 상위 5개 분야는 기타를 제외하고 영화, 사진, 음악, 공예, 미술 순이었다. 문화예술교육 수강자의 평균 지출 비용은 38만 8천 원이었는데, 연령대별로는 40대가 48만 4천 원으로 가장 많았다. 또한 문화예술교육 수강자의 동반자 유형 구성을 살펴보면, '혼자(동반자 없음)' 수강한 비율은 50% 이상이었고, '친구 및 연인'과 함께 수강한 비율은 18.4%였다. 문화예술교육 인지 경로는 '인터넷 검색'이 33.2%로 가장 높았고, 다음으로 '주변 지인'이 19.0%였다. 수강한 문화예술교육의 교육방식은 '예술적 기량 향상을 위한 강습'이 27.5%로 가장 높았다. 문화예술교육 수강 장소별 만족도는 미술관이 가장 높았고, 그 다음으로 박물관, 공연장, 지역문화재단의 순이었다.

① 문화예술교육 수강 경험 유무 및 수강 분야 구성비

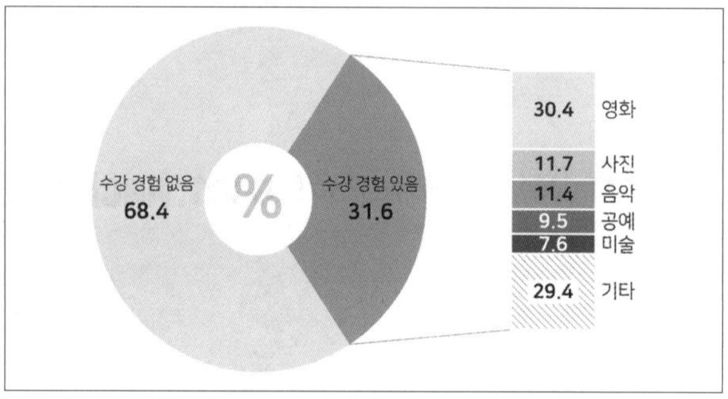

② 문화예술교육 수강자의 연령대별 평균 지출 비용

(단위: 만 원)

연령대	20대 이하	30대	40대	50대	60대 이상	전체
평균 지출 비용	36.8	46.9	48.4	39.5	19.9	38.8

③ 문화예술교육 수강자의 동반자 유형 구성비

(단위: %)

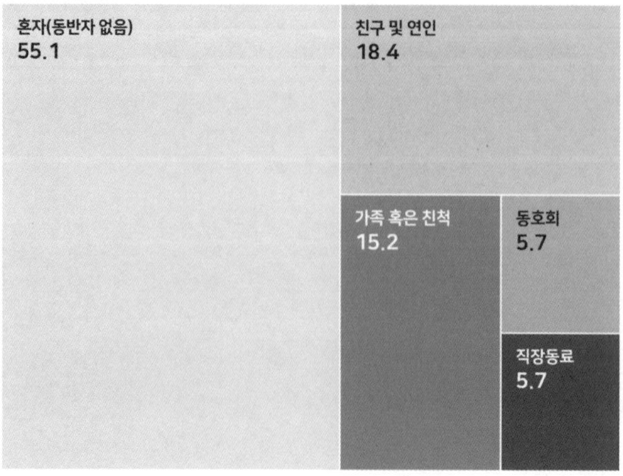

④ 문화예술교육 인지 경로 상위 5개 비율

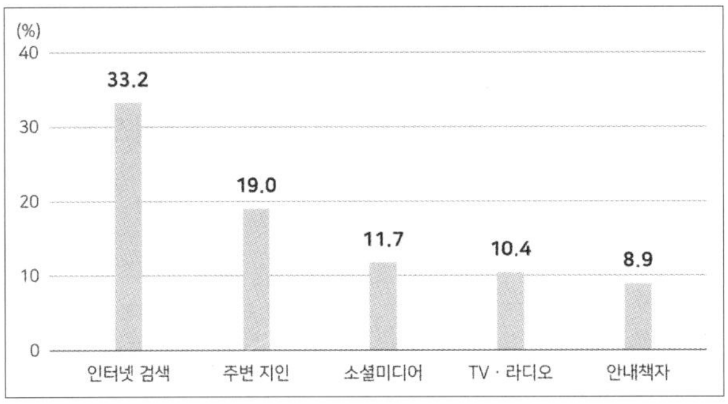

⑤ 문화예술교육 수강 이유 상위 5개 비율

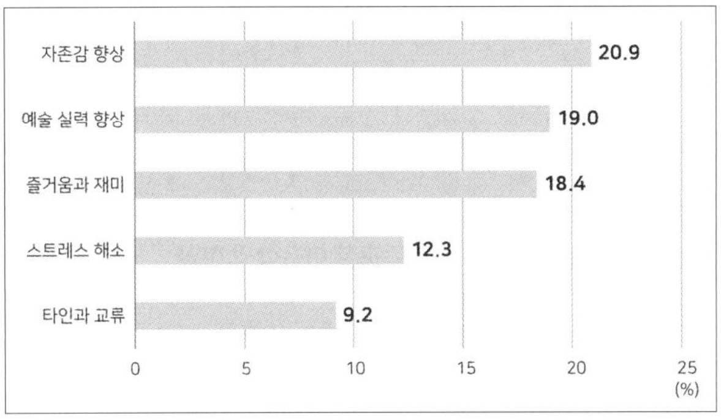

꼼꼼 풀이 노트

권장 풀이 시간에 맞춰 문제를 풀어본 후,
꼼꼼 풀이 노트로 정리해보세요.

■ 출제 포인트

■ 선택지 분석

난이도 ★★☆☆☆ 권장 풀이 시간: 2분 나의 풀이 시간: ____분 ____초

02. 다음 <표>와 <보고서>는 2021년 '갑'국의 초등돌봄교실에 관한 자료이다. 제시된 <표> 이외에 <보고서>를 작성하기 위해 추가로 필요한 자료만을 <보기>에서 모두 고르면?

22 7급공채

<표 1> 2021년 초등돌봄교실 이용학생 현황

(단위: 명, %)

구분 \ 학년		1	2	3	4	5	6	합
오후돌봄교실	학생 수	124,000	91,166	16,421	7,708	3,399	2,609	245,303
	비율	50.5	37.2	6.7	3.1	1.4	1.1	100.0
저녁돌봄교실	학생 수	5,215	3,355	772	471	223	202	10,238
	비율	50.9	32.8	7.5	4.6	2.2	2.0	100.0

<표 2> 2021년 지원대상 유형별 오후돌봄교실 이용학생 현황

(단위: 명, %)

구분 \ 지원대상 유형		우선지원대상					일반 지원대상	합
		저소득층	한부모	맞벌이	기타	소계		
오후돌봄교실	학생 수	23,066	6,855	174,297	17,298	221,516	23,787	245,303
	비율	9.4	2.8	71.1	7.1	90.3	9.7	100.0

〈보고서〉

2021년 '갑'국의 초등돌봄교실 이용학생은 오후돌봄교실 245,303명, 저녁돌봄교실 10,238명이다. 오후돌봄교실의 경우 2021년 기준 전체 초등학교의 98.9%가 참여하고 있다.

오후돌봄교실의 우선지원대상은 저소득층 가정, 한부모 가정, 맞벌이 가정, 기타로 구분되며, 맞벌이 가정이 전체 오후돌봄교실 이용학생의 71.1%로 가장 많고 다음으로 저소득층 가정이 9.4%로 많다.

저녁돌봄교실의 경우 17시부터 22시까지 운영하고 있으나, 19시를 넘는 늦은 시간까지 이용하는 학생 비중은 11.2%에 불과하다. 2021년 현재 저녁돌봄교실 이용학생은 1~2학년이 8,570명으로 전체 저녁돌봄교실 이용학생의 83.7%를 차지한다.

초등돌봄교실 담당인력은 돌봄전담사, 현직교사, 민간위탁업체로 다양하다. 담당인력 구성은 돌봄전담사가 10,237명으로 가장 많고, 다음으로 현직교사 1,480명, 민간위탁업체 565명 순이다. 그중 돌봄전담사는 무기계약직이 6,830명이고 기간제가 3,407명이다.

〈보기〉

ㄱ. 연도별 오후돌봄교실 참여 초등학교 수 및 참여율

(단위: 개, %)

연도 구분	2016	2017	2018	2019	2020	2021
학교 수	5,652	5,784	5,938	5,972	5,998	6,054
참여율	96.0	97.3	97.3	96.9	97.0	98.9

ㄴ. 2021년 저녁돌봄교실 이용학생의 이용시간별 분포

(단위: 명, %)

이용시간 구분	17~18시	17~19시	17~20시	17~21시	17~22시	합
이용학생 수	6,446	2,644	1,005	143	0	10,238
비율	63.0	25.8	9.8	1.4	0.0	100.0

ㄷ. 2021년 저녁돌봄교실 이용학생의 학년별 분포

(단위: 명, %)

학년 구분	1~2	3~4	5~6	합
이용학생 수	8,570	1,243	425	10,238
비율	83.7	12.1	4.2	100.0

ㄹ. 2021년 초등돌봄교실 담당인력 현황

(단위: 명, %)

구분	돌봄전담사			현직교사	민간위탁 업체	합
	무기계약직	기간제	소계			
인력	6,830	3,407	10,237	1,480	565	12,282
비율	55.6	27.7	83.3	12.1	4.6	100.0

① ㄱ, ㄴ

② ㄱ, ㄷ

③ ㄷ, ㄹ

④ ㄱ, ㄴ, ㄹ

⑤ ㄴ, ㄷ, ㄹ

꼼꼼 풀이 노트

권장 풀이 시간에 맞춰 문제를 풀어본 후,
꼼꼼 풀이 노트로 정리해보세요.

■ 출제 포인트

■ 선택지 분석

난이도 ★★☆☆☆ 권장 풀이 시간: 2분 나의 풀이 시간: _____분 _____초

03. 다음은 2013~2022년 '갑'국 국방연구소가 출원한 지식재산권에 관한 자료이다. 제시된 <표> 이외에 <보고서>를 작성하기 위해 추가로 필요한 자료만을 <보기>에서 모두 고르면?

23 7급공채

<표> 2013~2022년 '갑'국 국방연구소의 특허 출원 건수

(단위: 건)

구분 \ 연도	2013	2014	2015	2016	2017	2018	2019	2020	2021	2022
국내 출원	287	368	385	458	514	481	555	441	189	77
국외 출원	34	17	9	26	21	13	21	16	2	3

〈보고서〉

'갑'국 국방연구소는 국방에 필요한 무기와 국방과학기술을 연구·개발하면서 특허, 상표권, 실용신안 등 관련 지식재산권을 출원하고 있다.

2013~2022년 '갑'국 국방연구소가 출원한 연도별 특허 건수는 2017년까지 매년 증가하였고, 2019년 이후에는 매년 감소하였다. 2013~2022년 국외 출원 특허 건수를 대상 국가별로 살펴보면, 미국에 출원한 특허가 매년 가장 많았다.

2013~2022년 '갑'국 국방연구소는 2015년에만 상표권을 출원하였으며, 그중 국외 출원은 없었다. 또한, 2016년부터 2년마다 1건씩 총 4건의 실용신안을 국내 출원하였다.

〈보기〉

ㄱ. '갑'국 국방연구소의 연도별 전체 특허 출원 건수

(단위: 건)

연도	2013	2014	2015	2016	2017	2018	2019	2020	2021	2022
전체	321	385	394	484	535	494	576	457	191	80

ㄴ. '갑'국 국방연구소의 국외 출원 대상 국가별 특허 출원 건수

(단위: 건)

대상 국가 \ 연도	2013	2014	2015	2016	2017	2018	2019	2020	2021	2022
독일	1	1	1	0	0	0	0	0	0	0
미국	26	15	8	18	20	11	16	15	2	3
일본	0	1	0	2	0	0	1	1	0	0
영국	0	0	0	5	1	1	0	0	0	0
프랑스	7	0	0	0	0	0	0	0	0	0
호주	0	0	0	0	0	0	3	0	0	0
기타	0	0	0	1	0	1	1	0	0	0
계	34	17	9	26	21	13	21	16	2	3

ㄷ. '갑'국 국방연구소의 연도별 상표권 출원 건수

(단위: 건)

연도 구분	2013	2014	2015	2016	2017	2018	2019	2020	2021	2022
국내 출원	0	0	2	0	0	0	0	0	0	0
국외 출원	0	0	0	0	0	0	0	0	0	0

ㄹ. '갑'국 국방연구소의 연도별 실용신안 출원 건수

(단위: 건)

연도 구분	2013	2014	2015	2016	2017	2018	2019	2020	2021	2022
국내 출원	0	0	0	1	0	1	0	1	0	1
국외 출원	0	0	0	0	0	0	0	0	0	0

① ㄱ, ㄴ

② ㄱ, ㄷ

③ ㄴ, ㄷ

④ ㄷ, ㄹ

⑤ ㄴ, ㄷ, ㄹ

꼼꼼 풀이 노트

권장 풀이 시간에 맞춰 문제를 풀어본 후, 꼼꼼 풀이 노트로 정리해보세요.

■ 출제 포인트

■ 선택지 분석

난이도 ★★☆☆☆　　권장 풀이 시간: 2분　　나의 풀이 시간: _____분 _____초

04. 다음 <표>는 '갑'국 5개 국립대학의 세계대학평가에 관한 자료이다. 이를 이용하여 세계대학평가 결과에 대한 <보고서>를 작성하였다. 제시된 <표> 이외에 <보고서> 작성을 위하여 추가로 필요한 자료를 <보기>에서 고르면? 20 5급공채

<표 1> 2018년 '갑'국 국립대학의 세계대학평가 결과

대학	국내 순위	세계 순위	총점	부문별 점수				
				교육	연구	산학 협력	국제화	논문 인용도
A	14	182	29.5	27.8	28.2	63.2	35.3	28.4
B	21	240	25.4	23.9	25.6	42.2	26.7	25.1
C	23	253	24.3	21.2	19.9	38.7	25.3	30.2
D	24	287	22.5	21.0	20.1	38.4	28.8	23.6
E	25	300	18.7	21.7	19.9	40.5	22.7	11.6

<표 2> 2017~2018년 '갑'국 ○○대학의 세계대학평가 세부지표별 점수

부문(가중치)	세부지표(가중치)	세부지표별 점수	
		2018년	2017년
교육(30)	평판도 조사(15)	2.9	1.4
	교원당 학생 수(4.5)	34.5	36.9
	학부학위 수여자 대비 박사학위 수여자 비율(2.25)	36.6	46.9
	교원당 박사학위자 비율(6)	45.3	52.3
	재정 규모(2.25)	43.3	40.5
연구(30)	평판도 조사(18)	1.6	0.8
	교원당 연구비(6)	53.3	49.4
	교원당 학술논문 수(6)	41.3	39.5
산학협력(2.5)	산업계 연구비 수입(2.5)	(가)	43.9
국제화(7.5)	외국인 학생 비율(2.5)	24.7	22.5
	외국인 교수 비율(2.5)	26.9	26.8
	학술논문 중 외국 연구자와 쓴 논문 비중(2.5)	16.6	16.4
논문인용도(30)	논문인용도(30)	(나)	13.1

※ 1) ○○대학은 A~E대학 중 한 대학임.

2) 부문별 점수는 각 부문에 속한 세부지표별 $\frac{\text{세부지표별 점수} \times \text{세부지표별 가중치}}{\text{부문별 가중치}}$ 값의 합임.

3) 총점은 5개 부문별 $\frac{\text{부문별 점수} \times \text{부문별 가중치}}{100}$ 값의 합임.

4) 점수는 소수점 아래 둘째 자리에서 반올림한 값임.

〈보고서〉

최근 글로벌 대학평가기관이 2018년 세계대학평가 결과를 발표했다. 이 평가는 전 세계 1,250개 이상의 대학을 대상으로 교육, 연구, 산학협력, 국제화, 논문인용도 등 총 5개 부문, 13개 세부지표를 활용하여 수행된다.

2018년 세계대학평가 결과, 1~3위는 각각 F대학('을'국), G대학('을'국), H대학('병'국)으로 전년과 동일하였으나, 4위는 I대학('병'국)으로 전년도 5위에서 한 단계 상승했고 5위는 2017년 공동 3위였던 J대학('병'국)으로 나타났다. 아시아 대학 중 최고 순위는 K대학('정'국)으로 전년보다 8단계 상승한 세계 22위였으며, 같은 아시아 국가인 '갑'국에서는 L대학이 세계 63위로 '갑'국 대학 중 가장 높은 순위를 차지하였다.

2018년 '갑'국의 5개 국립대학 중에서는 A대학이 세계 182위, 국내 14위로 가장 순위가 높았는데, 논문인용도를 제외한 나머지 4개 부문별 점수에서 5개 국립대학 중 가장 높은 점수를 받았다. 한편, C대학은 연구와 산학협력 부문에서 2017년 대비 점수가 대폭 하락하여 순위 또한 낮아졌다.

〈보기〉

ㄱ. 2017~2018년 세계대학평가 순위

ㄴ. 2017~2018년 세계대학평가 C대학 세부지표별 점수

ㄷ. 2017~2018년 세계대학평가 세부지표 리스트

ㄹ. 2017~2018년 세계대학평가 A대학 총점

① ㄱ, ㄴ

② ㄱ, ㄷ

③ ㄴ, ㄷ

④ ㄴ, ㄹ

⑤ ㄷ, ㄹ

꼼꼼 풀이 노트

권장 풀이 시간에 맞춰 문제를 풀어본 후,
꼼꼼 풀이 노트로 정리해보세요.

■ 출제 포인트

■ 선택지 분석

난이도 ★★☆☆☆ 권장 풀이 시간: 2분 나의 풀이 시간: ____분 ____초

05. 다음 <표>는 2020년 4분기(10~12월) 전국 아파트 입주 물량에 관한 자료이다. 제시된 <표> 이외에 <보고서>를 작성하기 위해 추가로 필요한 자료만을 <보기>에서 모두 고르면?

22 5급공채

<표 1> 월별 아파트 입주 물량

(단위: 세대)

구분＼월	10월	11월	12월	합
전국	21,987	25,995	32,653	80,635
수도권	13,951	15,083	19,500	48,534
비수도권	8,036	10,912	13,153	32,101

<표 2> 규모 및 공급주체별 아파트 입주 물량

(단위: 세대)

구분	규모			공급주체	
	$60m^2$ 이하	$60m^2$ 초과 $85m^2$ 이하	$85m^2$ 초과	공공	민간
전국	34,153	42,528	3,954	23,438	57,197
수도권	21,446	24,727	2,361	15,443	33,091
비수도권	12,707	17,801	1,593	7,995	24,106

〈보고서〉

2020년 4분기(10~12월) 전국 아파트 입주 물량은 80,635세대로 집계되었다. 수도권은 48,534세대로 전년동기 및 2015~2019년 4분기 평균 대비 각각 37.5%, 1.7% 증가했고, 비수도권은 32,101세대로 전년동기 및 2015~2019년 4분기 평균 대비 각각 47.6%, 46.8% 감소하였다. 시도별로 살펴보면, 서울은 12,097세대로 전년동기 대비 7.9% 증가하였다. 그 외 인천·경기 36,437세대, 대전·세종·충남 8,015세대, 충북 3,835세대, 강원 646세대, 전북 0세대, 광주·전남·제주 5,333세대, 대구·경북 5,586세대, 부산·울산 5,345세대, 경남 3,341세대였다. 주택 규모별로는 $60m^2$ 이하 34,153세대, $60m^2$ 초과 $85m^2$ 이하 42,528세대, $85m^2$ 초과 3,954세대로, $85m^2$ 이하 중소형주택이 전체의 95.1%를 차지하여 중소형주택의 입주 물량이 많았다. 공급주체별로는 민간 57,197세대, 공공 23,438세대로, 민간 입주 물량이 공공 입주 물량의 2배 이상이었다.

〈보기〉

ㄱ. 2015~2019년 4분기 수도권 및 비수도권 아파트 입주 물량
ㄴ. 2015~2019년 공급주체별 연평균 아파트 입주 물량
ㄷ. 2019~2020년 4분기 시도별 아파트 입주 물량
ㄹ. 2019년 4분기 규모 및 공급주체별 아파트 입주 물량

① ㄱ, ㄴ
② ㄱ, ㄷ
③ ㄱ, ㄹ
④ ㄴ, ㄷ
⑤ ㄴ, ㄹ

꼼꼼 풀이 노트

권장 풀이 시간에 맞춰 문제를 풀어본 후, 꼼꼼 풀이 노트로 정리해보세요.

■ 출제 포인트

■ 선택지 분석

난이도 ★★★☆☆ 권장 풀이 시간: 2분 30초 나의 풀이 시간: _____분 _____초

06. 다음 <표>는 '갑'국 호수 A와 B의 2013년 8월 10~16일 수온, 수질측정, 조류예보 및 해제 현황과 2008~2012년 조류예보 발령 현황에 대한 자료이다. 이를 토대로 다음 <보고서>를 작성하기 위해 <표> 이외에 추가로 필요한 자료만을 <보기>에서 모두 고르면?

16 5급공채

<표 1> 호수별 수온, 수질측정, 조류예보 및 해제 현황(2013년 8월 10~16일)

호수	측정월일	수온(℃)	수질측정항목		조류예보 및 해제
			클로로필 농도 (mg/㎥)	남조류 세포수 (개/mL)	
A	8월 10일	27.6	16.9	917	-
	8월 11일	27.5	29.4	4,221	주의보
	8월 12일	26.2	30.4	5,480	주의보
	8월 13일	25.2	40.1	8,320	경보
	8월 14일	23.9	20.8	1,020	주의보
	8월 15일	20.5	18.0	328	주의보
	8월 16일	21.3	13.8	620	해제
B	8월 10일	24.2	21.7	4,750	-
	8월 11일	25.2	28.5	1,733	주의보
	8월 12일	26.1	30.5	5,315	주의보
	8월 13일	23.8	21.5	1,312	( )
	8월 14일	22.1	16.8	389	( )
	8월 15일	18.6	10.3	987	( )
	8월 16일	17.8	5.8	612	( )

※ 수질측정은 매일 각 호수별로 동일시간, 동일지점, 동일한 방법으로 1회만 수행함.

<표 2> 2008~2012년 호수별 조류예보 발령 현황

(단위: 일)

호수	구분	2008년	2009년	2010년	2011년	2012년
A	주의보	7	0	21	14	28
	경보	0	0	0	0	0
	대발생	0	0	0	0	0
B	주의보	49	35	28	35	14
	경보	7	0	21	42	0
	대발생	7	0	0	14	0

〈보고서〉

2013년 8월 10~16일 동안 호수 B의 수온이 호수 A의 수온보다 매일 낮았다. 그리고, 8월 10~12일 동안 호수 B의 클로로필 농도는 증가하다가 8월 13~16일 동안 감소하였다. 호수 B의 남조류 세포수는 8월 10~13일 동안 증감을 반복하다가 8월 14~16일 동안 1,000개/mL 이하로 유지되었다.

2008~2013년 호수 A와 B에서 클로로필 농도와 남조류 세포수의 월일별 증감 방향은 일치하지 않았으나, 호수 내 질소의 농도와 인의 농도를 월일별로 살펴보면 밀접한 상관관계가 있었다.

2008~2013년 조류예보 발령 현황을 보면 호수 A에는 2009년을 제외하면 매년 '주의보'가 발령되었고 호수 B에는 '경보'와 '대발생'도 발령되었다. '주의보'가 발령되는 시기는 주로 8월에서 10월까지 집중되어 있으며, 동절기인 12월에는 '주의보' 발령이 없었다.

〈보기〉

ㄱ. 2008~2013년 호수 A와 B의 월일별 질소 및 인 농도 측정 현황
ㄴ. 2008~2013년 호수 A와 B의 월일별 수위측정 현황
ㄷ. 2008~2013년 호수 A와 B의 월일별 조류예보 발령 현황
ㄹ. 2008~2013년 호수 A와 B의 월일별 수온측정 현황
ㅁ. 2008~2013년 호수 A와 B의 월일별 클로로필 농도 및 남조류 세포수 측정 현황

① ㄱ, ㄷ
② ㄱ, ㄷ, ㅁ
③ ㄴ, ㄷ, ㅁ
④ ㄱ, ㄴ, ㄹ, ㅁ
⑤ ㄱ, ㄷ, ㄹ, ㅁ

꼼꼼 풀이 노트

권장 풀이 시간에 맞춰 문제를 풀어본 후, 꼼꼼 풀이 노트로 정리해보세요.

■ 출제 포인트

■ 선택지 분석

난이도 ★★★★☆ **권장 풀이 시간:** 3분 **나의 풀이 시간:** _____분 _____초

07. 다음 <표>는 2019년 금융소득 분위별 가구당 자산규모와 소득규모에 관한 자료이다. 제시된 <표> 이외에 <보고서>를 작성하기 위해 추가로 필요한 자료만을 <보기>에서 고르면?

21 5급공채

<표 1> 금융소득 분위별 가구당 자산규모

(단위: 만 원)

자산 구분	가구 분류 \ 금융소득 분위	1분위	2분위	3분위	4분위	5분위
자산 총액	전체	34,483	42,390	53,229	68,050	144,361
	노인	26,938	32,867	38,883	55,810	147,785
순 자산액	전체	29,376	37,640	47,187	63,197	133,050
	노인	23,158	29,836	35,687	53,188	140,667
저축액	전체	6,095	8,662	11,849	18,936	48,639
	노인	2,875	4,802	6,084	11,855	48,311

<표 2> 금융소득 분위별 가구당 소득규모

(단위: 만 원)

자산 구분	가구 분류 \ 금융소득 분위	1분위	2분위	3분위	4분위	5분위
경상 소득	전체	4,115	4,911	5,935	6,509	9,969
	노인	1,982	2,404	2,501	3,302	6,525
근로 소득	전체	2,333	2,715	3,468	3,762	5,382
	노인	336	539	481	615	1,552
사업 소득	전체	1,039	1,388	1,509	1,334	1,968
	노인	563	688	509	772	1,581

※ 금융소득 분위는 금융소득이 있는 가구의 금융소득을 1~5분위로 구분하며, 숫자가 클수록 금융소득 분위가 높음.

〈보고서〉

2019년 금융소득 분위별 가구당 자산규모를 살펴보면, 금융소득 5분위 가구를 제외할 경우 각 금융소득 분위에서 노인가구당 자산총액은 전체가구당 자산총액보다 낮았다. 가구당 자산총액과 순자산액은 전체가구와 노인가구 모두에서 금융소득 분위가 높아짐에 따라 각각 증가하였다. 금융자산 역시 금융소득과 함께 증가하였는데 특히 전체가구 중 금융소득 1분위 가구당 금융자산은 자산총액의 약 35% 수준으로 나타났다. 이는 자산총액에 비해 금융자산의 불평등 정도가 심한 것으로 볼 수 있다. 저축액의 경우 노인가구 중 금융소득 1분위 가구당 저축액은 2,875만 원이고, 2분위 가구당 저축액은 4,802만 원으로 나타났다. 이는 금융소득 분위별로 구한 가구당 금융소득과 유사한 비율로 증가한 것이다.

2019년 금융소득 분위별 가구당 소득규모를 살펴보면, 금융소득 5분위를 제외한 가구당 경상소득은 각 금융소득 분위에서 노인가구가 전체가구 대비 60% 이하로 나타났다. 이는 노인가구의 경우 근로활동의 비중이 감소하므로 자산총액과는 다르게 전체가구의 경상소득과 노인가구의 경상소득 차이가 크게 나타난 결과로 볼 수 있다. 근로소득의 경우는 노인가구에서 금융소득 2분위보다 3분위의 가구당 근로소득이 더 작은 것으로 나타나 금융소득 분위가 높아짐에 따라 증가 추세를 보여준 가구당 금융자산과는 다른 형태를 보여주었다.

〈보기〉

ㄱ. 2019년 금융소득 없는 가구의 자산, 소득
ㄴ. 2019년 금융소득 분위별 가구당 금융자산
ㄷ. 2019년 경상소득 분위별 가구당 금융소득
ㄹ. 2019년 금융소득 분위별 가구당 금융소득

① ㄱ, ㄴ
② ㄱ, ㄷ
③ ㄴ, ㄷ
④ ㄴ, ㄹ
⑤ ㄷ, ㄹ

꼼꼼 풀이 노트

권장 풀이 시간에 맞춰 문제를 풀어본 후, 꼼꼼 풀이 노트로 정리해보세요.

■ 출제 포인트

■ 선택지 분석

난이도 ★★☆☆☆ 권장 풀이 시간: 2분 나의 풀이 시간: _____분 _____초

08. 다음 <표>는 '갑'국 종사상지위별 종사자 수 동향에 관한 자료이다. 제시된 <표> 이외에 <보고서>를 작성하기 위해 추가로 필요한 자료만을 <보기>에서 모두 고르면? 24 5급공채

<표> 종사상지위별 종사자 수 동향

(단위: 천 명)

종사상지위 \ 시기	2022년 7월	2023년 6월	2023년 7월
상용근로자	16,403	16,680	16,675
임시일용근로자	1,892	2,000	2,020
기타종사자	1,185	1,195	1,187

〈보고서〉

'갑'국 고용노동부는 2023년 7월 사업체노동력조사를 통해 종사자 및 입·이직자 현황을 파악하였다. 2023년 7월 상용근로자는 전년 동월 대비 27만 2천 명 증가하였으며, 임시일용근로자는 전년 동월 대비 12만 8천 명 증가하였다. 사업체 규모별 종사자 수 동향을 살펴보면, 2023년 7월 300인 미만 사업체의 경우 전년 동월 대비 33만 3천 명 증가하였으며, 300인 이상 사업체는 전년 동월 대비 6만 9천 명 증가하였다. 한편, 2023년 7월 입직자는 전년 동월 대비 2만 6천 명 증가하였고 전월 대비 5만 8천 명 증가하였다. 2023년 7월 이직자는 전년 동월 대비 약 4.0% 증가하였고 전월 대비 약 7.0% 증가하였다. 또한, 2023년 7월 전체 입직자 중 채용을 통한 입직자는 전년 동월 대비 2만 5천 명 증가하였으며, 기타 입직자는 전년 동월 대비 1천 명 증가하였다.

〈보기〉

ㄱ. 사업체 규모별 종사자 수 동향

(단위: 천 명)

사업체 규모 \ 시기	2022년 7월	2023년 6월	2023년 7월
300인 미만	16,216	16,555	16,549
300인 이상	3,264	3,320	3,333

ㄴ. 주요산업별 종사자 수 동향

(단위: 천 명)

주요사업 \ 시기	2022년 7월	2023년 6월	2023년 7월
제조업	3,696	3,740	3,737
건설업	1,452	1,463	1,471
도매 및 소매업	2,274	2,308	2,301

ㄷ. 입직자 및 이직자 수 동향

(단위: 천 명)

구분 \ 시기	2022년 7월	2023년 6월	2023년 7월
입직자	1,001	969	1,027
이직자	973	946	1,012

ㄹ. 입직유형별 입직자 수 동향

(단위: 천 명)

입직유형 \ 시기	2022년 7월	2023년 6월	2023년 7월
채용	892	925	917
기타	109	44	110
합계	1,001	969	1,027

① ㄱ, ㄷ

② ㄴ, ㄷ

③ ㄴ, ㄹ

④ ㄱ, ㄴ, ㄹ

⑤ ㄱ, ㄷ, ㄹ

약점 보완 해설집 p.46

유형 9 표-차트 변환형

유형 소개

'표-차트 변환형'은 표가 1~3개 내외로 제시되고, 제시된 자료를 그래프로 나타내었을 때 옳지 않게 변환한 자료를 판단하는 유형이다.

유형 특징

1 선택지나 <보기>에 그래프가 제시되기 때문에 전반적으로 많은 분량이 제시된다.

2 막대 그래프, 꺾은선 그래프, 원 그래프 형태의 실수 자료 또는 비율 자료가 제시된다.

3 표의 내용을 비율로 재구성한 선택지나 <보기>가 많다면 계산에 많은 시간이 소요된다.

4 '표-차트 변환형'은 2024년 7급 공채 PSAT에서 25문제 중 1문제가 출제되었고, 2023년에도 1문제가 출제되었다. 2022년에는 출제되지 않았지만, 2021년과 2020년 모의평가에서는 각각 1문제가 출제되었다.

풀이 전략

1 제시된 표의 제목·단위와 선택지나 <보기>에서 제시되는 그래프의 제목·단위를 비교한다.

2 제시된 표가 실수 자료이고, 선택지나 <보기>의 그래프 단위가 '%'라면 표를 재구성한 비율 자료임을 확인한다.

3 제시된 표가 비율 자료이고, 선택지나 <보기>의 그래프 단위가 '%'라면 표의 수치를 그대로 나타낸 자료일 확률이 높다.

4 제시된 표·그래프의 단위와 동일한 선택지나 <보기>부터 풀이하고, 제시된 표의 수치를 재구성한 자료 중 계산이 많은 선택지나 <보기>를 후순위로 풀이한다.

유형 공략 문제

꼼꼼 풀이 노트

권장 풀이 시간에 맞춰 문제를 풀어본 후, 꼼꼼 풀이 노트로 정리해보세요.

■ 출제 포인트

예) 실수+비율 자료, 표 형태의 실수 자료를 차트로 변환

■ 선택지 분석

예) ① 실수를 비율 그래프로 변환
② <표>의 수치를 그대로 나타냄
③ 실수를 비율 그래프로 변환
④ 실수를 비율 그래프로 변환
⑤ 실수를 비율 그래프로 변환, 틀린 수치 제시

난이도 ★★★★☆ 권장 풀이 시간: 3분 나의 풀이 시간: ____분 ____초

01. 다음 <표>는 2018~2022년 '갑'국의 양자기술 분야별 정부 R&D 투자금액에 관한 자료이다. <표>를 이용하여 작성한 자료로 옳지 않은 것은? 23 7급공채

<표> 양자기술 분야별 정부 R&D 투자금액

(단위: 백만 원)

분야 \ 연도	2018	2019	2020	2021	2022	합
양자컴퓨팅	61	119	200	285	558	1,223
양자내성암호	102	209	314	395	754	1,774
양자통신	110	192	289	358	723	1,672
양자센서	77	106	125	124	209	641
계	350	626	928	1,162	2,244	5,310

※ 양자기술은 양자컴퓨팅, 양자내성암호, 양자통신, 양자센서 분야로만 구분됨.

① 2019~2022년 양자통신 분야 정부 R&D 투자금액의 전년 대비 증가율

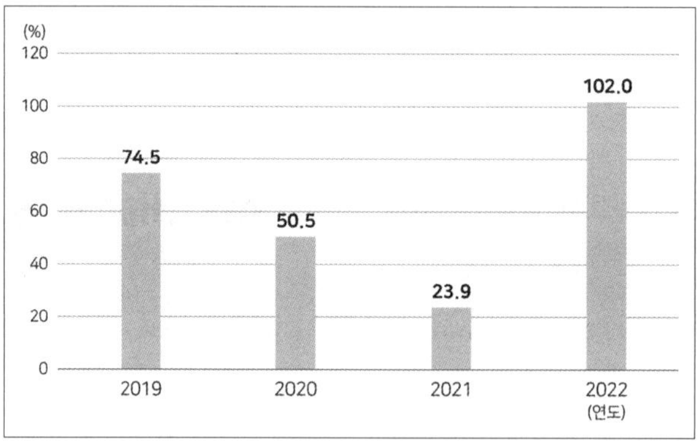

② 연도별 양자컴퓨팅, 양자통신 분야 정부 R&D 투자금액

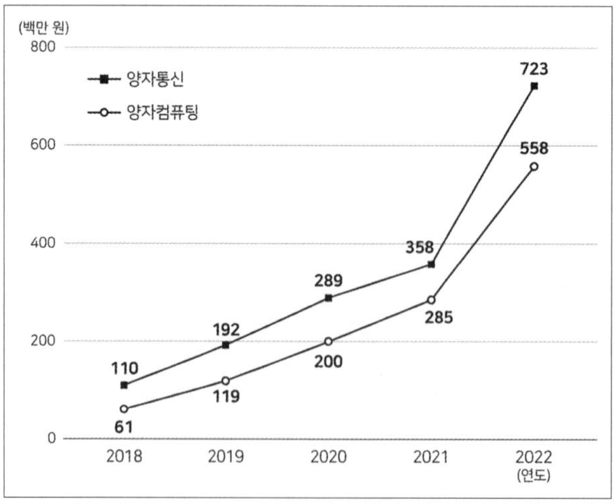

③ 2018~2022년 양자기술 정부 R&D 총투자금액의 분야별 구성비

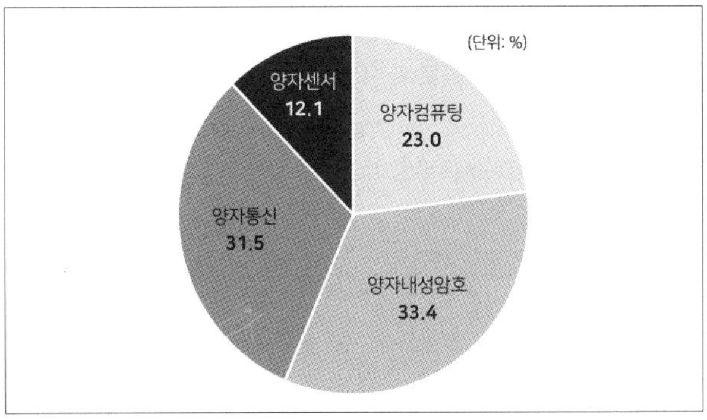

④ 연도별 양자내성암호 분야 정부 R&D 투자금액 대비 양자센서 분야 정부 R&D 투자금액 비율

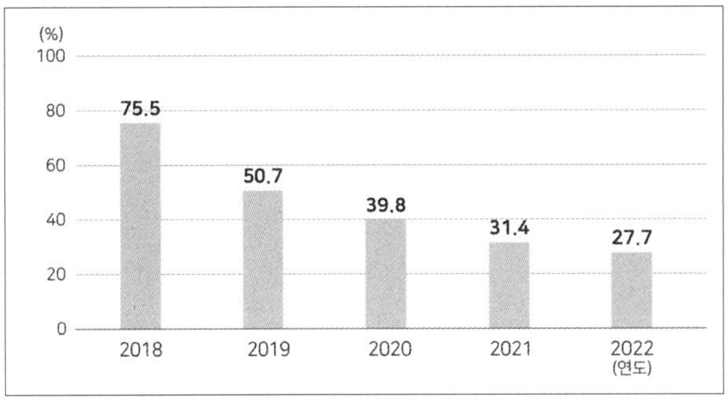

⑤ 2018~2022년 양자기술 정부 R&D 투자금액의 분야별 비중

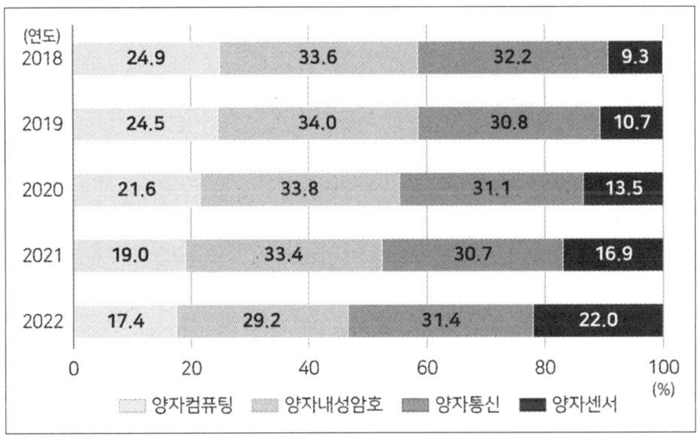

꼼꼼 풀이 노트

권장 풀이 시간에 맞춰 문제를 풀어본 후, 꼼꼼 풀이 노트로 정리해보세요.

■ 출제 포인트

■ 선택지 분석

난이도 ★★★☆☆ 권장 풀이 시간: 2분 30초 나의 풀이 시간: ____분 ____초

02. 다음 <표>는 2016~2018년 A국 10대 수출품목의 수출액에 관한 자료이다. <표>를 이용하여 작성한 그래프로 옳지 않은 것은? 19 5급공채

<표 1> A국 10대 수출품목의 수출액 비중과 품목별 세계수출시장 점유율(금액기준)

(단위: %)

구분 / 연도 / 품목	A국의 전체 수출액에서 차지하는 비중			품목별 세계수출시장에서 A국의 점유율		
	2016	2017	2018	2016	2017	2018
백색가전	13.0	12.0	11.0	2.0	2.5	3.0
TV	14.0	14.0	13.0	10.0	20.0	25.0
반도체	10.0	10.0	15.0	30.0	33.0	34.0
휴대폰	16.0	15.0	13.0	17.0	16.0	13.0
2,000cc 이하 승용차	8.0	7.0	8.0	2.0	2.0	2.3
2,000cc 초과 승용차	6.0	6.0	5.0	0.8	0.7	0.8
자동차용 배터리	3.0	4.0	6.0	5.0	6.0	7.0
선박	5.0	4.0	3.0	1.0	1.0	1.0
항공기	1.0	2.0	3.0	0.1	0.1	0.1
전자부품	7.0	8.0	9.0	2.0	1.8	1.7
계	83.0	82.0	86.0	—	—	—

※ A국의 전체 수출액은 매년 변동 없음.

<표 2> A국 백색가전의 세부 품목별 수출액 비중

(단위: %)

연도 / 세부 품목	2016	2017	2018
일반세탁기	13.0	10.0	8.0
드럼세탁기	18.0	18.0	18.0
일반냉장고	17.0	12.0	11.0
양문형냉장고	22.0	26.0	28.0
에어컨	23.0	25.0	26.0
공기청정기	7.0	9.0	9.0
계	100.0	100.0	100.0

① TV의 세계수출시장 규모 대비 A국 전체 수출액의 비율

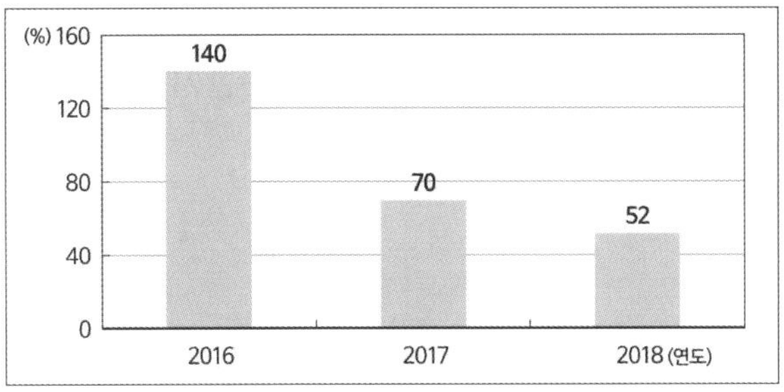

② 2016년 A국의 전체 수출액에서 각 품목이 차지하는 비중

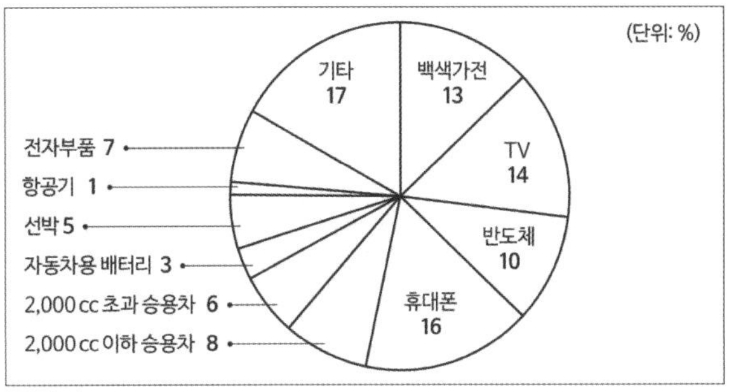

③ A국 백색가전 세부 품목별 수출액 비중

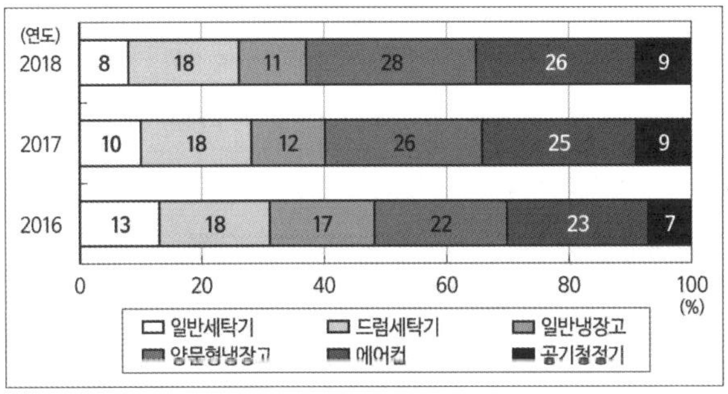

④ 2016~2018년 A국 품목별 세계수출시장 점유율

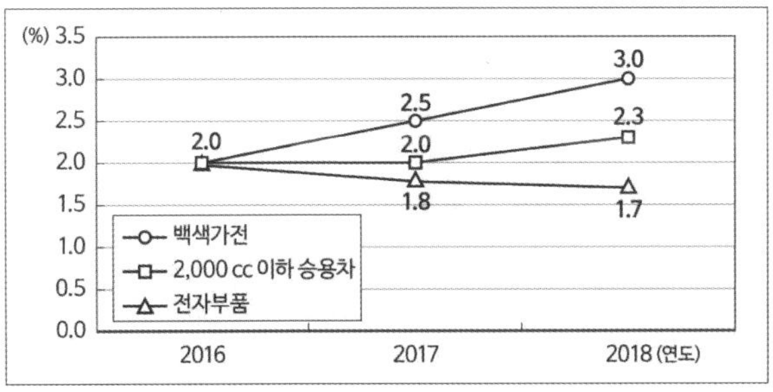

⑤ 2017~2018년 A국 품목별 수출액의 전년대비 증가율

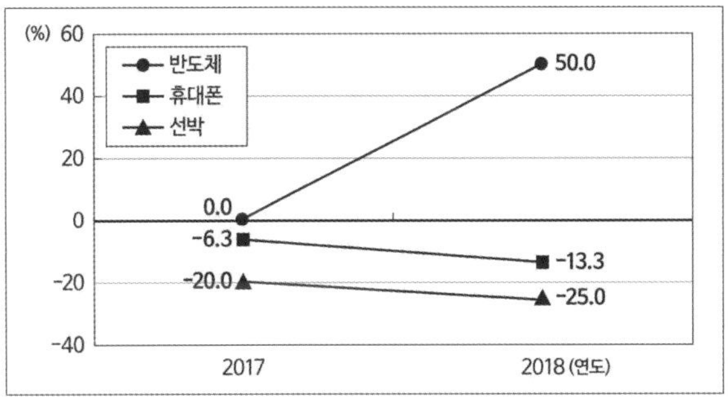

꼼꼼 풀이 노트

권장 풀이 시간에 맞춰 문제를 풀어본 후, 꼼꼼 풀이 노트로 정리해보세요.

■ 출제 포인트

■ 선택지 분석

난이도 ★★★☆☆ **권장 풀이 시간:** 2분 30초 **나의 풀이 시간:** ____분 ____초

03. 다음 <표>는 2014~2018년 공공기관 신규채용 합격자 현황에 관한 자료이다. 이를 이용하여 작성한 그래프로 옳지 않은 것은? 20 7급모의

<표 1> 공공기관 신규채용 합격자 현황

(단위: 명)

합격자 \ 연도	2014	2015	2016	2017	2018
전체	17,601	19,322	20,982	22,547	33,832
여성	7,502	7,664	8,720	9,918	15,530

<표 2> 공공기관 유형별 신규채용 합격자 현황

(단위: 명)

유형	합격자 \ 연도	2014	2015	2016	2017	2018
공기업	전체	4,937	5,823	5,991	6,805	9,070
	여성	1,068	1,180	1,190	1,646	2,087
준정부기관	전체	5,055	4,892	6,084	6,781	9,847
	여성	2,507	2,206	2,868	3,434	4,947
기타공공기관	전체	7,609	8,607	8,907	8,961	14,915
	여성	3,927	4,278	4,662	4,838	8,496

※ 공공기관은 공기업, 준정부기관, 기타공공기관으로만 구성됨.

① 공공기관 유형별 신규채용 합격자 현황

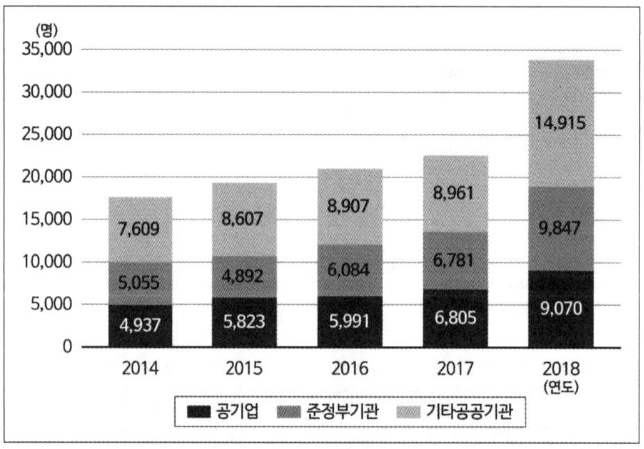

② 2016년 공공기관 유형별 신규채용 남성 합격자 현황

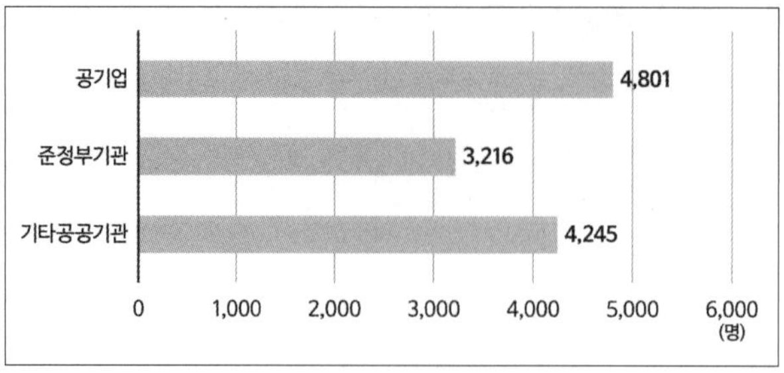

③ 공공기관 유형별 신규채용 합격자 중 여성 비중

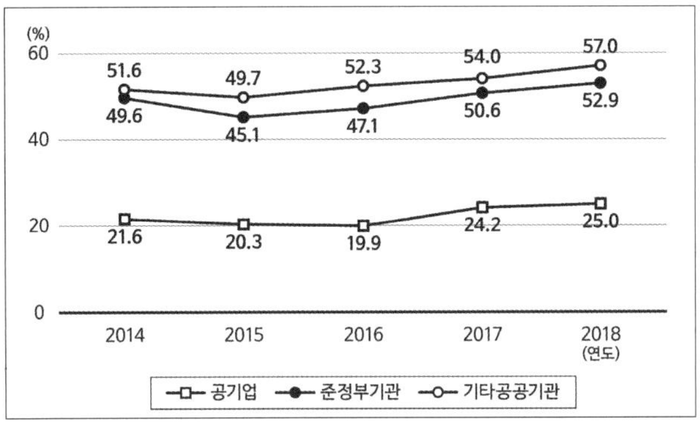

④ 공공기관 신규채용 합격자의 전년대비 증가율

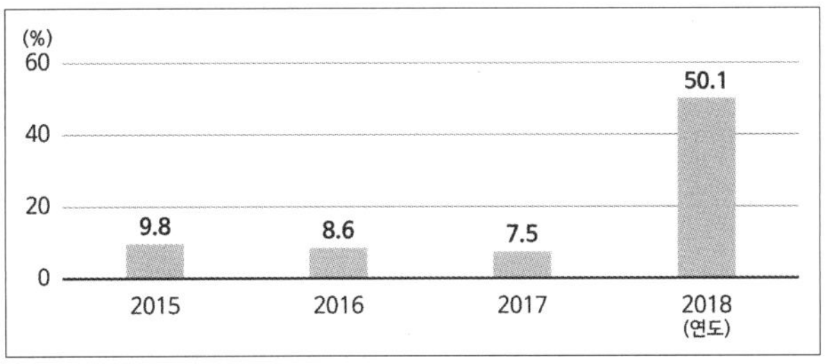

⑤ 2018년 공공기관 신규채용 합격자의 공공기관 유형별 구성비

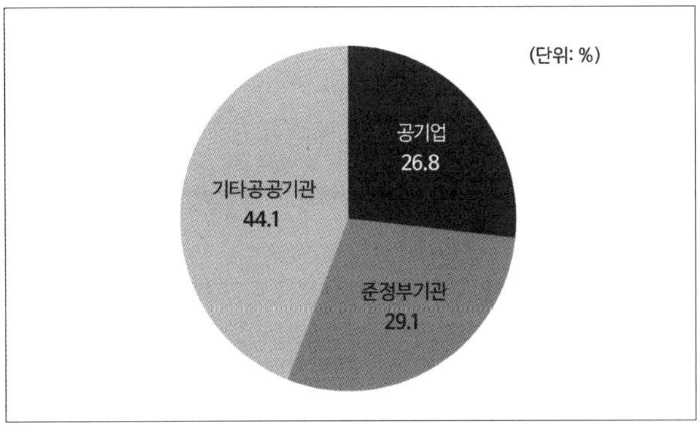

꼼꼼 풀이 노트

권장 풀이 시간에 맞춰 문제를 풀어본 후, 꼼꼼 풀이 노트로 정리해보세요.

■ 출제 포인트

■ 선택지 분석

난이도 ★★★★☆ 권장 풀이 시간: 3분 나의 풀이 시간: ____분 ____초

04. 다음 <표>는 2019~2023년 '갑'지역의 여행객 현황에 관한 자료이다. 이를 이용하여 작성한 자료로 옳지 않은 것은? 24 5급공채

<표 1> 여행 목적별 여행객 수

(단위: 명)

목적 \ 연도	구분	2019	2020	2021	2022	2023
전체	총계	9,315	10,020	10,397	10,811	10,147
	개별여행	6,352	6,739	7,410	7,458	7,175
	단체여행	2,963	3,281	2,987	3,353	2,972
여가	소계	4,594	5,410	6,472	6,731	6,526
	개별여행	2,089	2,749	3,931	3,865	4,085
	단체여행	2,505	2,661	2,541	2,866	2,441
종교	소계	125	114	104	80	50
	개별여행	99	64	58	56	31
	단체여행	26	50	46	24	19
쇼핑	소계	981	1,044	1,030	1,148	1,328
	개별여행	683	701	748	776	919
	단체여행	298	343	282	372	409
사업	소계	2,880	2,746	2,366	2,389	1,768
	개별여행	2,774	2,585	2,284	2,317	1,682
	단체여행	106	161	82	72	86
교육	소계	735	706	425	463	475
	개별여행	707	640	389	444	458
	단체여행	28	66	36	19	17

<표 2> 여행지출액 및 여행횟수별 여행객 수

(단위: 백만 원, 명)

연도 \ 구분	여행 지출액	여행횟수			
		1회	2회	3회	4회 이상
2019	18,760	5,426	1,449	792	1,648
2020	18,710	6,046	1,395	802	1,777
2021	20,953	6,773	1,341	686	1,597
2022	19,060	5,834	1,759	851	2,367
2023	19,392	6,237	1,268	677	1,965

① 여행객 1명당 여행지출액

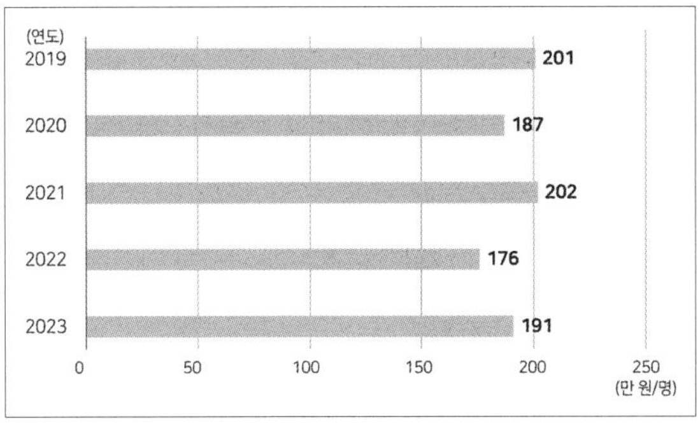

※ 여행객 1명당 여행지출액(만 원/명) = $\frac{\text{여행지출액}}{\text{전체 여행객 총계}}$

② 전체 개별여행객 중 '사업' 목적 개별여행객 비율 및 전체 단체여행객 중 '사업' 목적 단체여행객 비율

(단위: %)

구분 \ 연도	2019	2020	2021	2022	2023
개별여행	44	38	31	31	23
단체여행	4	5	3	2	3

③ 전체 개별여행객 수 및 전체 단체여행객 수

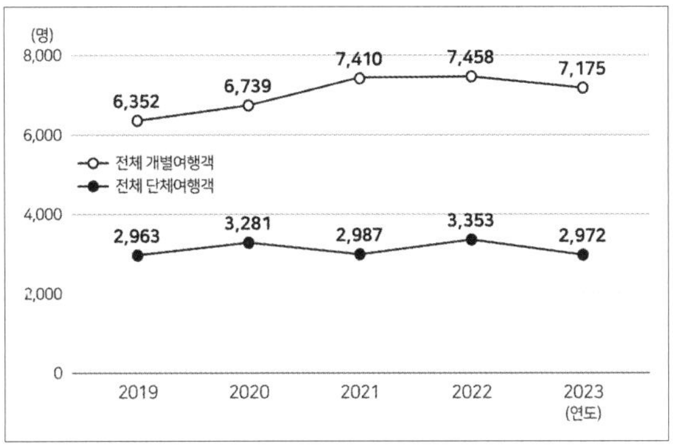

④ '종교' 목적 여행객 중 개별여행객 비율

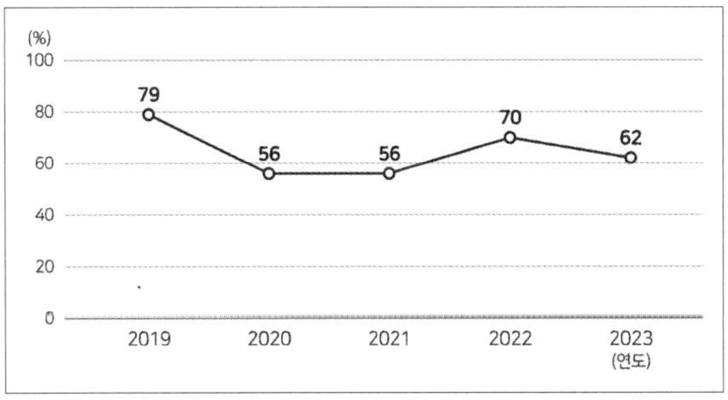

⑤ 전체 여행객 중 여행횟수가 3회 이하인 여행객 비율

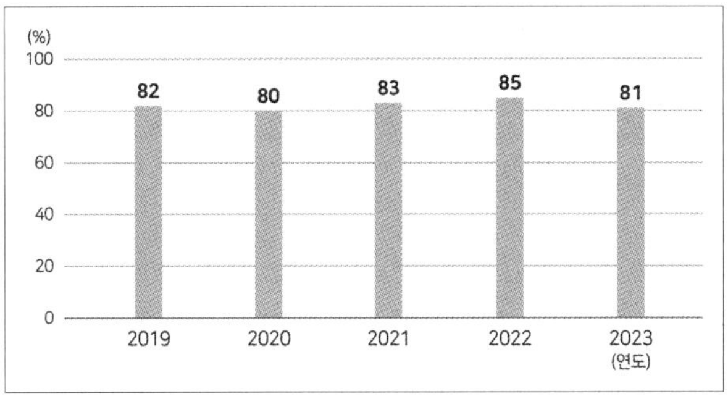

꼼꼼 풀이 노트

권장 풀이 시간에 맞춰 문제를 풀어본 후,
꼼꼼 풀이 노트로 정리해보세요.

■ 출제 포인트

■ 선택지 분석

난이도 ★★★★☆ 권장 풀이 시간: 3분 나의 풀이 시간: _____분 _____초

05. 다음 <설명>과 <표>는 2019년 12월 31일 기준 우리나라 행정구역 현황에 관한 자료이다. <설명>과 <표>를 이용하여 2019년 12월 31일 기준으로 작성한 <보기>의 그래프 중 옳은 것만을 고르면? 21 5급공채

〈설명〉

- ○ 광역지방자치단체는 특별시, 광역시, 특별자치시, 도, 특별자치도로 구분된다.
- ○ 기초지방자치단체는 시, 군, 구로 구분된다.
- ○ 특별시는 구를, 광역시는 구와 군을, 도는 시와 군을 하위 행정구역으로 둔다. 단, 도의 하위 행정구역인 시에는 하위 행정구역으로 구를 둘 수 있으나, 이 구는 기초지방자치단체에 해당하지 않는다.
- ○ 특별자치도는 하위 행정구역으로 시를 둘 수 있으나, 이 시는 기초지방자치단체에 해당하지 않는다.
- ○ 시와 구는 읍, 면, 동을, 군은 읍, 면을 하위 행정구역으로 둔다.

<표> 2019년 12월 31일 기준 우리나라 행정구역 현황

(단위: 개, km^2, 세대, 명)

행정구역	시	군	구	면적	세대수	공무원수	인구	
								여성
서울특별시	0	0	25	605.24	4,327,605	34,881	9,729,107	4,985,048
부산광역시	0	1	15	770.02	1,497,908	11,591	3,413,841	1,738,424
대구광역시	0	1	7	883.49	1,031,251	7,266	2,438,031	1,232,745
인천광역시	0	2	8	1,063.26	1,238,641	9,031	2,957,026	1,474,777
광주광역시	0	0	5	501.14	616,485	4,912	1,456,468	735,728
대전광역시	0	0	5	539.63	635,343	4,174	1,474,870	738,263
울산광역시	0	1	4	1,062.04	468,659	3,602	1,148,019	558,307
세종특별자치시	0	0	0	464.95	135,408	2,164	340,575	170,730
경기도	28	3	17	10,192.52	5,468,920	45,657	13,239,666	6,579,671
강원도	7	11	0	16,875.28	719,524	14,144	1,541,502	766,116
충청북도	3	8	4	7,406.81	722,123	10,748	1,600,007	789,623
충청남도	8	7	2	8,245.55	959,255	14,344	2,123,709	1,041,771
전라북도	6	8	2	8,069.13	816,191	13,901	1,818,917	914,807
전라남도	5	17	0	12,345.20	872,628	17,874	1,868,745	931,071
경상북도	10	13	2	19,033.34	1,227,548	21,619	2,665,836	1,323,799
경상남도	8	10	5	10,540.39	1,450,822	20,548	3,362,553	1,670,521
제주특별자치도	2	0	0	1,850.23	293,155	2,854	670,989	333,644
계	77	82	101	100,448.22	22,481,466	239,310	51,849,861	25,985,045

〈보기〉

ㄱ. 남부지역 4개 도의 군당 거주 여성인구 수

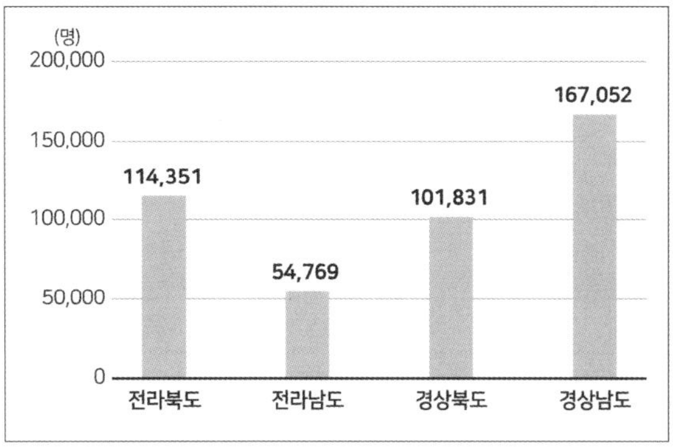

ㄴ. 도와 특별자치도의 세대당 면적

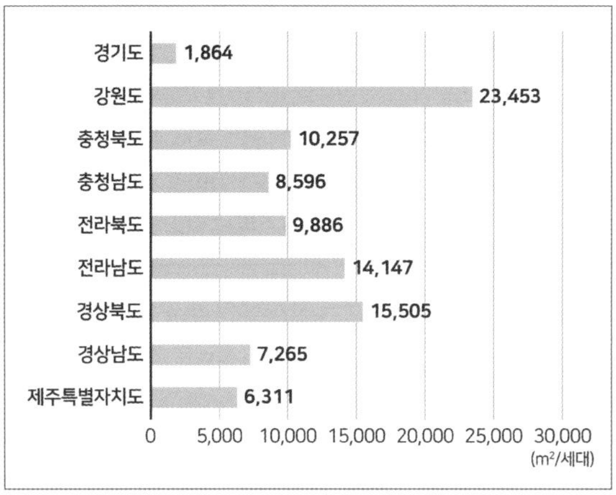

ㄷ. 서울특별시 공무원수 대비 6대 광역시 공무원수의 비율

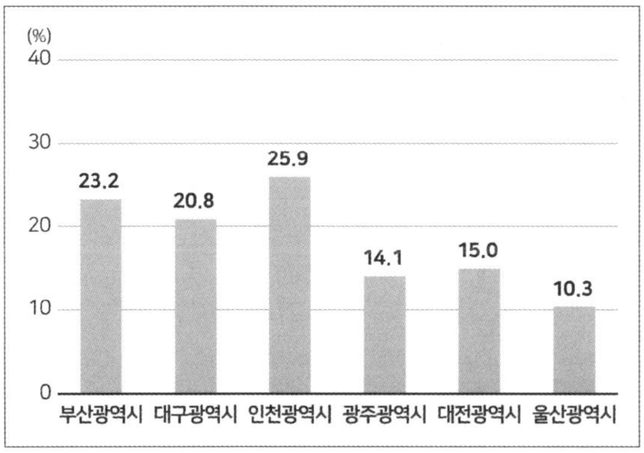

ㄹ. 전국 기초지방자치단체 구성 비율

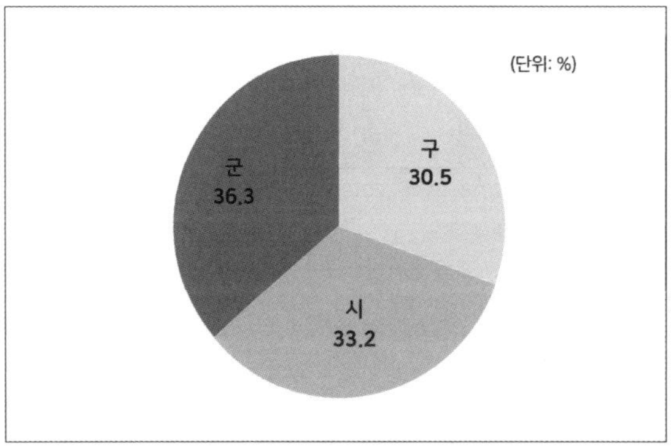

① ㄱ, ㄴ　② ㄱ, ㄷ

③ ㄱ, ㄹ　④ ㄴ, ㄷ

⑤ ㄴ, ㄹ

꼼꼼 풀이 노트

권장 풀이 시간에 맞춰 문제를 풀어본 후, 꼼꼼 풀이 노트로 정리해보세요.

■ 출제 포인트

■ 선택지 분석

난이도 ★★★★☆ 권장 풀이 시간: 3분 나의 풀이 시간: _____분 _____초

06. 다음 <표>는 2015~2019년 '갑'국 음식점 현황에 관한 자료이다. <표>를 이용하여 작성한 그래프로 옳지 않은 것은? 20 5급공채

<표> '갑'국 음식점 현황

(단위: 개, 명, 억 원)

구분	업종 \ 연도	2015	2016	2017	2018	2019
사업체	한식	157,295	156,707	155,555	158,398	159,852
	서양식	1,182	1,356	1,306	4,604	1,247
	중식	13,102	9,940	9,885	10,443	10,099
	계	171,579	168,003	166,746	173,445	171,198
종사자	한식	468,351	473,878	466,685	335,882	501,056
	서양식	17,748	13,433	13,452	46,494	14,174
	중식	80,193	68,968	72,324	106,472	68,360
	계	566,292	556,279	552,461	488,848	583,590
매출액		67,704	90,600	75,071	137,451	105,603
부가가치액		28,041	31,317	23,529	23,529	31,410

① 업종별 종사자

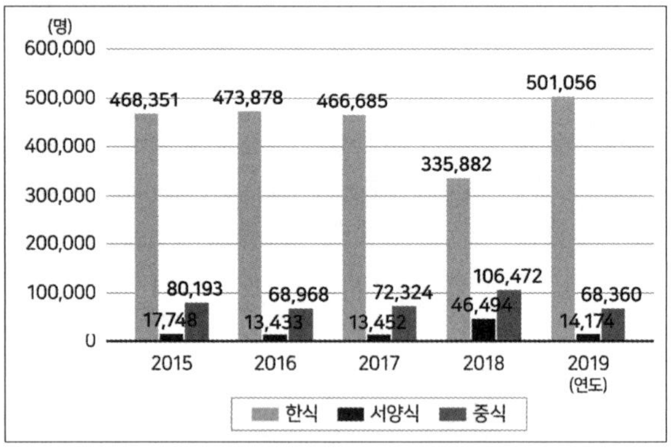

② 업종별 사업체 구성비

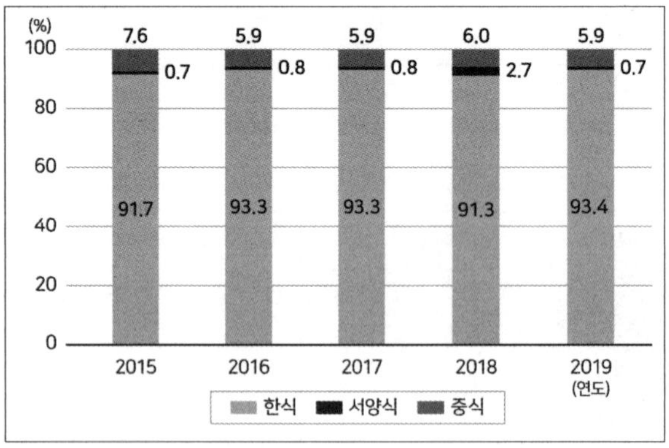

③ 업종별 사업체당 종사자

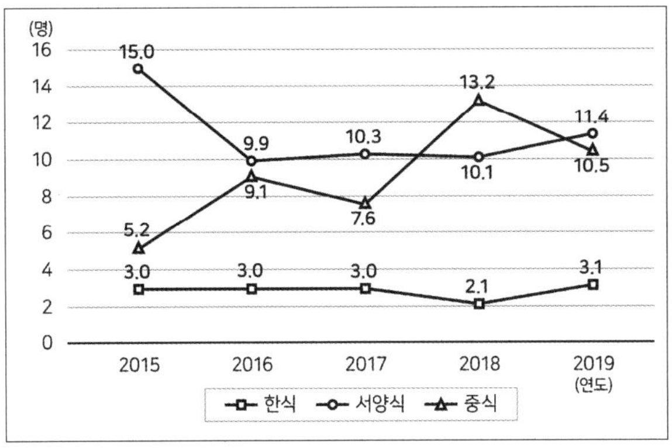

④ 한식, 중식 종사자의 전년 대비 증가율

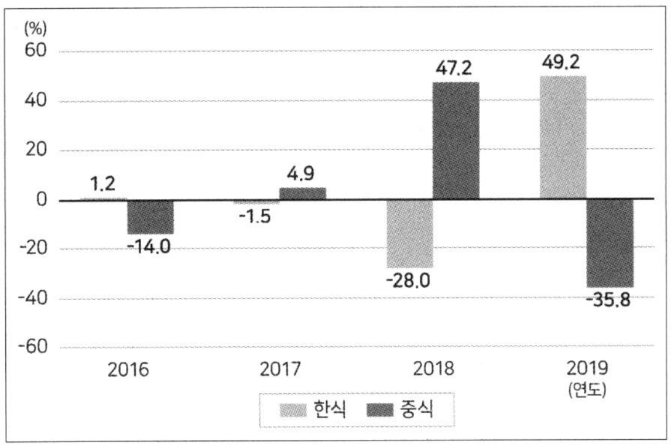

⑤ 매출액 대비 부가가치액 비율

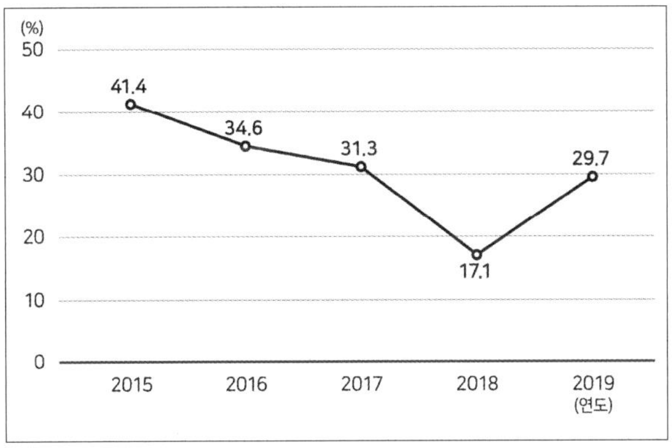

꼼꼼 풀이 노트

권장 풀이 시간에 맞춰 문제를 풀어본 후, 꼼꼼 풀이 노트로 정리해보세요.

■ 출제 포인트

■ 선택지 분석

난이도 ★★★★☆ 권장 풀이 시간: 3분 나의 풀이 시간: _____분 _____초

07. 다음 <표>는 A~D 마을로 구성된 '갑'지역의 가구수에 관한 자료이다. <표>를 이용하여 작성한 그래프로 옳은 것은? 22 5급공채

<표 1> 마을별 1인 가구 현황

(단위: 가구, %)

연도 \ 마을	A	B	C	D
2018	90(18.0)	130(26.0)	200(40.0)	80(16.0)
2019	220(36.7)	60(10.0)	130(21.7)	190(31.7)
2020	305(43.6)	240(34.3)	80(11.4)	75(10.7)
2021	120(15.0)	205(25.6)	160(20.0)	315(39.4)

※ ( ) 안 수치는 연도별 '갑'지역 1인 가구수 중 해당 마을 1인 가구수의 비중임.

<표 2> 마을별 총가구수

(단위: 가구)

마을	A	B	C	D
총가구수	600	550	500	500

※ A~D 마을별 총가구수는 매년 변동 없음.

① 연도별 '갑'지역 1인 가구수

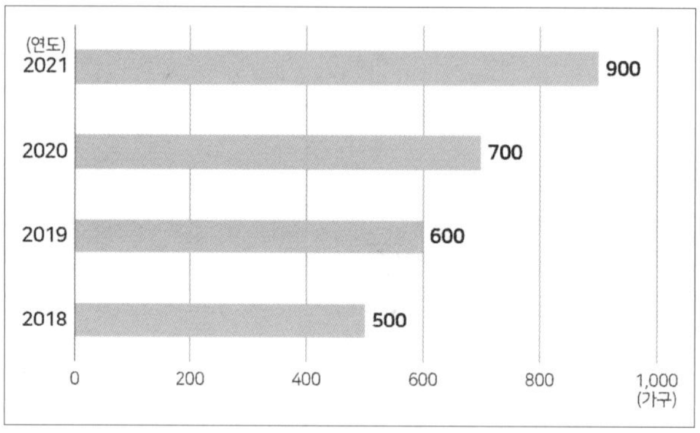

② 2021년 '갑'지역 2인 이상 가구의 마을별 구성비

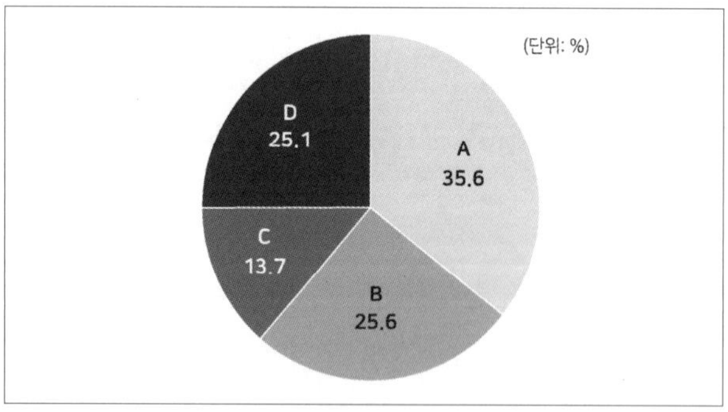

③ 연도별 A 마을의 총가구수 대비 1인 가구수 비중

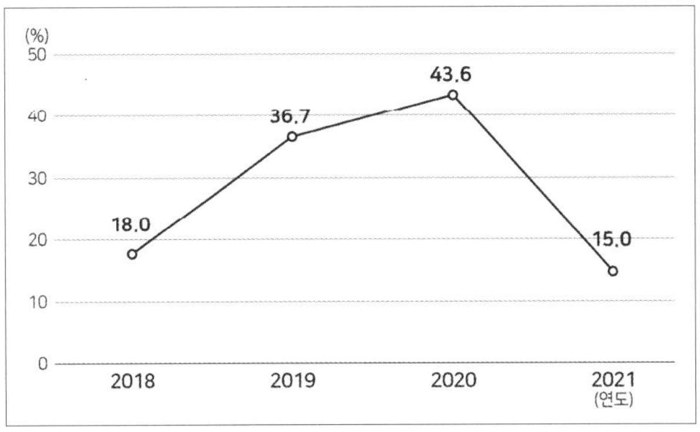

④ 연도별 B, C 마을의 2인 이상 가구수와 1인 가구수 차이

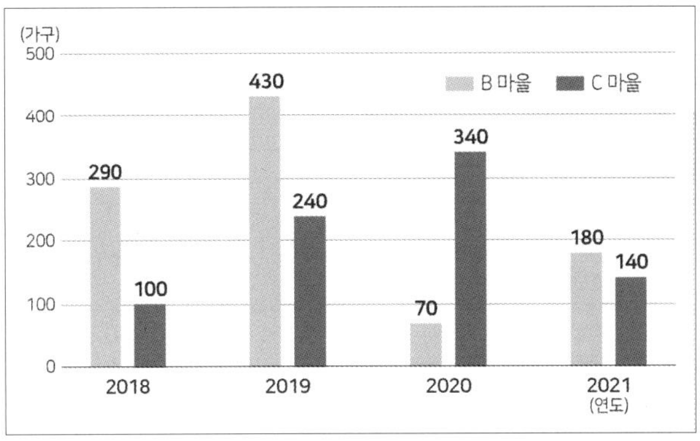

⑤ 연도별 D 마을의 전년 대비 1인 가구수 증가율

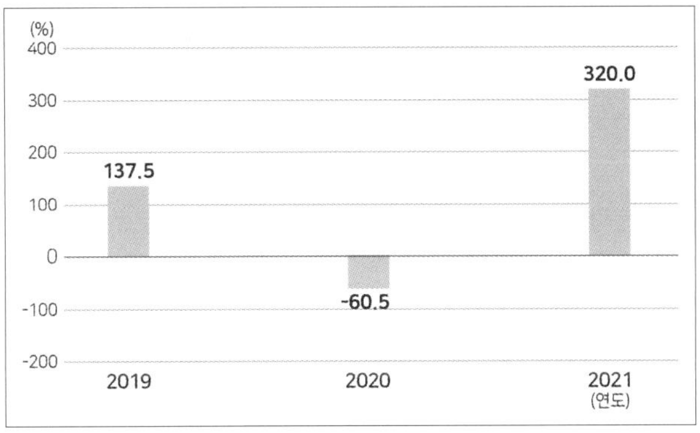

꼼꼼 풀이 노트

권장 풀이 시간에 맞춰 문제를 풀어본 후, 꼼꼼 풀이 노트로 정리해보세요.

■ 출제 포인트

■ 선택지 분석

난이도 ★★★★★ **권장 풀이 시간:** 3분 30초 **나의 풀이 시간:** _____분 _____초

08. 다음 <표>는 2017년과 2018년 '갑'국에 운항하는 항공사의 운송실적 및 피해구제 현황에 관한 자료이다. <표>를 이용하여 작성한 그래프로 옳지 않은 것은? 21 7급공채

<표 1> 2017년과 2018년 국적항공사의 노선별 운송실적

(단위: 천 명)

국적항공사 \ 연도 \ 노선		국내선 2017	국내선 2018	국제선 2017	국제선 2018
대형 항공사	태양항공	7,989	6,957	18,925	20,052
	무지개항공	5,991	6,129	13,344	13,727
저비용 항공사	알파항공	4,106	4,457	3,004	3,610
	에어세종	0	0	821	1,717
	청렴항공	3,006	3,033	2,515	2,871
	독도항공	4,642	4,676	5,825	7,266
	참에어	3,738	3,475	4,859	5,415
	동해항공	2,935	2,873	3,278	4,128
합계		32,407	31,600	52,571	58,786

<표 2> 2017년 피해유형별 항공사의 피해구제 접수 건수 비율

(단위: %)

항공사 \ 피해유형	취소환불 위약금	지연 결항	정보제공 미흡	수하물 지연 파손	초과 판매	기타	합계
국적항공사	57.14	22.76	5.32	6.81	0.33	7.64	100.00
외국적항공사	49.06	27.77	6.89	6.68	1.88	7.72	100.00

<표 3> 2018년 피해유형별 항공사의 피해구제 접수 건수

(단위: 건)

항공사 \ 피해유형		취소 환불 위약금	지연 결항	정보 제공 미흡	수하물 지연 파손	초과 판매	기타	합계	전년 대비 증가
대형 항공사	태양항공	31	96	0	7	0	19	153	13
	무지개항공	20	66	0	5	0	15	106	−2
저비용 항공사	알파항공	9	9	0	1	0	4	23	−6
	에어세종	19	10	2	1	0	12	44	7
	청렴항공	12	33	3	4	0	5	57	16
	독도항공	34	25	3	9	0	27	98	−35
	참에어	33	38	0	6	0	8	85	34
	동해항공	19	32	1	10	0	10	72	9
국적항공사		177	309	9	43	0	100	638	36
외국적항공사		161	201	11	35	0	78	486	7

① 2017년 피해유형별 외국적항공사의 피해구제 접수 건수 대비 국적항공사의 피해구제 접수 건수 비

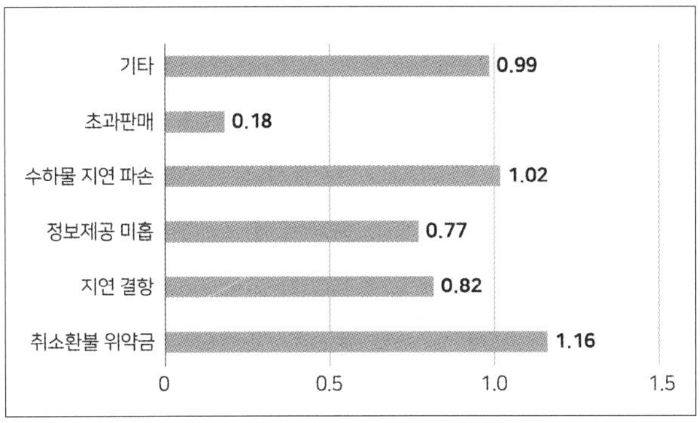

② 2017년 국적항공사별 피해구제 접수 건수 비중

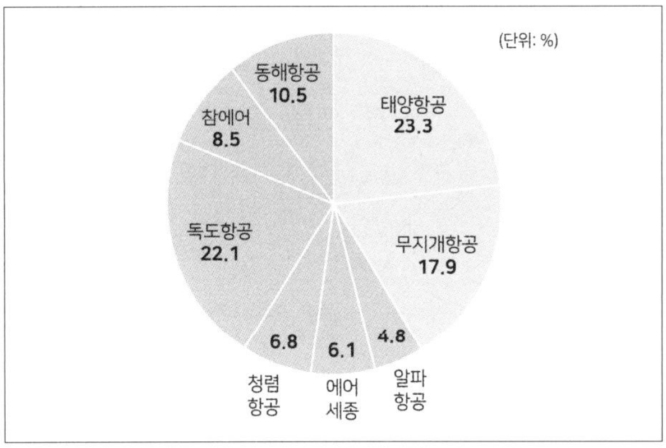

③ 2017년 피해유형별 국적항공사의 피해구제 접수 건수

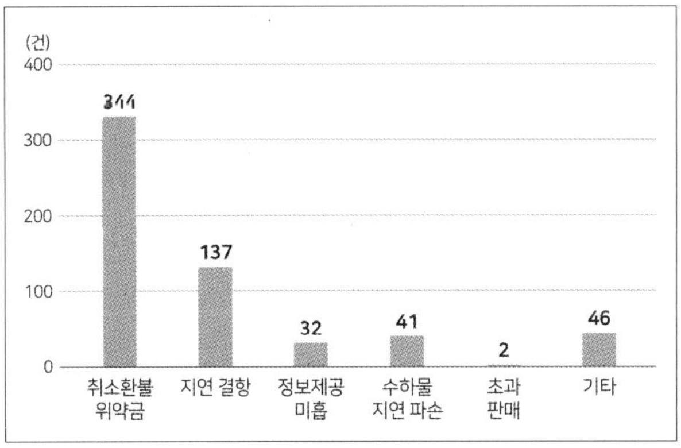

④ 2017년 대비 2018년 저비용 국적항공사의 전체 노선 운송실적 증가율

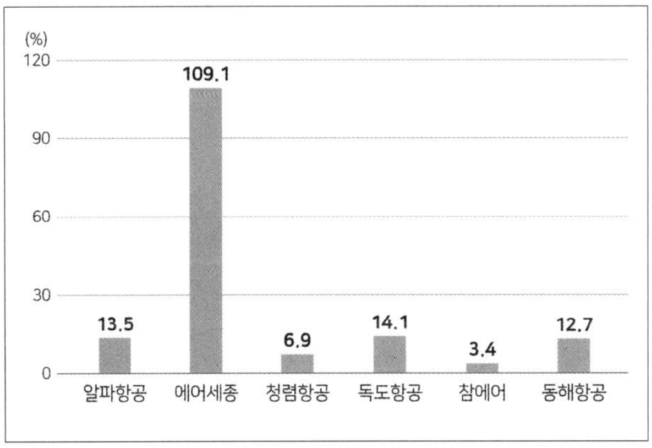

이어서 →

⑤ 대형 국적항공사의 전체 노선 운송실적 대비 피해구제 접수 건수 비

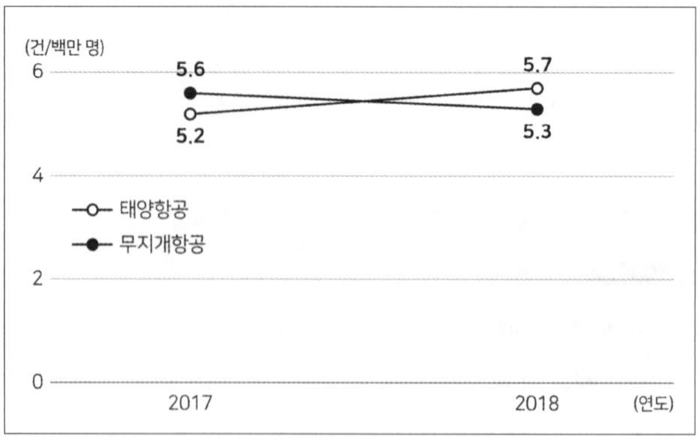

약점 보완 해설집 p.48

취약 유형 진단 & 약점 극복

1 문항별 정오표

각 문항별로 정오를 확인한 후, 맞았으면 O, 풀지 못했으면 △, 틀렸으면 X로 표시해 보세요.

보고서 검토·확인형		표-차트 변환형	
번호	정오	번호	정오
01		01	
02		02	
03		03	
04		04	
05		05	
06		06	
07		07	
08		08	

2 취약 유형 분석표

유형별로 맞힌 문제 개수와 정답률을 적고, 취약한 유형이 무엇인지 파악해 보세요.

유형	맞힌 문제 개수	정답률
보고서 검토·확인형	/8	%
표-차트 변환형	/8	%

3 학습 전략

취약한 유형의 학습 전략을 확인한 후, 풀지 못한 문제와 틀린 문제를 다시 풀면서 취약 유형을 극복해 보세요.

보고서 검토·확인형	추가로 필요한 자료를 확인하는 유형은 도출가능성을 기준으로 항목과 시점(연도)을 체크하여 접근합니다. 또한 사용되지 않은 자료를 확인하는 유형은 선택지의 제목을 키워드 중심으로 체크하여 <보고서>의 내용에 인용이 되었는지 여부를 확인합니다.
표-차트 변환형	표의 제목과 단위를 기준으로 선택지나 <보기>의 제목과 단위를 연결하여 그대로 사용되었거나 단순한 합 또는 차이를 반영한 항목부터 검토합니다. 표의 수치를 재구성하여 변형한 선택지나 <보기>는 후순위로 검토하되, 그중 구성비를 나타내는 것이나 증가율을 나타내는 것을 우선적으로 검토합니다.

출제 경향

1 자료이해는 제시된 자료와 조건에 평균 개념, 반대해석, 최소여집합을 적용하거나 분산·물방울 차트의 특성을 활용하여 정보를 올바르게 추론할 수 있는지를 평가하기 위한 유형이다.

2 자료와 선택지 또는 <보기>의 내용에 따라 ① 평균 개념형, ② 분산·물방울형, ③ 최소여집합형 총 3가지 세부 유형으로 출제된다.

3 2020년 모의평가에서는 '상' 난이도, 2021년 기출문제에서는 '중상' 난이도로 출제되었으나, 2022년 기출문제에서는 '하' 난이도로 평이하게 출제되었고, 2023년 기출문제에서는 '중' 이상의 난이도로 쉽지 않게 출제되었으며 2024년에는 '상' 난이도로 어렵게 출제되었다.

4 자료이해

유형 10 평균 개념형

유형 11 분산·물방울형

유형 12 최소여집합형

유형 10 평균 개념형

유형 소개

'평균 개념형'은 일반 단순평균인 산술평균과 가중치를 적용한 가중평균에 관한 원리를 활용하여 선택지나 <보기>가 올바른지 판단하는 유형이다.

유형 특징

1 자료 또는 선택지나 <보기>에서 평균과 관련된 내용이 제시된다.

2 자료 또는 선택지나 <보기>에서 대부분 산술평균에 관한 내용이 제시되지만 종종 가중치를 고려해야 하는 가중평균에 관한 내용이 제시되기도 한다.

3 '평균 개념형'은 2024년 7급 공채 PSAT에서 25문제 중 2문제가 출제되었고, 2023년과 2022년에는 출제되지 않았다. 2021년에 이를 이용하는 문제가 2문제 출제되었고, 2020년 모의평가에는 1문제가 출제되었다.

풀이 전략

1 선택지나 <보기>에서 평균의 원리를 묻는 경우, 산술평균인지 가중평균인지 체크한다. 추가적인 설명 없이 '평균' 자체만 언급하는 경우 산술평균으로 체크하고, 가중치가 직접 제시되거나 남녀 인원, 소금물의 양 등 수치의 기준이 서로 다른 경우 가중평균으로 체크한다.

2 선택지나 <보기>의 내용이 평균을 적용하여 단순 비교를 묻는지 구체적인 평균 수치를 묻는지 구분한 후 풀이한다.

3 선택지나 <보기>가 구체적인 평균의 단순 비교를 요구하는 경우, 평균의 구체적인 수치를 구하지 않고 수치의 총합으로 비교하거나 편차의 합은 0이라는 원리를 활용하여 대략적으로 비교한다.

4 선택지나 <보기>가 구체적인 평균의 수치를 묻는 경우, 가평균 또는 편차의 합은 0이라는 원리를 활용하여 평균 수치를 파악한다.

유형 공략 문제

난이도 ★★★☆☆ **권장 풀이 시간:** 2분 30초 **나의 풀이 시간:** _____분 _____초

01. 다음 <표>는 '갑'~'무'도시에 위치한 두 브랜드(해피카페, 드림카페)의 커피전문점 분포에 대한 자료이다. 이에 대한 <보기>의 설명으로 옳은 것만을 모두 고르면? 18 5급공채

<표> '갑'~'무'도시별 커피전문점 분포

(단위: 개)

브랜드	구분 \ 도시	갑	을	병	정	무	평균
해피카페	점포수	7	4	2	( )	4	4
	|편차|	3	0	2	1	0	( )
드림카페	점포수	( )	5	( )	5	2	4
	|편차|	2	1	2	1	2	1.6

※ |편차|는 해당 브랜드 점포수 평균에서 각 도시의 해당 브랜드 점포수를 뺀 값의 절댓값임.

〈보기〉

ㄱ. '해피카페' |편차|의 평균은 '드림카페' |편차|의 평균보다 크다.

ㄴ. '갑'도시의 '드림카페' 점포수와 '병'도시의 '드림카페' 점포수는 다르다.

ㄷ. '정'도시는 '해피카페' 점포수가 '드림카페' 점포수보다 적다.

ㄹ. '무'도시에 있는 '해피카페' 중 1개 점포가 '병'도시로 브랜드의 변경 없이 이전할 경우, '해피카페' |편차|의 평균은 변하지 않는다.

① ㄱ, ㄷ

② ㄴ, ㄷ

③ ㄷ, ㄹ

④ ㄱ, ㄴ, ㄹ

⑤ ㄴ, ㄷ, ㄹ

꼼꼼 풀이 노트

권장 풀이 시간에 맞춰 문제를 풀어본 후, 꼼꼼 풀이 노트로 정리해보세요.

■ 출제 포인트

예) 편차와 평균 이해

■ 선택지 분석

예) ㄱ. 편차 평균 비교

ㄴ. 점포수 차이

ㄷ. 점포수 비교

ㄹ. 점포 이전, 편차 평균

꼼꼼 풀이 노트

권장 풀이 시간에 맞춰 문제를 풀어본 후, 꼼꼼 풀이 노트로 정리해보세요.

■ 출제 포인트

■ 선택지 분석

난이도 ★★★☆☆ 권장 풀이 시간: 2분 30초 나의 풀이 시간: ____분 ____초

02. 다음 <그림>은 서로 다른 4개 물질 A~D에 대하여 4개의 실험기관이 각각 농도를 측정한 결과이다. 이에 대한 설명으로 옳지 않은 것은? 13 5급공채

<그림> 4개 물질의 농도 실험 결과

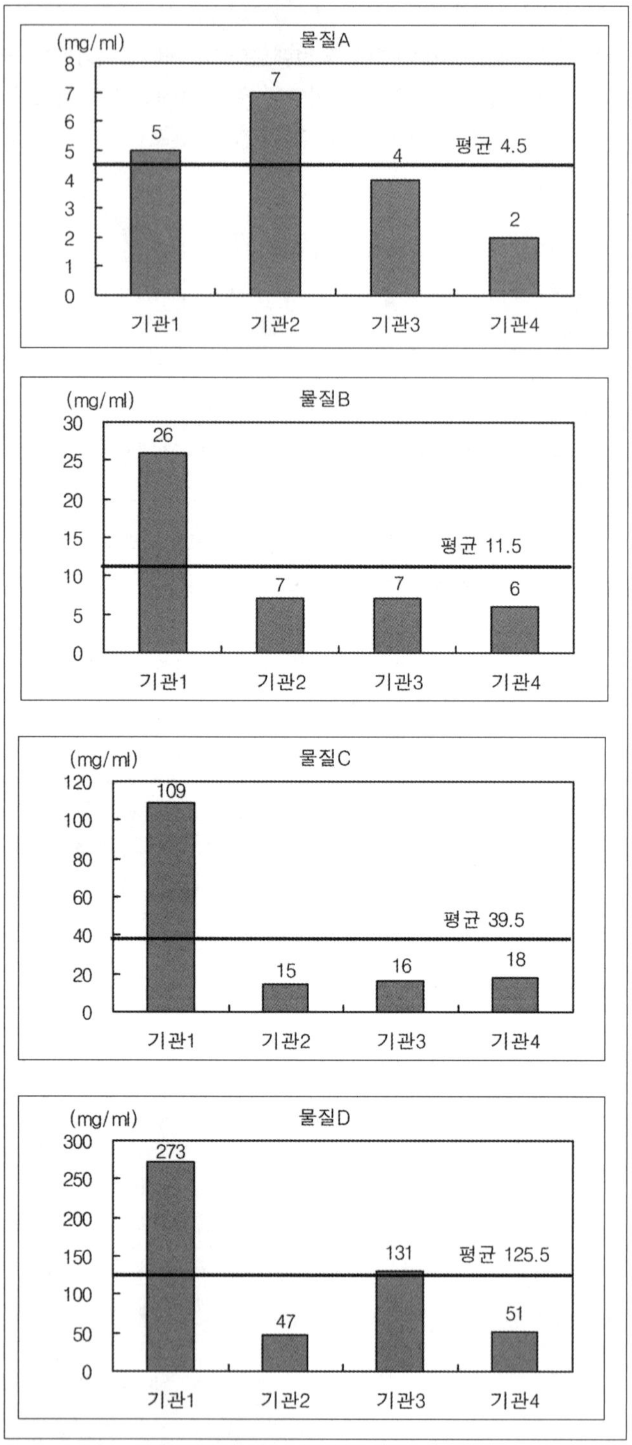

※ 1) 유효농도: 각 실험기관에서 측정한 농도의 평균

2) 실험오차 = |실험결과 − 유효농도|

3) 실험오차율(%) = $\frac{\text{실험오차}}{\text{유효농도}} \times 100$

① 물질A에 대한 기관2와 기관4의 실험오차율은 동일하다.

② 물질C에 대한 실험오차율은 기관1이 가장 크다.

③ 물질A에 대한 기관2의 실험오차율은 물질B에 대한 기관1의 실험오차율보다 작다.

④ 물질B에 대한 기관1의 실험오차율은 물질B에 대한 기관2, 3, 4의 실험오차율 합보다 크다.

⑤ 기관1의 실험 결과를 제외하면, 4개 물질의 유효농도 값은 제외하기 이전보다 모두 작아진다.

꼼꼼 풀이 노트

권장 풀이 시간에 맞춰 문제를 풀어본 후, 꼼꼼 풀이 노트로 정리해보세요.

■ 출제 포인트

■ 선택지 분석

난이도 ★★★☆☆ 권장 풀이 시간: 2분 30초 나의 풀이 시간: ____분 ____초

03. 다음 <표>와 <그림>은 국가별 65세 이상 빈곤율에 관한 자료이다. 이에 대한 <보기>의 설명 중 옳은 것을 모두 고르면? 13 외교관

<표> 국가별 65세 이상 빈곤율

(단위: %)

국가	65세 이상 빈곤율					국가 빈곤율
		성별		가구 구성별		
		남성	여성	독거	비독거	
A	12.8	12.6	12.9	16.7	10.0	8.8
B	5.9	3.1	8.1	16.2	3.9	12.0
C	8.8	6.6	10.4	16.2	4.1	7.1
D	8.4	5.1	10.8	15.0	4.7	11.0
E	12.8	8.1	16.1	25.0	9.4	11.4
F	22.0	18.4	24.8	47.7	16.6	14.9
G	45.1	41.8	47.2	76.6	40.8	14.6
H	28.0	27.6	28.5	44.9	20.9	18.4
I	22.8	20.1	24.7	36.0	20.2	14.1
J	6.2	4.2	7.7	13.0	1.1	5.3
K	10.3	7.4	12.6	16.0	6.7	8.3
L	22.4	18.5	26.8	41.3	17.3	17.1

※ 빈곤율(%) = $\frac{\text{해당집단 빈곤인구}}{\text{해당집단 전체인구}} \times 100$

<그림> 65세 이상 독거가구 빈곤율과 국가 빈곤율의 분포

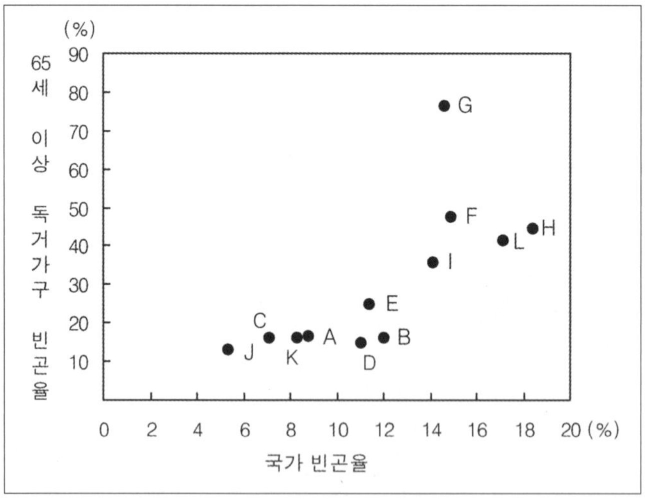

〈보기〉

ㄱ. 국가 빈곤율 대비 65세 이상 독거가구의 빈곤율이 가장 높은 국가는 G이다.
ㄴ. 65세 이상 빈곤율이 국가 빈곤율보다 낮은 국가는 3개이다.
ㄷ. L국가는 65세 이상 인구 중 여성인구가 남성인구보다 적다.

① ㄱ ② ㄴ
③ ㄷ ④ ㄱ, ㄴ
⑤ ㄱ, ㄷ

난이도 ★★★☆☆ 권장 풀이 시간: 2분 30초 나의 풀이 시간: ______분 ______초

04. 다음 <표>는 학생 '갑'~'무'의 중간고사 3개 과목 점수에 관한 자료이다. 이에 대한 <보기>의 설명 중 옳은 것만을 모두 고르면? 21 7급공채

<표> '갑'~'무'의 중간고사 3개 과목 점수

(단위: 점)

학생 \ 성별 \ 과목	갑	을	병	정	무
성별	남	여	( )	여	남
국어	90	85	60	95	75
영어	90	85	100	65	100
수학	75	70	85	100	100

〈보기〉

ㄱ. 국어 평균 점수는 80점 이상이다.
ㄴ. 3개 과목 평균 점수가 가장 높은 학생과 가장 낮은 학생의 평균 점수 차이는 10점 이하이다.
ㄷ. 국어, 영어, 수학 점수에 각각 0.4, 0.2, 0.4의 가중치를 곱한 점수의 합이 가장 큰 학생은 '정'이다.
ㄹ. '갑'~'무'의 성별 수학 평균 점수는 남학생이 여학생보다 높다.

① ㄱ, ㄷ
② ㄱ, ㄹ
③ ㄴ, ㄷ
④ ㄱ, ㄷ, ㄹ
⑤ ㄴ, ㄷ, ㄹ

꼼꼼 풀이 노트

권장 풀이 시간에 맞춰 문제를 풀어본 후, 꼼꼼 풀이 노트로 정리해보세요.

■ 출제 포인트

■ 선택지 분석

꼼꼼 풀이 노트

권장 풀이 시간에 맞춰 문제를 풀어본 후, 꼼꼼 풀이 노트로 정리해보세요.

■ 출제 포인트

■ 선택지 분석

난이도 ★★★★☆ 권장 풀이 시간: 3분 나의 풀이 시간: _____분 _____초

05. 다음 <표>와 <그림>은 A시 30대와 50대 취업자의 최종학력, 직종 분포이다. 이에 대한 설명으로 옳은 것은? 15 5급공채

<표> A시 30대와 50대 취업자의 최종학력 분포

(단위: %)

구분 \ 최종학력		미취학	초등학교 졸업	중학교 졸업	고등학교 졸업	대학 졸업 이상
전체	30대	0.10	0.10	0.40	14.50	84.90
	50대	0.76	9.55	16.56	41.92	31.21
남성	30대	0.10	0.10	0.50	15.50	83.80
	50대	0.60	6.60	12.80	39.30	40.70
여성	30대	0.10	0.10	0.30	13.50	86.00
	50대	0.90	12.00	19.70	44.10	23.30

※ 주어진 값은 소수점 아래 셋째 자리에서 반올림한 값임.

<그림> A시 30대와 50대 취업자의 직종 분포

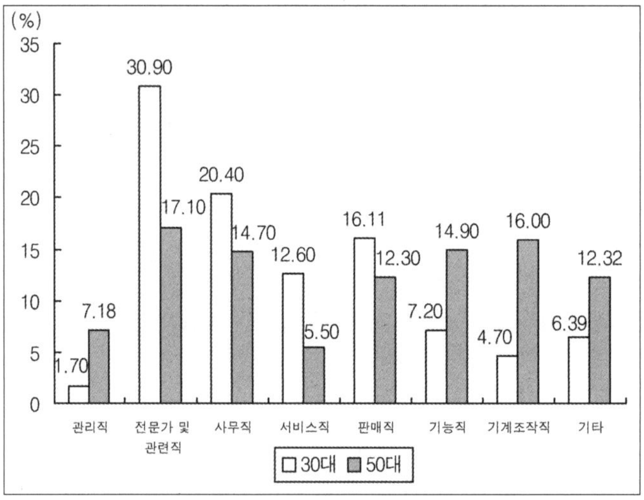

① 서비스직 취업자 수는 30대가 50대보다 많다.

② 30대 기능직 취업자 수가 최종학력이 고등학교 졸업인 30대 남성 취업자 수보다 많다.

③ 모든 30대 판매직 취업자의 최종학력은 고등학교 졸업 이하이다.

④ 최종학력이 중학교 졸업인 50대 취업자 수가 50대 기계조작직 취업자 수보다 적다.

⑤ 50대 취업자 수는 남성이 여성보다 적다.

난이도 ★★★★☆ 권장 풀이 시간: 3분 나의 풀이 시간: ____분 ____초

06. 다음 <표>는 직원 '갑'~'무'에 대한 평가자 A~E의 직무평가 점수이다. 이에 대한 <보기>의 설명 중 옳은 것만을 모두 고르면? 21 7급공채

<표> 직원 '갑'~'무'에 대한 평가자 A~E의 직무평가 점수

(단위: 점)

평가자 / 직원	A	B	C	D	E	종합점수
갑	91	87	( )	89	95	89.0
을	89	86	90	88	( )	89.0
병	68	76	( )	74	78	( )
정	71	72	85	74	( )	77.0
무	71	72	79	85	( )	78.0

※ 1) 직원별 종합점수는 해당 직원이 평가자 A~E로부터 부여받은 점수 중 최댓값과 최솟값을 제외한 점수의 평균임.
2) 각 직원은 평가자 A~E로부터 각각 다른 점수를 부여받았음.
3) 모든 평가자는 1~100점 중 1점 단위로 점수를 부여하였음.

〈보기〉

ㄱ. '을'에 대한 직무평가 점수는 평가자 E가 가장 높다.
ㄴ. '병'의 종합점수로 가능한 최댓값과 최솟값의 차이는 5점 이상이다.
ㄷ. 평가자 C의 '갑'에 대한 직무평가 점수는 '갑'의 종합점수보다 높다.
ㄹ. '갑'~'무'의 종합점수 산출시, 부여한 직무평가 점수가 한 번도 제외되지 않은 평가자는 없다.

① ㄱ
② ㄱ, ㄹ
③ ㄴ, ㄷ
④ ㄱ, ㄴ, ㄹ
⑤ ㄴ, ㄷ, ㄹ

꼼꼼 풀이 노트

권장 풀이 시간에 맞춰 문제를 풀어본 후, 꼼꼼 풀이 노트로 정리해보세요.

■ 출제 포인트

■ 선택지 분석

꼼꼼 풀이 노트

권장 풀이 시간에 맞춰 문제를 풀어본 후, 꼼꼼 풀이 노트로 정리해보세요.

■ 출제 포인트

■ 선택지 분석

난이도 ★★★★★ 권장 풀이 시간: 3분 30초 나의 풀이 시간: ____분 ____초

07. 다음 <표>는 A시 초등학생과 중학생의 6개 식품 섭취율을 조사한 결과이다. 이에 대한 설명으로 옳은 것은? 20 5급공채

<표> A시 초등학생과 중학생의 6개 식품 섭취율

(단위: %)

식품	섭취 주기	초등학교			중학교		
		남학생	여학생	전체	남학생	여학생	전체
라면	주 1회 이상	77.6	71.8	74.7	89.0	89.0	89.0
탄산음료	주 1회 이상	76.6	71.6	74.1	86.0	79.5	82.1
햄버거	주 1회 이상	64.4	58.2	61.3	73.5	70.5	71.7
우유	매일	56.7	50.9	53.8	36.0	27.5	30.9
과일	매일	36.1	38.9	37.5	28.0	30.0	29.2
채소	매일	30.4	33.2	31.8	28.5	29.0	28.8

※ 1) 섭취율(%) = $\frac{\text{섭취한다고 응답한 학생 수}}{\text{응답 학생 수}} \times 100$

2) 초등학생, 중학생 각각 2,000명을 대상으로 조사하였으며, 전체 조사 대상자는 6개 식품에 대해 모두 응답하였음.

① 라면을 주 1회 이상 섭취하는 중학교 남학생 수와 중학교 여학생의 수는 같다.

② 채소를 매일 섭취하는 중학교 남학생 수는 과일을 매일 섭취하는 중학교 남학생 수보다 적다.

③ 우유를 매일 섭취하는 중학교 여학생 수는 275명이다.

④ 과일을 매일 섭취하는 초등학교 남학생 중 햄버거를 주 1회 이상 섭취하는 학생 수는 4명 이하이다.

⑤ 채소를 매일 섭취하는 여학생 수는 중학생이 초등학생보다 많다.

난이도 ★★★★★ 권장 풀이 시간: 3분 30초 나의 풀이 시간: ____분 ____초

08. 다음 <표>는 A회사 전체 임직원 100명의 직급별 인원과 시간당 임금에 관한 자료이다. 이에 대한 <보기>의 설명 중 옳은 것만을 모두 고르면? 24 7급공채

<표> A회사의 직급별 임직원 수와 시간당 임금

(단위: 명, 원)

구분 직급	임직원 수	시간당 임금					
		평균	최저	Q1	중간값	Q3	최고
공장 관리직	4	25,000	15,000	15,000	25,000	30,000	( )
공장 생산직	52	21,500	12,000	20,500	23,500	26,500	31,000
본사 임원	8	( )	24,000	25,600	48,000	48,000	55,000
본사 직원	36	22,000	11,500	16,800	23,500	27,700	29,000

※ 1) 해당 직급 임직원의 시간당 임금을 낮은 값부터 순서대로 나열하여 4등분한 각 집단을 나열 순서에 따라 1분위, 2분위, 3분위, 4분위로 정함.
2) Q1과 Q3은 각각 1분위와 3분위에 속한 값 중 가장 높은 값임.
3) 해당 직급 임직원 수가 짝수인 경우, 중간값은 2분위에 속한 값 중 가장 높은 값과 3분위에 속한 값 중 가장 낮은 값의 평균임.

〈보기〉

ㄱ. 공장 관리직의 '시간당 임금' 최고액은 35,000원이다.
ㄴ. '시간당 임금'이 같은 본사 임원은 3명 이상이다.
ㄷ. 본사 임원의 '시간당 임금' 평균은 40,000원 이상이다.
ㄹ. '시간당 임금'이 23,000원 이상인 임직원은 50명 미만이다.

① ㄱ, ㄴ
② ㄱ, ㄹ
③ ㄴ, ㄷ
④ ㄷ, ㄹ
⑤ ㄱ, ㄴ, ㄷ

약점 보완 해설집 p.50

꼼꼼 풀이 노트

권장 풀이 시간에 맞춰 문제를 풀어본 후, 꼼꼼 풀이 노트로 정리해보세요.

■ 출제 포인트

■ 선택지 분석

유형 11 분산·물방울형

유형 소개

'분산·물방울형'은 가로축과 세로축에 제시된 항목 간의 상관관계를 파악하여 선택지나 <보기>의 내용이 올바른지 판단하는 유형이다.

유형 특징

1 두 가지 이상의 항목의 수치를 나타낸 그래프가 자료로 제시된다.

2 선택지나 <보기>는 그래프에 나타난 항목 간의 대소 비교, 상대적 비율의 크기, 합과 차이 등의 관계를 묻는 내용으로 구성된다.

3 '분산·물방울형'은 2024년 7급 공채 PSAT에서 25문제 중 1문제가 출제되었고, 2023년에는 2문제, 2022년에는 1문제가 출제되었다. 2021년 7급 공채 PSAT에서는 출제되지 않았으나 2021년 민간경력자 PSAT에서는 1문제가 출제되었다.

풀이 전략

1 그래프의 X축과 Y축, 원이 나타내는 항목이 무엇인지 체크하고, 분산형 차트라면 Y=X인 보조선을 그린다. Y=X인 보조선을 그리면 대소 비교 등의 관계 파악이 수월하다.

2 그래프의 X축과 Y축에 나타나는 항목이 2가지라면 분산형 차트이고, X축과 Y축 항목 외에 평면인 원으로 항목(Z)이 나타난다면 물방울 차트임을 체크한다.

3 X축 대비 Y축 비율을 묻는 선택지나 <보기>는 원점과 각 점의 기울기를 통해 그래프 상에서 바로 비교가 가능하므로 먼저 풀이한다.

4 분수 비교나 곱셈 비교 등을 활용하여 항목 간의 관계를 비교하는 선택지나 <보기>는 계산이 필요하므로 후순위로 풀이한다.

유형 공략 문제

난이도 ★★☆☆☆ 권장 풀이 시간: 2분 나의 풀이 시간: ____분 ____초

01. 다음 <그림>은 2019~2021년 '갑'국의 건설, 농림수산식품, 소재 3개 산업의 기술도입액과 기술수출액 현황에 관한 자료이다. 이에 대한 설명으로 옳지 않은 것은? 22 5급공채

<그림> 3개 산업의 기술도입액과 기술수출액 현황

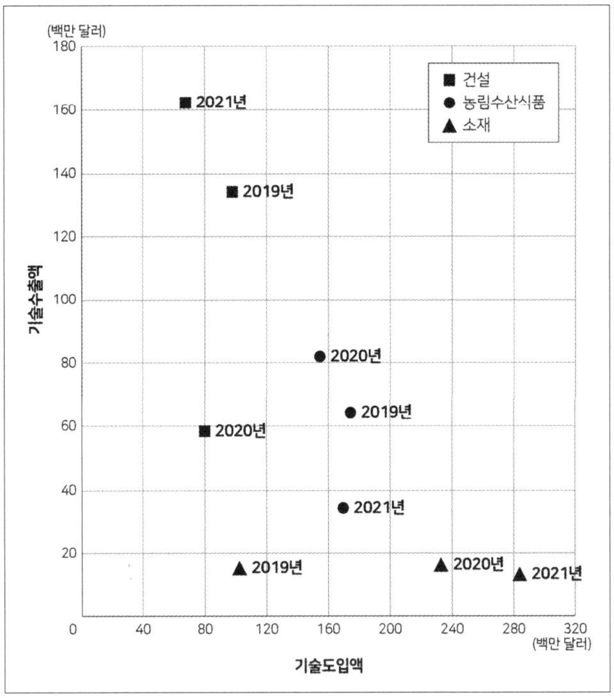

※ 1) 기술무역규모 = 기술수출액 + 기술도입액
2) 기술무역수지 = 기술수출액 − 기술도입액
3) 기술무역수지비 = $\frac{기술수출액}{기술도입액}$

① 2020년 3개 산업 중 기술무역수지가 가장 작은 산업은 건설 산업이다.
② 2021년 3개 산업 중 기술무역규모가 가장 큰 산업은 소재 산업이다.
③ 2019년 3개 산업의 전체 기술도입액은 3억 2천만 달러 이상이다.
④ 소재 산업에서 기술무역수지는 매년 감소한다.
⑤ 농림수산식품 산업에서 기술무역수지비가 가장 큰 해는 2020년이다.

꼼꼼 풀이 노트

권장 풀이 시간에 맞춰 문제를 풀어본 후, 꼼꼼 풀이 노트로 정리해보세요.

■ 출제 포인트
예) 분산형 그래프, x와 y의 관계 파악

■ 선택지 분석
예) ① y−x
② y+x
③ x의 합
④ y−x
⑤ $\frac{y}{x}$

꼼꼼 풀이 노트

권장 풀이 시간에 맞춰 문제를 풀어본 후, 꼼꼼 풀이 노트로 정리해보세요.

■ 출제 포인트

■ 선택지 분석

난이도 ★★★☆☆ **권장 풀이 시간:** 2분 30초 **나의 풀이 시간:** ____분 ____초

02. 다음 <표>와 <그림>은 2015~2017년 '갑'국 철강산업의 온실가스 배출량 및 철강 생산량에 관한 자료이다. 이에 대한 <보기>의 설명 중 옳은 것만을 모두 고르면? 18 5급공채

<표> 업체별·연도별 온실가스 배출량

(단위: 천tCO2eq.)

구분 업체	배출량				예상 배출량
	2015년	2016년	2017년	3년 평균 (2015~2017년)	2018년
A	1,021	990	929	980	910
B	590	535	531	552	524
C	403	385	361	383	352
D	356	( )	260	284	257
E	280	271	265	272	241
F	168	150	135	151	132
G	102	101	100	( )	96
H	92	81	73	82	71
I	68	59	47	58	44
J	30	29	28	( )	24
기타	28	27	20	25	22
전체	3,138	2,864	( )	2,917	2,673

<그림> 업체 A~J의 3년 평균(2015~2017년) 철강 생산량과 온실가스 배출량

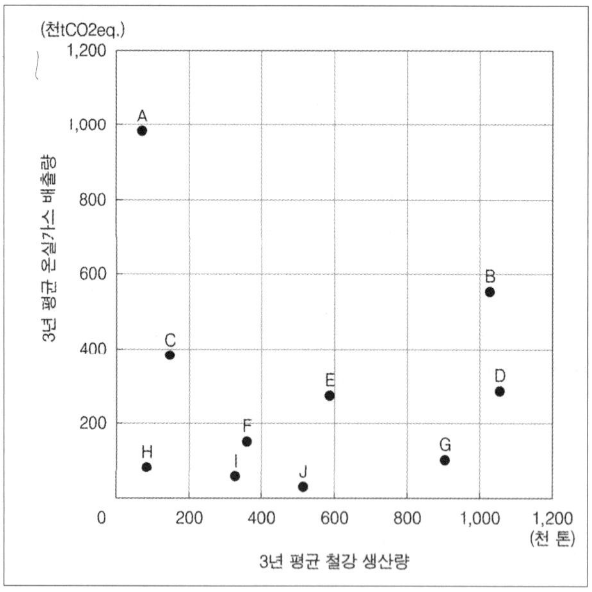

※ 온실가스 배출 효율성 = $\frac{\text{3년 평균 철강 생산량}}{\text{3년 평균 온실가스 배출량}}$

〈보기〉

ㄱ. 2015~2017년 동안 매년 온실가스 배출량 기준 상위 2개 업체가 해당년도 전체 온실가스 배출량의 50% 이상을 차지하고 있다.

ㄴ. 2015~2017년 동안 철강산업의 전체 온실가스 배출량은 매년 감소하였다.

ㄷ. 업체 A~J 중 2015~2017년의 온실가스 배출 효율성이 가장 낮은 업체는 J이고, 가장 높은 업체는 A이다.

ㄹ. 2015~2017년 동안 업체 A~J 각각의 온실가스 배출량은 매년 감소하였다.

① ㄱ, ㄴ

② ㄱ, ㄷ

③ ㄱ, ㄴ, ㄷ

④ ㄱ, ㄴ, ㄹ

⑤ ㄴ, ㄷ, ㄹ

꼼꼼 풀이 노트

권장 풀이 시간에 맞춰 문제를 풀어본 후, 꼼꼼 풀이 노트로 정리해보세요.

■ 출제 포인트

■ 선택지 분석

난이도 ★★★☆☆ **권장 풀이 시간:** 2분 30초 **나의 풀이 시간:** _____분 _____초

03. 다음 <그림>은 갈라파고스 군도 A~F섬의 서식종 수, 토속종 수, 면적을 나타낸 자료이다. 이에 대한 <보기>의 설명 중 옳은 것만을 모두 고르면? 23 5급공채

<그림> 갈라파고스 군도 A~F섬의 서식종 수, 토속종 수, 면적

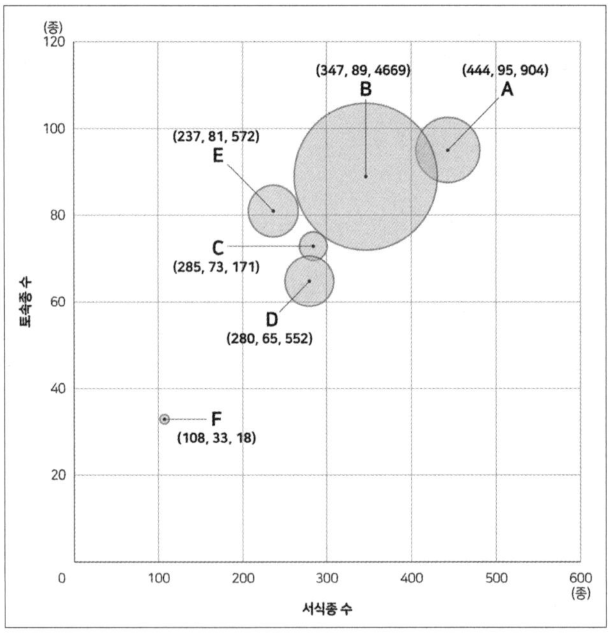

※ 원의 크기는 섬의 면적(km^2)에 비례하고, 괄호 안의 수치는 (서식종 수, 토속종 수, 면적)을 나타냄.

〈보기〉

ㄱ. '면적당 서식종 수'가 가장 많은 섬이 '면적당 토속종 수'도 가장 많다.

ㄴ. '면적당 토속종 수'가 가장 적은 섬이 '서식종당 토속종 수'도 가장 적다.

ㄷ. C섬의 '면적당 서식종 수' 순위는 F섬의 '서식종당 토속종 수' 순위와 같다.

ㄹ. '면적'이 세 번째로 큰 섬이 '서식종 수'도 세 번째로 많다.

① ㄱ, ㄴ

② ㄱ, ㄷ

③ ㄴ, ㄷ

④ ㄴ, ㄹ

⑤ ㄷ, ㄹ

난이도 ★★★★☆ 권장 풀이 시간: 3분 나의 풀이 시간: _____분 _____초

04. 다음은 '갑'국의 2017년과 2022년 A~H학생의 신장 및 체중과 체질량지수 분류기준에 관한 자료이다. 이에 대한 설명으로 옳지 않은 것은? 23 7급공채

<그림> 2017년과 2022년 A~H학생의 신장 및 체중

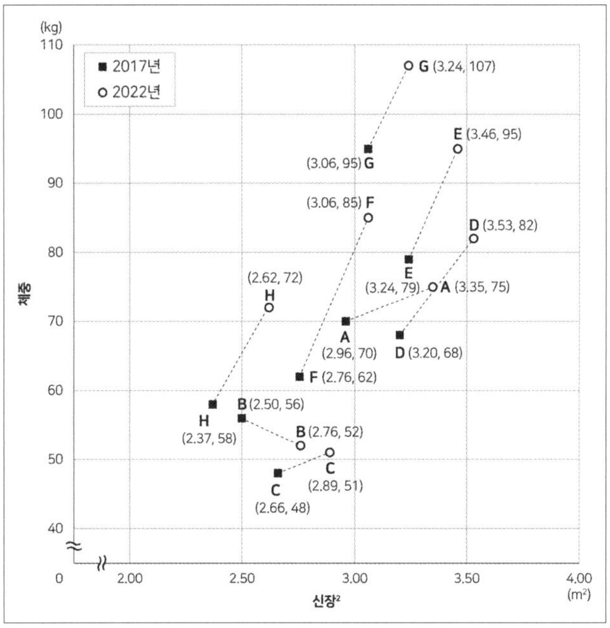

<표> '갑'국의 체질량지수 분류기준

(단위: kg/m²)

체질량지수	분류
20 미만	저체중
20 이상 25 미만	정상
25 이상 30 미만	과체중
30 이상 40 미만	비만
40 이상	고도비만

※ 체질량지수(kg/m2) $= \frac{\text{체중}}{\text{신장}^2}$

① '저체중'으로 분류된 학생의 수는 2022년이 2017년보다 많다.

② 2022년 A~H학생 체중의 평균은 2017년 대비 10% 이상 증가하였다.

③ 2017년과 2022년에 모두 '정상'으로 분류된 학생은 2명이다.

④ 2017년과 2022년 신장의 차이가 가장 큰 학생은 A이다.

⑤ 2022년 A~H학생의 체질량지수 중 가장 큰 값은 가장 작은 값의 2배 이상이다.

약점 보완 해설집 p.53

꼼꼼 풀이 노트

권장 풀이 시간에 맞춰 문제를 풀어본 후, 꼼꼼 풀이 노트로 정리해보세요.

■ 출제 포인트

■ 선택지 분석

유형 12 최소여집합형

유형 소개

'최소여집합형'은 자료의 합계는 동일하나 기준은 2가지 이상인 자료가 제시되고, 선택지나 <보기>에서 자료의 공통적인 속성을 모두 만족하는 항목의 수를 물어볼 때, 최소여집합을 활용하여 선택지나 <보기>의 내용이 올바른지 판단하는 유형이다.

유형 특징

1 동일한 전체 항목이 2가지 이상의 기준으로 분류되어 전체 합계가 동일하지만 기준은 여러 개인 자료가 제시된다.

2 선택지나 <보기>에 '~중에는', '반드시', '적어도(최소한)'라는 표현이 나타난다.

3 '최소여집합형'은 2024년 7급 공채 PSAT에서는 출제되지 않았으나, 2023년과 2022년에서 각각 1문제가 출제되었다. 5급 공채 PSAT에서는 자주 출제되는 대표적인 유형 중 하나이고, 민간경력자 PSAT에서도 빈번하게 출제되었던 중요 유형이다.

풀이 전략

1 제시된 자료들의 합계가 모두 동일한지 확인한 후, 합계 수치가 몇인지, 각각의 자료가 무엇을 기준으로 분류되었는지 체크한다.

2 실수 자료가 제시된 경우에는 합계가 동일한지 확인하고, 비율 자료가 제시된 경우에는 수치의 전체 합이 100%인지 확인한다.

3 자료의 전체 항목이 동일한 경우에만 최소여집합을 활용할 수 있으므로 합계의 기준과 방향을 정확히 파악한다.

4 '~중에는', '반드시', '적어도' 등의 표현이 있는 선택지나 <보기>를 찾고, 키워드 '중'을 기준으로 앞에 언급된 항목을 A, 뒤에 언급된 항목을 B로 설정하여 비교한다.

유형 공략 문제

난이도 ★★★☆☆ **권장 풀이 시간:** 2분 30초 **나의 풀이 시간:** _____분 _____초

01. 다음 <표>는 A지역 산불피해 복구에 대한 국비 및 지방비 지원금액에 관한 자료이다. 이에 대한 <보기>의 설명 중 옳은 것만을 모두 고르면? 23 7급공채

<표 1> A지역 산불피해 복구에 대한 지원항목별, 재원별 지원금액

(단위: 천만 원)

재원 / 지원항목	국비	지방비	합
산림시설 복구	32,594	9,000	41,594
주택 복구	5,200	1,800	7,000
이재민 구호	2,954	532	3,486
상·하수도 복구	10,930	260	11,190
농경지 복구	1,540	340	1,880
생계안정 지원	1,320	660	1,980
기타	520	0	520
전체	55,058	( )	( )

<표 2> A지역 산불피해 복구에 대한 부처별 국비 지원금액

(단위: 천만 원)

부처	행정안전부	산림청	국토교통부	환경부	보건복지부	그 외	전체
지원금액	2,930	33,008	( )	9,520	350	240	55,058

〈보기〉

ㄱ. 기타를 제외하고, 국비 지원금액 대비 지방비 지원금액 비율이 가장 높은 지원항목은 '주택 복구'이다.

ㄴ. 산림청의 '산림시설 복구' 지원금액은 1,000억 원 이상이다.

ㄷ. 국토교통부의 지원금액은 전체 국비 지원금액의 20% 이상이다.

ㄹ. 전체 지방비 지원금액은 '상·하수도 복구' 국비 지원금액보다 크다.

① ㄱ, ㄴ

② ㄱ, ㄷ

③ ㄴ, ㄷ

④ ㄴ, ㄹ

⑤ ㄷ, ㄹ

꼼꼼 풀이 노트

권장 풀이 시간에 맞춰 문제를 풀어본 후, 꼼꼼 풀이 노트로 정리해보세요.

■ 출제 포인트

예) 실수 자료, 동일한 대상을 다른 분류 기준으로 제시한 자료의 특성 파악

■ 선택지 분석

예) ㄱ. 비율, 비교

ㄴ. 최솟값(최소여집합)

ㄷ. 비율

ㄹ. 비교

꼼꼼 풀이 노트

권장 풀이 시간에 맞춰 문제를 풀어본 후, 꼼꼼 풀이 노트로 정리해보세요.

■ 출제 포인트

■ 선택지 분석

난이도 ★★★★☆ 권장 풀이 시간: 3분 나의 풀이 시간: _____분 _____초

02. 다음 <자료>와 <표>는 2017년 11월말 기준 A지역 청년통장 사업 참여인원에 관한 자료이다. 이에 대한 <보기>의 설명 중 옳은 것만을 모두 고르면? 18 5급공채

〈자료〉

ㅇ 청년통장 사업에 참여한 근로자의 고용형태별, 직종별, 근무연수별 인원

1) 고용형태

(단위: 명)

전체	정규직	비정규직
6,500	4,591	1,909

2) 직종

(단위: 명)

전체	제조업	서비스업	숙박 및 음식점업	운수업	도·소매업	건설업	기타
6,500	1,280	2,847	247	58	390	240	1,438

3) 근무연수

(단위: 명)

전체	6개월 미만	6개월 이상 1년 미만	1년 이상 2년 미만	2년 이상
6,500	1,669	1,204	1,583	2,044

<표> 청년통장 사업별 참여인원 중 유지인원 현황

(단위: 명)

사업명	참여인원	유지인원	중도해지인원
청년통장 I	500	476	24
청년통장 II	1,000	984	16
청년통장 III	5,000	4,984	16
전체	6,500	6,444	56

〈보기〉

ㄱ. 청년통장 사업에 참여한 근로자의 70% 이상이 정규직 근로자이다.

ㄴ. 청년통장 사업에 참여한 정규직 근로자 중 근무연수가 2년 이상인 근로자의 비율은 2% 이상이다.

ㄷ. 청년통장 사업에 참여한 정규직 근로자 중 제조업과 서비스업을 제외한 직종의 근로자는 450명보다 적다.

ㄹ. 참여인원 대비 유지인원 비율은 청년통장 I 이 가장 높고 다음으로 청년통장 II, 청년통장 III 순이다.

① ㄱ, ㄴ

② ㄱ, ㄷ

③ ㄱ, ㄹ

④ ㄴ, ㄹ

⑤ ㄷ, ㄹ

난이도 ★★★★☆ 권장 풀이 시간: 3분 나의 풀이 시간: _____분 _____초

03. 다음 <표>는 '갑'국 국민 4,000명을 대상으로 공동인증서 비밀번호 변경주기를 조사한 자료이다. 이에 대한 <보기>의 설명 중 옳은 것만을 모두 고르면? 22 5급공채

<표> 공동인증서 비밀번호 변경주기 조사 결과

(단위: 명, %)

구분		대상자 수	변경하였음					변경하지 않았음
				1년 초과	6개월 초과 1년 이하	3개월 초과 6개월 이하	3개월 이하	
전체		4,000	70.0	30.9	21.7	10.5	6.9	29.7
성별	남성	2,059	70.5	28.0	23.2	11.7	7.6	29.1
	여성	1,941	69.5	34.0	20.1	9.2	6.2	30.3
연령대	15~19세	367	55.0	22.9	12.5	12.0	7.6	45.0
	20대	702	67.7	32.5	17.0	9.5	8.7	32.3
	30대	788	74.7	33.8	20.4	11.9	8.6	24.5
	40대	922	71.0	29.5	25.1	10.1	6.4	28.5
	50대 이상	1,221	72.0	31.6	25.5	10.0	4.9	27.8
직업	전문직	691	70.3	28.7	23.7	11.4	6.5	29.2
	사무직	1,321	72.7	30.8	23.1	11.6	7.3	26.7
	판매직	374	74.3	32.4	22.2	11.5	8.3	25.4
	기능직	242	73.1	29.8	25.6	9.1	8.7	26.9
	농림어업직	22	81.8	13.6	31.8	18.2	18.2	18.2
	학생	611	58.9	27.5	12.8	11.0	7.7	41.1
	전업주부	506	73.5	36.4	24.5	7.5	5.1	26.5
	기타	233	63.5	35.6	19.3	6.0	2.6	36.1

※ 항목별로 중복응답은 없으며, 전체 대상자 중 무응답자는 12명임.

〈보기〉

ㄱ. 변경주기가 1년 이하인 응답자수는 남성이 여성보다 많다.

ㄴ. 전체 무응답자 중 '사무직' 남성은 2명 이상이다.

ㄷ. 20대 응답자 중 변경주기가 6개월 이하인 비율은 40대 응답자 중 변경주기가 6개월 이하인 비율보다 높다.

ㄹ. 비밀번호를 변경한 응답자 중 변경주기가 1년 초과인 응답자수는 '학생'이 '전업주부'보다 많다.

① ㄱ, ㄷ

② ㄱ, ㄹ

③ ㄴ, ㄹ

④ ㄱ, ㄴ, ㄷ

⑤ ㄴ, ㄷ, ㄹ

약점 보완 해설집 p.55

꼼꼼 풀이 노트

권장 풀이 시간에 맞춰 문제를 풀어본 후, 꼼꼼 풀이 노트로 정리해보세요.

■ 출제 포인트

■ 선택지 분석

취약 유형 진단 & 약점 극복

1 문항별 정오표

각 문항별로 정오를 확인한 후, 맞았으면 O, 풀지 못했으면 △, 틀렸으면 X로 표시해 보세요.

평균 개념형		분산·물방울형		최소여집합형	
번호	정오	번호	정오	번호	정오
01		01		01	
02		02		02	
03		03		03	
04		04			
05					
06					
07					
08					

2 취약 유형 분석표

유형별로 맞힌 문제 개수와 정답률을 적고, 취약한 유형이 무엇인지 파악해 보세요.

유형	맞힌 문제 개수	정답률
평균 개념형	/8	%
분산·물방울형	/4	%
최소여집합형	/3	%

3 학습 전략

취약한 유형의 학습 전략을 확인한 후, 풀지 못한 문제와 틀린 문제를 다시 풀면서 취약 유형을 극복해 보세요.

평균 개념형	평균 개념 중 산술평균을 묻는 경우 편차의 합은 0이라는 원리를 적용하여 문제를 해결합니다. 또한 가중평균 역시 편차의 합은 0이라는 원리와 평균은 최소~최대 사이에 존재한다는 원리를 적용하여 문제를 푸는 연습을 합니다.
분산·물방울형	분산형 차트의 경우 x와 y의 관계를 묻는 4가지 빈출 포인트를 통해 문제를 해결합니다. 또한 물방울 차트의 경우 분산형 차트의 4가지 빈출 포인트 외에 원의 크기를 제3의 변수로 고려해 분수 비교를 이용하여 문제를 해결합니다.
최소여집합형	'~중', '반드시', '적어도', '최소한' 등과 같은 키워드가 있을 경우 $A+B-U=A-B^C=B-A^C$ 등의 공식을 활용하여 문제를 해결하는 연습을 합니다.

기출 재구성 모의고사

☑ '기출 재구성 모의고사'는 PSAT 기출문제 중 7급 공채 PSAT 학습에 최적화된 기출문제만을 엄선하였습니다.

☑ 문제 풀이 시작과 종료 시각을 정하여 실전처럼 모의고사를 풀어보세요.

______시 ______분 ~ ______시 ______분(25문항/60분)

☑ 문제 풀이 후, 약점 보완 해설집 p.56 '취약 유형 분석표'로 자신의 실력을 점검해 보시기 바랍니다.

자료해석

01. 다음 <그림>과 <표>는 '갑'국을 포함한 주요 10개국의 학업성취도 평가 자료이다. 이에 대한 설명으로 옳은 것은?

19 민경채

<그림> 1998~2018년 '갑'국의 성별 학업성취도 평균점수

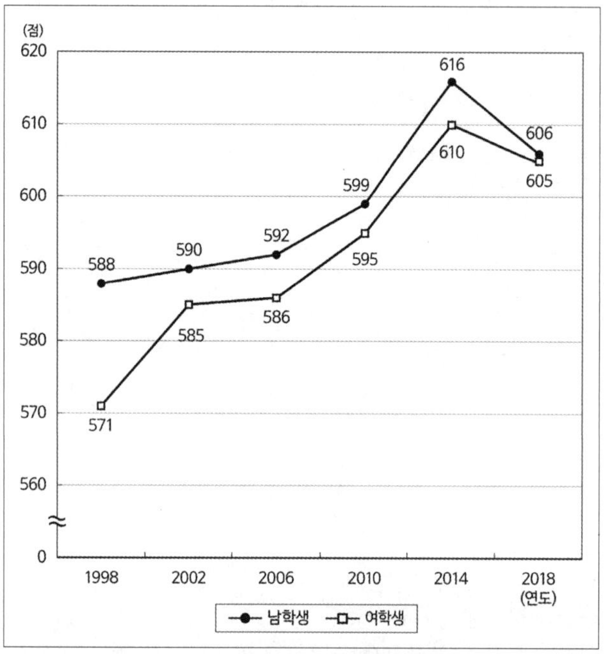

※ 학업성취도 평균점수는 소수점 아래 첫째 자리에서 반올림한 값임.

<표> 2018년 주요 10개국의 학업성취도 평균점수 및 점수대별 누적 학생비율

(단위: 점, %)

구분 국가	평균점수	학업성취도 점수대별 누적 학생비율			
		625점 이상	550점 이상	475점 이상	400점 이상
A	621	54	81	94	99
갑	606	43	75	93	99
B	599	42	72	88	97
C	594	37	75	92	98
D	586	34	67	89	98
E	538	14	46	78	95
F	528	12	41	71	91
G	527	7	39	78	96
H	523	7	38	76	94
I	518	10	36	69	93

※ 학업성취수준은 수월수준(625점 이상), 우수수준(550점 이상 625점 미만), 보통수준(475점 이상 550점 미만), 기초수준(400점 이상 475점 미만), 기초수준 미달(400점 미만)로 구분됨.

① '갑'국 남학생과 여학생의 평균점수 차이는 2018년이 1998년보다 크다.

② '갑'국의 평균점수는 2018년이 2014년보다 크다.

③ 2018년 주요 10개 국가는 '수월수준'의 학생비율이 높을수록 평균점수가 높다.

④ 2018년 주요 10개 국가 중 '기초수준 미달'의 학생비율이 가장 높은 국가는 I국이다.

⑤ 2018년 '우수수준'의 학생비율은 D국이 B국보다 높다.

02. 다음 <그림>과 <표>는 2017~2018년 A, B 기업이 '갑' 자동차회사에 납품한 엔진과 변속기에 관한 자료이다. 이에 대한 설명으로 옳은 것은? 19 민경채

<그림 1> 연도별 '갑' 자동차회사가 납품받은 엔진과 변속기 개수의 합

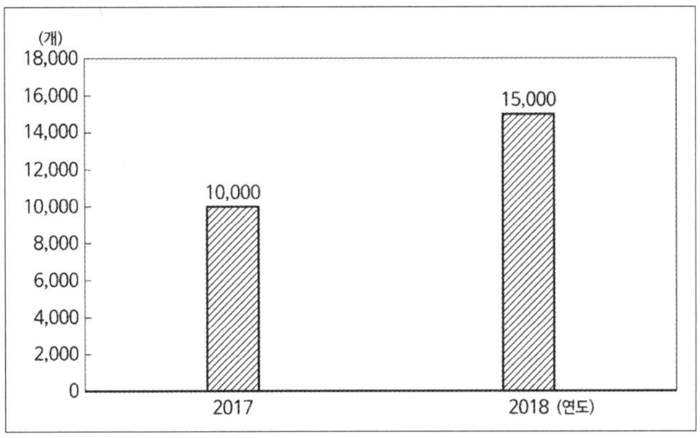

<그림 2> 2018년 기업별 엔진과 변속기 납품 개수의 합

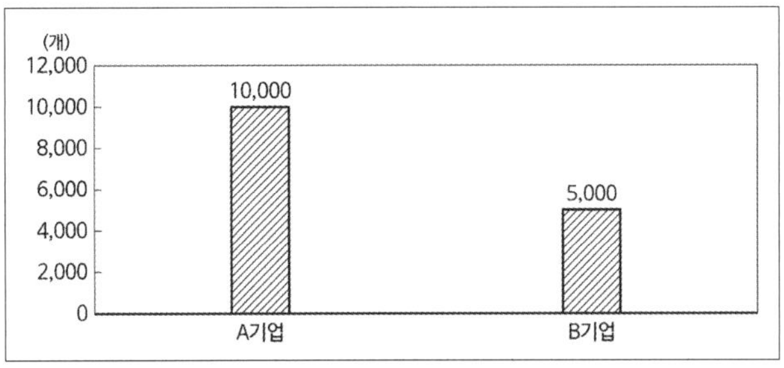

<그림 3> A 기업의 연도별 엔진과 변속기 납품 개수 비율

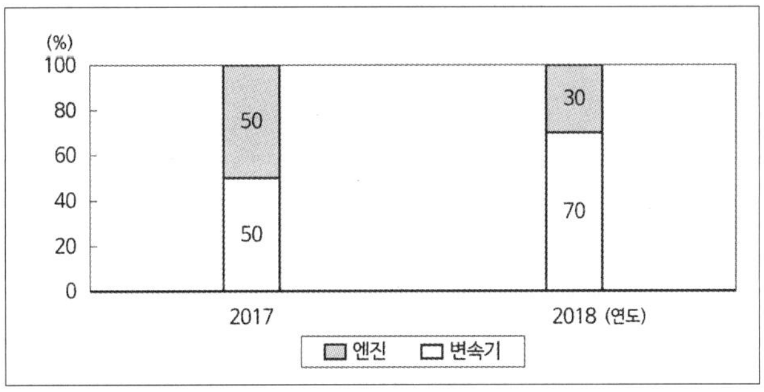

※ 1) '갑' 자동차회사는 엔진과 변속기를 2017년에는 A 기업으로부터만 납품받았으며, 2018년에는 A, B 두 기업에서만 납품받았음.
2) A, B 기업은 '갑' 자동차회사에만 납품함.
3) 매년 '갑' 자동차회사가 납품받는 엔진 개수는 변속기 개수와 같음.

<표> A, B 기업의 연도별 엔진과 변속기의 납품 단가

(단위: 만 원/개)

구분 / 연도	엔진	변속기
2017	100	80
2018	90	75

① A 기업의 엔진 납품 개수는 2018년이 2017년의 80%이다.

② 2018년 B 기업은 변속기 납품 개수가 엔진 납품 개수의 12.5%이다.

③ '갑' 자동차회사가 납품받은 엔진과 변속기 납품액 합은 2018년이 2017년에 비해 30% 이상 증가하였다.

④ '갑' 자동차회사가 납품받은 변속기 납품 개수는 2018년이 2017년의 2배 이상이다.

⑤ 2018년 A, B 기업의 엔진 납품액 합은 변속기 납품액 합보다 작다.

03. 다음 <그림>은 '갑'국의 급수 사용량과 사용료에 관한 자료이다. 이에 대한 <보기>의 설명 중 옳은 것만을 모두 고르면?

22 5급공채

<그림 1> 2016~2021년 연간 급수 사용량

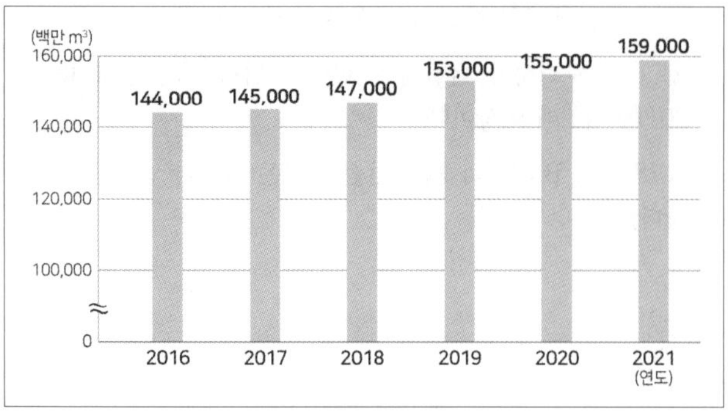

<그림 2> 2021년 용도별 급수 사용량과 사용료

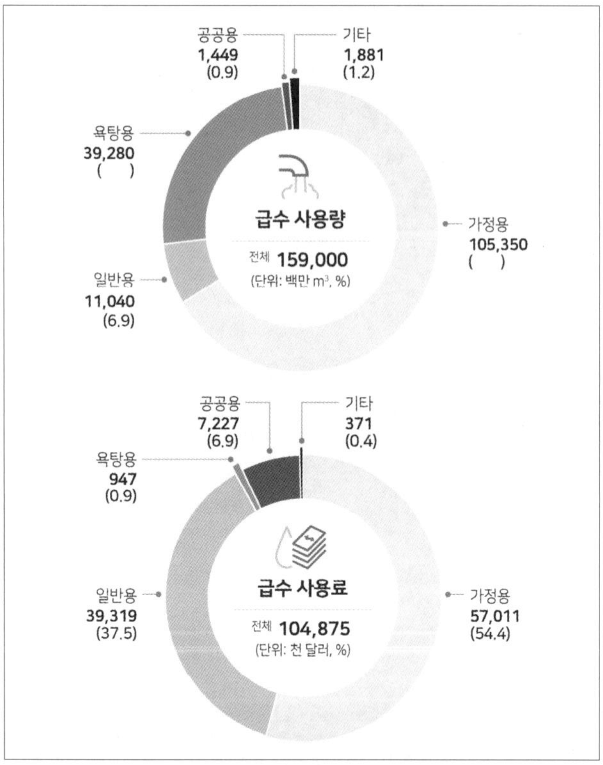

※ 1) 괄호 안의 수치는 전체에서 해당 용도가 차지하는 비중임.

2) 용도별 급수단가(달러/m³) = $\frac{\text{용도별 급수 사용료}}{\text{용도별 급수 사용량}}$

〈보기〉

ㄱ. 2018년 이후 급수 사용량의 전년 대비 증가율은 매년 감소한다.

ㄴ. 2021년 급수 사용량의 60% 이상이 가정용이다.

ㄷ. 2016년 용도별 급수 사용량의 구성비와 용도별 급수단가가 2021년과 동일하다면, 2016년 전체 급수 사용료는 1억 달러 이상이다.

ㄹ. 2021년 공공용 급수단가는 가정용 급수단가의 9배 이상이다.

① ㄱ, ㄷ
② ㄴ, ㄷ
③ ㄴ, ㄹ
④ ㄱ, ㄷ, ㄹ
⑤ ㄴ, ㄷ, ㄹ

04. 다음 <표>는 2023년 A~D국의 온실가스 배출량과 인구에 관한 자료이다. <표>와 <조건>을 근거로 A~D 중 '갑'~'정'에 해당하는 국가를 바르게 연결한 것은?

24 5급공채

<표 1> 2023년 A~D국의 온실가스 배출량

(단위: 백만 톤 CO_2eq.)

구분 \ 국가	A	B	C	D
교통	9.7	5.0	4.0	2.5
주거용 빌딩	14.0	4.5	( )	2.0
상업용 빌딩	17.0	4.5	3.5	2.8
기타	11.0	50.0	6.3	3.5
총배출량	( )	64.0	17.3	( )

<표 2> 2023년 A~D국의 인구

(단위: 백만 명)

국가	A	B	C	D
인구	9.7	2.9	2.4	1.5

※ 1인당 온실가스 총배출량(톤 CO_2eq./명) = $\frac{\text{온실가스 총배출량}}{\text{인구}}$

〈조건〉

○ '갑'국은 온실가스 총배출량이 50백만 톤 CO2eq. 이상이고, 1인당 온실가스 총배출량이 가장 적다.

○ '을'국과 '병'국 간 1인당 온실가스 총배출량의 차이는 1.0톤 CO_2eq./명 이하이다.

○ 온실가스 총배출량 대비 주거용 빌딩의 온실가스 배출량 비율은 '병'국이 '정'국보다 높다.

○ 주거용 빌딩과 상업용 빌딩의 온실가스 배출량 합은 '을'국이 가장 적다.

	A	B	C	D
①	갑	병	정	을
②	갑	정	을	병
③	갑	정	병	을
④	정	갑	을	병
⑤	정	갑	병	을

05. 다음 <표>는 고려시대 중앙군 2군 6위에 관한 자료이다. <보기>를 이용하여 A, B, C, D 중 가장 큰 값과 두 번째 큰 값을 차례로 구하면? 09 5급공채

<표> 고려시대 중앙군 2군 6위

명칭	병종	편제	군사 수(명)
2군	응양군	1령	1,000
	용호군	2령	2,000
6위	좌우위	보승 10령, 정용 A령	(　)
	신호위	보승 5령, 정용 B령	(　)
	흥위위	보승 7령, 정용 C령	(　)
	금오위	정용 D령, 역령 1령	(　)
	천우위	상령 1령, 해령 1령	2,000
	감문위	1령	1,000
계		45령	45,000

※ 1) 영(령)은 역할에 따라 보승·정용·역령·상령·해령 등으로 구분되기도 함.
2) 하나의 영(령)은 1천 명의 군사로 조직됨.

〈보기〉

- ○ 신호위와 금오위의 군사 수는 같다.
- ○ 좌우위의 정용의 수와 신호위의 정용의 수를 합하면 흥위위의 정용의 수와 같다.
- ○ 좌우위의 정용의 수는 금오위의 정용의 수의 절반이다.

	가장 큰 값	두 번째 큰 값
①	5	4
②	5	3
③	6	5
④	6	4
⑤	7	4

06. 다음 <표>는 '갑'국의 면적직불금 지급단가에 관한 자료이다. 이에 대한 <보기>의 설명 중 옳은 것만을 모두 고르면? 23 5급공채

<표> 농지유형별 면적구간별 면적직불금 지급단가

(단위: 만 원/ha)

농지유형 / 면적구간	진흥지역 논·밭	비진흥지역 논	비진흥지역 밭
0ha 초과 2ha 이하분	205	178	134
2ha 초과 6ha 이하분	197	170	117
6ha 초과분	189	162	100

※ 면적직불금은 면적구간별 해당 면적에 농지유형별 지급단가를 곱한 금액의 총합임. 예를 들어, '비진흥지역 밭'이 3ha인 경우, 면적직불금은 385만 원(=134만 원/ha×2ha+117만 원/ha×1ha)임.

〈보기〉

ㄱ. 동일한 면적에 대한 면적직불금은 '비진흥지역 논'이 '비진흥지역 밭'보다 많다.

ㄴ. 면적이 2ha로 같더라도 면적직불금은 '비진흥지역 논'과 '비진흥지역 밭'이 각각 1ha인 경우가 '진흥지역 논·밭'만 2ha인 경우보다 많다.

ㄷ. '진흥지역 논·밭', '비진흥지역 논', '비진흥지역 밭'이 각각 10ha인 총면적 30ha의 면적직불금은 4,500만 원 이상이다.

ㄹ. '비진흥지역 논' 5ha와 '비진흥지역 밭' 5ha의 면적직불금 차이는 250만 원 이상이다.

① ㄱ, ㄴ
② ㄱ, ㄷ
③ ㄴ, ㄷ
④ ㄴ, ㄹ
⑤ ㄱ, ㄷ, ㄹ

07. 다음 <표>와 <그림>은 2020~2023년 '갑'국 교통사고 현황에 관한 자료이다. 이에 대한 <보고서>의 설명 중 옳은 것만을 모두 고르면? 24 5급공채

<표> 교통사고 발생건수와 인명피해

(단위: 천 건, 백 명)

구분 \ 연도		2020	2021	2022	2023
발생건수		232.0	220.8	217.1	215.9
인명피해	사망자수	46.2	42.9	39.9	37.8
	부상자수	3,504.0	3,317.2	3,228.3	3,230.3
	중상자수	925.2	824.7	782.1	742.5
	경상자수	2,578.8	2,492.5	2,446.2	2,487.8

<그림> 도로종류별 교통사고 발생건수 비율

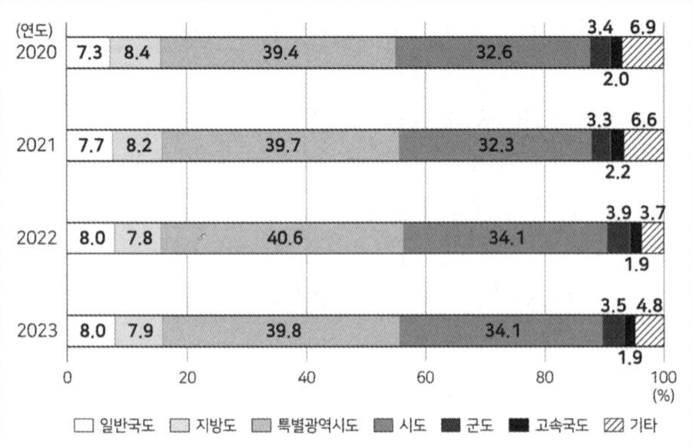

〈보고서〉

2020~2023년 '갑'국의 교통사고 발생건수는 매년 감소하였다. ㉠ 2020~2023년 교통사고 발생건수당 사망자수 역시 매년 감소하여 2023년 교통사고 발생건수 100건당 사망자수는 1.8명 이하였다. 또한, ㉡ 2020~2023년 부상자수 중 중상자수의 비율도 매년 감소하여 2023년에는 부상자수 중 중상자수의 비율이 25% 이하였다. 2020~2023년 도로종류별 교통사고 발생건수를 살펴보면, 특별광역시도의 교통사고 발생건수가 매년 가장 많았다. 하지만 ㉢ 2020~2023년 특별광역시도의 교통사고 발생건수는 매년 감소하였다. 한편, 2022년과 2023년 일반국도의 교통사고 발생건수는 특별광역시도와 시도 다음으로 많았다. 하지만 ㉣ 일반국도의 교통사고 발생건수는 2022년과 2023년 각각 16,000건을 넘지 않았다.

① ㄱ, ㄴ
② ㄴ, ㄷ
③ ㄷ, ㄹ
④ ㄱ, ㄴ, ㄹ
⑤ ㄱ, ㄷ, ㄹ

08. 다음 <표>는 2008년 5~10월 한·중·일 3국의 관광 현황에 대한 자료이다. 이에 대한 <보기>의 설명 중 옳은 것을 모두 고르면? 12 5급공채

<표 1> 2008년 5~10월 한·중·일 3국 간 관광객 수 및 전년 동월 대비 증감률

(단위: 천 명, %)

국적	여행국		5월	6월	7월	8월	9월	10월
한국	중국	관광객 수	381	305	327	342	273	335
		증감률	−9	−22	−27	−29	−24	−19
	일본	관광객 수	229	196	238	248	160	189
		증감률	−8	−3	−6	−9	−21	−15
중국	한국	관광객 수	91	75	101	115	113	105
		증감률	9	−4	6	−5	7	−5
	일본	관광객 수	75	62	102	93	94	87
		증감률	6	−1	0	−6	1	−5
일본	한국	관광객 수	191	183	177	193	202	232
		증감률	8	4	8	−3	5	3
	중국	관광객 수	284	271	279	281	275	318
		증감률	−17	−20	−15	−21	−17	−10

※ 증감률은 전년동월대비 증감률을 의미함.

<표 2> 2008년 5~10월 한국의 관광수지 및 전년 동월 대비 증감률

(단위: 백만 달러, %)

구분		5월	6월	7월	8월	9월	10월
총관광수입	금액	668	564	590	590	780	1,301
	증감률	38	31	38	14	102	131
총관광지출	금액	1,172	1,259	1,534	1,150	840	595
	증감률	−10	−9	2	−25	−30	−57
총관광수지	금액	−504	−695	−944	−560	−60	706
	증감률	38	27	13	44	93	187

※ 증감률은 전년동월대비 증감률을 의미함.

<표 3> 2008년 5~10월 관광객 1인당 평균 관광지출 및 전년 동월 대비 증감률

(단위: 달러, %)

구분		5월	6월	7월	8월	9월	10월
중국인 관광객 한국 내 지출	금액	1,050	900	1,050	1,010	930	600
	증감률	20	10	5	−5	−15	−40
일본인 관광객 한국 내 지출	금액	1,171	1,044	1,038	1,016	1,327	2,000
	증감률	27	27	28	15	92	130
한국인 관광객 해외지출	금액	1,066	1,259	1,350	988	1,026	637
	증감률	−9	−3	16	−15	−13	−50

※ 증감률은 전년동월대비 증감률을 의미함.

〈보기〉

ㄱ. 2008년 5월 중국인 및 일본인 관광객의 한국 내 전체 관광지출은 해당 월 한국의 총관광수지 절대값의 절반 이상이다.

ㄴ. 2008년 6월 한국인 관광객의 일본 내 전체 관광지출은 한국인 관광객이 중국에서 지출한 전체 관광지출의 60% 이상이다.

ㄷ. 2008년 일본인 관광객의 한국 내 전체 관광지출은 7월보다 8월에 더 많다.

ㄹ. 2008년 10월 중국인 및 일본인 관광객의 한국 내 전체 관광지출은 해당 월 한국의 총관광수입의 50% 이상이다.

① ㄱ, ㄴ

② ㄱ, ㄷ

③ ㄴ, ㄷ

④ ㄴ, ㄹ

⑤ ㄷ, ㄹ

09. 다음 <표>는 2017년 기준 농림어업 생산액 상위 20개국의 GDP 및 농림어업 생산액에 관한 자료이다. 이에 대한 설명으로 옳지 않은 것은? 22 5급공채

<표> 2017년 기준 농림어업 생산액 상위 20개국의 GDP 및 농림어업 생산액 현황

(단위: 십억 달러, %)

연도 / 구분 / 국가	2017			2012		
	GDP	농림어업 생산액	GDP 대비 비율	GDP	농림어업 생산액	GDP 대비 비율
중국	12,237	( )	7.9	8,560	806	9.4
인도	2,600	( )	15.5	1,827	307	16.8
미국	( )	198	1.0	16,155	194	1.2
인도네시아	1,015	133	13.1	917	122	13.3
브라질	2,055	93	( )	2,465	102	( )
나이지리아	375	78	20.8	459	100	21.8
파키스탄	304	69	( )	224	53	( )
러시아	1,577	63	4.0	2,210	70	3.2
일본	4,872	52	1.1	6,230	70	1.1
터키	851	51	6.0	873	67	7.7
이란	454	43	9.5	598	45	7.5
태국	455	39	8.6	397	45	11.3
멕시코	1,150	39	3.4	1,201	38	3.2
프랑스	2,582	38	1.5	2,683	43	1.6
이탈리아	1,934	37	1.9	2,072	40	1.9
호주	1,323	36	2.7	1,543	34	2.2
수단	117	35	29.9	68	22	32.4
아르헨티나	637	35	5.5	545	31	5.7
베트남	223	34	15.2	155	29	18.7
스페인	1,311	33	2.5	1,336	30	2.2
전세계	80,737	3,351	4.2	74,993	3,061	4.1

① 2017년 농림어업 생산액 상위 5개국 중, 농림어업 생산액의 GDP 대비 비율이 전세계보다 낮은 국가는 미국뿐이다.

② 2017년 농림어업 생산액 상위 3개국의 GDP 합은 전세계 GDP의 50% 이상이다.

③ 2017년 농림어업 생산액 상위 20개국 중, 2012년 대비 2017년 농림어업 생산액의 GDP 대비 비율이 증가한 국가는 모두 2012년 대비 2017년 GDP가 감소하였다.

④ 2017년 농림어업 생산액은 중국이 인도의 2배 이상이다.

⑤ 파키스탄은 농림어업 생산액의 GDP 대비 비율이 2012년 대비 2017년에 감소하였다.

10. 다음 <표>는 ○○지역의 해수욕장 수질기준 및 해수욕장별 수질 조사 결과이다. <조건>을 이용하여 <표 3>의 A~D에 해당하는 해수욕장을 바르게 나열한 것은? 13 5급공채

<표 1> 해수욕장 수질기준

(단위: 점)

총점	4~8	9~12	13~16
수질기준	적합	관리요망	부적합

※ 1) 수질기준 총점은 조사항목별 점수의 합을 의미함.
2) 대장균군수가 1,000MPN/100ml 이상인 경우 수질기준 총점과 관계없이 '부적합'으로 봄.

<표 2> 해수욕장 수질 조사항목별 점수

(단위: mg/l)

점수	조사항목			
	부유 물질량	화학적 산소요구량	암모니아 질소	총인
1	10 이하	1 이하	0.15 이하	0.03 이하
2	10 초과 20 이하	1 초과 2 이하	0.15 초과 0.3 이하	0.03 초과 0.05 이하
3	20 초과 30 이하	2 초과 4 이하	0.3 초과 0.5 이하	0.05 초과 0.09 이하
4	30 초과	4 초과	0.5 초과	0.09 초과

<표 3> 해수욕장별 수질 조사 결과

해수욕장	부유 물질량 (mg/l)	화학적 산소 요구량 (mg/l)	암모니아 질소 (mg/l)	총인 (mg/l)	대장균 군수 (MPN /100ml)
A	27.4	3.7	0.144	0.084	1,432
B	9.2	1.4	0.021	0.021	33
박재	32.3	4.3	0.038	0.097	884
C	31.0	1.7	0.187	0.037	16
D	2.9	0.9	0.019	0.016	2

〈조건〉

○ 수질기준이 '적합'인 해수욕장은 '서지'와 '호민'이다.
○ 부유물질량의 항목점수가 총인의 항목점수보다 큰 해수욕장은 '남현'이다.
○ 수질기준이 '부적합'인 해수욕장은 '박재'와 '수련'이다.
○ '수련'해수욕장 수질기준 총점은 '서지'해수욕장 수질기준 총점의 두 배이다.

	A	B	C	D
①	수련	서지	호민	남현
②	수련	호민	남현	서지
③	남현	호민	수련	서지
④	서지	수련	남현	호민
⑤	수련	서지	남현	호민

11. 다음 <표>는 2015~2022년 '갑'국의 논벼 소득에 관한 자료이다. 이에 대한 설명으로 옳은 것은? 24 5급공채

<표> 2015~2022년 '갑'국의 논벼 소득 현황

(단위: 백만 원, %)

연도	총수입	전년 대비 증가율	경영비	전년 대비 증가율	소득	소득률
2015	993,903	-6.1	( )	-2.2	560,966	56.4
2016	856,165	( )	( )	-1.5	429,546	50.2
2017	974,553	13.8	433,103	1.5	541,450	55.6
2018	1,178,214	20.9	( )	10.2	( )	59.5
2019	1,152,580	-2.2	( )	1.7	667,350	57.9
2020	1,216,248	5.5	484,522	( )	( )	60.2
2021	1,294,242	6.4	508,375	4.9	785,867	60.7
2022	1,171,736	( )	566,121	11.4	605,615	51.7

※ 1) 소득 = 총수입 - 경영비
2) $소득률(\%) = \frac{소득}{총수입} \times 100$

① 2018년 소득은 전년 대비 25% 이상 증가하였다.
② 2016년부터 2021년까지 소득은 매년 증가하였다.
③ 2017년 대비 2021년 경영비 증가율은 20% 이상이다.
④ 2020년 총수입과 경영비의 전년 대비 증감 방향은 동일하다.
⑤ 총수입의 전년 대비 증가율이 가장 낮은 해와 소득의 전년 대비 감소폭이 가장 큰 해는 같다.

12. 다음 <표>는 위원회 회의참석수당 지급규정에 대한 자료이다. 이를 근거로 <회의>의 (가)~(라) 중 총지급액이 가장 큰 회의와 세 번째로 큰 회의를 바르게 연결한 것은?

23 7급공채

<표 1> 위원회 회의참석수당 지급규정

(단위: 천 원/인)

구분		전체위원회		조정위원회		전문 위원회	기타 위원회
		전체 회의	소위	전체 회의	소위		
안건 검토비	위원장	300	250	200	150	200	150
	위원	250	200	150	100	150	100
회의참석비		회의시간이 2시간 미만인 경우 150 회의시간이 2시간 이상인 경우 200					
교통비		교통비 지급규정에 따라 정액 지급					

※ 1) 총지급액은 위원장과 위원의 회의참석수당 합임.

2) 위원(장) 회의참석수당 = 위원(장) 안건검토비 + 회의참석비 + 교통비

<표 2> 교통비 지급규정

(단위: 천 원/인)

회의개최장소	1급지	2급지	3급지	4급지
교통비	12	16	25	30

※ 교통비는 회의개최장소의 등급에 따라 지급하고, 회의개최장소는 1~4급지로 구분됨.

〈회의〉

(가) 1급지에서 개최되고 위원장 1인과 위원 2인이 참석하며, 회의시간이 1시간인 전체위원회 소위

(나) 2급지에서 개최되고 위원장 1인과 위원 2인이 참석하며, 회의시간이 3시간인 조정위원회 전체회의

(다) 3급지에서 개최되고 위원장 1인과 위원 2인이 참석하며, 회의시간이 1시간인 전문위원회

(라) 4급지에서 개최되고 위원장 1인과 위원 2인이 참석하며, 회의시간이 4시간인 기타 위원회

	총지급액이 가장 큰 회의	총지급액이 세 번째로 큰 회의
①	(나)	(가)
②	(나)	(다)
③	(나)	(라)
④	(라)	(나)
⑤	(라)	(다)

13. 다음 <그림>은 A대학교의 1, 2, 3, 4학년생을 대상으로 장학금을 받는 학생과 장학금을 받지 못하는 학생으로 나누어 이들이 해당 학년 동안 참가한 1인당 평균 교내특별활동 수를 조사한 자료이다. 이에 대한 <보기>의 설명 중 옳지 않은 것을 모두 고르면?

07 5급공채

<그림> 1인당 평균 교내특별활동 수

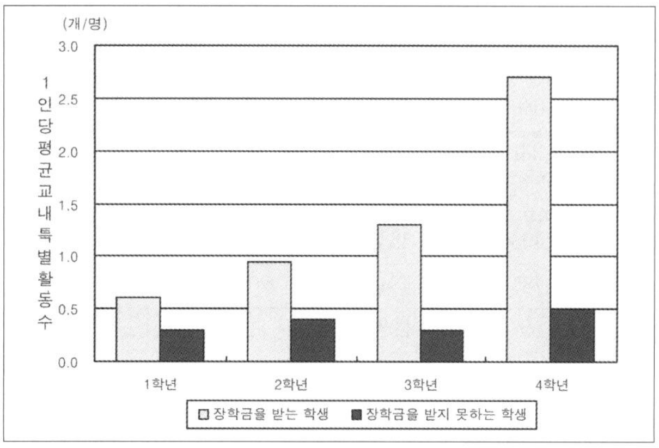

〈보기〉

ㄱ. 학년이 높아질수록 장학금을 받는 학생 수는 늘어났다.

ㄴ. 장학금을 받는 4학년생이 참가한 1인당 평균 교내특별활동 수는 장학금을 받지 못하는 4학년생이 참가한 1인당 평균 교내특별활동 수의 5배 이하이다.

ㄷ. 학년이 높아질수록 장학금을 받는 학생과 받지 못하는 학생 간의 1인당 평균 교내특별활동 수의 차이가 커졌다.

ㄹ. 전체 2학년생이 참가한 1인당 평균 교내특별활동 수에 비해 전체 3학년생이 참가한 1인당 평균 교내특별활동 수가 많다.

① ㄱ, ㄴ

② ㄴ, ㄷ

③ ㄱ, ㄴ, ㄹ

④ ㄱ, ㄷ, ㄹ

⑤ ㄴ, ㄷ, ㄹ

14. 다음 <표>는 2012~2021년 우리나라 D부처 정보공개 청구에 관한 자료이다. 이에 대한 <보기>의 설명 중 옳은 것만을 모두 고르면? 24 5급공채

<표 1> 2012~2021년 정보공개 청구건수 및 처리건수

(단위: 건)

구분 연도	청구건수	처리건수						
		전부공개	부분공개	비공개	타기관이송	취하	민원이첩	기타
2012	1,046	446	149	161	44	79	60	107
2013	1,231	550	156	137	46	150	66	126
2014	1,419	572	176	149	77	203	35	207
2015	1,493	522	183	198	104	152	88	246
2016	1,785	529	184	215	207	134	222	294
2017	3,097	837	293	334	511	251	0	871
2018	2,951	1,004	333	386	379	232	0	617
2019	3,484	1,296	411	440	161	250	0	926
2020	4,006	1,497	660	502	170	327	0	850
2021	5,708	2,355	950	656	188	653	0	906

※ 정보공개 청구건은 해당연도에 모두 처리됨.

<표 2> 2012~2021년 청구방법별 정보공개 청구건수

(단위: 건)

청구방법 연도	직접출석	우편	팩스	정보통신망	기타
2012	47	24	5	968	2
2013	49	46	7	1,124	5
2014	111	54	13	1,241	0
2015	82	68	16	1,324	3
2016	51	55	9	1,669	1
2017	87	80	7	2,918	5
2018	162	75	27	2,687	0
2019	118	86	11	3,269	0
2020	134	94	13	3,758	7
2021	130	65	17	5,495	1

〈보기〉

ㄱ. 정보공개 청구건수는 매년 증가한다.

ㄴ. '타기관이송' 처리건수가 가장 많은 해와 정보공개 청구건수 대비 '전부공개' 처리건수의 비율이 가장 낮은 해는 같다.

ㄷ. 연도별 '비공개' 처리건수와 '취하' 처리건수의 합은 해당연도 정보공개 청구건수의 20%를 매년 초과한다.

ㄹ. 2021년 '전부공개' 처리건수 중 청구방법이 '정보통신망'인 처리건수는 2,100건 이상이다.

① ㄱ, ㄴ ② ㄱ, ㄷ

③ ㄴ, ㄷ ④ ㄴ, ㄹ

⑤ ㄷ, ㄹ

15. 다음 <그림>은 2005~2011년 동안 국내 경제활동 관련 현황에 대한 자료이다. 이에 대한 <보기>의 설명 중 옳지 않은 것을 모두 고르면? 13 외교관

<그림 1> 경제활동인구 추이

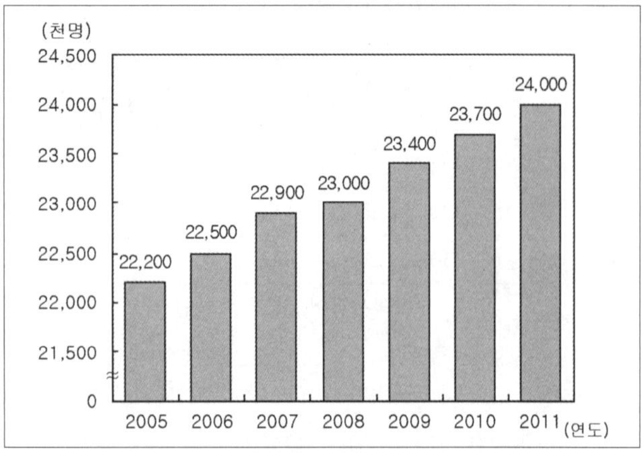

<그림 2> 생산가능연령인구 추이

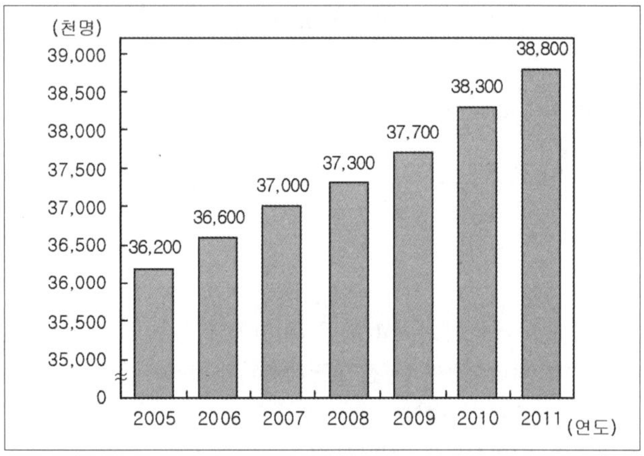

<그림 3> 실업률 추이

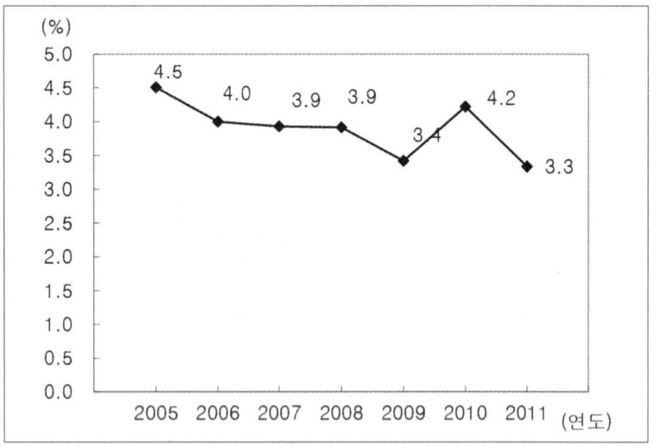

※ 1) 경제활동인구 = 취업자 + 실업자

2) 생산가능연령인구 = 경제활동인구 + 비경제활동인구

3) 실업률(%) = $\frac{\text{실업자}}{\text{경제활동인구}} \times 100$

4) 경제활동참가율(%) = $\frac{\text{경제활동인구}}{\text{생산가능연령인구}} \times 100$

〈보기〉

ㄱ. 취업자는 매년 증가하고 있다.
ㄴ. 2005년 실업자는 110만명이 넘는다.
ㄷ. 비경제활동인구는 매년 감소하고 있다.
ㄹ. 2009년 경제활동참가율은 60% 이상이다.

① ㄱ, ㄴ
② ㄱ, ㄷ
③ ㄱ, ㄹ
④ ㄴ, ㄷ
⑤ ㄴ, ㄹ

16. 다음 <표>는 소음 환경에 따른 A~E집단의 주의력 및 공간지각력 점수에 관한 자료이다. 이를 근거로 A~E 중 <조건>을 모두 만족하는 집단을 고르면? 24 5급공채

<표> 소음 환경에 따른 주의력 및 공간지각력 점수

(단위: 점)

구분	저소음 환경				고소음 환경			
	주의력		공간지각력		주의력		공간지각력	
집단 \ 성별	남성	여성	남성	여성	남성	여성	남성	여성
A	7.2	6.9	8.0	6.6	3.6	3.3	4.1	3.0
B	6.8	7.3	6.5	8.1	2.5	3.0	3.1	3.6
C	8.3	7.9	7.8	7.6	4.4	4.1	3.5	3.4
D	6.5	6.8	6.7	6.5	3.2	3.5	3.2	3.3
E	7.7	8.0	7.9	7.9	3.7	4.0	3.9	3.6

〈조건〉

- 저소음 환경과 고소음 환경에서의 주의력 점수 차이는 남성과 여성이 동일하다.
- 고소음 환경에서, 주의력 점수가 더 높은 성별이 공간지각력 점수도 더 높다.
- 남성과 여성 모두 저소음 환경에서의 주의력 점수가 고소음 환경에서의 주의력 점수의 2배 이상이다.
- 저소음 환경에서, 남성은 공간지각력 점수가 주의력 점수보다 높고 여성은 주의력 점수가 공간지각력 점수보다 높다.

① A
② B
③ C
④ D
⑤ E

17. 다음 <표>와 <그림>은 '갑'국 8개 어종의 2020년 어획량에 관한 자료이다. 이에 대한 <보기>의 설명 중 옳은 것만을 모두 고르면? 22 7급공채

<표> 8개 어종의 2020년 어획량

(단위: 톤)

어종	갈치	고등어	광어	멸치	오징어	전갱이	조기	참다랑어
어획량	20,666	64,609	5,453	26,473	23,703	19,769	23,696	482

<그림> 8개 어종 2020년 어획량의 전년비 및 평년비

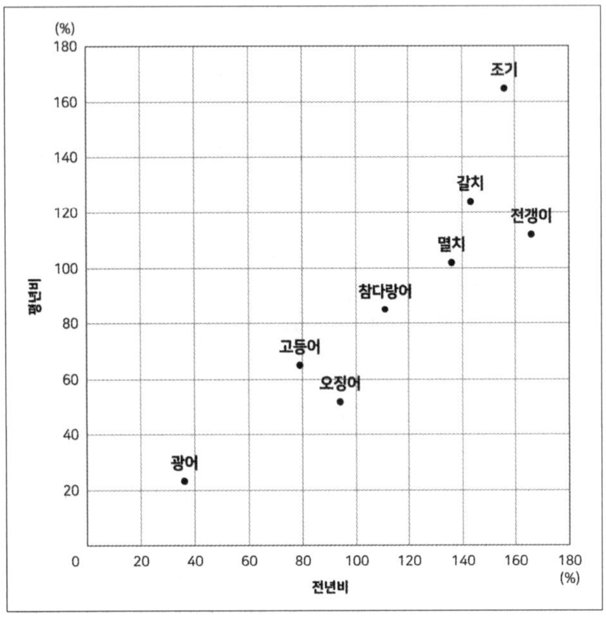

※ 1) 전년비(%) = $\frac{\text{2020년 어획량}}{\text{2019년 어획량}} \times 100$

2) 평년비(%) = $\frac{\text{2020년 어획량}}{\text{2011~2020년 연도별 어획량의 평균}} \times 100$

〈보기〉

ㄱ. 8개 어종 중 2019년 어획량이 가장 많은 어종은 고등어이다.

ㄴ. 8개 어종 각각의 2019년 어획량은 해당 어종의 2011~2020년 연도별 어획량의 평균보다 적다.

ㄷ. 2021년 갈치 어획량이 2020년과 동일하다면, 갈치의 2011~2021년 연도별 어획량의 평균은 2011~2020년 연도별 어획량의 평균보다 크다.

① ㄱ

② ㄴ

③ ㄱ, ㄷ

④ ㄴ, ㄷ

⑤ ㄱ, ㄴ, ㄷ

18. 다음 <표>와 <선정절차>는 '갑'사업에 지원한 A~E 유치원 현황과 사업 선정절차에 대한 자료이다. 이에 대한 <보기>의 설명 중 옳은 것만을 모두 고르면? 18 5급공채

<표> A~E 유치원 현황

유치원	원아수(명)	교직원수(명)			교사 평균 경력(년)	시설현황				통학 차량 대수(대)
		교사		사무직원		교실		놀이터 면적(m^2)	유치원 총면적(m^2)	
		정교사	준교사			수(개)	총면적(m^2)			
A	132	10	2	1	2.1	5	450	2,400	3,800	3
B	160	5	0	1	4.5	7	420	200	1,300	2
C	120	4	3	0	3.1	5	420	440	1,000	1
D	170	2	10	2	4.0	7	550	300	1,500	2
E	135	4	5	1	2.9	6	550	1,000	2,500	2

※ 여유면적 = 유치원 총면적 - 교실 총면적 - 놀이터 면적

〈선정절차〉

○ 1단계: 아래 4개 조건을 모두 충족하는 유치원을 예비 선정한다.
  - 교실조건: 교실 1개당 원아수가 25명 이하여야 한다.
  - 교사조건: 교사 1인당 원아수가 15명 이하여야 한다.
  - 차량조건: 통학 차량 1대당 원아수가 100명 이하여야 한다.
  - 여유면적조건: 여유면적이 650m^2 이상이어야 한다.

○ 2단계: 예비 선정된 유치원 중 교사평균경력이 가장 긴 유치원을 최종 선정한다.

〈보기〉

ㄱ. A 유치원은 교사조건, 차량조건, 여유면적조건을 충족한다.

ㄴ. '갑'사업에 최종 선정되는 유치원은 D이다.

ㄷ. C 유치원은 원아수를 15% 줄이면 차량조건을 충족하게 된다.

ㄹ. B 유치원이 교사경력 4.0년 이상인 준교사 6명을 증원한다면 B 유치원이 '갑'사업에 최종 선정된다.

① ㄱ, ㄴ

② ㄱ, ㄷ

③ ㄷ, ㄹ

④ ㄱ, ㄴ, ㄹ

⑤ ㄴ, ㄷ, ㄹ

19. 다음 <정보>와 <표>는 '갑'초등학교 6학년 1~6반 학생이 받은 상에 관한 자료이다. 이를 근거로 개근상을 받은 학생 수와 우등상을 받은 학생 수를 바르게 연결한 것은? 24 5급공채

〈정보〉

○ 상의 종류는 개근상, 우등상, 봉사상만 있다.
○ 학생 1명은 동일한 종류의 상을 중복해서 받을 수 없다.
○ 개근상, 우등상, 봉사상 3개를 모두 받은 학생은 1반, 2반, 5반에서 각각 2명이고, 3반, 4반, 6반에서 각각 1명이다.
○ 우등상을 받은 학생 수가 봉사상을 받은 학생 수보다 많다.

<표 1> 1~6반 수상 현황

(단위: 명, 개)

반	1	2	3	4	5	6
상 받은 학생 수	5	4	4	5	3	1
받은 상 개수	9	8	9	8	8	3

<표 2> 상별 상위 2개 반과 상을 받은 학생 수

(단위: 명, 개)

순위 \ 상	개근상		우등상		봉사상	
구분	반	학생 수	반	학생 수	반	학생 수
1	2	4	1	5	4	5
2	5	3	3	4	3	4

※ 1) 상을 받은 학생 수 기준으로 순위를 정함.
2) 공동 2위는 없음.

	개근상을 받은 학생 수	우등상을 받은 학생 수
①	12	15
②	12	16
③	12	17
④	13	16
⑤	13	17

20. 다음 <표>는 2022년 '갑'대학 학생 A~J의 학기별 봉사 점수에 관한 자료이다. 이에 대한 설명으로 옳은 것은? 24 5급공채

<표 1> 학생 A~J의 학기별 점수

(단위: 점)

학생 \ 학기	1학기	2학기
A	4.3	4.2
B	3.7	3.6
C	4.0	3.8
D	2.8	2.7
E	3.4	( )
F	0.4	0.2
G	3.9	3.6
H	2.8	1.8
I	( )	2.2
J	1.2	1.1

<표 2> 학기별·등급별 평균점수(학생 A~J)

(단위: 점)

등급 \ 학기	1학기	2학기
상	3.98	3.80
중	3.10	2.45
하	( )	1.25

※ 1) 학기별로 점수가 3.5점 이상이면 '상'등급, 2.0점 이상 3.5점 미만이면 '중'등급, 2.0점 미만이면 '하'등급으로 학생을 구분함.
2) 평균점수(점) = $\frac{\text{해당학기 해당등급 학생 점수의 합}}{\text{해당학기 해당등급 학생 수}}$
3) 평균점수는 소수 셋째 자리에서 반올림한 값임.

① '상'등급에 해당하는 학생 수는 1학기가 2학기보다 많다.
② 1학기와 2학기의 점수 차이가 가장 큰 학생은 H이다.
③ 학생 E의 2학기 등급은 '중'이다.
④ '하'등급의 평균점수는 1학기가 2학기보다 높다.
⑤ 학생 A~J는 모두 1학기 점수가 2학기 점수보다 높다.

21. 다음 <표>는 '갑'국 국세청의 행정소송 현황에 관한 자료이다. 제시된 <표> 이외에 <보고서>를 작성하기 위해 추가로 필요한 자료만을 <보기>에서 모두 고르면? 22 5급공채

<표 1> 2017~2020년 행정소송 현황

(단위: 건)

구분 \ 연도	처리대상건수		처리완료건수				처리미완료건수		
	전년 이월	당년 제기	취하	각하	국가 승소	국가 패소	행정 법원	고등 법원	대법원
2017	2,093	1,679	409	74	862	179	1,279	647	322
2018	2,248	1,881	485	53	799	208	1,536	713	335
2019	2,584	1,957	493	78	749	204	2,043	692	282
2020	3,017	2,026	788	225	786	237	1,939	793	275

※ $\text{미완료율(\%)} = \frac{\text{처리미완료건수}}{\text{처리대상건수}} \times 100$

<표 2> 2020년 세목별 행정소송 현황

(단위: 건)

구분 \ 세목	처리대상건수		처리완료건수				처리미완료건수		
	전년 이월	당년 제기	취하	각하	국가 승소	국가 패소	행정 법원	고등 법원	대법원
종합 소득세	305	249	85	7	103	33	227	74	25
법인세	443	347	54	6	108	44	396	123	59
부가 가치세	645	405	189	13	162	42	400	183	61
양도 소득세	909	447	326	170	240	39	378	167	36
상속세	84	52	14	1	28	29	50	20	14
증여세	429	282	70	12	96	49	272	157	55
기타	202	244	50	16	49	21	216	69	25

<표 3> 2020년 소송가액별 행정소송 현황

(단위: 건)

구분 \ 소송가액	처리대상건수		처리완료건수				처리미완료건수		
	전년 이월	당년 제기	취하	각하	국가 승소	국가 패소	행정 법원	고등 법원	대법원
3억 원 미만	1,758	1,220	599	204	540	102	1,028	414	91
3억 원 이상 10억 원 미만	542	375	129	15	133	56	374	156	54
10억 원 이상	717	431	60	6	113	79	537	223	130

〈보고서〉

2017~2020년 '갑'국 국세청의 연도별 행정소송 현황을 살펴보면 전년 이월 처리대상건수와 당년 제기 처리대상건수는 매년 증가하였다. 한편 2017~2019년 미완료율은 매년 증가하였으나, 2020년에는 미완료율이 전년 대비 감소하였다. 2017~2020년 처리대상건수 대비 국가승소 건수의 비율은 매년 감소하였는데, 특히 2017년에는 전년 대비 20%p 감소하여 가장 큰 폭으로 감소하였다. 2017~2020년 국가승소 건수 중 법인세 관련 행정소송 건수가 차지하는 비율 또한 매년 감소하였다.

2020년에 전년 이월 처리대상건수가 가장 많은 세목은 양도소득세였으며, 행정소송이 진행 중이어서 처리완료되지 못하고 2021년으로 이월된 행정소송 건수가 가장 많은 세목은 부가가치세였다.

2020년의 경우 소송가액 3억 원 미만인 국가승소 건수가 3억 원 이상인 국가승소 건수보다 많았다. 한편 2017~2020년 행정법원 소송 처리미완료건수 중 소송가액 10억 원 이상인 건수가 차지하는 비율은 2018년이 가장 높았으며 2020년이 가장 낮았다.

〈보기〉

ㄱ. 2016년 행정소송 처리대상건수 및 국가승소 건수

ㄴ. 2021년 소송가액별 행정소송 처리대상건수

ㄷ. 2017~2019년 국가승소 건수 중 법인세 관련 행정소송 건수

ㄹ. 2017~2019년 소송가액이 10억 원 이상인 행정법원 소송 처리미완료건수

① ㄱ, ㄴ

② ㄱ, ㄷ

③ ㄴ, ㄹ

④ ㄱ, ㄷ, ㄹ

⑤ ㄴ, ㄷ, ㄹ

※ 다음 <표>는 2018~2020년 '갑'국 방위산업의 매출액 및 종사자 수에 관한 자료이다. 다음 물음에 답하시오. [22~23]

22 7급공채

<표 1> 2018~2020년 '갑'국 방위산업의 국내외 매출액

(단위: 억 원)

구분 \ 연도	2018	2019	2020
총매출액	136,493	144,521	153,867
국내 매출액	116,502	( )	( )
국외 매출액	19,991	21,048	17,624

<표 2> 2020년 '갑'국 방위산업의 기업유형별 매출액 및 종사자 수

(단위: 억 원, 명)

기업유형 \ 구분	총매출액	국내 매출액	국외 매출액	종사자 수
대기업	136,198	119,586	16,612	27,249
중소기업	17,669	16,657	1,012	5,855
전체	153,867	( )	17,624	33,104

<표 3> 2018~2020년 '갑'국 방위산업의 분야별 매출액

(단위: 억 원)

분야 \ 연도	2018	2019	2020
항공유도	41,984	45,412	49,024
탄약	24,742	21,243	25,351
화력	20,140	20,191	21,031
함정	18,862	25,679	20,619
기동	14,027	14,877	18,270
통신전자	14,898	15,055	16,892
화생방	726	517	749
기타	1,114	1,547	1,931
전체	136,493	144,521	153,867

<표 4> 2018~2020년 '갑'국 방위산업의 분야별 종사자 수

(단위: 명)

분야 \ 연도	2018	2019	2020
A	9,651	10,133	10,108
B	6,969	6,948	6,680
C	3,996	4,537	4,523
D	3,781	3,852	4,053
E	3,988	4,016	3,543
화력	3,312	3,228	3,295
화생방	329	282	228
기타	583	726	674
전체	32,609	33,722	33,104

※ '갑'국 방위산업 분야는 기타를 제외하고 항공유도, 탄약, 화력, 함정, 기동, 통신전자, 화생방으로만 구분함.

22. 위 <표>에 근거한 <보기>의 설명 중 옳은 것만을 모두 고르면?

〈보기〉

ㄱ. 방위산업의 국내 매출액이 가장 큰 연도에 방위산업 총매출액 중 국외 매출액 비중이 가장 작다.

ㄴ. '기타'를 제외하고, 2018년 대비 2020년 매출액 증가율이 가장 낮은 방위산업 분야는 '탄약'이다.

ㄷ. 2020년 방위산업의 기업유형별 종사자당 국외 매출액은 대기업이 중소기업의 4배 이상이다.

ㄹ. 2020년 '항공유도' 분야 대기업 국내 매출액은 14,500억 원 이상이다.

① ㄱ, ㄴ ② ㄱ, ㄷ

③ ㄴ, ㄹ ④ ㄷ, ㄹ

⑤ ㄱ, ㄴ, ㄹ

23. 위 <표>와 다음 <보고서>를 근거로 '항공유도'에 해당하는 방위산업 분야를 <표 4>의 A~E 중에서 고르면?

〈보고서〉

2018년 대비 2020년 '갑'국 방위산업의 총매출액은 약 12.7% 증가하였으나 방위산업 전체 종사자 수는 약 1.5% 증가하는 데 그쳤다. '기타'를 제외한 7개 분야에 대해 이를 구체적으로 분석하면 다음과 같다.

2018년 대비 2020년 방위산업 분야별 매출액은 모두 증가하였으나 종사자 수는 '통신전자', '함정', '항공유도' 분야만 증가하고 나머지 분야는 감소한 것으로 나타났다. 2018~2020년 동안 매출액과 종사자 수 모두 매년 증가한 방위산업 분야는 '통신전자'뿐이고, '탄약'과 '화생방' 분야는 종사자 수가 매년 감소하였다. 특히, '기동' 분야는 2018년 대비 2020년 매출액 증가율이 방위산업 분야 중 가장 높았지만 종사자 수는 가장 많이 감소하였다. 2018년 대비 2020년 '함정' 분야 매출액 증가율은 방위산업 전체 매출액 증가율보다 낮았으나 종사자 수는 방위산업 분야 중 가장 많이 증가하였다. 이에 따라 방위산업의 분야별 종사자당 매출액 순위에도 변동이 있었다. 2018년에는 '화력' 분야의 종사자당 매출액이 가장 컸고, 다음으로 '함정', '항공유도' 순으로 컸다. 한편, 2020년에는 '화력' 분야의 종사자당 매출액이 가장 컸고, 다음으로 '기동', '항공유도' 순으로 컸다.

① A ② B

③ C ④ D

⑤ E

24. 다음 <표>는 1936~2022년 필즈상 수상자의 최종 박사학위 취득 대학에 관한 자료이다. 필즈상 수상자의 최종 박사학위 취득 대학 중 수상자가 1명인 대학의 수는? 23 5급공채

<표 1> 필즈상 수상자의 최종 박사학위 취득 대학의 소속 국가별 현황

(단위: 개, 명)

순위	대학 소속 국가	대학 수	필즈상 수상자 수
1	미국	7	21
2	프랑스	7	12
3	영국	4	8
4	러시아	3	6
5	독일	2	4
6	스위스	1	3
⋮	⋮	⋮	⋮
전체		34	65

※ 1) 필즈상 수상자 수가 많을수록 순위가 높음.
2) 필즈상 수상자는 모두 박사학위자이며, 중복수상자는 없음.

<표 2> 최종 박사학위 기준 필즈상 수상자를 3명 이상 배출한 대학 현황

(단위: 명)

대학명	대학 소속 국가	필즈상 수상자 수
프린스턴	미국	7
하버드	미국	6
모스크바	러시아	4
케임브리지	영국	4
본	독일	3
제네바	스위스	3
ENS	프랑스	3

① 16
② 17
③ 18
④ 19
⑤ 20

25. 다음 <표>는 '갑'국 호수 A와 B의 2013년 8월 10~16일 수온, 수질측정, 조류예보 및 해제 현황과 2008~2012년 조류예보 발령 현황, 그리고 조류예보 수질측정항목 수치의 단계별 기준에 대한 자료이다. <조류예보 및 해제 발령 절차>를 이용하여 2013년 8월 13~15일 호수 B의 조류예보 및 해제 발령 결과를 바르게 나열한 것은? 16 5급공채

<표 1> 호수별 수온, 수질측정, 조류예보 및 해제 현황 (2013년 8월 10~16일)

호수	측정월일	수온 (℃)	수질측정항목		조류예보 및 해제
			클로로필 농도 (mg/㎥)	남조류 세포수 (개/mL)	
A	8월 10일	27.6	16.9	917	−
	8월 11일	27.5	29.4	4,221	주의보
	8월 12일	26.2	30.4	5,480	주의보
	8월 13일	25.2	40.1	8,320	경보
	8월 14일	23.9	20.8	1,020	주의보
	8월 15일	20.5	18.0	328	주의보
	8월 16일	21.3	13.8	620	해제
B	8월 10일	24.2	21.7	4,750	−
	8월 11일	25.2	28.5	1,733	주의보
	8월 12일	26.1	30.5	5,315	주의보
	8월 13일	23.8	21.5	1,312	( )
	8월 14일	22.1	16.8	389	( )
	8월 15일	18.6	10.3	987	( )
	8월 16일	17.8	5.8	612	( )

※ 수질측정은 매일 각 호수별로 동일시간, 동일지점, 동일한 방법으로 1회만 수행함.

<표 2> 2008~2012년 호수별 조류예보 발령 현황

(단위: 일)

호수	구분	2008년	2009년	2010년	2011년	2012년
A	주의보	7	0	21	14	28
	경보	0	0	0	0	0
	대발생	0	0	0	0	0
B	주의보	49	35	28	35	14
	경보	7	0	21	42	0
	대발생	7	0	0	14	0

<표 3> 조류예보 수질측정항목 수치의 단계별 기준

수질측정항목 \ 단계	주의보	경보	대발생
클로로필 농도(mg/㎥)	15 이상	25 이상	100 이상
남조류 세포수(개/mL)	500 이상	5,000 이상	1,000,000 이상

※ '갑'국에서는 조류예보 수질측정항목으로 '클로로필 농도'와 '남조류 세포수'만 사용함

〈조류예보 및 해제 발령 절차〉

○ 예보 당일 및 전일 조류예보 수질측정항목 수치의 단계별 기준에 의거, 다음과 같이 조류예보 또는 '해제'를 발령함
○ 예보 당일 및 전일의 수질측정항목(클로로필 농도와 남조류 세포수) 측정수치 4개를 획득함
○ 아래 5개 조건 만족여부를 순서대로 판정하고 조건을 만족하면 해당 발령 후 예보 당일 '조류예보 및 해제 발령 절차'를 종료함
  1) 측정수치 4개가 모두 대발생 단계 기준을 만족하면 '대발생' 발령
  2) 측정수치 4개가 모두 경보 단계 기준을 만족하면 '경보' 발령
  3) 측정수치 4개가 모두 주의보 단계 기준을 만족하면 '주의보' 발령
  4) 측정수치 4개 중 2개 이상이 주의보 단계 기준을 만족하지 못하면 '해제' 발령
  5) 위 1)~4)를 만족하지 못하면 예보 전일과 동일한 발령을 유지

	8월 13일	8월 14일	8월 15일
①	경보	주의보	해제
②	경보	주의보	주의보
③	주의보	주의보	주의보
④	주의보	주의보	해제
⑤	주의보	경보	주의보

약점 보완 해설집 p.56

해커스PSAT **7급 PSAT 유형별 기출 200제** 자료해석

부록

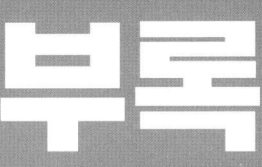

기출 출처 인덱스

기출 출처 인덱스

교재에 수록된 문제의 출처를 쉽게 확인할 수 있도록 출제 연도, 시험 유형, 책형, 문제 번호, 교재 수록 페이지 순으로 정리하였습니다. 기출문제 풀이 후 해당 유형을 찾아 학습할 때 활용할 수 있습니다.

7급공채

24 | 7급공채 | 사 03 200
24 | 7급공채 | 사 22 128
24 | 7급공채 | 사 25 249
23 | 7급공채 | 인 05 204
23 | 7급공채 | 인 07 55
23 | 7급공채 | 인 08 62
23 | 7급공채 | 인 11 271
23 | 7급공채 | 인 13 218
23 | 7급공채 | 인 15 255
23 | 7급공채 | 인 17 257
23 | 7급공채 | 인 19 65
23 | 7급공채 | 인 20 169
23 | 7급공채 | 인 21 111
23 | 7급공채 | 인 22 95
23 | 7급공채 | 인 25 192
22 | 7급공채 | 가 10 202
22 | 7급공채 | 가 13 186
22 | 7급공채 | 가 15 140
22 | 7급공채 | 가 17 141
22 | 7급공채 | 가 19 274
22 | 7급공채 | 가 22 277
22 | 7급공채 | 가 23 277
21 | 7급공채 | 나 07 245
21 | 7급공채 | 나 12 76
21 | 7급공채 | 나 14 66
21 | 7급공채 | 나 21 247
21 | 7급공채 | 나 24 232

7급공채 모의평가

20 | 7급모의 | 10 222

민경채

19 | 민경채 | 나 05 264
19 | 민경채 | 나 22 265

5급공채

24 | 5급공채 | 나 02 266
24 | 5급공채 | 나 04 273
24 | 5급공채 | 나 06 272
24 | 5급공채 | 나 07 224
24 | 5급공채 | 나 08 214
24 | 5급공채 | 나 13 68
24 | 5급공채 | 나 15 184
24 | 5급공채 | 나 17 98
24 | 5급공채 | 나 21 103
24 | 5급공채 | 나 33 268
24 | 5급공채 | 나 34 270
24 | 5급공채 | 나 38 275
24 | 5급공채 | 나 39 275
23 | 5급공채 | 가 09 254
23 | 5급공채 | 가 10 267
23 | 5급공채 | 가 16 126
23 | 5급공채 | 가 20 74
23 | 5급공채 | 가 21 109
23 | 5급공채 | 가 23 153
23 | 5급공채 | 가 27 77
23 | 5급공채 | 가 31 127
23 | 5급공채 | 가 35 40
23 | 5급공채 | 가 37 42
23 | 5급공채 | 가 38 278
23 | 5급공채 | 가 40 186
22 | 5급공채 | 나 01 208
22 | 5급공채 | 나 02 117
22 | 5급공채 | 나 04 276
22 | 5급공채 | 나 05 35
22 | 5급공채 | 나 06 251
22 | 5급공채 | 나 08 108
22 | 5급공채 | 나 10 36
22 | 5급공채 | 나 11 97
22 | 5급공채 | 나 12 119
22 | 5급공채 | 나 13 129
22 | 5급공채 | 나 14 230
22 | 5급공채 | 나 15 96
22 | 5급공채 | 나 17 41
22 | 5급공채 | 나 18 135
22 | 5급공채 | 나 19 135
22 | 5급공채 | 나 21 64
22 | 5급공채 | 나 26 17
22 | 5급공채 | 나 28 160
22 | 5급공채 | 나 30 269
22 | 5급공채 | 나 32 24
22 | 5급공채 | 나 33 188
22 | 5급공채 | 나 34 266
22 | 5급공채 | 나 36 259
21 | 5급공채 | 가 02 94
21 | 5급공채 | 가 03 20
21 | 5급공채 | 가 04 145
21 | 5급공채 | 가 07 115
21 | 5급공채 | 가 10 174
21 | 5급공채 | 가 14 166
21 | 5급공채 | 가 15 171
21 | 5급공채 | 가 16 226
21 | 5급공채 | 가 19 212
21 | 5급공채 | 가 20 136
21 | 5급공채 | 가 22 93
21 | 5급공채 | 가 23 139
21 | 5급공채 | 가 25 19
21 | 5급공채 | 가 27 114
21 | 5급공채 | 가 29 67
21 | 5급공채 | 가 30 113
21 | 5급공채 | 가 31 113
21 | 5급공채 | 가 33 125
21 | 5급공채 | 가 35 46
21 | 5급공채 | 가 37 124
21 | 5급공채 | 가 40 172
20 | 5급공채 | 나 06 175
20 | 5급공채 | 나 10 116
20 | 5급공채 | 나 12 147
20 | 5급공채 | 나 14 206
20 | 5급공채 | 나 15 228

20 | 5급공채 | 나 27 18
20 | 5급공채 | 나 28 26
20 | 5급공채 | 나 30 38
20 | 5급공채 | 나 35 146
20 | 5급공채 | 나 36 248
19 | 5급공채 | 가 09 158
19 | 5급공채 | 가 16 29
19 | 5급공채 | 가 17 148
19 | 5급공채 | 가 22 39
19 | 5급공채 | 가 29 44
19 | 5급공채 | 가 30 176
19 | 5급공채 | 가 34 157
19 | 5급공채 | 가 36 78
19 | 5급공채 | 가 38 130
19 | 5급공채 | 가 40 220
18 | 5급공채 | 나 01 241
18 | 5급공채 | 나 03 142
18 | 5급공채 | 나 07 70
18 | 5급공채 | 나 08 48
18 | 5급공채 | 나 10 69
18 | 5급공채 | 나 11 180
18 | 5급공채 | 나 14 47
18 | 5급공채 | 나 15 106
18 | 5급공채 | 나 18 177
18 | 5급공채 | 나 22 102
18 | 5급공채 | 나 27 258
18 | 5급공채 | 나 29 252
18 | 5급공채 | 나 36 274
17 | 5급공채 | 가 02 143
17 | 5급공채 | 가 08 122
17 | 5급공채 | 가 10 167
17 | 5급공채 | 가 13 182
17 | 5급공채 | 가 14 54
17 | 5급공채 | 가 16 43
17 | 5급공채 | 가 17 179
17 | 5급공채 | 가 19 22
17 | 5급공채 | 가 25 178
17 | 5급공채 | 가 32 21
17 | 5급공채 | 가 34 118
17 | 5급공채 | 가 37 49
17 | 5급공채 | 가 38 52
16 | 5급공채 | 4 02 100
16 | 5급공채 | 4 05 120
16 | 5급공채 | 4 12 168
16 | 5급공채 | 4 17 183
16 | 5급공채 | 4 19 210
16 | 5급공채 | 4 20 278
16 | 5급공채 | 4 21 144
16 | 5급공채 | 4 22 150
16 | 5급공채 | 4 23 84
16 | 5급공채 | 4 27 50
16 | 5급공채 | 4 29 53
16 | 5급공채 | 4 30 149
16 | 5급공채 | 4 31 165
16 | 5급공채 | 4 32 72
16 | 5급공채 | 4 34 190
16 | 5급공채 | 4 37 71
15 | 5급공채 | 인 02 73
15 | 5급공채 | 인 06 58
15 | 5급공채 | 인 09 57
15 | 5급공채 | 인 14 104
15 | 5급공채 | 인 15 101
15 | 5급공채 | 인 17 131
15 | 5급공채 | 인 20 189
15 | 5급공채 | 인 22 56
15 | 5급공채 | 인 24 27
15 | 5급공채 | 인 31 152
15 | 5급공채 | 인 33 151
15 | 5급공채 | 인 35 161
15 | 5급공채 | 인 38 246
14 | 5급공채 | A 02 154
14 | 5급공채 | A 08 81
14 | 5급공채 | A 15 105
14 | 5급공채 | A 18 60
14 | 5급공채 | A 26 123
14 | 5급공채 | A 32 99
14 | 5급공채 | A 33 31
14 | 5급공채 | A 36 59
14 | 5급공채 | A 37 61
13 | 5급공채 | 인 09 242
13 | 5급공채 | 인 11 170
13 | 5급공채 | 인 40 270
12 | 5급공채 | 인 07 28
12 | 5급공채 | 인 14 155
12 | 5급공채 | 인 20 159
12 | 5급공채 | 인 27 63
12 | 5급공채 | 인 30 82
12 | 5급공채 | 인 32 268
11 | 5급공채 | 인 06 86
11 | 5급공채 | 인 33 132
10 | 5급공채 | 인 12 156
09 | 5급공채 | 위 13 267
09 | 5급공채 | 위 39 162
07 | 5급공채 | 정 35 271

외교관

13 | 외교관 | 인 14 244
13 | 외교관 | 인 34 272

2025 최신개정판

해커스PSAT 7급PSAT 유형별 기출 200제 자료해석

개정 4판 1쇄 발행 2025년 1월 3일

지은이	김용훈
펴낸곳	해커스패스
펴낸이	해커스PSAT 출판팀
주소	서울특별시 강남구 강남대로 428 해커스PSAT
고객센터	1588-4055
교재 관련 문의	gosi@hackerspass.com 해커스PSAT 사이트(psat.Hackers.com) 1:1 문의 게시판
학원 강의 및 동영상강의	psat.Hackers.com
ISBN	979-11-7244-658-1 (13320)
Serial Number	04-01-01

한국사능력검정시험 1위* 해커스!

해커스 한국사능력검정시험 교재 시리즈

* 주간동아 선정 2022 올해의 교육 브랜드 파워 온·오프라인 한국사능력검정시험 부문 1위

빈출 개념과 **기출 분석**으로
기초부터 문제 해결력까지
꽉 잡는 기본서

해커스 한국사능력검정시험
심화 [1·2·3급]

스토리와 **마인드맵**으로 **개념잡고!**
기출문제로 **점수잡고!**

해커스 한국사능력검정시험
2주 합격 심화 [1·2·3급] 기본 [4·5·6급]

시대별/회차별 기출문제로
한 번에 합격 달성!

해커스 한국사능력검정시험
시대별/회차별 기출문제집 심화 [1·2·3급]

개념 정리부터 **실전**까지!
한권완성 기출문제집

해커스 한국사능력검정시험
한권완성 기출 500제 기본 [4·5·6급]

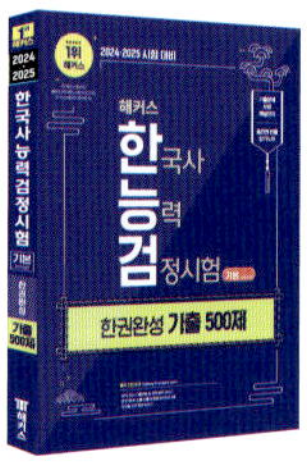

빈출 개념과 **기출 선택지**로
빠르게 합격 달성!

해커스 한국사능력검정시험
초단기 5일 합격 심화 [1·2·3급]
기선제압 막판 3일 합격 심화 [1·2·3급]

2025 최신개정판

해커스PSAT

7급 PSAT 유형별 기출 200제

자료해석

약점 보완 해설집

해커스PSAT

해커스PSAT

7급 PSAT 유형별 기출 200제 자료해석

약점 보완 해설집

해커스

1 자료비교

유형 1 | 곱셈 비교형

p.17

01	02	03	04	05	06	07	08	09	10
④	⑤	⑤	①	⑤	①	③	③	①	④
11	12								
②	④								

01

정답 ④

정답 체크

ㄱ. 자녀장려금 수급자의 전체 수급횟수는 359+(293×2)+(216×3)+(132×4)=2,121회 이상이므로 2,000회 이상이다.

ㄴ. 자녀장려금을 1회 수령한 수급자 수는 30대가 217명으로 40대 121명의 1.5배인 181.5명 이상이다.

ㄹ. 자녀장려금을 2회 이상 수령한 수급자 수는 무주택 수급자가 476명으로 유주택 수급자 165명의 2.5배인 412.5명 이상이다.

오답 체크

ㄷ. 4회 이상 구간 때문에 자녀수가 2명인 수급자의 자녀장려금 전체 수급횟수와 자녀수가 1명인 수급자의 자녀장려금 전체 수급횟수는 구체적으로 비교할 수 없다.

빠른 문제 풀이 Tip

ㄱ. 2,000회 이상, 즉 최소 2,000회인지를 묻고 있으므로 수급횟수 4회 이상 구간에서는 최소 4회를 기준으로 판단한다.

ㄴ. 곱셈식으로 판단하면 30대는 583×372이고 40대는 347×349이다. 일단 1회 수급횟수 비율은 30대 372가 40대 349보다 크고 연령대별 수급자 수는 40대가 347명에서 그 절반을 더한 347+173.5≒520이므로 30대 583이 더 크다. 따라서 1.5배 이상이라고 판단할 수 있다.

ㄹ. 먼저 2회 이상 비율을 더한 다음 곱셈식으로 판단하면 무주택은 732×650이고 유주택은 268×615이다. 2회 이상 수급횟수 비율은 무주택 650이 유주택 615보다 크고, 연령대별 수급자 수는 유주택 268명에서 2배를 한 다음 절반을 더한 536+134=670이므로 무주택 732가 더 크다. 따라서 2.5배 이상이라고 판단할 수 있다.

02

정답 ⑤

정답 체크

ㄴ. 생산직 근로자가 사무직 근로자보다 50% 이상 많지만 '직위불안' 항목에서 '낮음'으로 응답한 비율은 3%p 정도로 그 차이가 크지 않다. 따라서 '직위불안' 항목에서 '낮음'으로 응답한 근로자는 생산직 약 32명, 사무직 약 23명으로 생산직이 사무직보다 많다.

ㄹ. 생산직 근로자가 사무직 근로자보다 50% 이상 많지만 '보상부적절' 항목에서 '높음'으로 응답한 비율은 4%p 정도로 그 차이가 크지 않다. 따라서 '보상부적절' 항목에서 '높음'으로 응답한 근로자는 생산직 약 80명, 사무직 약 55명이므로 사무직이 생산직보다 적다.

오답 체크

ㄱ. '관계갈등' 항목의 경우 '상위'에 해당하는 근로자의 비율은 '매우 높음'과 '높음' 모두 사무직이 생산직보다 낮다. 따라서 항목별 직무스트레스 수준이 '상위'에 해당하는 근로자의 비율은 각 항목에서 사무직이 생산직보다 높지 않다.

ㄷ. '관계갈등' 항목에서 '매우 높음'으로 응답한 생산직 근로자는 14명으로 '매우 낮음'으로 응답한 생산직 근로자 13명보다 1명 더 많다.

빠른 문제 풀이 Tip

문제에서 구체적인 수치를 주고 있기 때문에 <표>의 비율과 곱해 구체적인 항목의 값을 비교할 수 있다.

03

정답 ⑤

정답 체크

수입액은 밀이 쌀의 약 2배인데 이란의 쌀 비율은 알제리의 밀 비율의 2배에 한참 미치지 못한다. 따라서 이란의 쌀 수입액은 알제리의 밀 수입액보다 작다.

오답 체크

① 한국의 밀 수입액은 957,625천 달러로 쌀 수입액인 298,413천 달러의 3배 이상이다.

② 중국이 수입한 4대 곡물 총수입액은 61십억 달러×64.2%와 19십억 달러×9.3%의 합으로 세계 밀 총수입액 38십억 달러보다 크다.

③ 브라질은 4대 곡물 중 대두와 옥수수 2개에서 '한국으로의 주요 수출국'이다.

④ 4대 곡물을 한국의 수입액이 큰 곡물부터 순서대로 나열하면 옥수수, 밀, 대두, 쌀 순이다.

04

정답 ①

정답 체크

2016년과 2017년 환경의 비중은 동일하지만 금액이 감소하였으므로 계산하지 않아도 2015~2020년 환경 분야 재정지출 금액이 매년 증가하지 않는다는 것을 쉽게 알 수 있다.

오답 체크

② 2020년 교육 분야 재정지출 금액은 약 98,875백만 달러로 2013년 안전 분야 재정지출 금액 약 17,540백만 달러의 4배 이상이다. 487×36×4≤614×161이 성립하는지 확인한다.

③ 2020년 GDP는 약 1,901,331백만 달러로 2013년 GDP인 약 1,396,032백만 달러의 30% 이상 증가하였다.

④ GDP 대비 보건 분야 재정지출 비율은 GDP 대비 전체 재정지출 비율과 전체 재정지출 중 보건 분야 비중의 곱으로 판단할 수 있다. 2017년 이후 두 가지 비율 중 적어도 하나 이상이 증가하고 있으므로 2016년 대비 2017년만 비교한다. 2016년 32.7×11.4에서 2017년 31.8×12.2로 변화하였는데, 114에서 122로 8 증가하여 7% 이상 증가했고 318에서 327로 9 증가하여 3% 미만 증가했음을 알 수 있다. 따라서 2017년에도 전년 대비 증가하였으므로 2016년 이후 GDP 대비 보건 분야 재정지출 비율은 매년 증가하였다.

⑤ 5대 분야 재정지출 금액의 합은 매년 전체 재정지출 금액의 35% 이상이다. 교육과 보건의 합이 25%를 넘고 나머지 3개 분야를 더하면 10%를 넘기 때문에 쉽게 확인할 수 있다.

빠른 문제 풀이 Tip

- <표 1>의 재정지출 금액과 <표 2>의 재정지출 비중을 곱해 5대 분야의 재정지출액을 판단할 수 있다.
- <표 1>의 재정지출 금액을 GDP 대비 비율로 나누어 GDP를 도출할 수 있다.

05

정답 ⑤

정답 체크

국가공무원 중 여성 비율과 지방자치단체공무원 중 여성 비율의 차이는 2011년에 17.00%p였지만 2012년에 17.40%p로 증가하였다. 따라서 매년 감소하지는 않는다.

오답 체크

① 2011~2014년 동안 <표>에서 국가공무원과 지방자치단체공무원 수는 2배 이상 차이가 나고 <그림>에서 각 여성 비율은 1.5배 차이가 난다. 2015년 역시 <표>에서 국가공무원과 지방자치단체공무원 수는 2.1배 이상 차이가 나고 <그림>에서 각 여성 비율은 1.5배 가까이 차이가 난다. 따라서 매년 국가공무원 중 여성 수는 지방자치단체공무원 중 여성 수의 3배 이상이다.

② 지방자치단체공무원 수와 지방자치단체공무원 중 여성 비율이 각각 매년 증가하고 있으므로 지방자치단체공무원 중 여성 수 역시 매년 증가하고 있다.

③ 2011~2014년 국가공무원 중 여성 수는 매년 29만 명 이상이고 2015년도 30만 명 이상이므로 매년 국가공무원 중 여성 수는 지방자치단체공무원 수보다 많다.

④ 2012년과 2013년 국가공무원 중 여성 비율이 48.10%로 동일하므로 남성 비율 역시 51.90%로 동일하다. 국가공무원 수가 2012년 622,424명에서 2013년 621,823명으로 감소하였으므로 국가공무원 중 남성 수는 2013년이 2012년보다 적다.

빠른 문제 풀이 Tip

- <표>는 공무원 수, <그림>은 공무원 중 여성의 비율을 주고 있으므로 여성공무원 수를 묻는 선택지는 가장 나중에 검토한다.
- <표>에서 국가와 지자체 공무원 수는 2배 이상 차이가 나는 반면 <그림>에서 각 여성 비율은 1.5배 차이가 난다.

06

정답 ①

정답 체크

고졸 전직실업자인 자격증취득인원은 1,790명×53%이고 전문대졸 지역실업자인 자격증취득인원은 1,789명×55%이므로 전자가 후자보다 적다. 4,124명×23%와 3,174명×31%를 비교해도 동일하지만 <표 3>의 수치로 검토하는 것이 훨씬 간단하다.

오답 체크

② <표 2>에서 남성 자격증취득인원은 훈련대상 중 신규실업자의 비율이 63%로 가장 높지만 <표 1>의 자격증 취득인원을 고려하면 전직실업자보다 적다.

③ <표 3>에서 신규실업자의 최종학력별 자격증취득률은 고졸이 36%이고, 대졸이 52%이므로 고졸이 대졸보다 낮다.

④ 연령대별 훈련실시인원과 자격증취득인원을 알 수 없으므로 영세자영업자의 자격증취득률은 연령대 중 50대가 가장 낮은지 판단할 수 없다.

⑤ 전체 대졸 자격증취득인원 대비 훈련대상별 대졸 자격증취득인원의 비율을 묻고 있지만 전체 대졸 자격증취득인원이 공통으로 분모가 되므로 자격증취득인원의 수를 비교한다. 대졸 새터민 108×80%보다 영세 자영업자 203×36%가 더 작다. 따라서 전체 대졸 자격증취득인원 대비 훈련대상별 대졸 자격증취득인원의 비율은 새터민보다 영세 자영업자가 더 낮다.

빠른 문제 풀이 Tip

- 선택지에서 묻는 내용이 어떤 <표>에 있는지 정확하게 매칭할 수 있어야 한다.
- <표 1>은 인원, <표 2>는 구성비, <표 3>은 인원 및 취득률에 관한 자료이므로 관련이 있는 항목끼리 매칭한다.

07

정답 ③

정답 체크

ㄴ. '소매상'을 통해 유통된 물량은 생물 갈치가 42,100×0.45=18,945톤이고 냉동 갈치가 7,843×0.34≒2,667이다. 따라서 생물 갈치가 냉동 갈치의 6배 이상이다.

ㄹ. 2022년 냉동 갈치 '수출' 물량이 2021년 '수출' 물량인 7,843×0.13≒1,020톤보다 60% 증가한다면, 2022년 냉동 갈치 '수출' 물량은 1,020×1.6=1,632톤이다. 이는 2021년 '소비지 도매시장'을 통해 유통된 냉동 갈치 물량 7,843×0.20≒1,569톤보다 많다.

오답 체크

ㄱ. <그림 2>의 냉동 갈치의 유통구조에 따르면 소비자에게 전달되지 않은 경로는 정부비축과 수출인 경우이다. 따라서 산지위판장 0.13 중 46%인 약 0.6과 가공업체 0.17 중 80%인 약 0.13을 더한 0.19가 소비자에게 전달되지 않았다. 즉, 생산자가 공급한 냉동 갈치 물량의 19%가 소비자에게 전달되지 않았으므로 '생산자'가 공급한 냉동 갈치 물량의 81%가 유통구조를 거쳐 '소비자'에게 전달되었음을 알 수 있다. 따라서 '생산자'가 공급한 냉동 갈치 물량 중 유통구조를 거쳐 '소비자'에게 전달된 것은 85% 미만이다.

ㄷ. '대형소매업체'를 통해 유통된 생물 갈치와 냉동 갈치 물량의 합은 42,100×0.44+7,843×0.36≒21,347톤이므로 20,000톤 미만이 아니다.

빠른 문제 풀이 Tip

ㄴ. 갈치 물량은 생물이 냉동의 5배 이상이고 소매상 유동 물량비율은 생물 0.45가 냉동 0.34의 약 1.3배 이상이다. 따라서 소매상 유통 물량은 1.3×5=6.5배 이상이다.

ㄷ. 42,100×0.44+7,843×0.36을 계산할 때 42,100×0.44는 대략 17,600은 넘을 테니 7,843×0.36이 2,400 미만인지 판단하면 된다.

ㄹ. 0.13×1.6 > 0.2인지 판단하면 된다.

08

정답 ③

정답 체크

인지도 점수를 2점 이하로 부여한 응답자 대비 4점 이상으로 부여한 응답자의 비율은 $\frac{36.8}{43.0}$로 '강원'의 비율 $\frac{61.7}{26.8}$보다 낮다. 따라서 가장 높은 거주지 권역은 '충청'이 아니다. 이는 다음과 같은 방식으로도 풀이할 수 있다. 3점을 제외하고 판단하는 것이므로 충청은 3점의 비율 약 20%를 빼면 대략 80%에서 2점 이하가 40%를 초과하므로 2점 이하 대비 4점 이상은 50% 미만이 된다. 반면 강원의 경우 3점의 비율 약 11%를 제외하고 대략 90% 수준에서 2점 이하의 비율이 30% 미만이므로 2점 이하 대비 4점 이상은 50%를 초과한다고 어렵지 않게 판단할 수 있다.

오답 체크

① 소유면적별 인지도 평균점수는 '50ha 이상' 3.32가 '2ha 미만' 2.36의 1.4배 이상이다.

② 거주지 권역별 인지도 평균점수는 '강원' 3.46이 '경기' 2.86보다 높다.

④ 인지도 점수를 1점으로 부여한 '소재산주'는 669명×5.8%이고 5점으로 부여한 '부재산주'는 149명×10.1%이므로 2배 이상이다. 응답자 수가 4배 이상이고 비율은 2배 이상 차이가 나지 않으므로 옳은 설명이다.

⑤ 인지도 점수를 3점 이상으로 부여한 응답자가 가장 많은 경영주체는 '임업후계자' 292×68.5%≒200명이다. 독림가는 약 138명, 일반산주는 약 99명이다.

빠른 문제 풀이 Tip

각 항목별로 응답자 수가 주어져 있고 인지도 점수별로 응답자 비율이 구체적으로 제시된 자료이므로 두 항목을 곱해 구체적인 인지도 점수별 응답자 수를 비교할 수 있다.

09

정답 ①

정답 체크

<그림 2>에서 인문계열의 입학정원은 2003년이 327천×14.4%=47,088명, 2013년이 341천×13.1%=44,671명이다.

따라서 $\frac{2,417}{47,088}$×100≒5.13%이므로 5% 이상 감소하였다.

오답 체크

② <그림 2>에서 2003년에는 의약(3.3)보다 교육(4.5)의 비율이 더 크지만 2013년에는 교육(4.8)보다 의약(6.3)이 더 크다. 따라서 계열별 입학정원 순위는 2003년과 2013년에 동일하지 않다.

③ <그림 1>의 각주에서 전체 학과수가 각각 주어져 있고 계열별 학과 구성 비율이 주어져 있으므로 선택지에서 요구하는 학과수 증가율을 비교하려면 원칙적으로 '연도별 학과수×계열별 구성 비율'을 각각 도출하여 비교해야 한다. 하지만 2003년 대비 2013년 학과수가 9,500개에서 11,000개로 증가하였고 전 계열에 연도별 학과수가 공통적으로 곱해져 있기 때문에 학과수의 증가율 비교시 단순히 '학과수 비율'의 증가율로 비교해도 순서는 동일하다. 예체능 비율이 12.0% → 14.6%로 20%대의 증가율을 보이고 있지만, 의약 비율이 3.4% → 5.6%로 50% 이상의 증가율을 보이고 있어 예체능의 증가율보다 더 높다. 따라서 2003년 대비 2013년 학과수의 증가율이 가장 높은 계열은 예체능이 아니다.

④ <그림 1>에 따르면 2003년에 비해 2013년 전체 학과수가 증가하였고 2013년 예체능, 의약, 교육 계열 학과수 비율 역시 2003년에 비해 각각 증가하고 있으므로 예체능, 의약, 교육의 학과수는 각각 증가하였다. 나머지 계열에 학과수 합계는 각 연도별 학과수에 나머지 계열 학과수 비율 합의 곱셈 비교를 통해 파악 가능하다. 즉, 2003년 9,500×79%와 2013년 11,000×74%를 비교하면 2003년보다 2013년에 증가하였다는 것을 파악할 수 있다. 따라서 나머지 계열의 학과수의 합계 역시 증가하였다.

⑤ <그림 1, 2>에 따르면 계열별 학과수 비율과 계열별 입학정원 비율은 예체능, 의약, 교육 계열의 경우 각각 증가하였고 나머지 자연, 공학, 사회, 인문 계열의 경우 각각 감소하였다. 따라서 계열별 학과수 비율의 증감방향과 계열별 입학정원 비율의 증감방향은 일치한다.

빠른 문제 풀이 Tip

· <그림 1>은 학과수, <그림 2>는 입학정원에 관한 자료이다.

· 선택지 ①에서 곧바로 정답이 나오지만 ①부터 검토하기는 쉽지 않다. 오히려 ②, ③, ④, ⑤를 빠르게 검토하는 것이 ①의 검토 시간보다 적게 걸릴 수도 있다.

10

정답 ④

정답 체크

(가)국 B(29×3), D(28×4), E(26×5)를 비교하면 E가 가장 크다.

(나)국 A(1×28×45)>C(2×23×9)이고 건설시장 규모가 두 번째로 작은 C보다 16층 이상 구성비가 더 작은 국가가 없으므로 C가 가장 작고 A가 두 번째로 작다.

빠른 문제 풀이 Tip

· 시장규모의 정확한 수치를 묻는 선택지가 하나도 없으므로 대소비교로 판단 가능하다. 따라서 시장규모를 각각 1, 3, 2, 4, 5 로 간소화하자.

· 상대적으로 건설시장 구성비보다 층수별 구성비의 국가 간 배율차이가 더 크게 난다.

11

정답 ②

정답 체크

<표 1>에서 2012년 1차에너지 생산량이 가장 많은 유형은 원자력이므로 이를 기준으로 판단한다. <그림>에서 원자력의 생산량 비중이 가장 높은 지역은 경북이므로 경북의 1차에너지 생산량은 31,719×44.4%≒14,083천 TOE이다. 따라서 실질적으로 비교가 될 만한 지역은 전남(31,719×30.9% +942×11.0%)이고, 두 지역의 원자력 생산량의 실제 크기 차이는 31,719×13.5%로 전남의 석탄 생산량 942×11.0%보다 크기 때문에 경북이 가장 크다고 판단할 수 있다. 하지만 <표 2>에 따르면 경북은 최종에너지 중 석유제품 3,476천 TOE보다 석탄 9,646천 TOE을 더 많이 소비하였다. 따라서 2012년 1차에너지를 가장 많이 생산한 지역인 경북에서는 같은 해 최종에너지 중 석유제품을 가장 많이 소비하지 않았다.

오답 체크

① <표 1>에서 2008년 대비 2012년의 생산량 증가율이 가장 큰 1차에너지 유형은 천연가스(200/236≒84.7%)이다. 감소한 석탄과 원자력을 제외하고 증가율은 수력이 50% 미만, 신재생이 60% 미만으로 천연가스가 유일하게 80% 이상의 증가율을 보이고 있다.

③ <표 1>에서 2012년 석탄 1차에너지 생산량 942천 TOE는 <그림>에서 2012년 경기 지역의 신재생 1차에너지 생산량 8,036×13.4%≒1,077천 TOE보다 적다. 따라서 8,000천 TOE의 13%는 1,000천 TOE 이상이므로 어렵지 않게 판단할 수 있다.

④ <그림>에서 부산의 2012년 1차에너지 생산량 31,719×24.7%≒7,834천 TOE는 <표 2>의 최종에너지 소비량의 합 6,469천 TOE보다 많다. 30,000의 24%는 7,200이므로 6,469천 TOE보다 많다고 어렵지 않게 판단할 수 있다.

⑤ <표 2>에서 2008년 대비 2012년의 소비량 증가율이 가장 큰 최종에너지 유형은 신재생(2,377/4,747≒50.1%)이다. 신재생을 제외한 나머지 유형은 모두 30% 미만이라는 기준으로 판단한다.

12

정답 ④

정답 체크

국가별 기업의 연봉 단위가 각각 다르고 자릿수도 다르게 제시되어 있으므로 원화환산 연봉을 구하려면 자릿수를 통일시켜야 한다. 즉, A씨에게 제시한 연봉이 미국기업은 30,000달러, 중국기업은 260,000위안, 일본기업은 2,900,000엔이므로 각각 환율을 곱한 수치의 자릿수를 맞춰주면 된다. 2014년 말을 기준으로 보면 원화환산 연봉은 미국 30(천 달러)×1,150(원/1달러)=30,000×1.15달러, 중국 260(천 위안)×150(원/1위안)=26,000×1.5위안, 일본 2,900(천 엔)×1,100(원/100엔)=29,000×1.1엔과 같이 나타낼 수 있다. 이를 정리하면 다음과 같다.

구분	2014년	2015년	2016년
미국기업	30×1.15	30×1.2	30×1.1
중국기업	26×1.5	26×1.4	26×1.6
일본기업	29×1.1	29×1.2	29×1.3

이를 이용하면 2015년 대비 2016년 중국기업의 원화환산 연봉의 증가율은 (0.2/1.4)×100≒14.3%이고, 2014년 대비 2016년 일본기업의 원화환산 연봉의 증가율은 (0.2/1.1)×100≒18.2%이므로 후자가 더 크다.

오답 체크

① 정리된 표의 수치로 보면 2014년에는 중국기업이 39로 가장 많다.

② 정리된 표의 수치로 보면 2015년에는 일본기업이 34.8로 가장 적다.

③ 정리된 표의 수치로 보면 2016년에 일본기업이 37.7이고 미국기업은 33이므로 일본기업이 더 많다.

⑤ 정리된 표의 수치를 이용하면 2015년 대비 2016년 미국기업의 원화환산 연봉의 감소율은 (0.1/1.2)×100≒8.3%이고, 2014년 대비 2015년 중국기업의 원화환산 연봉의 증가율은 (0.1/1.5)×100≒6.7%이므로 전자가 더 크다.

빠른 문제 풀이 Tip

- 국가별 기업의 원화환산 연봉의 연도별 증가율은 결국 예상환율의 증가율을 묻는 것과 같다.
- 각 기업이 제시한 원화환산 연봉을 정리하여 적용한다.

01	02	03	04	05	06	07	08	09	10
①	①	①	②	①	①	①	⑤	⑤	③
11	**12**	**13**	**14**	**15**	**16**	**17**	**18**	**19**	**20**
⑤	③	③	②	①	⑤	②	①	⑤	④
21	**22**	**23**	**24**	**25**	**26**	**27**	**28**	**29**	**30**
①	⑤	②	①	①	①	③	②	①	①
31	**32**	**33**	**34**	**35**	**36**	**37**	**38**	**39**	**40**
⑤	②	④	①	②	①	⑤	③	⑤	④

01

정답 ①

정답 체크

ㄱ. 농산물별 해운 운송량이 각각 100톤씩 증가하면 합계는 400톤이 증가한 11,000톤이므로 4개 농산물 해운 운송량의 평균은 $\frac{11,000}{4}$=2,750톤이다.

ㄷ. 도로 운송량이 많은 농산물의 순서는 밀, 쌀, 보리, 콩 순이다. 해당 농산물의 운송량 중 도로 운송량이 차지하는 비중은 밀이 61.1%, 쌀이 58.9%, 보리가 24.2%, 콩이 8.0%이다. 따라서 도로 운송량이 많은 농산물일수록 해당 농산물의 운송량 중 도로 운송량이 차지하는 비중이 더 크다.

오답 체크

ㄴ. 보리의 수송 방법별 운송량이 각각 50%씩 감소하면 총 12,000톤에서 6,000톤으로 6,000톤 감소하고 콩의 수송 방법별 운송량이 각각 100%씩 증가하면 총 5,000톤에서 10,000톤으로 5,000톤 증가한다. 따라서 4개 농산물 전체 운송량이 감소하므로 변동이 있다.

ㄹ. 해운 운송량이 적은 농산물의 순서는 쌀, 보리, 밀, 콩 순이다. 해당 농산물의 운송량 중 해운 운송량이 차지하는 비중은 쌀이 8.9%, 밀이 11.1%, 보리가 16.7%, 콩이 80%이다. 따라서 순서가 다르므로 해운 운송량이 적은 농산물일수록 해당 농산물의 운송량 중 해운 운송량이 차지하는 비중이 더 작은 것은 아니다.

빠른 문제 풀이 Tip

ㄱ. 100톤씩 증가하지 않은 현재 상태에서의 평균이 2,650톤이 되는지 판단하면 되므로 $\frac{10,600}{4}$=2,650인지 확인한다.

ㄹ. 밀과 보리의 경우, 해운이 차지하는 비중을 분수식으로 정리하면 밀은 $\frac{3}{27}=\frac{1}{9}$이고 보리는 $\frac{2}{12}=\frac{1}{6}$이다. 이 경우는 상대비로도 판단할 수 있는데, 밀은 $\frac{3}{24}=\frac{1}{8}$이고 보리는 $\frac{2}{10}=\frac{1}{5}$이다. 따라서 밀보다 보리가 더 높다.

02

정답 ①

정답 체크

2020년 대비 2021년 불법체류외국인 증가인원 104,085명 중에서 국적이 A인 불법체류외국인 72,356명이 차지하는 비중은 약 69.5%이므로 60% 이상이다.

오답 체크

② 체류유형이 등록외국인인 불법체류외국인의 수는 2017년이 93,950명, 2018년이 85,025명, 2019년이 75,230명, 2020년이 82,844명, 2021년이 90,202명으로 2020년과 2021년에는 전년 대비 각각 증가한다. 따라서 매년 감소하지는 않는다.

③ 불법체류외국인 수가 많은 상위 3개 체류자격을 그 수가 큰 것부터 순서대로 나열하면 2019~2021년 동안은 사증면제, 단기방문, 비전문취업 순이지만 2018년은 사증면제, 비전문취업, 단기방문 순이고, 2017년은 비전문취업, 사증면제, 단기방문 순이므로 매년 동일하지는 않다.

④ 체류외국인 대비 불법체류외국인 비중은 2017년이 11.6%, 2018년이 11.3%, 2019년이 10.2%, 2020년이 11.5%, 2021년이 15.0%로 2018년과 2019년은 전년 대비 감소하였다. 따라서 매년 증가하지는 않는다.

⑤ 체류외국인은 2021년이 2,367,607명으로 2020년 2,180,498명에 비해 약 8.6% 증가하였기 때문에 전년 대비 10% 이상 증가하지 않았다.

빠른 문제 풀이 Tip

② 2019년과 2020년을 유효숫자로 식을 구성하면 2019년이 209×360, 2020년이 251×330으로 증가했다는 것을 쉽게 판단할 수 있다.

④ 2018년 대비 2019년에 체류 외국인은 증가했지만 불법체류외국인은 감소하였다. 따라서 비중이 감소하였다는 것을 쉽게 판단할 수 있다.

⑤ 유효숫자로 판단하면 2020년 218에서 2021년 237로 19 정도 증가했기 때문에 증가율은 10% 미만이라고 쉽게 판단할 수 있다.

03

정답 ①

정답 체크

A기관이 밭으로 분류한 대상지 중 B기관이 혼합림으로 분류한 대상지의 비율은, B기관이 밭으로 분류한 대상지 중 A기관이 혼합림으로 분류한 대상지의 비율과 $\frac{30}{460}$으로 같다.

오답 체크

② B기관이 침엽수림으로 분류한 대상지 5,525개소 중 A기관이 다른 세부분류로 분류한 개소의 합은 30+20+125+120<552이므로 10% 미만이다.

③ B기관이 논으로 분류한 대상지 중 A기관도 논으로 분류한 대상지의 비율은 $\frac{840}{1,095}$이고, A기관이 논으로 분류한 대상지 중 B기관도 논으로 분류한 대상지의 비율은 $\frac{840}{1,030}$이므로 같지 않다. 분자인 840이 공통이므로 분모가 같은지만 판단한다.

④ 두 기관 모두 산림지역으로 분류한 대상지 중 두 기관 모두 활엽수림으로 분류한 대상지가 차지하는 비율은 $\frac{3,680}{15,105}$이므로 30% 이상이 되지 못한다. 두 기관 모두 활엽수림으로 분류한 대상지가 3,680개소이므로 두 기관 모두 산림지역으로 분류한 대상지 중 30% 이상이 되려면 두 기관 모두 산림지역으로 분류한 대상지의 수가 $\frac{3,630}{0.3}$≒12,100 이하가 되어야 한다.

⑤ 두 기관 모두 농업지역으로 분류한 대상지 중 두 기관이 서로 다른 세부 분류로 분류한 대상지가 차지하는 비율은 $\frac{75}{1,230}$이고, A 또는 B기관이 하천으로 분류한 대상지 중 두 기관 모두 하천으로 분류한 대상지의 비율은 $\frac{281}{456}$보다 작다.

빠른 문제 풀이 Tip

짝표이므로 정확한 항목값을 읽을 수 있다면 정답은 쉽게 도출된다.

04

정답 ②

정답 체크

2018년 사용자별 지출액의 전년대비 증가율은 '개인' (309/985)×100≒31.4%보다 '민간사업자' (195/372)×100≒52.4%가 더 높다. '민간사업자'는 절반 이상, '개인'은 절반 미만의 기준으로 판단한다.

오답 체크

① 2016~2018년 동안 '공공사업자' 지출액의 전년대비 증가폭은 2017년이 +53으로 2016년 +49, 2018년 +47에 비해 가장 크다.

③ 2016~2018년 동안 사용자별 지출액의 전년대비 증가율은 매년 '공공사업자'가 10% 미만으로 가장 낮다.

④ 2015년부터 '공공사업자'와 '민간사업자'의 지출액 합은 매년 각각 846억 원, 963억 원, 1,108억 원, 1,350억 원으로 매년 '개인'의 지출액 532억 원, 725억 원, 985억 원, 1,294억 원보다 크다.

⑤ 모든 사용자의 지출액 합은 2015년 1,378억 원에서 2018년 2,644억 원으로 (1,266/1,378)×100≒91.9% 증가하였다.

05

정답 ①

정답 체크

가구당 여성 인구는 2015년 244/185≒1.319에서 2016년 252/190≒1.326으로 증가하였다. 대비 남성 인구 증가폭도 40명 증가한 2014년이 가장 크다.

오답 체크

② 전년 대비 2022년 고령 인구 증가율 {(53-47)/47}×100≒12.8%로 전년 대비 2022년 총인구 증가율 {(356+319-333-297)/(333+297)}×100≒7.1%보다 높다.

③ 전년 대비 외국인 인구가 감소한 해는 2018년이고 전년 대비 총인구 증가폭도 2018년이 6가구로 가장 작다.

④ 전년 대비 총인구 증가율은 2014년이 {(472-393)/393}×100≒20.1%로 유일하게 10% 이상이다. 따라서 가장 높다.

⑤ 전년 대비 가구 수 증가폭이 가장 큰 해는 27가구 증가한 2014년이고 전년 대비 남성 인구 증가폭도 40명 증가한 2014년이 가장 크다.

빠른 문제 풀이 Tip

선택지 ③, ⑤를 제외하면 나머지 선택지는 분수 비교를 묻고 있으므로 비교대상을 명확히 한 선택지부터 검토한다.

① 244/185에서 252/190으로 분자는 8 증가하여 분자 증가율은 3% 이상이고 분모는 5 증가하여 분모 증가율은 3% 미만으로 비율은 증가하였다고 판단할 수 있다.

② 남성인구와 여성인구 각각 333에서 23 증가, 297에서 22 증가하여 모두 증가율이 10% 미만이므로 고령인구 증가율보다 낮다고 판단할 수 있다.

06

정답 ①

정답 체크

ㄱ. H사의 2020년 전기차 판매량 146,153대는 2016년 전기차 판매량 6,460대 대비 20배인 129,200대 이상이다.

오답 체크

ㄴ. <표>에서는 2020년 기준 상위 10개 업체의 순위만 제시하고 있기 때문에 2015~2019년 순위는 정확하게 판단할 수 없다.

ㄷ. T사의 전기차 판매량이 2016년 이후 전년 대비 가장 많이 증가한 해는 154,032대 증가한 2020년이지만, 시장 점유율이 전년 대비 가장 많이 증가한 해는 6.6%p 증가한 2018년이다.

ㄹ. V사의 2020년 전기차 판매량은 전년 대비 143,532대 증가하여 14만 대 이상 증가하였으나, 전기차 판매량 상위 10개 업체 중 판매량 증가율은 P사가 9배 이상으로 가장 높았다.

빠른 문제 풀이 Tip

ㄴ. 순위는 2020년 기준이라는 점을 체크해야 한다. 따라서 2015~2019년 순위를 판단할 때 정확한 순위를 도출할 수 있는지 확인해야 한다.

07

정답 ①

정답 체크

ㄱ. 2022년 7월 수입 운송비용은 각 교역대상국에 대해 전년 동월 운송비용에 비해 모두 증가하였다는 것을 쉽게 판단할 수 있다.

ㄷ. 2022년 7월, 수입 운송비용의 전월 대비 증가율이 가장 높은 교역대상국은 14.7% 증가한 B이다. B의 수입 운송비용 역시 전년 동월 대비 증가율은 (3,141-1,762)/1,762≒78.3%로 가장 높다.

오답 체크

ㄴ. A와 B를 비교하면 2021년 7월 수출 운송비용은 A가 9,734백만 원으로 8,744백만 원인 B보다 더 많지만 2022년 7월 수출 운송비용은 B가 14,337백만 원으로 14,077백만 원인 A보다 많다.

ㄹ. 2022년 6월, 수출 운송비용이 수입 운송비용보다 많은 교역대상국은 A, B, C 3개이다.

빠른 문제 풀이 Tip

ㄹ. A, B, C만 고려하더라도 2022년 7월의 수출 운송비용은 수입 운송비용의 각각 4배 이상인데 수출의 전월대비 증가율은 모두 (-)이고 수입의 전월대비 증가율은 A를 제외하면 (+)이므로 2022년 6월 역시 수출 운송비용은 수입 운송비용보다 더 많다고 판단할 수 있다.

08

정답 ⑤

정답 체크

A의 매출액이 1,139억 원으로 시장점유율 34.3%를 차지하고 있다. 따라서 2013년 10월 '갑'국의 전체 자동차 매출 총액은 4,000억 원 이하이다.

오답 체크

① 직접 2013년 9월 C 자동차의 월매출액을 도출하기보다는 선택지에 주어진 수치를 이용한다. 2013년 9월 C 자동차의 월매출액이 200억 원이라면 전월대비 증가율이 50%이므로 10월의 매출액은 300억 원 이상이 되어야 하지만 285억 원이다. 따라서 2013년 9월 C 자동차의 월매출액은 200억 원 이상이 되지 못한다.

② 1위 A와 2위 B를 비교하면 10월은 A가 1,139억 원, B가 1,097억 원으로 크게 차이가 나지 않지만 전월대비 증가율을 고려하면 9월은 B가 A보다 더 많다. 따라서 2013년 10월 월매출액 상위 5개 자동차의 순위는 전월과 동일하지 않다. 구체적으로 도출하면 9월 매출액은 A가 약 711.88억 원, B가 약 783.57억 원이다.

③ <그림>은 누적매출액이므로 월 매출액을 도출하려면 당월에서 전월 수치를 빼주면 된다. 9월은 12억 원이지만 8월은 15억 원으로 9월보다 8월이 더 크다.

④ 2013년 10월 월매출액 상위 5개 자동차의 10월 월매출액 기준 시장점유율은 34.3+33.0+8.6+5.9+4.6=86.4%로 80% 이상이다.

빠른 문제 풀이 Tip

- 시장점유율 항목을 이용하여 전체 매출액을 추론할 수 있어야 한다.
- 전월대비 증가율의 상대적 크기 비교를 통하여 구체적으로 도출하지 않고도 9월의 매출액 크기를 판단할 수 있어야 한다.

09

정답 ⑤

정답 체크

ㅁ. 수입통관을 일반·간이 신고로 한 물품 중에서 식품류('건강식품'과 '기타식품') 건수는 2,113+1,692=3,805건으로 전체 8,942건의 절반 이상이 아니다.

오답 체크

ㄱ. 1회당 구매금액별로 보았을 때 전체 중 '50달러 초과 100달러 이하'인 수입통관 건수의 비중은 (5,764/15,530)×100≒37.1%로 35% 이상이며 가장 크다.

ㄴ. 200달러 초과인 수입통관 총 건수는 400+52=452건이고 1회당 구매금액이 200달러 이하인 전자상거래물품의 수입통관 총 건수는 15,530-452=15,078건이므로 30배 이상이다.

ㄷ. 품목별 수입통관 건수는 '의류'가 2,962건으로 전체 수입통관 건수 15,530건 중 차지하는 비중이 (2,962/15,530)×100≒19.1%로 15% 이상이며 가장 크다.

ㄹ. '핸드백', '가전제품', '시계'의 3가지 품목의 수입통관 건수의 합은 1,264+353+327=1,944건으로 전체 15,530건의 12.5%로 12% 이상을 차지하였다.

10

정답 ③

정답 체크

ㄴ. 전년 대비 감소폭은 총노선 수(4)와 총차량대수(61) 모두 2019년이 가장 크다.

ㄷ. 2019년 심야버스는 버스 유형 중 유일하게 전년에 비해 차량대수가 47대에서 70대로 증가하였고 전년 대비 차량대수 증가율은 (23/47)×100≒48.9%로 45%를 상회하였다.

ㄹ. 2016~2020년 동안 노선 수 대비 차량대수 비는 간선버스가 약 30으로 매년 가장 크다.

오답 체크

ㄱ. 2019년 대비 2020년의 노선 수는 간선버스가 +2, 지선버스가 -1, 심야버스가 +2로 총노선 수가 증가하였다. 따라서 2017~2020년 A시 버스 총노선 수와 총차량대수는 각각 매년 감소하고 있지 않다.

ㅁ. 2016년 노선 수 대비 차량대수 비는 심야버스가 45/9=5이고 순환버스가 25/4>5로 심야버스보다 순환버스가 더 크다. 따라서 2016~2020년 동안 노선 수 대비 차량대수 비는 심야버스가 순환버스보다 매년 크지 않다.

11

정답 ⑤

정답 체크

먼저 2013년 군 장병 1인당 1일 급식비는 6,432원이므로 이를 기준으로 해서 나머지 연도와의 차이 값을 통해 판단한다. 2013년 기준 2011년 5,820은 -412, 2012년 6,155는 -277이고 2014년 6,848은 +416, 2015년 6,984는 +552이다. 따라서 2013년을 제외한 나머지 4개 연도의 차이 값 합은 (+)가 되므로 군 장병 1인당 1일 급식비의 5년(2011~2015년) 평균은 2013년 군 장병 1인당 1일 급식비보다 크다. 구체적으로 도출하면 군 장병 1인당 1일 급식비의 5년(2011~2015년) 평균은 6,448원이다.

오답 체크

① 군 장병 1인당 1일 급식비의 전년대비 증가율은 2014년이 약 6.5%로 2012년의 5.8%, 2013년의 4.5%, 2015년의 2.0%에 비해 가장 크다. 따라서 2012년 이후 군 장병 1인당 1일 급식비의 전년대비 증가율이 가장 큰 해는 2014년이다. 상당히 계산을 정밀하게 해야 판단할 수 있기 때문에 후순위로 풀이한다.

② 만약 2012년의 조리원 목표 충원인원이 2,100명이고 2012년의 조리원 충원인원이 목표 충원인원의 88%라고 한다면 조리원 충원인원은 1,848명이다. 2012년 조리원 충원인원이 1,924명이므로 2012년의 조리원 목표 충원인원은 2,100명보다 많다고 판단할 수 있다.

③ 전년대비 증가율이 매년 감소하는지 묻고 있으므로 먼저 조리원 충원인원이 매년 증가하는지 판단한 다음 그 증가폭이 매년 감소하는지 검토한다. 2012년 이후 조리원 충원인원은 매년 증가하고 있고 그 증가폭은 매년 157명, 100명, 99명, 72명으로 감소하고 있다. 따라서 2012년 이후 조리원 충원인원의 전년대비 증가율은 매년 감소한다.

④ 먼저 2011년 대비 2015년의 군 장병 1인당 1일 급식비의 증가율은 1,164/5,820=0.2로 20%이다. 2012년 이후 전년대비 물가상승률은 매년 5%로 일정하므로 2011년 대비 2015년의 물가상승률은 반드시 20% 이상이 된다(약 21.6%). 따라서 2011년 대비 2015년의 군 장병 1인당 1일 급식비의 증가율은 2011년 대비 2015년의 물가상승률보다 낮다.

빠른 문제 풀이 Tip

전년대비 물가상승률이 5%로 매년 동일하게 주어진 점을 주목한다. 연평균 물가상승률이 5%보다 클지 작을지 고려하면 문제에 접근하기 쉬워진다.

12

정답 ③

정답 체크

산업기사 전체 응시율은 (151/286)×100≒81.2%로 기능사 전체 응시율 (252/294)×100≒85.7%보다 낮다. 응시율로 판단하기보다는 100−응시율=미응시율이라는 개념으로 판단하면, 미응시율은 산업기사 전체가 $\frac{35}{186}$이고 기능사 전체가 $\frac{42}{294}$로 $\frac{35}{186}>\frac{42}{294}$이다. 따라서 응시율은 산업기사가 기능사보다 더 낮다.

오답 체크

① 산업기사 전체 합격률은 (61/151)×100≒40.4%이고 기능사 전체 합격률은 (146/252)×100≒57.9%이므로 전자가 후자보다 낮다. 산업기사 전체 합격률은 40% 정도이지만 기능사 전체 합격률은 50%를 넘기 때문에 쉽게 비교 가능하다.

② 산업기사 종목 중 합격률이 가장 높은 것은 치공구설계(50% 이상)이고 가장 낮은 것은 용접(20% 미만)이다. 또한 컴퓨터응용가공은 (14/42)×100<40%이지만 기계설계는 (31/76)×100>40%이므로 기계설계가 컴퓨터응용가공보다 합격률이 더 높다. 따라서 산업기사 종목을 합격률이 높은 것부터 순서대로 나열하면 치공구설계, 기계설계, 컴퓨터응용가공, 용접 순이다.

④ 산업기사 종목 중 컴퓨터응용가공의 응시율은 50%를 넘지만 용접의 경우 50% 미만이다. 따라서 산업기사 종목 중 응시율이 가장 낮은 것은 컴퓨터응용가공이 아니라 용접이다. 용접을 제외한 나머지 산업기사 종목은 모두 50%를 넘는다.

⑤ 기능사 종목 중 귀금속 가공의 응시율은 100%이지만 합격률은 (16/22)×100<80%로 응시율이 100% 미만인 컴퓨터 응용선반의 합격률 (20/34)×100>80%보다 더 낮다. 따라서 기능사 종목 중 응시율이 높은 종목일수록 합격률도 높다는 관계는 성립하지 않는다.

빠른 문제 풀이 Tip

각주가 2개의 식으로 주어져 있으므로 <표>를 통해 그 구조를 먼저 파악한다.

⑤ 모든 선택지가 응시율 또는 합격률을 도출·비교하는 내용이므로 상대적으로 계산을 덜하게 되는 것부터 접근한다. 응시율과 합격률을 모두 검토해야 하는 ⑤를 가장 나중에 판단한다.

13

정답 ③

정답 체크

ㄱ. 추석연휴전날에는 평소 주말보다 하루 평균 사고건수는 822.0−581.7=240.3건, 부상자 수는 1,178.0−957.3=220.7명 많았고, 사망자 수는 17.3명으로 12.9명보다 30% 이상 많았다. 13명의 30%는 3.9명이므로 4명이라고 해도 17명이다.

ㄷ. 졸음운전사고를 살펴보면, 추석연휴 하루평균 사고건수는 7.8건으로 평소 주말 8.2건보다 적었으나 추석연휴 하루평균 부상자 수와 사망자 수는 각각 21.1명, 0.6명으로 평소 주말 17.1명, 0.3명보다 각각 많았다.

ㅁ. 어린이사고의 경우 평소 주말보다 추석연휴 하루평균 사고건수는 45.4−39.4=6.0건, 부상자 수는 59.4−51.3=8.1명, 사망자 수는 0.4−0.3=0.1명 많은 것으로 나타났다.

오답 체크

ㄴ. 교통사고 건당 부상자 수는 추석당일이 $\frac{1,013.3}{448.0}$명, 추석전날이 $\frac{865.0}{505.3}$명으로 추석당일이 전날보다 많았지만 교통사고 건당 사망자 수는 추석당일이 $\frac{10.0}{448.0}$명, 추석전날이 $\frac{15.3}{505.3}$명으로 추석당일이 전날보다 적었다.

ㄹ. 졸음운전사고의 경우 평소 주말 대비 추석연휴 하루평균 사망자는 0.3명에서 0.6명으로 100% 증가하였다. 이는 하루평균 부상자 17.1명에서 21.1명으로 4.0명 증가하여 10% 이상 증가하였으므로 10배 이상이 되지 못한다.

빠른 문제 풀이 Tip

· <표>는 하루평균 수치임에 유의한다.
· 뺄셈보다는 덧셈으로 판단한다.

14

정답 ②

정답 체크

ㄱ. 전체 수입액이 가장 큰 해는 수입액이 41,611천 엔인 1907년이고, 1970년 러시아 상대 수출액은 787천 엔으로 1906년 651천 엔에 비해 136천 엔 증가하였으므로 20% 이상 증가하였다. 전체 수입액이 가장 큰 해를 묻고선 러시아 상대 수출액을 묻는 문제이므로 전체 수입액이 가장 큰 해인 1907년을 찾은 후 러시아 상대 수입액인 56과 67을 비교하는 실수를 하지 않도록 주의한다.

ㄷ. 1898~1910년 동안 청으로부터의 수입액이 전년보다 큰 해는 1898년, 1901년, 1903년, 1905년, 1907년이다. 전체 수입액도 전년보다 커지고 있다.

오답 체크

ㄴ. 1905년에 비해 1906년에는 전체 수출액은 증가하지만 기타는 감소하고 있다. 따라서 비중을 굳이 계산하지 않아도 1906년에는 전년대비 전체 수출액에서 기타가 차지하는 비중이 감소하였음을 쉽게 판단할 수 있다. 매년 비중을 계산하기보다는 기타와 전체 항목의 연도별 증감방향부터 확인한다.

ㄹ. 1908년의 경우 전체 수입액은 41,025천 엔이고 일본으로부터의 수입액은 23,982천 엔이다. 따라서 일본이 차지하는 비중이 60% 미만이다. 전체 수입액은 증가 추세에 있으므로 일본이 전년대비 감소한 해를 찾아서 비교하면 빠르게 찾을 수 있다.

빠른 문제 풀이 Tip

- <보기>에서 '수출액'을 묻는지 '수입액'을 묻는지 정확하게 매칭한다.
- 매년 경향을 묻는 경우 검토 대상을 확정하기가 쉽지 않으므로 이 경우에는 자료의 흐름을 감지한다.

15

정답 ①

정답 체크

ㄱ. 2011년 항목별 금액의 순위가 2012년과 동일한 항목은 1위 '유형자산', 3위 '단기금융상품', 5위 '기타비유동자산', 8위 '재고자산'으로 4개이다.

ㄴ. 2011년 유동자산 중 '단기금융상품'의 구성비는 (15.0/34.3)×100≒43.7%로 45% 미만이다. 34.3의 50%는 약 17.2%이고 여기서 5%인 1.7을 빼도 15.0보다는 크다.

오답 체크

ㄷ. '현금및현금성자산' 금액은 2011년 3,400×7%가 2012년 2,850×8%보다 크다.

ㄹ. 2011년 대비 2012년에 '무형자산' 금액은 3,400×17.0%=578억 원에서 2,850×12.7%=361.95억 원으로 약 37.4% 감소하였다. 실제 자산총액과 비중은 모두 10% 감소하였고, 비중의 차이인 4.3%는 함정이므로, %와 %p를 구분하여 풀이해야 한다.

빠른 문제 풀이 Tip

자산총액은 실제 금액으로 주어진 것이지만 자산총액의 항목은 구성비로 주어져 있으므로 항목별 실제 금액은 곱셈 비교로 도출해야 한다.

16

정답 ⑤

정답 체크

상위 10개 수입상대국이 '갑'국의 식품 수입건수 전체에서 차지하는 비중은 기타 국가를 제외한 점유율이므로 100.00-21.33=78.67%이다. 중국의 점유율은 32.06%이므로 (32.06/78.67)×100≒40.75%이다. 따라서 중국으로부터의 식품 수입건수는 수입건수 상위 10개 수입상대국으로부터의 식품 수입건수 합인 45% 이하이다. 이때 78.67%의 절반은 약 39.33%이고 여기서 5% 수치인 3.9를 빼더라도 35%보다 크다. 따라서 45% 이하라고 어렵지 않게 판단할 수 있다.

오답 체크

① 선택지에서 묻는 숫자는 17조 원이 100%이므로 우선 점유율 중 판단이 쉬운 수치를 찾는다. 일본의 금액 0.17조 원이 1.06%이므로 17조 원은 100%가 넘는다. 따라서 식품의 총 수입액은 17조 원을 넘지 못한다. 즉, 식품의 총 수입액은 16.1조 원으로 17조 원 미만이다.

② 수입액 상위 10개 국가에 포함되지 못한 기타 국가가 차지하는 비중이 33.53%이다. 즉 수입액 상위 10개 수입상대국의 식품 수입액 합이 전체 식품 수입액에서 차지하는 비중은 70% 미만이라는 의미와 같다.

③ 식품 수입액 상위 10개 수입상대국과 식품 수입건수 상위 10개 수입상대국에 모두 속하는 국가는 중국, 미국, 태국, 베트남, 필리핀, 영국, 일본으로 7개이다.

④ 점유율의 상대적 비율로 판단한다. 중국은 $\frac{21.06}{32.06}$, 미국은 $\frac{19.51}{17.17}$이다. 따라서 식품 수입건수당 식품 수입액도 중국이 $\frac{3.39}{104,487}$, 미국이 $\frac{3.14}{55,980}$로 중국이 미국보다 작다.

빠른 문제 풀이 Tip

- 수입액과 수입건수 각각의 수치에 함께 제시된 비율 항목인 점유율을 적극적으로 이용하여 판단한다.
- 실질적으로 기타국가의 점유율은 상위 10개 국가를 제외한 비율이므로, 이를 이용하면 문제에 더 쉽게 접근할 수 있다.

17

정답 ②

정답 체크

2007년 이후, 연도별 전시건수 중 미국 전시건수 비중이 가장 작은 해는 2010년이며 프랑스에서도 전시가 있었다. 2008년과 2011년은 30%를 넘고 2007년, 2009년, 2012년에는 30%에 가까운 비중을 보이고 있다. 2010년은 20%를 조금 상회하는 수준이므로 가장 낮은 비중인 것을 어렵지 않게 판단할 수 있다. 또한 프랑스에서 전시가 있었던 해를 먼저 찾아서 미국 전시건수 비중이 가장 낮은지 역으로 판단하는 것이 시간을 줄이는 데 도움이 된다.

오답 체크

① 반대해석하여 연도별 국외반출 허가 문화재 수량 중 비지정문화재 수량의 비중이 가장 작은 해가 2011년인지 검토한다. 2011년 $\frac{733}{749}$보다 2008년 $\frac{315}{330}(=\frac{630}{660})$가 더 작다. 따라서 연도별 국외반출 허가 문화재 수량 중 지정문화재 수량의 비중은 2011년보다 2008년이 더 크다.

③ 일본과 미국은 국가별 전시건수의 합이 10건 이상이지만 영국은 8건으로 10건 이상이 되지 못한다.

④ 보물인 국외반출 허가 지정문화재의 수량이 가장 많은 해는 2009년이고 전시건 당 국외반출 허가 문화재 수량은 2009년 $\frac{1,414}{33}$개보다 2006년 $\frac{804}{10}$개가 더 많다. 계가 비슷한 2009년과 2012년을 비교하면 더 쉽게 판단할 수 있다.

⑤ 전시건수가 가장 많은 해는 2009년이지만 국외반출 허가 문화재 수량은 2012년이 더 많다.

빠른 문제 풀이 Tip

- 정리가 확실하게 된 <표>가 아니기 때문에 잘 골라내서 검토해야 한다.
- 비중 판단시 분수 비교를 일일이 기준을 세워 기준보다 큰지, 작은지를 위주로 비교한다.

18

정답 ①

정답 체크

ㄱ. 2014년부터 2022년까지 매년 전체 농지 면적은 농업진흥지역 면적의 2배 이상이므로 매년 농업진흥지역 면적은 전체 농지 면적의 50% 이하이다.

오답 체크

ㄴ. 2016년, 2017년, 2021년의 농업진흥지역 면적은 전년 대비 증가하였다.

ㄷ. 농업진흥지역 면적에서 밭 면적이 차지하는 비중은 2013년 (14.6/91.5)×100≒16.0%이므로 2013년 이후 매년 15% 이하가 아니다.

> **빠른 문제 풀이 Tip**
> ㄷ. 2013년 비중은 146/915이므로 15%에 해당하는 150/1,000과 분수 비교하면 15% 이상이라는 것을 쉽게 판단할 수 있다.

19 정답 ⑤

정답 체크

2011년 '조정 전 합의' 건수가 분쟁사건 조정결정에서 차지하는 비율은 $\frac{21}{126}=\frac{1}{6}$≒16.7%이고 '목적 외 이용 및 제3자 제공'이 접수유형에서 차지하는 비율은 15.08%이다. 따라서 옳지 않은 설명이다.

오답 체크

① <표 1>에서 '목적 외 이용 및 제3자 제공' 건수는 2012년 143×49.65%, 2013년 173×24.86%이므로 2012년이 2013년의 2배 이하이다. 2013년 비율의 2배가 2012년 비율을 넘고 2012년 합계보다 2013년 합계가 더 많기 때문이다.

② '기타'를 제외한 접수유형 중 '이용자 동의 없는 개인정보수집' 건수가 매년 세 번째로 많은지 묻고 있지만 개별 연도 내에서의 접수유형 간에 비교하는 것이므로 <표 2>의 계 수치를 고려하지 않고 <표 1>의 비율 크기로만 비교 가능하다. 2011~2013년 동안 매년 '기타'를 제외한 접수유형 중 '이용자 동의 없는 개인정보수집'의 비율보다 '목적 외 이용 및 제3자 제공'과 '개인정보보호 기술적·관리적 조치 미비'의 비율이 각각 더 크다. 따라서 '기타'를 제외한 접수유형 중 '이용자 동의 없는 개인정보수집' 건수는 매년 세 번째로 많다.

③ '위원회 분쟁조정'을 A+B, '인용결정'을 A라고 하고 '기각결정+각하결정'을 B라고 한다면 '위원회 분쟁조정' 대비 '인용결정' 건수의 비율($\frac{A}{A+B}$)은 '기각결정+각하결정' 대비 '인용결정' 건수의 비율($\frac{A}{B}$)로 판단 가능하다. 분모(B)인 '기각결정+각하결정'의 건수는 매년 56건, 67건, 109건으로 증가하고 있고 분자(A)인 '인용결정'(=조정성립+조정불성립) 건수는 매년 각각 49건, 44건, 24건으로 감소하고 있으므로 '기각결정+각하결정' 대비'인용결정' 건수의 비율($\frac{A}{B}$)은 매년 하락한다. 따라서 '위원회 분쟁조정' 대비 '인용결정' 건수의 비율($\frac{A}{A+B}$)은 매년 하락하였다.

④ 2011년 '인용결정' 대비 '조정불성립' 건수의 비율은 $\frac{19}{49}$이고 2012년 '위원회 분쟁조정' 대비 '각하결정' 건수의 비율은 $\frac{47}{111}$이므로 40%를 기준으로 판단하면 전자가 후자보다 낮다.

> **빠른 문제 풀이 Tip**
> · <표 1>은 접수유형의 비율만 제시된 표, <표 2>는 조정결정의 수치만 제시된 표이므로 별도의 단서가 없다면 <표 1>의 경우에는 항목의 연도 간 비교가 원칙적으로 불가능하다.
> · 하지만 <표 2>의 각주에 '조정결정은 접수된 분쟁사건만을 대상으로 하며, 접수된 모든 분쟁사건은 당해년도에 조정결정이 이루어짐.'이 주어져 있으므로 <표 2>의 합계 수치를 <표 1>에 적용시킬 수 있다. 따라서 <표 1> 역시 항목의 연도 간 비교가 가능해진다.
> · $\frac{A}{A+B}$의 비율 하락 여부는 $\frac{A}{B}$ 하락 여부로 판단한다.

20 정답 ④

정답 체크

전국 노인돌봄종합서비스의 이용시간 당 매출액이 매년 증가하려면 이용시간의 전년대비 증가율보다 매출액의 전년대비 증가율이 더 커야 한다. 2010년의 경우 이용시간은 272,423시간에서 775,986시간으로 증가하였고 매출액은 2,748백만 원에서 6,494백만 원으로 증가하였다. 자릿수가 다르지만 앞에서 세 자리 유효숫자만 비교하면 이용시간은 272 → 776, 매출액은 275 → 649이므로 굳이 계산을 한다거나 분수식을 설정하지 않더라도 증가율의 대소를 비교할 수 있다. 따라서 2010년에는 이용시간의 전년대비 증가율이 매출액의 전년대비 증가율보다 더 크므로 전국 노인돌봄종합서비스의 이용시간 당 매출액이 매년 증가하지는 않았다.

오답 체크

① <표 1>에 따르면 전국 노인돌봄종합서비스의 이용자수 대비 이용횟수는 2009년만 $\frac{88,794}{8,421}$로 유일하게 10을 넘고 2008년, 2010년, 2011년은 10 미만이다. 따라서 전국 노인돌봄종합서비스의 이용자수 대비 이용횟수가 가장 높은 연도는 2009년이다.

② <그림>의 각주에서 '매출액 = 정부지원금 + 본인부담금'이므로 전국 노인돌봄종합서비스 매출액에서 본인부담금이 차지하는 비중의 크기 비교는 정부지원금 대비 본인부담금 비율의 크기 비교로 가능하다. 따라서 정부지원금의 전년대비 증가율이 본인부담금의 전년대비 증가율보다 매년 크다면 매출액에서 본인부담금이 차지하는 비중이 감소한 것과 동일하게 된다. 2009년은 전년대비 정부지원금 증가, 본인부담금 감소하였고, 2010년은 정부지원금은 전년대비 2배 이상 증가, 본인부담금 2배 미만 증가, 2011년 정부지원금은 전년대비 20% 이상 증가, 본인부담금 20% 미만 증가하였다.

③ <표 2>에 따르면 2008년 서울과 부산의 노인돌봄종합서비스 이용자수 합은 1,570+1,010=2,580명이고 2008년 7대 도시 노인돌봄종합서비스 이용자수 합은 4,379명이므로 절반 이상이다.

⑤ <표 2>에 따르면 2010년 7대 도시 중 노인돌봄종합서비스 이용자수의 전년대비 증가율은 울산이 162 → 327로 2배 이상 증가하였다. 나머지 7대 도시 중 2배 이상 증가한 도시는 존재하지 않으므로 2010년 7대 도시 중 노인돌봄종합서비스 이용자수의 전년대비 증가율이 가장 큰 도시는 울산이다.

> **빠른 문제 풀이 Tip**
> · $\frac{A}{A+B}$의 크기 비교는 $\frac{A}{B}$의 크기로 비교한다.
> · 계산 과정이 필요 없는 문제이므로 기준을 설정해서 비교한다.

21 정답 ①

정답 체크

ㄱ. A(A+, A0)를 받은 학생 수는 유비쿼터스 컴퓨팅이 19명으로 가장 많다. 따라서 전공심화 분야에 속한다.

ㄴ. 강좌당 수강인원은 전공기초 분야가 $\frac{204}{4}$명, 전공심화 분야가 $\frac{321}{9}$명이다. 따라서 전공기초 분야의 강좌당 수강인원이 더 많다.
전공기초 분야의 강좌당 수강인원이 51명인데, 전공심화 분야 중 소셜네트워크 서비스를 제외하면 모두 수강인원이 51명보다 적다. 따라서 가평균 개념을 생각하면 굳이 계산하지 않더라도 강좌당 수강인원은 전공기초가 전공심화보다 많다.

오답 체크

ㄷ. 각 강좌별 수강인원 중 A+를 받은 학생의 비율은 황욱태 교수의 회계학원론(DEA-01)이 $\frac{8}{49}$, IT거버넌스(MIH-01)가 $\frac{4}{29}$이므로 회계학원론보다 IT거버넌스의 비율이 더 낮다. 이보다 더 낮은 비율을 보이는 강좌를 찾아보면 이성재 교수의 경영정보론(DBA-01)이 $\frac{3}{27}$이다. 따라서 각 강좌별 수강인원 중 A+를 받은 학생의 비율이 가장 낮은 강좌는 적어도 황욱태 교수의 강좌는 아니다.

ㄹ. 전공기초 분야 중 정상훈 교수의 경영정보론(DBA-03)의 경우에는 A(A+, A0)를 받은 학생 수와 C(C+, C0)를 받은 학생 수 모두 18명으로 같다.

빠른 문제 풀이 Tip

- 어떤 <보기>를 먼저 검토할 것인가에 따라 풀이 시간에 차이가 나는 문제이다.
- 황욱태 교수의 강좌는 전공기초의 회계학원론과 전공심화의 IT거버넌스 2개인 점을 체크해야 한다. 또한, 문제 해결에 있어서 필요한 부분은 아니지만 교과목명이 경영정보론인 강좌가 3개인 점, 이성재·이민부·정상훈·김신재 교수의 강좌가 각각 2가지씩이라는 점도 체크한다.

22

정답 ⑤

정답 체크

ㄴ. 국공립학교의 장애학생 배치학교 수는 특수학급 설치학교 수의 2배 미만이므로 옳은 설명이다.

ㄷ. 전체 사립학교의 특수학급 설치율은 (112/819)×100≒13.7%이고, 전체 국공립학교의 특수학급 설치율은 (5,719/7,512)×100≒76.1%이다. 따라서 50%p 이상 차이가 난다.

ㄹ. 학교 수에서 장애학생 배치학교 수가 차지하는 비율은 사립초등학교가 $\frac{16}{76}$이고 사립고등학교는 $\frac{494}{948}$이므로 전자가 후자보다 더 낮다.

오답 체크

ㄱ. 특수학급 설치율은 국공립초등학교가 (3,668/4,596)×100≒79.8%이고 사립초등학교가 (4/16)×100=25%이다. 따라서 전자는 후자의 4배 이상이 되지 않는다.

빠른 문제 풀이 Tip

ㄱ. 사립초등학교 특수학급 설치율이 25%라는 것을 파악한다.
ㄷ. 전체 사립학교의 특수학급 설치율이 10%대이므로 국공립학교의 특수학급 설치율이 60% 이상이라는 것을 파악한다.

23

정답 ②

정답 체크

ㄷ. 2006년과 2007년 모두 1992년 대비 자료이므로 2006년과 2007년 동일 분기간 비교는 가능하다.

오답 체크

ㄱ. <표>에 제시된 2006년과 2007년 노동시간당 산출 비율은 1992년 동일 분기 대비 자료이므로 상대적인 비교만 가능하다. 1992년 산출이 직접적으로 제시되어 있지 않은 이상 알 수 없다.

ㄴ. 1992년 동일 분기 대비 자료이므로 2007년 분기별 비교는 불가능하다.

ㄹ. 2007년 3분기의 노동시간당 인건비 비율이 2006년 동기에 비해 6.1%p 증가하였으므로 노동시간당 인건비는 (6.1/170.3)×100≒3.6% 증가하였다. 2007년 3분기는 2006년 3분기에 비해 노동시간당 인건비 비율이 6.1%p 증가한 것이므로 옳지 않은 설명이다.

빠른 문제 풀이 Tip

자료 자체가 1992년 동일 분기 대비 자료이다. 따라서 2006년과 2007년 동일 분기 비교는 가능하지만 해당연도 내의 분기별 비교는 불가능하다.

24

정답 ①

정답 체크

ㄱ. 2010년 보건업 취업자 중 상용근로자의 비율은 (632/759)×100≒83.3%이고, 보건복지산업 취업자 중 상용근로자의 비율은 (1,393/2,127) ×100≒65.5%이다. 따라서 전자가 후자보다 더 높다.

ㄷ. 2009년 대비 2010년 취업자 수의 증가율은 전체 산업이 (1,068/23,684)×100≒4.5%, 보건복지산업이 (156/1,971)×100≒7.9%이다. 따라서 전자보다 후자가 더 높다.

오답 체크

ㄴ. 보건복지산업의 상용근로자 수 대비 임시 및 일용근로자 수의 비율은 2008년이 (160/1,207)×100≒13.3%, 2009년이 (169/1,231)×100≒13.7%, 2010년이 (184/1,393)×100≒13.2%이다. 따라서 2010년에는 2009년에 비해 감소하였다.

ㄹ. 2010년 보건업 및 사회복지서비스업 취업자 중 상용근로자의 비율이 (1,046/1,286)×100≒81.3%, 2009년 보건업 및 사회복지서비스업 취업자 수가 1,153천 명이므로 상용근로자의 수는 1,153×0.813≒937천 명이다. 따라서 100만 명 이하이다.

빠른 문제 풀이 Tip

- <표>가 3개 주어져 있으므로 각 자료 간에 어떤 관계가 있는지, 공통점이나 차이점이 있는지 파악한다.
- <보기>에서 묻는 것을 어느 표에서 찾아야 하는지 정확하게 매칭한다.

25

정답 ①

정답 체크

- 세 번째 문장 농촌체험마을은 2020년 방문객 수와 매출액이 2019년에 비해 75% 이상 감소하였다.
  → 매출액으로 비교하면 선택지 ①, ③, ⑤는 12,280에서 3,030으로 75.3% 감소하였고 선택지 ②, ④는 12,320에서 3,180으로 74.2% 감소하였으므로 선택지 ②, ④는 삭제한다.
- 네 번째 문장 농촌민박도 2020년 방문객 수와 매출액이 전년과 비교하여 30% 이상 줄어들었다.
  → 매출액으로 비교하면 선택지 ①, ③은 98,932에서 67,832로 31.4% 감소하였고 선택지 ⑤는 96,932에서 70,069으로 27.7% 감소하였으므로 ⑤는 삭제한다.
- 다섯 번째 문장 농촌융복합사업장은 2020년 방문객 수와 매출액이 전년과 비교해 줄어든 비율이 농촌체험마을보다는 작았다.
  → 매출액으로 비교하면 선택지 ①은 6,109에서 1,827로 70.1% 감소하였고 선택지 ③은 6,309에서 1,290으로 79.5% 감소하였으므로 농촌체험마을 75.3%보다 높은 ③은 삭제한다. 따라서 정답은 ①이다.

빠른 문제 풀이 Tip

구분 항목별로 매출액이 감소하는 경우는 각각 2가지뿐이다. 따라서 매칭형 문제 중 택1 구조에서 접근하는 방식으로 해결한다면 세 번째 문장 75% 이상을 검토한 후 네 번째 문장을 검토할 때 30% 이상 감소한 경우는 98,932→67,832와 96,932→70,069중 감소율이 더 큰 98,932→67,832의 경우이고 네 번째 문장에서 감소율이 더 작은 것을 검토할 때에도 6,109→1,827과 6,309→1,290 중 감소율이 더 작은 6,109→1,827의 경우가 답이 된다.

26 정답 ①

정답 체크

ㄱ. 데이터 매출액은 2009년에 7억 달러지만 2010년은 9억 달러에 불과하므로 50% 이상 증가한 것이 아니다. 50% 이상 증가했다면 <그림>에서 2010년은 10.5억 달러 이상이 되어야 한다.

ㄴ. 가입대수가 증가하였고 보급률이 125.3%인 점은 옳다. 하지만 전체 인구는 2009년 $\frac{73.8}{121.0}$에 비해 2010년에 $\frac{76.9}{125.3}$로 증가하고 있다. 전체 인구가 감소하려면 가입대수 증가율보다 보급률의 증가율이 더 높아야 한다.

오답 체크

ㄷ. 2007~2010년 동안 이동전화 가입대수의 전년대비 증가폭이 각각 13.0, 4.2, 3.7, 3.1로 감소하고 있으므로 이동전화 가입대수는 매년 증가하고 있지만 증가율 자체는 감소하고 있다.

ㄹ. 2011년 10~12월 동안 4대 이동통신사업자의 월별 매출액이 당해년도 1~9월까지의 월평균 매출액 9,953백만 달러를 유지한다면 9,953백만 달러만큼 더하여 2011년 매출액 합계를 도출하면 된다. 이는 약 13,200백만 달러이므로 2010년 13,863백만 달러보다 감소하게 된다.

빠른 문제 풀이 Tip

· 50% 이상이라는 것은 1.5배 이상이라는 의미이다.

· 증가는 하고 있지만 매년 증가폭이 감소 혹은 일정하다면 증가율은 매년 감소하게 된다.

27 정답 ③

정답 체크

ㄴ. 뇌사 기증자 1인당 뇌사자장기이식 건수는 2016년부터 2020년까지 각각 4.1건, 4.2건, 4.3건, 4.2건, 4.1건으로 매년 4건 이상이다.

ㄹ. 이식 건수 중 생체이식 건수가 차지하는 비중은 2016년부터 2020년까지 각각 56.8%, 52.6%, 51.3%, 50.4%, 50.0%로 매년 감소한다.

오답 체크

ㄱ. 2019년 전년 대비 증가율은 기증 희망자가 10% 이상이지만 뇌사 기증자는 10% 미만이다. 따라서 2017년 이후 뇌사 기증자 수의 전년 대비 증가율이 기증 희망자 수의 전년 대비 증가율보다 매년 높은 것은 아니다.

ㄷ. 2017~2020년의 전년 대비 이식 대기자 수 증감 방향은 증가, 증가, 증가, 감소이고 이식 건수 증감 방향은 증가, 증가, 감소, 증가이다. 2019년과 2020년의 전년 대비 증감 방향이 동일하지 않으므로 이식 대기자 수와 이식 건수의 연도별 증감 방향은 같지 않다.

28 정답 ②

정답 체크

ㄱ. 국방비가 가장 많은 국가 A의 국방비가 A~E국 국방비 합에서 차지하는 비중은 8,010/9,711≒82.5%로 80% 이상이다.

ㄹ. 군병력 1인당 국방비는 A국 8,010/133≒602,256달러가 D국 320/17≒188,235달러의 3배 이상이다.

오답 체크

ㄴ. 인구 1인당 GDP는 B국 13,899/4,722≒29,435달러가 C국 16,652/5,197≒32,042달러 보다 작다.

ㄷ. C와 E를 비교하면 국방비는 E가 더 많지만 GDP 대비 국방비 비율은 E가 C보다 더 높다. 따라서 국방비가 많은 국가일수록 GDP 대비 국방비 비율이 높지 않다.

빠른 문제 풀이 Tip

ㄱ. A가 80% 이상이 되려면 B~E의 국방비 합이 전체에서 차지하는 비중은 20% 이하가 되어야 한다. 따라서 A가 나머지 합의 4배 이상이면 옳은 선택지이므로 B~E의 합이 대략적으로 2,000 미만인지 판단한다.

ㄴ. 분수 비교로 판단하면 B의 139/472와 C의 166/520을 비교한다. 분자는 139에서 166으로 27만큼 차이가 나므로 약 20% 정도 증가율의 차이이고 분모는 472에서 520으로 48만큼 차이가 나므로 약 10% 정도 증가율 차이이다. 따라서 B보다 C가 더 크다는 것을 어렵지 않게 판단할 수 있다.

ㄷ. C와 E의 GDP 대비 국방비 비율을 비교할 때 GDP는 약 2배 차이가 나지만 GDP는 50% 미만 차이가 나기 때문에 분자는 비슷한 반면 분모는 2배 정도 차이가 난다고 판단할 수 있다. 따라서 C가 E보다 GDP 대비 국방비 비율이 높다고 어렵지 않게 판단할 수 있다.

29 정답 ①

정답 체크

장기저축급여 가입 회원 수는 744,733명으로 전체 회원 85.2만 명의 약 87.4%로 85% 이상이다. 유효숫자만 설정하여 나타내면 744/852이고, 반대해석하여 108/852≥15%인지 판단한다. 852의 10%인 85.2와 5%인 42.6의 합은 127.8이므로 108은 이보다 작다. 따라서 옳지 않은 설명이다.

오답 체크

② 공제제도별 자산 규모 구성비에서 장기저축급여가 27.3조 원으로 전체의 64.5%를 차지하고 있다. 따라서 공제제도의 총자산 규모는 27.3/0.645≒42.3조 원으로 40조 원 이상이다. 장기저축급여가 27.3조 원으로 전체의 64.5%를 차지하고 있기 때문에 이를 66.7% 차지한다고 바꿔 보면 전체의 약 2/3이라고 볼 수 있다. 따라서 나머지 1/3을 더하면 전체 금액이 되므로 대략 27.3 +13.5>40이다. 실제로는 66.7%가 아니라 64.5%이므로 이보다 더 큰 금액이다.

③ 자산 규모 상위 4개 공제제도는 장기저축급여, 퇴직생활급여, 목돈급여, 분할급여이고 4개 공제제도에 가입한 회원 수 합은 744,733+40,344+55,090+32,411=872,578명이다. 전체 회원 수는 85.2만 명이므로 적어도 그 차이인 20,578명은 2개의 공제제도에 가입한 회원 수가 된다.

④ 충청의 장기저축급여 가입 회원 수 61,850명은 15개 지역 평균 장기저축급여 가입 회원 수 744,733/15≒49,649명보다 많다. 충청의 회원 수는 6만 명 이상이고 15개 지역이므로 전체 가입 회원 수가 90만 명 미만이라면 옳은 설명이다.

⑤ 공제제도별 1인당 구좌 수는 장기저축급여가 449,579,295/744,733≒603.7구좌로 분할급여 2,829,332/32,411≒87.3의 5배인 436.5구좌 이상이다.

30

정답 ①

정답 체크

ㄱ. '보유세'는 2017년이 9,196십억 원이고, 2015년이 5,030십억 원이다. 9,196과 5,030의 차이는 4,166이고, 이는 5,030의 80%인 4,024보다 크다. 따라서 '보유세'는 2017년이 2015년의 약 1.83배이므로 1.8배 이상이다.

ㄴ. '보유세' 중 재산세 비중은 2017년까지는 51.5%, 45.7%, 40.8%로 매년 감소하다가 2018년부터는 44.8%, 50.7%로 매년 증가하였다. 2019년에는 전년 대비 보유세는 감소하였고, 재산세는 증가하였으므로 비중이 증가하였다. 2018년에는 보유세 증가율보다 재산세 증가율이 더 높고 2015~2017년 동안에는 재산세 증가율보다 보유세 증가율이 더 높다.

오답 체크

ㄷ. 보유세의 하위 항목 중 농어촌특별세가 매년 가장 작은지 판단하면 된다. 2017년에는 농어촌특별세 601십억 원보다 공동시설세 543십억 원이 더 작다. 따라서 농어촌특별세는 '보유세'에서 차지하는 비중이 매년 가장 작지는 않다.

ㄹ. 재산세 대비 종합부동산세 비가 가장 큰 연도는 유일하게 0.5를 초과하는 2017년이고 가장 작은 연도는 유일하게 0.2 미만인 2015년이다. 유효숫자로 비교하면 2015년의 4배는 44×4/259이고 2017년은 241/375이므로 분자인 176에서 241로의 증가율(40% 미만)보다 분모인 259에서 375로의 증가율(40% 초과)이 더 크다. 따라서 재산세 대비 종합부동산세 비는 가장 큰 연도인 2017년이 가장 작은 연도인 2015년의 4배 이상이 되지 못한다.

31

정답 ⑤

정답 체크

경영주 연령대가 30대 이하인 농가수는 1995년 대비 2020년에 (1,567−23,891)/23,891≒93.4%이므로 95% 이상 감소하지 않았다.

오답 체크

① '5인 이상'을 제외하고, 1995년 대비 2020년 가구원수별 농가수 증감률은 '2인'이 23.2%로 유일하게 30% 미만으로 가장 작다.

② '3인' 농가수가 그 외 농가수 합 대비 차지하는 비율은 1995년 21.9%, 2000년 22.4%, 2005년 21.2%, 2010년 19.3%, 2015년 19.6%, 2020년 15.1%로 매 조사연도마다 25% 이하이다.

③ 전체 농가 가구원수는 2000년 152,257×3.2=487,222명으로 2020년 전체 농가 가구원수 100,362×2.3=230,833명의 2배 이상이다.

④ 2020년 전체 농가수 100,362가구 중 경영주 연령대가 40대 이하인 농가수 7,796+1,567=9,363가구가 차지하는 비중은 9,363/100,362≒9.3%로 10% 이하이다.

빠른 문제 풀이 Tip

② 전체=3인+그외 로 구분하면 3인/그외 비율이 25% 이하가 되기 위해서는 3인/전체의 비율이 20% 이하인지 판단하면 된다.

③ 대략적으로 계산하면 2000년은 15만의 3.2배인 48만보다 큰 수치이고 2020년은 10만을 조금 넘는 수치에 2.3배이므로 24만보다 작다고 판단한다.

④ 전체 농가수는 10만 이상이므로 40대 이하가 1만 이하인지 판단한다.

⑤ 95% 이상 감소했다는 의미는 기준 연도인 1995년 23,891에 비해 2020년 수치가 5% 이하 남아야 하므로 23,891의 약 5%인 1,195 이하인지 판단한다.

32

정답 ②

정답 체크

ㄱ. 근무 3개월차 상표심사 목표조정계수는 최연중이 0.4, 권순용이 0.3, 정민하가 0.6×0.7=0.42, 안필성이 0.3×0.7=0.21이다. 따라서 근무 3개월차 상표심사 목표점수가 높은 사람부터 순서대로 나열하면 정민하(0.42), 최연중(0.4), 권순용(0.3), 안필성(0.21)이다.

ㄹ. 정민하와 안필성이 교육을 이수한 후 발령 받았다면, 근무 3개월차 상표심사 목표조정계수는 정민하가 0.6, 안필성이 0.3이다. 따라서 근무 3개월차 상표심사 목표점수의 두 사람 간 차이는 150×0.3=45점으로 40점 이상이다.

오답 체크

ㄴ. 5급은 모두 미이수로 70%만 고려해야 된다는 점을 반드시 체크해야 한다. 상표심사과 인사 발령자 중 5급의 근무 5개월차 상표심사 목표조정계수는 정민하가 0.9, 안필성이 0.5로 합은 1.4×0.7=0.98이고 6급의 근무 5개월차 상표심사 목표조정계수는 최연중이 0.8, 권순용이 0.5로 1.3이다. 따라서 상표심사과 인사 발령자 중 5급의 근무 5개월차 상표심사 목표점수의 합은 6급의 근무 5개월차 상표심사 목표점수의 합보다 작다.

ㄷ. 정민하의 목표조정계수는 근무 3개월차가 0.6×0.7=0.42이고 근무 4개월차가 0.8×0.7=0.56으로 증가율이 33.3%이고, 최연중의 목표조정계수는 근무 3개월차가 0.4이고 근무 4개월차가 0.6으로 증가율이 50%이다. 따라서 근무 3개월차 대비 근무 4개월차 상표심사 목표점수의 증가율은 정민하가 최연중보다 작다. 정민하의 경우 교육 미이수이므로 구체적인 상표심사 목표점수를 도출하는 경우에는 0.7를 고려해야 하지만 ㄷ은 증가율을 묻기 때문에 고려하지 않고 0.6에서 0.8로의 증가율로만 판단해도 된다. 따라서 이렇게 본다면 증가폭이 동일하기 때문에 증가율은 정민하보다 최연중이 당연히 크다.

빠른 문제 풀이 Tip

· 상표심사 목표점수는 상표심사 목표조정계수에 150점이 곱해지는 구조이므로 상표심사 목표점수를 구체적으로 묻지 않는다면 상표심사 목표조정계수의 대소 비교로 판단할 수 있다.

· 목표조정계수는 기본적으로 근무월수에 따라 차이가 나지만 여기에 자격증 유무와 교육이수 여부가 추가적으로 고려되어야 한다. 즉, 직급이 5급인지 6급인지 판단하는 것은 무의미하며, 특히 경채의 경우에는 자격증 유무와 무관하다.

· 교육 미이수의 경우 70%만 고려해야 하므로 정민하와 안필성에 주의한다.

33 정답 ④

정답 체크

ㄱ. <그림>에서 2014년 국내 시장 판매량은 202천 대이고 <표 1>에서 수입량은 5.0천 대이므로 2014년 상업용 무인기의 국내 시장 판매량 대비 수입량의 비율은 (5/202)×100이다. 따라서 3.0% 이하이다.

ㄴ. <그림>에서 2011~2014년 동안 상업용 무인기 국내 시장 판매량의 전년대비 증가율은 2012년이 유일하게 50% 이상으로 가장 크다.

ㄹ. 2012년 '갑'국 상업용 무인기 수출량은 전년대비 18.0/2.5=7.2배 증가하여 증가량이 7배 이상이고 2012년 '갑'국 A사의 상업용 무인기 매출액은 304.4/43.0≒7.1배 증가하여 역시 증가량이 7배 이상이다. 따라서 7배를 넘는 부분은 공통이므로 이를 제외하고 나머지 부분만 비교하면 2012년 '갑'국 상업용 무인기 수출량의 전년대비 증가율은 $7+\frac{0.5}{2.5}$로 7배 +20%이고 2012년 '갑'국 A사의 상업용 무인기 매출액의 전년대비 증가율은 $7+\frac{3.4}{43.0}$로 7배+10% 이하, 약 7.9%이다. 따라서 양자 간 증가율의 차이는 30%p 이하이다.

오답 체크

ㄷ. 2011~2014년 동안 상업용 무인기 수입량의 전년대비 증가율은 2014년이 (8/42)×100으로 유일하게 20% 미만으로 가장 작지만 상업용 무인기 수출량의 전년대비 증가율은 2014년(67→240으로 4배 미만)보다 2012년(2.5→18.0으로 7배 이상)이 더 크다. 상업용 무인기 수입량의 전년대비 증가율이 어느 해가 가장 작은지 판단하기 어렵다면 상업용 무인기 수출량의 전년대비 증가율이 가장 큰 해를 먼저 찾은 다음 역으로 판단한다.

빠른 문제 풀이 Tip

항목이 여러 가지이므로 제목, 단위 각주를 체크해서 혼동하지 않게 주의한다. <그림>은 판매량, <표 1>은 수출입량, <표 2>는 매출액이다. 또한 증가율이 100%를 넘는 매우 큰 경우에 공통인 부분을 제외하고 차이가 나는 나머지 부분만 비교하면 빠르게 비교할 수 있다.

ㄱ. ㄱ을 먼저 검토했다면 선택지 배열 상 ㄴ은 검토하지 않아도 된다.

ㄴ. 전년대비 증가율은 2012년이 72에서 44 증가하여 50%를 넘고 나머지 연도는 50% 미만임을 어렵지 않게 판단할 수 있다.

34 정답 ①

정답 체크

ㄱ. 2012년 A국 전체 의원은 1,111명이다. 이 중 여성 의원이 비율이 15% 이하기 되려면 166명 이하가 되어야 한다. 비례대표 의원 중 여성 의원 수는 185×42.2%≒78명, 지역구 의원 중 여성 의원 수는 926×8.0%≒74명이므로 여성 의원 수는 약 152명이다. 따라서 2012년 A국 전체 의원 중 여성 의원의 비율은 15% 이하이다.

ㄴ. 2008년 정당별 지역구의원 중 여성 의원 비율은 '기타'를 제외하면 '라' 정당이 약 14%이다. '다'보다 높은 것은 쉽게 판단 가능하고 지역구 의원 51명과 여성 의원 7명을 각각 4배하여 '가', '나'와 비교하면 역시 '라'가 더 높은 것을 쉽게 판단할 수 있다. 따라서 '라' 정당이 가장 높다.

오답 체크

ㄷ. '가' 정당 여성 의원 비율은 비례대표의원 유형의 경우 2008년에 (21/44)×100≒47.7%에서 2012년에 41.2%로 감소하였지만 지역구의원 유형의 경우에는 2008년에 (16/230)×100≒6.9%에서 2012년에 7.2%로 증가하였다.

ㄹ. '가' 정당의 경우 2008년 대비 2012년에 여성 지역구의원 수는 16명으로 동일하다. 각주 2)에서 비율은 소수점 둘째 자리에서 반올림한 값이라고 하였으므로 <표 1>의 '가' 정당 지역구의원 여성 16명을 전체 230명으로 나누게 되면 7%에 근접한 수치가 나온다. 사람 수는 소수점이 존재할 수가 없기 때문에 2008년과 2012년이 동일함을 판단할 수 있다. 나머지 정당도 마찬가지로 판단할 수 있다. '나' 정당은 242명의 12.4%이므로 21명보다는 많다는 것을 알 수 있으며, '다' 정당은 2명에서 6명으로, '라' 정당은 7명에서 58명의 13.8%이므로 7명은 넘는다는 것을 알 수 있다.

빠른 문제 풀이 Tip

<표 1>은 여성 의원 수가 직접 제시된 자료이지만 <표 2>는 여성 의원 수가 아닌 여성 의원 비율이 제시된 자료라는 점에 유의한다. <표 1>과 <표 2>를 비교하는 경우 여성 의원 수로 비교하는 경우가 더 용이한 정당이 있는 반면 여성 의원 비율로 비교하는 것이 더 용이한 정당이 있기 때문에 상황에 맞게 비교한다.

ㄱ. A국 전체 의원이 약 1,100명이고 15% 이하가 되려면 165명을 넘지 않으면 된다. 비례대표 여성 의원 수와 지역구 여성 의원 수가 각각 185×42.2%와 926×8.0%이므로 80명을 넘지 못한다. 따라서 합하여도 165명 이하이다.

ㄷ. $\frac{22}{44}$가 정확히 50%라는 점에서 $\frac{21}{44}$은 50%에 근접하는 40% 후반의 수치이므로 2012년에는 2008년 대비 비례대표의원 유형은 41.2%로 감소하였다고 판단하면 되고, 23×7=161이므로 $\frac{16}{230}$이 7%를 넘지 못한다는 점을 통해서도 지역구의원 유형은 증가하였다고 판단할 수 있다.

35 정답 ②

정답 체크

ㄴ. 한국의 공공복지예산 중 보건분야 예산이 차지하는 비중은 $\frac{\text{보건분야 예산}}{\text{공공복지 예산}}=\frac{\text{GDP 대비 보건분야 예산}}{\text{GDP 대비 공공복지 예산}}$으로 판단 가능하다. 따라서 2010년 $\frac{3.74}{8.32}$, 2011년 $\frac{3.73}{8.34}$, 2012년 $\frac{3.76}{9.06}$이므로 매년 감소하고 있다.

ㄷ. 각 연도별 한국의 노령분야 공공복지예산과 가족분야 공공복지예산을 비교하고 있으므로 노령분야의 GDP 대비 공공복지예산 비율과 가족분야의 GDP 대비 공공복지예산 비율로 비교 가능하다. 따라서 매년 한국의 노령분야 공공복지예산은 가족분야 공공복지예산의 2배 이상이다.

오답 체크

ㄱ. 2011년 한국의 실업분야 공공복지예산=실업 분야의 GDP 대비 공공복지예산 비율×GDP이므로 먼저 GDP를 도출해야 한다. GDP는 직접 제시된 항목이 아니므로 <표 1>의 공공복지예산과 <표 2>의 GDP 대비 공공복지예산 비율을 통해 도출 가능하다.
2011년 한국의 GDP=$\frac{\text{111,090십억}}{\text{8.34\%}}$이므로 약 1,332조 140억 원이다.
따라서 2011년 한국의 실업분야 공공복지예산은 1,332조 140억×0.27%≒3,596십억 원으로 3조 5,960억 원이다. 즉, 4조 원 미만이다.

ㄹ. 2009~2012년 동안 OECD 주요국 중 GDP 대비 공공복지예산 비율이 가장 높은 국가는 프랑스이고 가장 낮은 국가는 한국이다. 2011년에는 전년대비 한국의 비율은 증가하는 반면 프랑스의 비율은 감소하기 때문에 비율 차이는 전년대비 감소하게 된다.

빠른 문제 풀이 Tip

<표 1>과 <표 2>에서 주어지는 항목의 관계를 파악한다. 계산이 주어진 경우에도 계산 자체를 빨리 하는 것보다 자료에서 식을 어떻게 구성하는지가 더 중요하다.

ㄱ. 먼저 GDP를 도출해서 계산하기보다는 식을 정리한다. 2011년 한국의 실업분야 공공복지예산=실업 분야의 GDP 대비 공공복지예산 비율 $\times\frac{\text{공공복지 예산}}{\text{GDP 대비 공공복지 예산 비율}}$이다. 따라서 $\frac{111{,}090\text{십억}}{8.34\%}\times0.27\%$ $=111\text{조 }900\text{억}\times\frac{27}{834}$원이다. $\frac{27}{834}$은 $\frac{1}{30}$보다 더 작은 수치이고 공공복지예산도 120조 원을 넘지 못하므로 한국의 실업분야 공공복지예산은 4조 원 미만이라는 것을 어렵지 않게 판단할 수 있다.

36

정답 ①

정답 체크

ㄱ. 수취량의 계는 26석 4두이고 8개 항목의 수취량을 모두 더하면 24석 34두가 된다. 즉, 2석 4두와 34두가 같은 양이므로 1석은 15두가 된다.

오답 체크

ㄴ. '도장동'의 경우 계약량과 수취량이 같으므로 계약량 대비 수취량의 비율이 1이다. '도장동'을 제외하면 계약량보다 수취량이 더 많은 위치는 존재하지 않으므로 계약량 대비 수취량의 비율은 '도장동'이 1로 가장 높다. '불근보'의 계약량 대비 수취량의 비율은 $\frac{1\text{석 }3\text{두}}{2\text{석 }5\text{두}}=\frac{18\text{두}}{35\text{두}}$이고 이는 $\frac{1}{2}$보다 높다. 따라서 계약량 대비 수취량의 비율이 $\frac{1}{2}$보다 낮은 위치를 찾아보면 '율포'의 수취량 1석 10두가 계약량 4석의 절반 미만이므로 이에 해당한다. 따라서 가장 낮은 토지의 위치는 '율포'이다.

ㄷ. 작인이 '동이', '명이', '수양'인 토지 중 두락당 계약량이 가장 큰 토지의 작인은 '수양'이 $\frac{7\text{0석}}{10\text{두락}}=\frac{105\text{석}}{10\text{두락}}$이고, 가장 작은 토지의 작인은 '동이'($\frac{7\text{석 }10\text{두}}{12\text{두락}}=\frac{115\text{두}}{12\text{두락}}$)가 아닌 '명이'($\frac{4\text{석}}{7\text{두락}}=\frac{60\text{두}}{7\text{두락}}$)이다. 수양은 두락당 10석이 유일하게 넘기 때문에 가장 크고, 동이는 두락당 8~9석, 명이는 두락당 7~8석이다.

빠른 문제 풀이 Tip

- 석과 두의 관계를 빨리 파악해야 한다.
- 위치가 '도장동'인 소유주는 '송득매'와 '자근노음' 2명이고, 소유주가 '이풍덕'인 위치는 '불근보'와 '소삼' 2곳이다.

37

정답 ⑤

정답 체크

기타를 제외하고, 2021년 발전소 1개소당 발전용량이 큰 에너지원부터 순서대로 나열하면 풍력 16.2, 바이오 13.6, 연료전지 3.5, 수력 0.3, 태양광 0.1이다.

오답 체크

① <그림 1>에서 2022년 발전용량은 M지역이 841MW로 가장 크다.

② 태양광 발전소 수는 2022년 17,995개소가 2021년 6,945의 2배인 13,890개소 이상이다.

③ 전체 발전용량 중 태양광이 차지하는 비중은 2019년 43.0%, 2020년 49.8%, 2021년 69.2%로 매년 증가하였다.

④ 2021년 발전소 수의 전년 대비 증가율은 풍력이 2배 증가하여 100%이고 태양광은 5,501에서 6,945로 1,444개소 증가하여 증가율은 (1,444/5,501)×100≒26.2%이다. 따라서 증가율은 3배 이상이다.

빠른 문제 풀이 Tip

② 2021년 태양광 발전소 개소는 7천 개 미만이므로 2022년 태양광 발전소 수가 많은 것부터 더했을 때 15,000개소를 넘는지 대략적으로 판단한다.

③ 2020년 대비 2021년은 전체 발전량은 감소하고 태양광 발전용량은 증가했으므로 그 비중은 증가하였기 때문에 2019년 대비 2020년 비중만 분수 비교로 판단한다. 2019년 대비 2020년 분자인 태양광 발전용량은 2배 이상, 분모인 전체 발전용량은 2배 미만 증가하였기 때문에 역시 그 비중은 증가했다고 어렵지 않게 판단할 수 있다.

④ 풍력의 증가율이 정확히 100%이므로 태양광의 증가율은 33.3% 미만인지 판단한다. 2020년 태양광 발전소는 5,501개소로 증가폭 1,444개소의 3배 이상이기 때문에 증가율은 1/3 미만임을 쉽게 판단할 수 있다.

⑤ 수력은 정확히 0.3MW지만 태양광은 0.2MW에도 미치지 못한다.

38

정답 ③

정답 체크

ㄱ. 국민총소득 대비 공적개발원조액 비율이 UN권고 비율보다 큰 국가는 룩셈부르크, 노르웨이, 스페인, 덴마크, 영국 5개국이다. 이 중 <그림 1>에 룩셈부르크는 제시되지 않았지만 나머지 4개국의 합만 더해도 19.4+4.3+2.7+2.5=28.9십억 달러로 250억 달러 이상이다.

ㄴ. 공적개발원조액 상위 5개국의 공적개발원조액 합은 33.0+24.1+19.4+12.0+11.7=100.2십억 달러이다. 상위 15개국 소계는 137.5십억 달러이고 나머지 14개국은 15위 한국보다 작기 때문에 2.5×14=35십억 달러보다 작다. 따라서 개발원조위원회 29개 회원국 공적개발원조액 합은 137.5+35=172.5십억 달러보다 작기 때문에 공적개발원조액 상위 5개국의 공적개발원조액 합 100.2십억 달러는 50% 이상이다.

오답 체크

ㄷ. 독일의 국민총소득은 24.1/0.0061≒3,951십억 달러이다. 독일이 공적개발원조액만 30억 달러 증액하면 27.1십억 달러가 되므로 독일의 국민총소득 대비 공적개발원조액 비율은 0.0685%이고 이는 UN권고 비율 0.70 이상이 되지 못한다. 비율의 수치가 너무 낮아 판단하기 힘들다면 24.1/0.61≒40으로 보아 27.1/40>0.7인지 검토한다.

39

정답 ⑤

정답 체크

ㄱ. 인가차량 중 운행차량의 비중은 '심야'가 0.96으로 가장 크다.

ㄷ. <표 1>에서 전체 인가차량의 합계는 7,393대이다. <표 2>에서 인가차량 대수 구간별 회사 수가 제시되고 있으므로 상위 4개 회사는 201대 대수구간임을 알 수 있다. 따라서 상위 4개 회사의 평균이 500 이하인지, 즉 최댓값이 500인지 판단하려면 나머지 대수 구간의 최솟값을 적용해서 회사 수에 곱한 값을 도출하면 5×1+8×41+28×81+10×121+10×161=5,421대이다. 201대 이상 구간의 인가차량 최댓값의 합은 7,393−5,421=1,972대이므로 인가차량 대수 상위 4개 회사의 인가차량 대수 평균은 1,972/4=493으로 500 이하이다.

오답 체크

ㄴ. 노선 수 대비 예비차량 대수의 비율은 '광역' 18/10=1.80이 '지선' 196/223≒0.88의 2배 이상이다.

빠른 문제 풀이 Tip

ㄱ. 반대해석하여 인가차량 중 예비차량의 비중은 '심야'가 가장 작은지 판단해도 된다. 4%이므로 나머지 버스 종류가 4%를 넘는지 판단한다.

40

정답 ④

정답 체크

2015년 '갑'국의 전체 농수산물 수출액에서 '을'국에 대한 농수산물 수출액이 차지하는 비율은 (861/2,000)×6.3%이고 2015년 '갑'국의 전체 농수산물 수입액에서 '을'국으로부터의 농수산물 수입액이 차지하는 비율은 (1,375/2,200)×12.5%이다. 분자는 2배 미만, 분모는 2배 이상이므로 전자는 후자보다 크다.

오답 체크

① 어느 국가의 입장에서 흑자인지 판단해야 한다. 즉 '갑'국과의 교역에서 무역수지 흑자를 기록하려면 '갑'국 입장에서 적자를 기록해야 한다. 따라서 2015년 '갑'국의 수출액 상위 10개 국가 중 2015년 '갑'국과의 교역에서 무역수지 흑자를 기록한 국가는 중국(396-260), 태국(121-114), 한국(97-64), 인도네시아(86-76) 4개국이다.

② 2014년 '갑'국의 대(對) '을'국 집적회로반도체 수출액 999/1.145는 수입액 817/1.196보다 크다.

③ <표 1>에서 6위 홍콩의 갑국 수출액은 100억 달러이고 갑국의 총 수출액에 대한 비율이 5.0%이다. 따라서 갑국의 총 수출액은 2,000억 달러이다. 마찬가지로 5위 태국의 갑국 수입액은 121억 달러이고 갑국의 총 수입액에 대한 비율이 5.5%이다. 따라서 갑국의 총 수입액은 2,200억 달러이다. 결국 2015년 '갑'국의 무역수지는 2,000-2,200<0이므로 적자이다.

⑤ 2015년 '갑'국의 전자제품 수출액은 2,000×29.9%이므로 수입액 2,200×23.7%보다 크다.

유형 3 | 반대해석형

p.81

01	02	03	04						
④	⑤	④	④						

01

정답 ④

정답 체크

ㄱ. 응답률의 반대 개념인 미응답률로 구한다. 즉, 응답률이 가장 높으려면 미응답률이 가장 낮으면 되므로 시 $\frac{8}{74}$, 군 $\frac{6}{84}$, 구 $\frac{7}{69}$이 된다. 시와 구는 10%를 넘고 군은 10%를 넘지 못하므로 군의 미응답률이 가장 낮다. 따라서 군의 응답률이 가장 높다.

ㄷ. '도입'으로 응답한 지방자치단체의 수는 시가 51개, 군이 56개로 군이 시보다 더 많다.

ㄹ. 광역지방자치단체의 도입률은 (14/17)×100≒82.4%이고 기초지방자치단체의 도입률은 (150/227)×100≒66.1%이다. 따라서 광역지방자치단체의 도입률이 기초지방자치단체의 도입률보다 10%p 이상 더 높다.

오답 체크

ㄴ. 미응답한 구는 7개이고 모두 '도입'으로 응답한다면 구의 도입률은 {(43+7)/69}×100≒72.5%가 된다.

빠른 문제 풀이 Tip

ㄴ. $\frac{50}{69}$과 75%인 $\frac{75}{100}$를 비교하면 분자는 50% 증가율을 보이고 분모는 50% 미만의 증가율을 보이므로 $\frac{50}{69}$보다 $\frac{75}{100}$가 더 작다.

ㄹ. $\frac{14}{17}=1-\frac{3}{17}$이고 $\frac{3}{17}$이 10%대의 비율이라는 점을 파악했다면 $\frac{14}{17}$는 80%대의 비율이 된다. 또한 $\frac{150}{227}=1-\frac{77}{227}$이고 $\frac{77}{227}$이 30%대의 비율이라는 점을 파악했다면 $\frac{150}{227}$은 60%대의 비율이다. 따라서 양자의 차이는 적어도 10%p 이상이다. 또는 다음과 같이 생각할 수도 있다. 평균 개념을 도입하면 기초지방자치단체의 도입률은 가장 낮은 구의 62.3%보다는 높고 가장 높은 시의 68.9%보다는 낮다. 따라서 기초지방자치단체의 도입률은 62.3~68.9% 사이에 존재한다. 광역지방자치단체 역시 77.8~87.5% 사이에 존재하지만 시와 도의 지방자치단체 수가 각각 8개, 9개로 1개 차이밖에 나지 않는다면 광역지방자치단체의 도입률은 80%를 넘는다고 판단할 수도 있다. 이렇게 보더라도 10%p 이상 차이가 난다는 것을 알 수 있다.

02

정답 ⑤

정답 체크

ㄷ. 석회석의 경우 강원도에 매장량의 79.5%가 집중되어 있는 것이 아니라 석회석, 백운석, 대리석의 합 중 강원도에 3가지 비금속광의 합이 차지하는 비중이 (7,931,249/9,973,614)×100≒79.5%이다. 실제로 석회석의 경우 강원도에 매장량의 (7,689,854/9,456,978)×100≒81.3%가 집중되어 있다. 또한 백운석의 지역별 매장량은 강원, 충북, 경북 순이 아닌 강원, 경북, 충북 순으로 많기 때문에 옳지 않다.

ㄹ. 강원도의 고품위 석회석 광산 수는 48개로 전체 고품위 석회석 광산 수 98개의 50.0%를 초과하지 않는다.

오답 체크

ㄱ. 2006년 말 우리나라 광물자원 매장량 중 비금속광이 국내 광물자원 매장량의 88.7%를 차지한다. 또한 비금속광 중 5대 광종의 매장량이 비금속광 매장량에서 차지하는 비율은 (87.7/88.7)×100≒98.9%이다.

ㄴ. 주요 비금속광 중 석회석, 백운석, 대리석은 매장량 가운데 가채매장량이 차지하는 비중이 각각 약 75.6%, 75.4%, 72.4%이므로 모두 70%를 초과한다. 백운석의 가채매장량은 석회석 가채매장량의 약 4.8%이다.

빠른 문제 풀이 Tip

ㄱ. 반대해석하여 비금속광 88.7% 중 5대 광종을 제외한 기타 매장량의 비율 1.0%가 비금속광 매장량의 5.0% 미만을 점유하고 있는지 파악하는 것이 더 쉽다.

ㄴ. 매장량 중 가채매장량이 차지하는 비중이 각각 70%를 넘는지 정도로 판단한다. 백운석의 가채매장량은 석회석 가채매장량의 절반하고 0을 하나 뺀 것보다 작으므로 5% 미만이다.

03

정답 ④

정답 체크

다섯 번째 문단에 따르면 무직은 1,015명으로 전체 1,374명의 70% 이상이다. 하지만 무직을 제외하면 1,374-1,015=359명이고, 이 중 공무원, 전문직, 사무종사자의 합은 5+30+9=44명이므로 10% 이상이다.

오답 체크

① 두 번째 문단에서 학대행위 건수가 300% 이상 증가하였다고 했으므로 4배 이상 증가하였는지 판단한다. 1,374는 312의 4배 이상이므로 <보고서>의 내용과 부합한다.

② 세 번째 문단에 따르면 수치를 그대로 확인할 수 있다.

③ 네 번째 문단에 따르면 아들(198건)은 딸(53건)의 3배 이상이고 며느리(29건)는 사위(6건)의 4배 이상이다.

⑤ 비신고의무자 1,098명은 전체 1,374×0.75=1,030.5명 이상이다.

빠른 문제 풀이 Tip

④ 1,374보다 1,400의 70%인 980명을 기준으로 판단한다.

⑤ 합계=신고+비신고이므로 비신고가 전체의 75% 이상이 되려면 신고가 전체의 25% 이하가 되어야 한다. 따라서 '신고×3 ≤ 비신고'를 만족하는가 여부로 간단하게 파악할 수 있다.

04

정답 ④

정답 체크

아시아 지역이 90% 이상인지 여부는 전체 합이 90,489명이므로 아시아 지역을 제외한 나머지 미국, 유럽, 기타의 합이 전체의 10%인 약 9,000명 이하인지 여부로 판단한다. 동북아시아 지역이 아시아 지역에서 차지하는 비중은 (65,139/85,296)×100 ≒ 76.4%이므로 80% 미만이다. 아시아 중 동북아시아가 차지하는 비중이 80% 이상이 되려면 나머지 동남+남부+중앙아시아 합이 차지하는 비중은 20% 이하가 되어야 한다. 즉, 동북아시아 65,139명이 동남+남부+중앙아시아 합인 20,157명의 4배 이상이 되어야 하기 때문에 제시된 내용과 부합하지 않는다.

빠른 문제 풀이 Tip

첫 번째 문단에는 특별한 내용이 없으므로 빠르게 스캔하고 넘어간다. ④번 선택지를 제외한 ①, ②, ③, ⑤는 단순 비교이므로 선택지 제목을 참고하여 복잡하지 않으면 빠르게 검토하고 넘어간다.

2 자료판단

유형 4 | 매칭형

p.93

01	02	03	04	05	06	07	08	09	10
③	③	①	①	③	③	③	①	⑤	④
11	**12**	**13**	**14**	**15**	**16**				
①	①	①	④	④	④				

01

정답 ③

정답 체크

- 활용률이 전국 활용률보다 낮은 도시는 부산과 울산이라고 했으므로 울산은 (라)이다. 이에 선택지 ①, ②, ⑤는 제거되고, 인천은 (가)로 확정된다.
- (나)와 (다) 중 광주를 판단하면 된다. 1인당 조성면적이 1인당 결정면적의 50% 이하인 도시는 (나)이므로 광주가 (나)이다.
- 결정면적이 전국 결정면적의 3% 미만인 도시는 (나)와 (다)이고, (나)가 광주이므로 (다)가 대전이다. 이에 선택지 ④가 제거된다. 3% 미만인지 묻고 있지만 가장 작은 3개를 골라내면 된다.

빠른 문제 풀이 Tip

직접 주어진 항목을 제외하고 판단한다.

02

정답 ③

정답 체크

- 4대 질환 중 전체 보험혜택 비율이 가장 높은 질환은 심장 질환이었다. B가 7.5%로 가장 높으므로 심장이고, 선택지 ②, ④는 제거된다.
- B로 판별된 심장을 제외하고, 뇌혈관, 암 질환의 1분위 보험혜택 비율은 각각 5분위의 10배에 미치지 못하였다. 심장을 제외한 1분위<5분위×10을 만족하는 것은 A와 C이므로 D가 희귀이다. 이에 선택지 ⑤는 제거된다.
- B로 판별된 심장과 D로 판별된 희귀를 제외하고, 뇌혈관 질환의 1분위 가구당 보험급여는 각각 전체질환의 1분위 가구당 보험급여의 3배 이상이었다. A와 C 중 1분위 전체의 3배에 미치지 못하는 것은 A이므로 A는 뇌혈관이 될 수 없다. 따라서 C가 뇌혈관이고 A는 암이다.

빠른 문제 풀이 Tip

<표>의 제목이 가구당 현황이라는 점을 체크한다.

03

정답 ①

정답 체크

- 다섯 번째 조건에서 2020년과 2021년의 해양사고 인명피해 인원 차이는 D가 5명으로 가장 많기 때문에 '화재폭발'은 D이다.(선택지 ②, ⑤ 삭제)
- 두 번째 조건에서 2020년 해양사고 발생 건수 대비 인명피해 인원의 비율은 E가 79/203≒0.39로 가장 높고 B가 25/108≒0.23으로 두 번째로 높다. 따라서 '전복'은 B이다.(선택지 ③ 삭제)
- 세 번째 조건에서 해양사고 발생 건수는 매년 '충돌'이 '전복'인 B의 2배 이상이라고 하였으므로 2020년 108인 B의 2배인 216보다 작은 E는 '충돌'이 되지 못한다.

따라서 정답은 ①이다.

04

정답 ①

정답 체크

<보고서>의 내용에 부합하지 않는 국가를 제외하는 소거법으로 정답을 도출한다.

- 첫째, 2020년과 2021년 모두 선행시간이 12시간씩 감소할수록 거리오차도 감소하였다고 하였으므로 2020년 선행시간이 48시간에서 36시간으로 12시간 감소할 때 거리오차가 122km에서 134km로 증가한 D는 제외한다.
- 둘째, 2021년의 거리오차는 선행시간이 36시간, 24시간, 12시간일 때 각각 100km 이하라고 하였으므로 2021년 선행시간이 36시간일 때 거리오차가 103km인 C는 제외한다.
- 셋째, 선행시간별 거리오차는 모두 2020년보다 2021년이 작았다고 하였으므로 선행시간이 48시간, 36시간, 24시간에서 각각 2020년에 비해 2021년이 더 큰 E는 제외한다.
- 마지막으로 2020년과 2021년 모두 선행시간이 12시간씩 감소하더라도 거리오차 감소폭은 30km 미만이었다고 하였으므로 2020년 선행시간이 36시간에서 24시간으로 12시간 감소할 때 거리오차가 122km에서 82km로 40km 감소한 B는 제외한다.

따라서 '갑'국에 해당하는 국가는 A이다.

빠른 문제 풀이 Tip

첫째 사실을 판단하는 시간이 오래 걸릴 것으로 예상이 되면 둘째 사실부터 검토한다. C와 D를 제외할 수 있어 첫째 사실을 판단하는 시간을 줄일 수 있다. 또한 셋째 사실을 판단하면 C, D, E를 한꺼번에 제외시킬 수 있으므로 시간을 크게 줄일 수 있다. 넷째 사실부터 판단하더라도 B, D, E를 한꺼번에 제외시킬 수 있다. 따라서 이와 같은 보고서 소거법 매칭형 문제의 경우에는 역순으로 판단하는 것이 문제 풀이 시간을 줄일 가능성이 높다.

05

정답 ③

정답 체크

'가장'이라는 키워드는 첫 번째 <조건>에 있지만 이는 사실상 <표> 전체를 검토해야 하므로 후순위로 검토하고 하나의 대학만 언급하는 두 번째 <조건>부터 검토한다.

- 두 번째 <조건>에서 2021년 '우리대'의 합격률은 55% 미만이라고 하였으므로 2021년 합격률을 도출하면 A는 53.3%, B는 59.8%, C는 55.2%, D는 44.8%이다. 따라서 '우리대'는 A 또는 D이고, 이에 따라 선택지 ①, ②가 제외된다.
- 비교적 판단하기 쉬운 세 번째 <조건>을 이어서 검토한다. 세 번째 <조건>에서 '푸른대'와 '강산대'는 해당 대학의 합격자 수가 가장 많은 해와 가장 적은 해의 합격자 수 차이가 각각 25명 이상이라고 했고 선택지 ③, ④, ⑤에서 '푸른대'와 '강산대'는 B, D 조합 또는 A, C 조합인데 A의 경우 그 차이는 55−46=9명으로 25명 이상이 되지 못한다. 따라서 선택지 ⑤를 제외하면 결국 A는 '우리대', C는 '나라대'로 확정된다.
- '강산대'와 '푸른대'를 구별하려면 네 번째 <조건>을 검토해야 한다. 네 번째 <조건>에서 '강산대'의 2015년 대비 2021년 합격률 감소폭은 40%p 이하라고 하였고, B와 D의 합격률 감소폭은 B가 81.0 − 59.8=21.2%p, D가 90.5 − 44.8=45.7%p이다. 따라서 40%p 이하 차이가 나는 대학은 B이므로 B가 '강산대', D가 '푸른대'이다.

따라서 A가 '우리대', B가 '강산대', C가 '나라대', D가 '푸른대'이다.

빠른 문제 풀이 Tip

- 두 번째 <조건> 검토 시 55%는 (50+5)%로 나누어 판단한다. 즉, 응시자 기준 합격자 수는 A가 45+4.5=49.5% 미만, B가 55% 초과, C가 72.5+7.25=79.75% 미만, D가 50% 미만이다.
- 네 번째 <조건> 검토 시 B와 D 중 판단하기 쉬운 D를 검토한다. 86/95은 90% 이상이지만 95/212는 50% 미만이므로 두 비중의 차이는 40%p 이상이라는 것을 쉽게 판단할 수 있다.

06

정답 ③

정답 체크

- 세 번째 정보에서 2023년 교육시간의 전년 대비 감소율이 세 번째로 큰 교육방법은 '실습'이라고 하였으므로 감소율이 가장 큰 것부터 도출하면 역할연기(−86.4%), A(−49.6%), B(−8.4%), C(−6.4%)순이다. 따라서 '실습'은 B가 된다.(선택지 ②, ④, ⑤ 제거)
- 첫 번째 정보에서 매년 교육시간이 감소하는 교육방법은 '강의', '실습', '역할연기'라고 하였고 실습은 B, 역할연기는 주어진 항목이므로 매년 감소하는 C가 강의이다.(선택지 ① 제거)

빠른 문제 풀이 Tip

순서를 알려주는 세 번째 정보부터 검토해야 한다. 또한 세 번째 정보에서는 검토해야 하는 항목을 A~D 네 가지로 한정하지 않았기 때문에 사례연구, 세미나, 역할연기까지 포함한 전체 교육방법 중 감소율 순서를 판단해야 한다.

07

정답 ③

정답 체크

두 번째 <조건>에서 등록 의료기관 수가 가장 적은 B는 종합병원이 될 수 없다. 따라서 A가 종합병원이 되며 A는 안과의 2.5배 이상이어야 하므로 D는 안과가 될 수 없다. 따라서 선택지 ③과 ⑤가 남게 되는데, 세 번째 <조건>의 치과와 한방병원 등록 의료기관 수를 각각 대입해 보면 ③만 가능하다.

빠른 문제 풀이 Tip

괄호를 채울 것인지, 아니면 직접적으로 괄호를 채우지 않고도 파악 가능한 조건에 집중할 것인지 판단한다.

08

정답 ①

정답 체크

- 첫 번째 <조건>에 따라 1인당 이산화탄소 배출량이 2011년과 2012년 모두 전년대비 증가한 국가 중 멕시코와 한국을 제외하면 B와 D이다. 따라서 B와 D가 브라질 또는 사우디이다. 이에 선택지 ⑤는 제거되고, A와 C는 남아공 또는 캐나다임이 도출된다.
- 세 번째 <조건>에 따라 2012년 인구를 비교하면 먼저 한국은 $\frac{59.29}{11.86}$이다. 남아공이 한국보다 많다고 하였으므로 A와 C를 비교한다. A는 $\frac{37.61}{7.20}$이고 C는 $\frac{53.37}{15.30}$이다. 따라서 A가 남아공이고 C가 캐나다이다. 이처럼 한국과 비교하여 곧바로 판단할 수 있어야 한다. 인구는 1인당 배출량 대비 총배출량이므로 한국은 약 5, A는 5 초과, C는 4 미만이다. 한국과 A의 비교가 애매할 경우 한국과 C를 비교해 보면, 적어도 남아공이 C는 아니라는 사실은 구분이 가능하다.
- 두 번째 <조건>에서 2010~2012년 동안 매년 인구가 1억 명 이상인 국가는 멕시코와 브라질이라고 하였으므로 B와 D 중 1억 명이 넘는 국가를 찾는다. B의 인구는 매년 3천만 명 미만이지만 D의 인구는 매년 약 2억 명 가까이 된다. 따라서 D는 브라질, B는 사우디가 된다. 사실 인구를 도출하지 않고도 쉽게 파악할 수 있다. 먼저 멕시코의 수치 구조를 보면, 1인당 배출량 대비 총배출량이 매년 10을 넘는다. 그 다음 B와 D를 보면, B는 매년 3을 넘지 못하고 D는 매년 약 20이다. 멕시코와 나머지 국가 1개가 매년 인구가 1억 명 이상이라고 하였으므로 정답이 도출된다.

빠른 문제 풀이 Tip

- 한국과 멕시코는 직접 제시된 국가이기 때문에 <조건>에서 한국이나 멕시코를 언급하는 경우에는 고려하지 않아도 된다.
- 조건을 분석하는 순서를 정하는 경우, 판단하기 쉬운 것 또는 경우의 수가 적은 것부터 검토한다.

09

정답 ⑤

정답 체크

- 첫 번째 <보기>를 보면 B와 D는 시내버스 또는 농어촌버스가 되고, A와 C는 시외일반버스 또는 시외고속버스가 된다. 따라서 선택지 ①, ②는 제거된다.
- 두 번째 <보기>에 따라 A와 C 중 2010년 업체당 종사자수가 2006년에 비해 감소한 유형은 A가 되므로 시외고속버스는 A가 된다. 이에 선택지 ③이 제거된다.

- 세 번째 <보기>에 따라 업체당 보유대수를 비교하면 D의 경우 2008년에 전년 대비 증가하고 있다. 분모인 업체수는 감소했고, 분자인 보유대수는 증가했음을 통해 판단할 수 있다. 따라서 업체당 보유대수가 매년 감소한 B가 농어촌버스이고, B가 확정됨에 따라 D는 시내버스가 된다.

> **빠른 문제 풀이 Tip**
> - 매칭형 문제는 <보기>에서 주는 정보의 문장이 길수록 오히려 판단하기 쉬운 경향이 있다.
> - 어떤 <보기>부터 볼 것인지가 문제 풀이 시간에 중요한 영향을 미치는 유형이다.

10

정답 ④

정답 체크

- 첫 번째 <조건>에서 '갑'~'정'국 중 전체 기업수 대비 서비스업 기업수의 비중이 가장 큰 국가는 '갑'국이라고 하였으므로 <표>를 통해 서비스업/전체의 비중을 판단한다. (제조업+기타)를 묶어서 접근하면 이는 상대비로 판단할 수 있고, 결국 서비스업/전체의 비중이 가장 큰 국가는 {서비스업/(제조업+기타)}의 비중이 가장 큰 국가와 동일하다. 따라서 서비스업의 수가 가장 많고 (제조업+기타)의 합이 가장 적은 D국이 '갑'국이 된다. 이에 선택지 ①, ③은 제거된다.
- 두 번째 <조건>에서 '정'국은 '을'국보다 제조업 기업수가 많다. 선택지 배열을 참고하여 판단하면 제조업 기업수는 A보다 B가 더 많기 때문에 선택지 ⑤는 가능하지 않으므로 제거된다.
- 세 번째 <조건>에서 조건 '을'국은 '병'국보다 전체 기업수는 많지만 GDP는 낮다고 하였으므로 선택지 ②, ④를 고려하면 '을'국은 B, '병'국은 A이다.

> **빠른 문제 풀이 Tip**
> 매칭형 문제이므로 '가장'이라는 키워드가 포함된 <조건>부터 검토한다.

11

정답 ①

정답 체크

- 두 번째 조건에서 2023년 수입금액이 가장 낮은 품목은 '된장'이라고 하였으므로 217×2,181=473,277인 A는 제외한다. 가장 낮은 품목은 43×1,479=63,597인 D이다.(선택지 ⑤ 제거)
- 세 번째 조건에서 2022년 수입단가가 2,000원/kg 이상인 품목은 '고춧가루', '두부', '식용유'라고 하였으므로 제시된 두부를 제외하면 '고춧가루', '식용유'는 16,838/0.839≒20,069인 B와 1,788/0.63≒2,838인 E이다. 따라서 C는 식용유가 될 수 없으므로 선택지 ②, ③, ④를 모두 제거하면 답은 ①로 쉽게 도출된다.

> **빠른 문제 풀이 Tip**
> '가장' 키워드가 포함된 두 번째 조건을 1순위로 판단하고 출제 의도를 고려한다면 전년 대비 증가율을 고려해야 하는 세 번째 조건을 2순위로 판단한다.

12

정답 ①

정답 체크

- 두 번째와 네 번째 <보기>는 경우의 수가 발생할 수 있으므로 첫 번째 또는 세 번째 <보기>부터 검토한다.
- 세 번째 <보기>가 '가장'이라는 표현이 포함되어 있으므로 가장 경우의 수가 적지만, <표 1>과 <표 2>를 같이 검토해야 하므로 이보다 판단하기 더 쉬운 첫 번째 <보기>부터 검토한다. 초가 수가 외가 수의 2배인 곳은 <표>에서 직접 제시한 '고성왕곡'을 제외하면 '아산외암'과 '성읍민속'이 B 또는 D가 된다. 이에 선택지 ③이 제거된다.
- 세 번째 <보기>에 따라 지정면적 천 m^2당 총 건물수를 비교하면 D와 E만이 1을 넘고, D($\frac{236}{197}$)가 E($\frac{226}{201}$)보다 더 크다. 따라서 '아산외암'이 D가 되고 선택지 ④, ⑤가 제거된다.
- 결국 선택지 ①, ②만 남게 되므로 E에 해당하는 민속마을이 '성주한개'인지 '경주양동'인지만 판단하면 된다. 마지막 <보기>에서 '경주양동'의 지정면적은 '성주한개'와 '영주무섬'의 지정면적을 합한 것보다 크다고 하였으므로 '경주양동'>'성주한개'+'영주무섬'(669)이 되어야 하는데 만약 E가 '경주양동'=201이라면 위 부등식을 만족하지 못한다. 따라서 E는 '성주한개'가 된다. 결과적으로 가장 복잡한 두 번째 <보기>는 가장 후순위로 검토한다.

13

정답 ①

정답 체크

- <보고서>의 두 번째 문단 첫 번째 줄 '경복궁과 창덕궁의 유료 관람객 수는 매년 무료 관람객 수의 2배 이상이었다.'에서 경복궁과 창덕궁은 A 또는 D임을 알 수 있다.
- <보고서>의 두 번째 문단 두 번째 줄 후단에서 '창덕궁의 내국인 유료 관람객 수는 매년 증가하였다.'고 하였다. 2008년과 2009년을 비교하면 A의 유료 관람객 수 증가폭(66)은 A의 외국인 유료 관람객 수 증가폭(53)보다 크고, D의 유료 관람객 수 증가폭(325)은 D의 외국인 유료 관람객 수 증가폭(418)보다 작다. 전체=내국인+외국인이므로 전체 증가폭>외국인 증가폭인 경우 내국인 유료 관람객 수가 증가한 것이고, 전체 증가폭<외국인 증가폭인 경우 내국인 유료 관람객 수가 감소한 것이다. 따라서 유료 관람객 수 증가폭이 외국인 유료 관람객 수 증가폭보다 큰 A가 내국인 유료 관람객 수가 증가한 창덕궁임을 알 수 있고, D는 경복궁임을 알 수 있다.
- <보고서>의 세 번째 문단 두 번째 줄 '종묘는 전체 관람객 수가 매년 감소'에서 C는 종묘, B는 덕수궁임을 알 수 있다.

빠른 문제 풀이 Tip

- 자료해석 유형의 <보고서> 문제에서 필요한 부분은 주로 수치가 표시된 부분이므로, <보고서>에서 필요한 내용만 발췌해서 읽는다.

<보고서>

~~최근 문화유적지를 찾는 관람객이 늘어나면서 문화재청에서는 서울시 4개 주요 문화유적지(경복궁, 덕수궁, 종묘, 창덕궁)를 찾는 관람객 수를 매년 집계하고 있다. 그 결과, 2008년 대비 2012년 4개 주요 문화유적지의 전체 관람객 수는 약 30% 증가하였다.~~

이 중 경복궁과 창덕궁의 유료 관람객 수는 매년 무료 관람객 수의 2배 이상이었다. 유료 관람객을 내국인과 외국인으로 나누어 분석해 보면, 창덕궁의 내국인 유료 관람객 수는 매년 증가하였다.

이런 추세와 달리, ~~덕수궁과 종묘의 유료 관람객 수와 무료 관람객 수는 각각 2008년보다 2012년에 감소한 것으로 나타났다.~~ 특히 종묘는 전체 관람객 수가 매년 감소하여 국내외 홍보가 필요한 것으로 분석되었다.

- A~D와 각각 문화유적지를 매칭하는 문제이므로 첫 번째 문단과 같이 모든 문화유적지의 전체 관람객 수가 30% 증가하였다거나, B와 C가 덕수궁 또는 종묘임을 파악한 상태에서 세 번째 문단 첫 번째 줄처럼 덕수궁과 종묘의 관람객 수가 각각 감소하였다는 부분은 사실상 필요하지 않은 정보이다.
- 2008년과 2009년의 관람객 수 증가폭을 비교할 때, 계산이 쉬운 임의의 중간 수를 지정하여 덧셈식으로 변환하면 편하다. 이에 따라 계산식을 세우면 A의 유료 관람객 수 증가폭(27+39=66)>A의 외국인 유료 관람객 수 증가폭(1+52=53), D의 유료 관람객 수 증가폭(300+25=325)<D의 외국인 유료 관람객 수 증가폭(27+391>400)이 된다.

14

정답 ④

정답 체크

- 주어진 자료는 수출액과 수지에 관한 자료이다. 수출액과 수지의 차이를 묻는 수입액은 생각을 많이 하거나 차이 값을 통해 비교적 복잡하게 접근해야 하므로 첫 번째 <조건>과 두 번째 <조건>은 후순위로 검토한다.
- 먼저 <그림 2>에서 쉽게 판단 가능한 네 번째 <조건>부터 검토하면 2016년 '갑'국과 '병'국의 이전소득수지는 동일하다고 하였으므로 갑과 병이 될 수 있는 조합은 (D, B) 또는 (C, E)가 된다. 매칭형 문제는 선택지 조합을 동시에 검토해야 하므로 ③을 제거하고 풀이한다.
- 세 번째 <조건>에서 2015년 본원소득수지 대비 상품수지 비율은 '병'국이 '무'국의 3배라고 하였으므로 (B, E)가 (병, 무)인 선택지 ①, ④부터 검토한다. 본원소득수지는 <그림 2>에 있고 상품수지는 <그림 1>에 있으니 헷갈리지 않도록 시각적으로 표시해서 비교한다. B는 15/1=15이고 E는 20/4=5이므로 정확히 3배가 되기 때문에 가능한 조합이다. 선택지 ②, ⑤는 '병'이 본원소득수지 대비 상품수지 비율이 가장 낮은 E가 되어야 하므로 가능한 조합이 없기 때문에 제거한다.
- 선택지가 ①과 ④ 둘만 남은 상황에서 A와 C가 각각 '을' 또는 '정'이 되어야 하므로 첫 번째 <조건>은 검토할 필요가 없게 된다. 따라서 두 번째 <조건>에서 2015년과 2016년의 서비스수입액이 동일한 국가는 '을'국, '병'(B)국, '무'(E)국이라고 하였으므로 A와 C만 검토한다. 서비스수입액=서비스수출액-서비스수지이므로 A는 2015년 38백만 달러, 2016년 30백만 달러로 다르기 때문에 '을'은 C가 된다. C는 2015년과 2016년 모두 44백만 달러로 동일하다.

빠른 문제 풀이 Tip

경우의 수를 생각해서 상대적으로 확정 가능한 <조건> 위주로 풀어내거나 판단하기 쉬운 <조건>부터 접근한다.

15

정답 ④

정답 체크

순서 또는 순위를 제시하는 정보가 확실하므로 두 번째 <조건>부터 검토한다.

- 두 번째 <조건>에서 해면어업 의존도는 D가 0.43, A가 0.38, C가 0.36, B가 0.31이므로 A가 두 번째로 높다. 이에 따라 '정'은 A가 되므로 선택지 ①, ②, ③이 소거된다.
- 선택지 ④, ⑤가 남았으므로 '을'은 D로 확정되고, 이에 따라 '갑'과 '병'을 구별할 수 있는 세 번째 <조건>을 검토한다. '을'이 D이므로 세 번째 <조건>에 따라 D의 원양어업 생산량을 도출하면 2,945천 톤이다. 천해양식 생산량은 B가 3,103천 톤, C가 3,300천 톤이므로 D의 원양어업 생산량의 1.1배 이상인 국가는 C이다. 이에 따라 '병'이 C이다.

따라서 A~D에 해당하는 국가는 A가 '정', B가 '갑', C가 '병', D가 '을'이다.

빠른 문제 풀이 Tip

- 두 번째 <조건> 검토 시, 해면어업 의존도가 유일하게 0.4 이상인 D를 제외한 나머지 A, B, C 중 가장 높은 국가를 골라내면 된다. 세 국가 모두 0.3을 넘지만 A의 경우 0.4에 근접한 0.3 후반대의 비율이므로 셋 중 가장 높다. B의 경우 0.3 초반대, C의 경우 0.3 중반대의 비율이다.
- 세 번째 <조건> 검토를 통해 '병'은 반드시 B 또는 C 중 하나로 확정되어야 하므로 B와 C 둘 중 천해양식 생산량이 더 많은 국가가 '병'이 된다. B를 기준으로 C보다 얼마나 더 많은지 차이 값을 통해 대략적으로 판단하면 전체는 +2,400, 해면어업은 +400, 원양어업은 +350, 내수면어업은 +1,900이므로 천해양식은 +2400-(+400+350+1900)<0이다. 따라서 천해양식 생산량은 B보다 C가 더 많다고 판단할 수 있다.

16

정답 ④

정답 체크

- 두 번째 <정보>에서 기타를 제외하고, 2016년 대비 2021년 제조 분야의 농식품 폐기량에서 차지하는 비중이 가장 많이 증가한 농식품은 채소류이기 때문에 감소한 B와 C를 제외한 A와 D를 비교한다. 합계가 감소했기 때문에 구체적인 비중을 도출하는 것보다 A와 D의 증가율을 비교하여 더 큰 것을 채소류로 판단한다. A는 12.7에서 16.9로 4.2 증가하여 30% 이상 증가율을 보이는 반면 D는 4.6에서 5.8로 1.2 증가하여 30% 미만 증가율을 보이기 때문에 채소류는 A가 된다.
- 세 번째 <정보>에서 기타를 제외하고, 2016년 대비 2021년 제조, 유통 분야와 소비의 각 분야에서 일평균 폐기량이 모두 증가한 농식품 종류는 D이므로 어육류가 된다.
- 네 번째 <정보>에서 기타를 제외하고, 2021년 소비 분야의 연간 폐기량은 B가 204.1톤×365로 가장 적기 때문에 과일류는 B이고 나머지 C가 곡류이다.

ㄱ. 2021년 소비 분야 일평균 어육류(D) 폐기량은 302.7톤으로 300톤보다 많다.

ㄴ. 2016년 유통 분야에서 연간 폐기량은 채소류 29.5×365가 과일류 22.2×365보다 많다.

ㄹ. 숙박업의 일평균 채소류 폐기량은 2021년 97.3톤이 2016년 113톤보다 적다.

오답 체크

ㄷ. 과일류(B)의 일평균 농식품 폐기량은 2016년 40.7에서 2021년 33.8로 감소하였다. 따라서 기타를 제외하고, 2016년 대비 2021년 가정의 일평균 농식품 폐기량은 모두 증가하지는 않았다.

빠른 문제 풀이 Tip

A~D를 모두 도출하지 않아도 판단할 수 있는 ㄷ을 검토 후 채소류와 과일류를 언급하는 두 번째와 네 번째 정보를 토대로 답을 도출한다.

유형 5 | 빈칸형

p.111

01	02	03	04	05	06	07	08	09	10
③	④	④	③	③	④	③	③	⑤	②
11	**12**	**13**	**14**	**15**	**16**	**17**	**18**	**19**	**20**
③	③	⑤	①	②	①	①	③	③	②
21	**22**	**23**	**24**						
④	③	⑤	⑤						

01

정답 ③

정답 체크

ㄷ. 제20대 선거에서 투표소당 선거인 수는 '미주'가 73,381/62≒1,184명으로 '유럽'의 32,591/47≒693명보다 많다.

ㄹ. 제20대 선거와 제19대 선거의 선거인 수 차이가 큰 지역부터 순서대로 나열하면 '아주' 33,096명, '미주' 21,756명, '유럽' 10,012명, '중동' 2,852명, '아프리카' 832명 순이다.

오답 체크

ㄱ. 제20대 선거에서 투표소 수는 '아주'가 68개소로 '중동' 21의 4배인 84개소 이상이 되지 못한다.

ㄴ. 유럽의 투표율은 (25,629/32,591)×100≒78.6%이므로 제20대 선거에서 투표율이 가장 높은 지역은 중동 83.0%이고 가장 낮은 지역은 미주 68.7%이므로 두 지역의 투표율 차이는 14.3%p로 15%p 이상이 되지 못한다.

빠른 문제 풀이 Tip

ㄴ. 유럽의 투표율이 80%에 미치지 못한다는 것을 어렵지 않게 판단할 수 있기 때문에 가장 큰 지역이 아니라는 것을 구체적으로 도출하지 않고도 파악할 수 있다.

ㄷ. 미주와 유럽을 비교하면 선거인 수는 2배 이상 차이가 나고 투표소 수는 2배 미만 차이가 나기 때문에 쉽게 판단할 수 있다.

ㄹ. 19대 선거의 선거인 수를 구체적으로 도출한 다음 20대 선거인 수와 차이를 구체적으로 판단해야 하므로 실전에서는 건드리지 않아야 한다.

02

정답 ④

정답 체크

ㄱ. 8월 평균기온은 2020년이 26.3(2019년)+1.7=28.0℃로 가장 높다.

ㄷ. 월별 강수량을 비교하면 1~9월까지 2020년의 전년 동월 대비 변화량 합은 −10+25+31−4+132−45+132−6+7=+262mm이다. 만약 2020년 10~12월 강수량이 하나도 없다고 가정해도 2019년 10~12월 강수량 합은 82+105+29=216mm이므로 연강수량은 2020년이 2019년보다 많다.

ㄹ. 2020년의 전년 동월 대비 일조시간 변화량 합이 −16+29−28=−15시간이므로 여름(6~8월)의 일조시간은 2020년이 2019년보다 적다. 2019년에 비해 2018년은 −73−3−56=−132이기 때문에 2020년이 2018년보다는 많다.

오답 체크

ㄴ. 2020년 7월 강수량은 2019년의 +132이므로 358mm이다. 2014~2019년 7월 강수량과 2020년 7월 강수량의 편차를 도출하여 더하면 −119+773+91+318−150−132=+781이다. 따라서 2020년 7월 강수량은 2014~2019년 동안의 7월 평균강수량보다 적다.

03

정답 ④

정답 체크

· 먼저 A를 도출하려면 일평균 일조시간×해당 월의 날짜 수로 판단해야 한다. 4월의 7.1×30(4월 날짜 수)=213으로 검토하면 2016~2018년이므로 7월 4.6×31(7월 날짜 수)=142.6≒143이 도출되고, 이에 따라 2016년이라는 것을 알 수 있다. 4월을 계산하여 유추하지 않고 <그림>을 통해 7월의 일평균 일조시간 4.6×31로 143인 2016년임을 도출할 수도 있다. 따라서 2016년 6월의 일조시간 232를 30(6월 날짜 수)으로 나누면 A는 7.7이다.

· B의 경우 7월까지 누적 강수량이므로 9+1+47+157+8+92+449=763이다.

빠른 문제 풀이 Tip

A를 도출한 후, 선택지에서 B의 일의 자리 숫자가 3 또는 9이므로 이를 검토하여 시간을 줄인다.

04

정답 ③

정답 체크

ㄴ. 기술인력 비중이 50% 이상인 산업은 기계, 조선, 디스플레이, 반도체, 섬강, 소프트웨어로 총 6개이다.

ㄷ. 소프트웨어 산업의 기술인력 부족률은 {6,205/(139,454+6,205)}×100≒4.3%로 5% 미만이다.

오답 체크

ㄱ. 디스플레이 산업의 기술인력 비중은 (50,100/61,855)×100≒81.0%로 80% 이상이다. 61,855보다 많은 62,000을 기준으로 유효숫자만 계산하면 62×8=496이므로 80% 이상이 됨을 쉽게 판단할 수 있다.

ㄹ. 기술인력 부족률이 가장 낮은 산업은 디스플레이(0.5%)이고 기술인력 부족률이 두 번째로 낮은 산업은 반도체 산업(1.6%)이 아닌 조선 산업(1.1%)이다.

빠른 문제 풀이 Tip

빈칸이 많은 문제이므로 최대한 빈칸을 도출하지 않아도 판단할 수 있는 <보기>부터 검토한다.

05

정답 ③

정답 체크

ㄱ. 2021학년도 경쟁률이 전년 대비 하락한 과목 수는 국어, 영어, 일반사회, 역사, 수학, 화학, 생물, 지구과학, 가정, 미술로 10개이다. 상승한 과목 수는 나머지 중국어, 지리, 물리, 기술, 정보컴퓨터, 음악, 체육으로 7개이며 도덕윤리를 포함시킨다면 8개이다. 따라서 전자가 후자보다 많다.

ㄹ. 각주의 식을 변형하면 모집정원=접수인원/경쟁률이고 2021학년도 과목별 모집정원은 수학 4,452/12.54가 영어 4,235/15.92보다 많다.

오답 체크

ㄴ. 2021학년도 경쟁률이 가장 높은 과목은 중국어지만 접수인원은 1,000명 미만으로 상위 3과목에 포함될 수 없다. 따라서 2021학년도 경쟁률 상위 3과목과 접수인원 상위 3과목은 일치하지 않는다.

ㄷ. 2021학년도 기술 과목의 경쟁률은 5.0 미만이지만 모집정원은 144명이다. 따라서 경쟁률이 5.0 미만인 과목의 모집정원이 모두 150명 이상이 되지는 않는다.

빠른 문제 풀이 Tip

- 과목의 수가 많기 때문에 전체를 묻는 선택지는 후순위로 두고 직접 개별 과목을 비교하는 선택지인 ㄹ부터 검토한다.
- 경쟁률 빈칸을 채우게 되는 경우 접수인원이 모집정원의 몇 배 정도 되는지 대략적으로 판단한다.

06

정답 ④

정답 체크

ㄴ. 필기 응시자가 가장 많은 등급은 기능사이고 필기 합격률도 기능사가 46.2%로 가장 높다. 기능장의 필기 합격률은 45.7%로 기능사보다 낮다. 분수 비교하면 기능장은 $\frac{99}{216}$이고 기능사는 $\frac{423}{916}$이다. $\frac{99}{216}=\frac{396}{864}$이고 이를 $\frac{423}{916}$과 차이법으로 판단하면 $\frac{396}{864}<\frac{423-396=27}{916-864=52}$이므로 기능장 $\frac{99}{216}$보다 기능사 $\frac{426}{916}$의 합격률이 더 높다.

ㄹ. 필기 응시자가 많은 등급부터 순서대로 나열하면 기능사, 기사, 산업기사, 기능장, 기술사이고 실기 응시자 역시 그 순서가 동일하다. 따라서 필기 응시자가 많은 등급일수록 실기 응시자도 많다.

오답 체크

ㄱ. '기사'의 필기 합격률은 39.1%이고 실기 합격률은 42.6%이므로 옳지만 '기능장'의 필기 합격률은 정확하게 도출하지 않더라도 40% 초과이므로 실기 합격률 29.7%보다 낮다.

ㄷ. 산업기사의 실기 합격률은 정확하게 도출하지 않아도 40%를 넘는다. 따라서 실기 합격률이 필기 합격률보다 높은 등급은 ㄱ에서 판단한 기능장을 포함해서 기사, 기능사, 산업기사로 총 4개이다.

빠른 문제 풀이 Tip

직접 괄호 안의 수치를 도출하는 <보기>는 후순위로 판단한다.

07

정답 ③

정답 체크

ㄴ. 전체 구간 주행 연료비는 '갑'이 18,000원, '을'이 22,950원, '병'이 15,000원으로 '을'이 가장 많고 '병'이 가장 적다.

ㄷ. 전체 구간은 240km로 갑, 을, 병이 모두 동일하다. 즉, 주행 거리가 동일하다면 연료 소모량이 적을수록 주행 연비가 높다. 따라서 연료 소모량이 가장 적은 '병'이 전체 구간 주행 연비가 가장 높고, 연료 소모량이 가장 많은 '갑'이 전체 구간 주행 연비가 가장 낮다.

오답 체크

ㄱ. 전체 구간 주행 시간은 전체 구간 주행 거리를 전체 구간 평균 속력으로 나누면 도출할 수 있지만 자동차별 전체 구간 평균 속력은 주어져 있지 않기 때문에 (구간별 거리)/(평균 속력)으로 구간별 주행 시간을 모두 도출해서 더해야 한다. 이를 계산하면 '갑'은 약 2.5시간, '을'은 약 2.5시간, '병'은 약 2.4시간으로 전체 구간 주행 시간은 '병'이 가장 짧다. 소수점 아래 셋째 자리까지 도출해 보면 '갑'은 2.456시간, '을'은 2.460시간으로 '을'이 조금 더 길다.

ㄹ. '갑'의 A → B 구간 주행 연비는 100/7.0≒14.3이고 '을'의 B → C 구간 주행 연비는 $\frac{50}{3.0}$≒16.7이므로 전자보다 후자가 높다.

빠른 문제 풀이 Tip

ㄱ. 구간별 거리는 모두 동일하므로 각 구간별 평균 속력이 느릴수록 구간별 주행 시간은 길게 된다. 따라서 '갑'과 '병'을 비교하면 A→B 구간에서 '갑'보다 '병'의 평균 속력이 빠르고, 나머지 구간은 모두 동일하므로 전체 구간 주행 시간은 '병'보다 '갑'이 더 길다고 쉽게 판단할 수 있다.

ㄴ. 연료 소모량과 연료비의 곱셈 비교이므로 유효숫자 3자리로 설정해서 식을 구성하면 '갑'은 180×100, '을'은 135×175, '병'은 100×150이므로 '병'은 '갑'과 '을'보다 각각 더 작다는 것을 쉽게 비교할 수 있으므로 '갑'과 '을'의 분수 비교만 하면 된다. 180과 175는 거의 차이가 없고 100과 135는 135가 100 기준 35% 증가한 것이므로 '갑'보다 '을'이 더 크다.

ㄹ. '갑'의 A → B 구간 주행 연비는 100/7.0이고 '을'의 B → C 구간 주행 연비는 50/3.0이므로 100/7.0 < 50/3.0(=100/6.0)이다.

08

정답 ③

정답 체크

'보수총액'은 357만 원, '공제총액'은 57만 원이므로 '실수령액'은 357−57=300만 원이다. 이때 '실수령액' 300만 원은 '봉급' 253만 원의 1.3배인 328만 9천 원 이상이 되지 못한다. 이는 253×0.3≦47이 옳은지 묻는 것과 동일하다. 200의 0.3이 60이므로 옳지 않다.

오답 체크

① '봉급'이 '보수총액'에서 차지하는 비중은 $\frac{253}{357}$×100≒70.86%이므로 70% 이상이다.

② '공제총액'은 57만 원이고 '일반기여금'이 28만 4천 원이므로 '일반기여금'이 15% 증가하면 28,400+14,200=42,600원 증가한다. 따라서 '공제총액'은 61만 2,600원으로 60만 원 이상이 된다. 현재 '공제총액'이 57만 원이므로 60만 원 이상이 되려면 일반기여금의 15%가 3만 원 이상인지 판단하면 된다. 즉, 일반기여금이 20만 원 이상인지 묻는 것과 동일하다.

④ '건강보험료' 103,000원은 '장기요양보험료' 7,000원의 15배인 105,000원 이하이다.

⑤ '공제총액'에서 '일반기여금'이 차지하는 비중인 $\frac{284}{570}$는 약 50%이고 '보수총액'에서 '직급보조비'가 차지하는 비중인 $\frac{250}{3,570}$은 8% 미만이므로 전자는 후자의 6배 이상이다.

09

정답 ⑤

정답 체크

ㄴ. 기타를 제외한 항목 중 조세지출금액 상위 3개 항목이 전체 조세지출에서 차지하는 비중의 합은 2019년이 국민생활안정 31.69%, 간접국세 23.81%, 연구개발 7.44%의 합인 62.94%, 2020년이 국민생활안정 32.16%, 간접국세 23.21%, 연구개발 6.95%의 합인 62.32%, 2021년이 국민생활안정 30.07%, 간접국세 21.95%, 근로·자녀장려 12.15%의 합인 64.17%이다. 따라서 매년 60%를 초과한다.

ㄷ. 기타를 제외하고, 조세지출금액이 매년 증가한 항목은 중소기업지원, 고용지원, 기업구조조정, 지역균형발전, 공익사업지원, 저축지원, 국민생활안정, 근로·자녀장려, 간접국세, 농협구조개편으로 총 10개이다.

ㄹ. 국제도시육성 항목의 비중은 2019년이 0.57%, 2020년이 0.51%, 2021년이 0.47%로 매년 감소한다.

오답 체크

ㄱ. 기타를 제외하고, 전년 대비 조세지출금액이 증가한 항목은 2020년이 연구개발, 국제자본거래, 외국인투자, 국제도시육성, 기업도시, 수협구조개편 6개를 제외한 11개이고 2021년이 연구개발, 국제자본거래, 투자촉진, 수협구조개편 4개를 제외한 13개이다. 따라서 2020년이 2021년보다 적다.

빠른 문제 풀이 Tip

ㄹ. 2019년에 비해 2020년은 전체 증가, 국제도시육성 감소로 비중은 감소한다. 2020년에 비해 2021년은 전체 10% 이상 증가, 국제도시육성 10% 미만 증가로 역시 비중은 감소한다.

10

정답 ②

정답 체크

- <보고서>의 첫 번째 문단에서 2013년 철도교통사상사고는 전년대비 4건이 증가하였으며, 이 중 '투신자살'이 27건으로 전체 철도교통사상사고 건수의 90%를 차지한다고 하였고, <표 1>에 전년대비 증감 +4가 직접 제시되어 있다. 핵심은 '투신자살이 27건이다'가 아니라 투신자살 '27건이 전체 철도교통사상사고의 90%'라는 점이다. 따라서 2013년 전체 철도교통사상사고는 30건이고, 이는 전년대비 4건 증가한 것이므로 2012년 (가)는 26이다. 따라서 선택지 ④, ⑤는 제거된다.
- <보고서>의 두 번째 문단에서 2013년 피해자 유형은 모두 '직원'이라고 하였으므로 <표 2>에서 2013년 승객이나 비승객일반인 사고건수는 각각 0이다. 또한 철도안전사상사고 1건당 피해자 수는 1명이 되어야 하므로 피해정도별 피해자 수의 합이 직원인 8명과 같아야 한다. 따라서 (다)에 들어갈 숫자는 3이 된다. 이에 선택지 ①, ③이 제거된다. 또한 1건당 피해자 수가 1명으로 2012년과 2013년이 동일하므로, 2012년 사고 건수는 9건이고 (나)에 들어갈 숫자는 9가 된다.
- <보고서>의 세 번째 문단에서 2013년에는 '규정위반', '급전장애', '신호장애', '차량고장'을 제외한 원인으로 모두 3건의 운행장애가 발생했다고 하였으므로 <표 3>에서 2013년 사고원인은 '차량탈선'과 '기타'만 존재하고 이의 합이 3이어야 한다. 따라서 (마)의 숫자는 2가 된다.
- 마지막으로, 2013년 신호장애 건수가 0이므로 2012년 신호장애 건수인 (라)에 들어갈 숫자는 1이 된다.

빠른 문제 풀이 Tip

- <표>가 3개나 제시되어 있고 괄호도 매우 많다. 이 경우에는 <표>의 제목 차이 정도만 확인해서 각 자료의 성격을 파악한 뒤 바로 <보고서>를 검토한다.
- <보고서> 내용은 차례대로 검토해도 상관없지만 조금 더 간단하게 파악하기 쉬운 것부터 검토한다.

11

정답 ③

정답 체크

ㄴ. '가'는 승리 경기수가 2경기이므로 '나'와 '다'의 경기에서 모두 이겼고, '다'는 무승부 경기수가 1경기 있으므로 '나'와의 경기가 무승부였음을 알 수 있다. 따라서 '나'와 '다'의 경기 결과는 무승부이다. ㄱ을 먼저 검토했다면 선택지 조합상 ㄴ은 검토하지 않아도 된다.

ㄷ. '가'의 총득점이 9점이므로 '가'가 '나'와의 경기에서 3:2로 승리했다면 '다'와의 경기는 6:0으로 승리한 것이 된다. 그렇게 된다면 '나'는 '가'에게 2:3으로 패배한 것이 되고 '나'와 '다'는 2:2로 무승부였다는 결론에 이르게 된다. 따라서 '가'는 '나'와의 경기에서 3:2로 승리했다.

오답 체크

ㄱ. 총득점과 총실점이 동일해야 하므로 '가'의 총득점은 9점이다.

ㄹ. '가'는 '다'와의 경기에서 6:0으로 승리했다.

빠른 문제 풀이 Tip

- 괄호가 많은 스포츠 경기 문제이므로 경우의 수를 생각한다.
- 세 팀 간 경기이므로 총득점과 총실점이 같다는 점을 이용하면 수월하게 시작할 수 있다.

12

정답 ③

정답 체크

ㄱ. 응시생 I의 '정답 문항 수'는 15이고 점수가 71점이므로 '오답 문항 수'는 2, 풀지 않은 문항 수는 3이다.

ㄹ. '풀지 않은 문항 수'는 G가 2, H가 5, I가 3이므로 J를 제외한다면 총 16이 된다. 이때 J의 '오답 문항 수'와 '풀지 않은 문항 수'가 같다면 둘 다 4이고 '정답 문항 수'가 12이므로 점수는 52점이 되어야 한다. 그러나 <표>에서 J의 점수는 64점이라고 했으므로 '정답 문항 수'는 14, '오답 문항 수'와 '풀지 않은 문항 수'는 각각 3이다.

오답 체크

ㄴ. '풀지 않은 문항 수'의 합은 19이다.

ㄷ. D와 E의 '정답 문항수'는 17이므로 D는 81점, E는 79점이다. 따라서 80점 이상은 A, B, C, D로 총 4명이다.

빠른 문제 풀이 Tip

- 괄호를 어느 정도 채울 것인지 판단한다. 정답을 도출하는 데 있어 모든 괄호를 채우지 않고도 판단 가능한 경우도 있다.
- 응시생 알파벳 순서는 점수가 높은 순이다.

13

정답 ⑤

정답 체크

ㄴ. 전체 보호조치 아동 중 발생원인이 '가정불화'인 보호조치 아동의 비중은 2015년부터 각각 20.7%, 18.7%, 20.5%, 15.9%, 11.5%로 매년 10% 이상이다.

ㄷ. 2019년 조치방법이 '시설보호'인 보호조치 아동 2,739명 중 발생원인이 '학대'인 보호조치 아동 2,865명을 더한 후 전체 4,047명을 빼면 1,557명이다. 따라서 2019년 조치방법이 '시설보호'인 보호조치 아동 중 발생원인이 '학대'인 보호조치 아동의 비중은 (1,557/2,739)×100≒56.8%로 50% 이상이다.

ㄹ. 2016년 이후 조치방법이 '가정위탁'인 보호조치 아동의 전년 대비 감소율은 각각 8.5%, 2.1%, 8.7%, 7.3%로 매년 10% 이하이다.

오답 체크

ㄱ. 전체 보호조치 아동 수는 2015년부터 각각 4,503명, 4,583명, 4,125명, 3,918명, 4,047명으로 2016년과 2019년에는 증가하였다. 따라서 매년 감소하지는 않는다. 2015년과 2016년 비교 시 학대의 증가폭과 나머지 발생원인의 감소폭 합을 비교한다.

14

정답 ①

정답 체크

ㄱ. 오염물질 CO, NO_x, SO_x, VOC 배출량 합은 '화물차'가 10,903톤으로 '건설장비' 7,844톤보다 많다. 계산하지 않아도 NO_x에서 2,000톤 이상 차이가 나는 점을 기준으로 판단할 수 있다.

ㄴ. PM_{10} 기준 배출량 상위 5개 오염물질 배출원의 $PM_{2.5}$ 배출비중 합은 91.7%이므로 하위 6위 이하의 합은 8.3%이다. 따라서 선박, 화물차, 건설장비는 $PM_{2.5}$ 기준 배출량으로 보더라도 상위 3개임을 알 수 있다. 이들 셋의 배출비중 합은 83.4%이고 $PM_{2.5}$ 기준 배출량 상위 4위와 5위가 4.5%보다 크다면 상위 5개 배출비중 합은 당연히 90% 이상이 될 것이다. 3.8%보다 작다고 하더라도 91.7%이므로 $PM_{2.5}$ 기준 배출량 상위 5개 배출원의 $PM_{2.5}$ 배출비중 합은 90% 이상이라고 판단할 수 있다.

오답 체크

ㄷ. PM_{10} 기준 배출량 상위 5개 오염물질 배출원의 NO_x 배출비중 합은 82%이므로, PM_{10} 기준 배출량 상위 6위 이하의 배출원 중 그 비중이 최대 18%까지 차지하는 배출원이 존재할 가능성이 있다. 따라서 오염물질 배출원 NO_x의 전체 배출원 중에서 '건설장비'가 네 번째로 큰 배출비중을 차지하는지 정확하게 판단할 수 없다.

ㄹ. <표>에 제시된 오염물질 배출량 계는 PM_{10} 기준 배출량 상위 5개 오염물질 배출원의 합이다. PM_{10}의 합 2,805톤은 전체의 89.7%이고, VOC의 합 2,321톤은 전체의 5.4%이므로 PM_{10}의 전체 배출량 2,805/0.897는 VOC의 전체 배출량 2,321/0.054보다 적다.

15

정답 ②

정답 체크

ㄱ. 2022년 기금건전성 총점은 C가 82점으로 가장 높다.

ㄹ. 2022년 사업 적정성 점수는 38점으로 C가 가장 높고 2023년 예산 역시 207,350백만 원으로 가장 많다.

오답 체크

ㄴ. 기금존치 타당성 점수는 14점인 A가 13점인 B보다 높다.

ㄷ. A~E예산의 합은 2022년 522,636백만 원에서 2023년 526,783백만 원으로 증가하여 0.8% 증가하였으므로 전년 대비 2% 이상 증가하지 않았다.

빠른 문제 풀이 Tip

ㄷ. A와 D의 예산은 동일하므로 B와 C의 증가폭인 3,410+18,850백만 원과 E의 감소폭인 18,113백만 원과 비교하여 판단한다.

ㄹ. A의 예산은 2022년과 동일하므로 C의 예산 188,500과의 차이인 200,220-188,500=11,720백만 원이 188,500백만 원의 10%보다 작은지 판단하면 된다.

16

정답 ①

정답 체크

빈칸에 들어갈 숫자를 각주의 해석을 통해 도출한다.

두 번째 각주에서 각 기업의 한 주간 편차의 합은 0이라고 하였으므로 먼저 A기업의 (가)를 제외한 편차를 모두 합하면 −3이기 때문에 (가)에 들어갈 숫자는 3이 된다.

D기업 역시 (바)를 제외한 편차의 합은 −2이므로 (바)에 들어갈 값은 2이다.

세 번째 각주에서 한 주간 편차 제곱의 합은 A와 B가 같고 A = 1 + 9 + 1 + 1 + 1 + 1 = 14이므로 B 역시 편차 제곱 합은 14가 되어야 한다. 따라서 (나)와 (다)를 제외한 편차 제곱 합은 1 + 4 + 1 = 6이기에 (나)와 (다)의 제곱 합은 8이어야 하므로 (나)와 (다)에 들어갈 숫자는 모두 2가 된다.

C와 D의 한 주간 편차 제곱 합이 같기 때문에 D = 4 + 4 + 1 + 25 + 1 + 1 = 36 = C가 만족되어야 한다. (라)와 (마)를 제외한 C의 편차 제곱의 합은 1 + 4 + 1 + 4 + 1 = 11이므로 (라)와 (마)의 제곱 합은 36 − 11 = 25가 되어야 한다. 동시에 C의 편차 합을 0으로 하려면 (라) + (마) = −1이므로 이를 동시에 만족하는 (라) 또는 (마)에 들어갈 숫자는 3 또는 −4이다.

따라서 가~바에 들어갈 값 중 최솟값은 −4이고 최댓값은 3이다.

17

정답 ①

정답 체크

지방소멸위험지수가 0.5 이상 1.0 미만인 경우 지방소멸위험 수준이 '주의'이므로 여기에 해당되는 동은 A, B, D, J, L과 1,272 / 2,300 ≒ 0.55인 E도 포함된다. 따라서 지방소멸위험 수준이 '주의'인 동은 6곳이다.

오답 체크

② '20~39세 여성 인구'는 3,365 × 0.88 ≒ 2,961명인 B동이 3,421명인 G동보다 적다.

③ 지방소멸위험지수는 E가 0.55, I가 1.55, K가 0.48이므로 지방소멸위험지수가 가장 높은 동은 I이다. I동의 '65세 이상 인구' 2,656명은 '총인구' 23,813명의 10%인 2,381.3 이상이다.

④ '총인구'가 가장 많은 동인 K는 지방소멸위험지수가 0.48로 가장 낮다.

⑤ 지방소멸위험 수준이 '보통'인 동은 C, F, G, H이고 이 들의 '총인구' 합은 29,204 + 16,792 + 19,163 + 27,146 = 92,305명으로 90,000명 이상이다.

빠른 문제 풀이 Tip

① 주의는 0.5 이상 1.0 미만이므로 65세 이상 인구가 20~39세 여성인구보다 많으면서 동시에 20~39세 여성 인구의 2배 수치가 65세 이상 인구 이상인 동이 추가로 있는지 확인한다.

② 20~39세 여성인구는 G동이 3,421명이고 이는 B동의 65세 이상 인구인 3,365명보다 많다. B동의 지방소멸위험지수가 1보다 작은 0.88이기 때문에 계산하지 않고도 판단할 수 있다.

③ 괄호를 제외하면 지방소멸 위험지수는 G동이 1.39로 가장 높고 이보다 더 높은 동을 나머지 빈칸 중에 찾는다면 유일한 후보자는 I뿐이기 때문에 I가 1.5 초과인지 판단한다.

18 정답 ③

정답 체크

ㄴ. 소년 범죄율이 2017년 대비 6.0% 이상 증가한 연도는 소년 범죄 발생지수가 106.3인 2019년과 106.6인 2020년이다. 소년 범죄자 비율은 2020년이 6.2%이고 2019년 역시 6.2%이므로 두 해 모두 소년 범죄자 비율은 6.0% 이상이다.

ㄷ. 소년 범죄 발생지수는 2020년이 106.6, 2021년이 102.5이고 성인 범죄 발생지수는 2020년이 91.8, 2021년이 91.0이다. 따라서 2021년이 2020년보다 모두 작다.

오답 체크

ㄱ. 2017년 대비 2021년 소년 범죄자수는 감소하였고, 소년 인구 역시 2017년 5,387,799명에서 2021년 4,513,322명으로 감소하고 있다.

ㄹ. 소년 범죄 발생지수가 전년 대비 증가한 연도는 2019년과 2020년이지만 소년 범죄자수는 2020년에 전년 대비 감소하였다.

빠른 문제 풀이 Tip

ㄱ. 인구는 범죄자수를 범죄율로 나눈 값이고, 2017년에 비해 2021년에는 범죄자수는 감소, 범죄율은 증가했으므로 인구는 감소하였다고 쉽게 판단할 수 있다.

ㄴ. 2019년 소년 범죄율 1,246에 비해 2020년 소년 범죄율 1,249이 더 높기 때문에 2020년 소년 범죄 발생지수는 2019년 106.3에 비해 더 높다고 판단할 수 있다. 또한 2019년 소년 범죄자수와 성인 범죄자수의 합이 98만 명 정도로 100만 명 미만인데 소년 범죄자수는 61,162명으로 6만 명 이상이므로 소년 범죄자 비율은 6% 이상이라고 판단하면 된다.

ㄷ. 소년(성인) 범죄 발생지수는 2017년 소년(성인) 범죄율을 100.0으로 할 때, 해당 연도 소년(성인) 범죄율의 상대적인 값이므로 발생지수의 대소 비교는 범죄율의 대소 비교로 가능하다. 따라서 2021년 소년 범죄와 성인 범죄 모두 2020년에 비해 각각 범죄율이 더 낮기 때문에 범죄 발생지수 역시 각각 더 작다고 판단할 수 있다.

ㄹ. 소년 범죄 발생지수가 전년 대비 증가한 연도는 소년 범죄율이 전년 대비 증가한 연도와 동일하다.

19 정답 ③

정답 체크

C국의 2013년 인구 100명당 무선 통신 가입자가 77명이라면, 유·무선 통신 동시 가입자가 1,600만 명인지 확인해야 하므로 유·무선 통신 동시 가입자에 1,600만 명을 대입한다. 그렇다면 C국 전체인구는 3,200+7,700-1,600+700=10,000만 명=1억 명이므로 인구 100명당 무선 통신 가입자는 (7,700/10,000)100=77명이다.

오답 체크

① A국의 2013년 인구 100명당 유선 통신 가입자가 40명이라면, 유선 통신 가입자가 2,200만 명인지 확인해야 하므로 유선 통신 가입자에 2,200만 명을 대입해서 접근한다. 그렇다면 A국의 전체 인구는 2,200+4,100-700+200=5,800만 명이 되므로 인구 100명당 유선 통신 가입자 수는 (2,200/5,800)×100≒37.9명이 된다. 따라서 옳지 않은 설명이다.

② B국의 2013년 대비 2016년 무선 통신 가입자 수의 비율이 1.5라면, 2013년 무선 통신 가입자가 3,000만 명이므로 2016년 무선 통신 가입자는 5,000만 명이 아닌 4,500만 명이다.

④ D국의 2013년 인구는 1,100+1,300-500+100=2,000만 명이다. D국의 2013년 대비 2016년 인구 비율이 1.5라면 2016년 D국의 인구는 3,000만 명이다. 따라서 2016년 D국의 미가입자가 100만 명이라면 1,100+2,500-800+100=3,000이 성립해야 하는데 2,900≠3,000이므로 옳지 않은 설명이다.

⑤ 2013년 유선 통신만 가입한 인구는 B국이 1,900-300=1,600만 명으로 D국 1,100-500=600만 명의 3배인 1,800만 명 이상이 되지 못한다.

빠른 문제 풀이 Tip

각주에서 유·무선 통신 동시 가입자는 유선 통신 가입자와 무선 통신 가입자에도 포함된다고 하였으므로 각 국가의 전체인구를 도출하는 식은 유선통신가입자+무선통신가입자-유·무선통신동시가입자+미가입자가 된다.

20 정답 ②

정답 체크

수치가 비교적 간단한 지자총통의 총통무게를 바탕으로 계산한다. 155근:93kg=36근:x이므로 x=21.6kg이다. 따라서 황자총통의 총통무게는 21.0kg 이상이다.

오답 체크

① 전체길이가 짧은 총통인 황자총통-현자총통-지자총통-천자총통 순서대로 화약무게 역시 가볍다.

③ 현자총통의 제조년도는 1596년으로 가장 늦고 내경과 외경의 차이 역시 5.7cm로 가장 크다.

④ 전체길이 대비 약통길이의 비율은 지자총통이 $\frac{25.1}{89.5}$로 가장 크고, 천자총통은 $\frac{35.0}{129.0}$, 현자총통은 $\frac{20.3}{79.0}$, 황자총통은 $\frac{13.5}{50.4}$(=$\frac{27.0}{100.8}$)이다. 분수 비교를 하는 방법 중 분자와 분모의 증가율 크기로 비교하는 증가율 계산법에 따라서 지자총통은 천자총통과 분자는 10 차이, 분모는 약 40 차이이므로 40% 기준으로 비교하고, 현자총통과 분자는 약 5 차이, 분모는 약 10 차이이므로 20% 기준으로 비교하며, 황자총통과는 괄호 안 수치로 비교하면 분자는 약 2 차이, 분모는 약 11 차이이므로 전체길이 대비 약통길이의 비율이 가장 큰 총통은 지자총통이다.

⑤ 천자총통의 사정거리를 도출할 때 900보 : x=800보 : 1.01km의 비례식으로 풀지 말고 표에 주어진 수치로 판단한다. 800보와 1,100보의 거리 차 300보는 0.38km이므로 100보는 약 0.12~0.13km가 된다. 1.10km 이상인지 묻고 있으므로 100보를 0.12km라 하더라도 900보는 1.13km를 넘는다. 따라서 천자총통의 사정거리는 1.10km 이상이다.

빠른 문제 풀이 Tip

- '항상', '언제나'와 같은 표현인 '~할수록 ~하다'를 판단하는 방법이 두 가지이다. 첫 번째는 두 항목의 순서를 매긴 후 그 순서가 일치하는지 보이는 것이고, 두 번째는 항상 성립하지 않는 반례 하나를 찾아내 이를 깨트리는 것이다.
- 비례식 관계를 설정해서 풀어갈 것인지 주변의 수치관계를 이용하여 풀어갈 것인지 잘 선택한다.

② 현자총통의 89근=53.4kg을 이용하면 좀 더 쉽게 판단할 수 있다. 즉 8.9근=5.34kg이므로 이를 4배하면 황자총통 36근보다 작지만 5.34×4>21.0kg이다.

⑤ 800보가 1.01km이므로 80보는 약 0.1km이다. 즉 880보가 1.1km 이상이 된다.

21

정답 ④

정답 체크

- 탄력근무제 활용지표는 7% 이상이므로 달성하지 못한 부서는 인사과, 심사2팀이다. 한편 심사3팀은 20% 이상으로 탄력근무제 활용지표가 가장 크다.
- 연가사용지표는 50% 이상이므로 달성하지 못한 부서는 심사1팀($\frac{265}{624}$)이다. 감사팀은 $\frac{107}{185}$이므로 달성하였다. 분자가 분모의 절반 이상인지 판단한다.
- 초과근무 사전승인지표는 80% 이상이므로 달성하지 못한 부서는 운영지원과, 총무과이다. 감사팀($\frac{327}{369}$), 인사과($\frac{382}{409}$), 심사3팀($\frac{1,390}{1,405}$)은 모두 달성하였다.
- 목표를 달성하지 못한 지표가 있는 부서는 인사과, 심사2팀, 심사1팀, 운영지원과, 총무과로 총 5개이고, 목표를 달성하지 못한 지표가 두 개 이상인 부서는 없다.

오답 체크

① 감사팀은 모든 지표에서 목표를 달성하였다.

② 목표를 달성하지 못한 지표가 있는 부서는 인사과, 심사1팀, 심사2팀, 운영지원과, 총무과로 총 5개이다.

③ 초과근무 사전승인지표는 심사3팀이 약 99%로 가장 높다. 1,405와 1,390의 차이가 15라는 점을 이용하여 판단한다.

⑤ 탄력근무제 활용지표는 심사3팀이 20% 이상으로 가장 높고 심사1팀이 두 번째로 높다. 심사1팀의 연가사용지표가 목표미달이다.

빠른 문제 풀이 Tip

- 괄호가 포함된 빈칸형 문제이지만, 시간 절약을 위해 괄호를 모두 채우기보다는 <지표별 달성목표>를 만족하는지 여부로 판단한다.
- 선택지 ①, ②, ④의 경우 달성 여부를 묻고 있기 때문에 괄호 안의 수치가 해당 지표를 달성하였는지 정도만 체크하면 되지만 ③, ⑤의 경우에는 '가장 높은' 또는 '두 번째로 높은' 부서를 묻기 때문에 어느 정도 수치를 도출해야 파악할 수 있다는 점에 차이가 있다.

22

정답 ③

정답 체크

합격자 수가 몇 명인지 구체적으로 판단할 수는 없지만 <표 2>에 주어진 정보를 토대로 종합점수가 93.0점 이상이면 합격이라는 사실을 가늠할 수 있다.

- 선택지 순서대로 먼저 E와 F의 종합점수를 비교하면 F가 114×0.3+88×0.7=95.8점으로 95.6점인 E보다 높다. 이에 따라 선택지 ①, ②, ④가 제거된다.
- 선택지 ③, ⑤가 남았으므로 B와 C를 비교하면 C의 종합점수는 110×0.3+86×0.7=93.2점으로 93.0점인 B보다 높다.

따라서 합격인 지원자를 종합점수가 높은 지원자부터 순서대로 모두 나열하면 F, E, C, B이다.

빠른 문제 풀이 Tip

- E와 F를 비교할 때 E는 F보다 1차 점수가 4×0.3=1.2점 더 높고 F는 E보다 2차 점수가 2×0.7=1.4점 더 높다. 따라서 E보다 F가 더 높다고 쉽게 판단할 수 있다.
- B와 C를 비교할 때 B는 C보다 1차 점수가 4×0.3=1.2점 더 높고 C는 B보다 2차 점수가 2×0.7=1.4점 더 높다. 따라서 B보다 C가 더 높다고 쉽게 판단할 수 있다.

23

정답 ⑤

정답 체크

<표 1>에 각주 1)과 2)를 반영하여 빈칸을 채우면 다음과 같다.

구분 차수	평가 항목	문항 번호	문항 점수	기본 점수	명목 반영률	실질 반영률
1차	교양	1	20	10	(0.17)	0.17
		2	30	10	0.25	(0.33)
	전문성	3	30	20	(0.25)	(0.17)
		4	40	20	(0.33)	(0.33)
	합계		120	60	1.00	1.00
2차	창의성	1	20	10	0.22	(0.20)
	도전성	2	20	10	0.22	(0.20)
	인성	3	50	20	0.56	0.60
	합계		90	40	1.00	1.00

위 표에 따르면 명목 반영률(실질 반영률)은 각 차수별 문항 점수(문항점수-기본점수)의 합계에서 해당 문항점수(문항점수-기본점수)가 차지하는 비중이다.

ㄷ. 1차 과목의 가중치는 0.3이므로 D가 1차 면접 2번 문항에서 1점을 더 받았다면 종합점수는 0.3점 상승하여 92.8+0.3=93.1점이 된다. 따라서 합격인 B의 93.0점보다 높기 때문에 D의 결과는 합격이다.

ㄹ. 명목 반영률보다 실질 반영률이 더 높은 2차 면접 문항은 3번 인성 항목이다. 인성 항목에서 지원자 중 가장 낮은 점수를 받은 지원자는 D이고 2차 합계 점수도 82점으로 가장 낮다.

오답 체크

ㄱ. 1차 면접 2번 문항과 3번 문항의 명목 반영률은 0.25로 동일하지만 실질 반영률은 0.33과 0.17로 다르기 때문에 각 문항에서 명목 반영률이 높을수록 실질 반영률도 높은 것은 아니다.

ㄴ. 1차 면접에서 문항별 실질 반영률의 합은 '교양'과 '전문성' 모두 0.5로 동일하다.

빠른 문제 풀이 Tip

ㄷ. 20번 문제를 풀 때 종합점수를 도출하지 않았다면 B와 D를 차이 값 비교하여 D는 B보다 1차 점수가 5×0.3=1.5만큼 더 높고 B는 D보다 2차 점수가 2×0.7=1.4만큼 더 높기 때문에 B보다 D가 더 높다고 판단할 수 있다.

24

정답 ⑤

정답 체크

ㄱ. <표 2>에서 2편 이상 등록한 회사가 주어져 있으므로 1월의 경우 국내단독 3편과 국내합작 2편을 제외한 나머지 14편 중 9편은 9개사가 1편의 애니메이션만 등록하였다. 이와 동일한 방법으로 접근하면 2월은 국단독 2편을 제외한 4편은 4개사, 3월은 국내단독 5편과 국내합작 1편을 제외한 5편이 5개사, 4월은 국내단독 2편과 국내합작 3편을 제외한 3편이 3개사가 각각 1편만 등록하였으므로 9+4+5+3=21개사가 1편의 애니메이션만 등록하였다. 따라서 1~4월 동안 1편의 애니메이션만 등록한 회사는 20개사 이상이다.

ㄴ. 1월 국내단독 6편 중 2편 이상 등록한 회사인 꼬꼬지(1편)와 유이락(2편)을 제외한 나머지 3편은 각각 1개사가 등록하였다. 따라서 1월에 국내단독 유형인 애니메이션을 등록한 회사는 5개사이다.

ㄷ. 3월 총 등록편수는 11편인데 이 중 국내단독 6편 중 아트팩토리(1편)와 코닉스(1편), 그리고 유이락(3편)을 제외하면 1개사가 1편만 등록하였고 국내합작 4편 중 한스튜디오(1편)를 제외하면 3편을 각각 3개사가 등록하였다. 나머지 해외합작 1편을 등록한 1개사까지 고려하면 4+4+1=9개사가 3월에 애니메이션을 등록하였다.

빠른 문제 풀이 Tip

· 각주의 '1편당 등록 회사가 1개사임'이라는 의미를 정확히 이해한다.
· <표 1>과 <표 2>의 관계를 명확히 파악한다.

01	02	03	04	05	06	07	08	09	10
②	④	②	③	⑤	⑤	⑤	⑤	⑤	③
11	12	13	14	15	16	17	18	19	20
②	④	③	③	⑤	①	⑤	②	①	②
21	22	23	24						
③	⑤	④	④						

01

정답 ②

정답 체크

B국은 GDP가 매년 증가했지만 조세부담률은 2015년에 전년대비 감소한다.

오답 체크

① 2016년의 전년 대비 GDP 성장률은 A가 4.1%, B가 1.6%, C가 3.4%로 A가 가장 높고 조세부담률도 A가 25% 이상으로 가장 높다.

③ 2017년 지방세 납부액은 B국이 약 1,421억 달러로, A국 약 331억 달러의 4배 이상이다.

④ 2018년 A국의 국세 납부액은 25×21,443이고 C국의 지방세 납부액은 12.5×33,444이므로 전자가 후자보다 많다. 비율은 정확히 2배 차이이고, GDP는 2배 미만의 차이이다.

⑤ C국의 국세 납부액은 2014년부터 각각 3,337.2억 달러, 3,424.0억 달러, 3,510.2억 달러, 3,602.0억 달러, 3,812.6억 달러로 매년 증가한다.

02

정답 ④

정답 체크

1995년 초등학교 수 5,842개는 같은 해 중학교 수와 고등학교 수의 합인 2,382+1,737=4,118개보다 많다.

오답 체크

① 5년마다 조사한 자료이므로 2000년 이후 중학교 여성 교장 비율이 매년 증가하는지는 판단할 수 없다.

② 각주 2)에 따르면 학교당 교장은 1명이므로 초등학교 수는 초등학교 교장의 수로 판단한다. 초등학교 수는 2020년이 2,418/0.403=6,000개로 1980년의 117/0.018=6,500개보다 적다.

③ 고등학교 전체 교장 수는 1985년이 1,500명, 1990년이 1,600명이다. 따라서 고등학교 남성 교장 수는 1985년에 1,500-60=1,440명으로 1990년의 1,600-64=1,536명보다 적다.

⑤ 초등학교 여성 교장 수는 2020년이 2,418명으로, 2000년 490명의 5배인 2,450명 이상이 되지 못한다.

빠른 문제 풀이 Tip

② 2020년 $\frac{2,418}{40.3}$과 1980년 $\frac{117}{1.8}$을 비교할 때, 분모의 소수점을 뺀 다음 분자가 분모의 몇 배가 되는지 판단한다. 2020년은 6배, 1980년은 6배 이상이다.

③ 고등학교 남성 교장 수는 1985년이 $\frac{\frac{60}{4}}{96}=\frac{60}{(96\times4)}$이고, 1990년이 $\frac{\frac{64}{4}}{96}=\frac{64}{(96\times4)}$이므로 분모는 96×4로 동일하다. 따라서 분자가 더 큰 1990년의 남성 교장수가 더 많음을 빠르게 판단할 수 있다.

03

정답 ②

정답 체크

ㄱ. 스마트시스템 도입 업체 수는 '자동차부품'이 766×35.1%≒269개로 가장 많다.

ㄷ. 업체 수 대비 스마트시스템 고도화 업체 수는 도입률과 고도화율의 곱으로 도출한다. 따라서 <그림 2>에서 면적이 가장 넓은 업체인 '항공기부품'이 업체 수 대비 스마트시스템 고도화 업체 수가 가장 많다.

오답 체크

ㄴ. 고도화율이 가장 높은 업종은 '항공기부품'이지만 스마트시스템 고도화 업체 수는 '금속제조(1,275×0.282×0.153≒55대)'가 '항공기부품(95×0.370×0.284≒10대)'보다 더 많다.

ㄹ. 도입률이 가장 낮은 업종은 '식품바이오'이고 고도화율이 가장 낮은 업종은 '금형주조도금'이다.

빠른 문제 풀이 Tip

ㄱ. 도입률은 자동차부품이 가장 높기 때문에 업체 수가 자동차부품보다 많은 기계장비, 소재, 금속제조와 곱셈 비교한다.

ㄴ. 항공기부품의 (도입률×고도화율)은 금속제조와 비교할 때 2배 정도이지만 업체 수는 금속제조가 항공기부품의 10배 이상이다.

04
정답 ③

정답 체크

엥겔계수와 엔젤계수의 분모가 같기 때문에 18세 미만 자녀에 대한 보육·교육비와 식료품비의 비교는 각각 엔젤계수와 엥겔계수로 비교할 수 있다. <그림>을 보면 2006년 이후 엔젤계수가 엥겔계수보다 매년 더 높다는 것을 쉽게 판단할 수 있다. 따라서 2006년 이후 매년 18세 미만 자녀에 대한 보육·교육비는 식료품비를 초과한다.

오답 체크

① 여러 기간의 경향을 묻는 경우에는 먼저 <그림>에서 눈에 잘 띄는 연도부터 검토하고, 잘 보이지 않는다면 가장 최근 연도부터 검토하는 것이 확률적으로 답을 찾을 가능성이 높다. 엔젤계수의 2012년 전년대비 상승폭은 1.8%p이지만 2013년의 전년대비 상승폭은 0.4%p에 불과하다. 따라서 2008~2013년 동안 엔젤계수의 연간 상승폭은 매년 증가하지 않는다.

② 2004년 대비 2014년의 엥겔계수 하락폭은 16.6−12.2=4.4%p로 엔젤계수 상승폭 20.1−14.4=5.7%p보다 작다.

④ 엥겔계수와 엔젤계수의 분모가 같기 때문에 역시 18세 미만 자녀에 대한 보육·교육비 대비 식료품비의 비율은 엔젤계수 대비 엥겔계수의 비율로 판단할 수 있다. 2008~2011년 동안 매년 엔젤계수는 상승, 엥겔계수는 하락하고 있으며 2012년에는 전년대비 엔젤계수의 증가율(약 10% 증가)이 엥겔계수의 증가율(약 2% 증가)보다 크기 때문에 그 비율은 매년 감소하고 있다. 따라서 2008~2012년 동안 매년 18세 미만 자녀에 대한 보육·교육비 대비 식료품비의 비율은 증가하고 있지 않다.

⑤ 엔젤계수가 가장 높은 해는 2013년(20.5%)이고 가장 낮은 해는 2004년(14.4%)이므로 6.1%p 차이가 난다. 따라서 7.0%p 이상 크지 않다.

빠른 문제 풀이 Tip

- 용어가 비슷하기 때문에 그래프에 흰색 네모 표식은 엔젤계수로, 검정 마름모는 엥겔계수로 표시해서 시각화한다.
- 각주에 엥겔계수와 엔젤계수의 분수식이 주어져 있다. 분모가 같기 때문에 각 식의 분자를 묻게 되면 계수 자체로 비교가 가능하다는 점을 체크한다.

05
정답 ⑤

정답 체크

ㄴ. '나'국은 대미무역수지가 742억 달러로 A요건을 충족하고, GDP 대비 경상수지 비중이 8.5%로 B요건 역시 충족한다.

ㄷ. 관찰대상국으로 지정되는 국가는 '가', '나', '마', '차' 4개이다. '가', '나', '마' 3국은 A와 B요건을 충족하고 '차'는 B와 C요건을 충족한다. '다'국은 세 가지 조건 모두 충족하므로 이에 해당되지 않는다.

ㄹ. A요건의 판단기준을 '대미무역수지 200억 달러 초과'에서 '대미무역수지 150억 달러 초과'로 변경한다면 이에 영향을 받는 국가는 '아' 뿐이다. 변경 전 '아'국은 어느 요건도 충족하지 못하고 변경 후에도 A요건 하나만 충족되기 때문에 관찰대상국 및 환율조작국으로 지정되지 않는다는 점이 동일하다.

오답 체크

ㄱ. 세 가지 요건을 모두 충족하면 환율조작국으로 지정된다. 따라서 '다'국이 이에 해당한다.

빠른 문제 풀이 Tip

- 각주에서 설명하는 환율조작국과 관찰대상국의 의미를 구분한다.
- 관찰대상국의 경우 요건 두 가지만 충족하면 되므로 (A, B)뿐만 아니라 (A, C), (B, C)요건을 충족해도 관찰대상국으로 지정된다.
- <표 2>의 단위가 10억 달러라는 점을 반드시 체크해야 한다. A요건에서 묻는 것이 200억 달러 초과이므로 <표 2>에서 수치로 보면 20 초과인 국가가 이에 해당한다.

06
정답 ⑤

정답 체크

2011년의 장기 금연계획률은 56.3−20.2=36.1%로 2008년 단기 금연계획률 56.9−39.2=17.7%의 2배 이상이다.

오답 체크

① 2012년의 경우 남성 흡연율은 43.7%로 여성 흡연율 7.9%의 6배 이상이 되지 않는다.

② 2012년의 경우 소득수준 '최상'은 40.8%로 소득수준 '상' 38.6%에 비해 남성 흡연율이 높다.

③ 소득수준과 여성 흡연자 수의 관계는 주어진 자료만으로는 판단할 수 없다.

④ 금연계획률은 2008년 56.9%에서 2009년 18.2+39.2=57.4%로 증가한다.

빠른 문제 풀이 Tip

<표>가 3개 등장하는 문제이므로 자료 간 관계를 파악한다. <표 1>은 성별 구분, <표 2>는 남성의 소득수준별 구분, <표 3>은 단기와 장기 금연계획률이며 모두 비율 자료이다. 또한 각주를 통해 파악할 수 있는 정보와 파악할 수 없는 정보를 구별하며 풀이한다.

① 문제에서 옳은 것 하나만 고르라고 하였고 매년 현황을 묻고 있으므로 반례를 찾는 방향으로 검토한다. 여성 흡연율이 다른 해에 비해 높은 연도 위주로 검토하면 빨리 찾을 수 있다.

07
정답 ⑤

정답 체크

불량률이 A=B=10%, C=8%로 변동이 없으면서 생산량이 제품별로 1,000개씩 증가한다면 불량품 수는 A와 B는 각각 100개씩 증가하고 C는 80개 증가한다. 따라서 전체 생산량은 13,000개이고 전체 불량품수는 1,180개가 되므로 진체 수율은 9%에서 약 9.1%로 싱승하기 때문에 진체 수율은 기존과 동일하지 않다. A, B와 달리 C의 불량률이 다른 상황에서 분모인 생산량이 제품별로 1,000개씩 증가한다면 분자인 불량품수는 각 제품의 불량률에 비례하여 증가하기 때문에 전체 수율의 분모인 생산량 증가율과 분자를 구성하는 불량품수 증가율이 동일할 수 없다.

오답 체크

① 불량률은 A와 B가 10%로 동일하고 C만 유일하게 10% 미만이다. 따라서 불량률이 가장 낮은 제품은 C이다.

② 각주를 정리하면 1−(불량품수/생산량)의 구조이므로 수율이 82%가 되려면 생산량 중 불량품의 비중이 18%가 되어야 한다. 생산량 변동이 10,000개로 변동이 없다면 불량품이 1,800개가 되어야 하므로 불량품 900개가 100%씩 증가, 즉 2배 증가한다면 1,800개가 된다. 따라서 제품별 생산량 변동은 없고 불량품수가 제품별로 100%씩 증가한다면 전체 수율은 82%이다.

③ 제품별 불량률 변동은 없고 생산량이 제품별로 100%씩 증가한다면 불량품수 역시 100% 증가하므로 전체 수율은 기존과 동일하다.

④ 제품별 생산량 변동은 없고 전체 수율이 88%라면 생산량 10,000개 중 불량품의 수가 1,200개가 되어야 한다. 현재 불량품수가 900개이므로 제품별로 100개씩 증가한다면 1,200개가 되므로 전체제품별 생산량 변동은 없고 불량품수가 제품별로 100개씩 증가한다면 전체 수율은 88%이다.

빠른 문제 풀이 Tip

- 분수식이 주어질 때 분자와 분모를 구성하는 항목이 변할 때 분수 자체가 어떻게 변화하는지 구조를 이해한다.
- 불량률과 수율의 합은 100%이다.

08

정답 ⑤

정답 체크

ㄱ. 모든 유증상자를 '음성'으로 판정한 시스템은 E이고, E의 정확도는 99.2%로 A의 99.1%보다 높다.

ㄴ. '음성' 정답률은 음성으로 판정된 유증상자 중 음성으로 판정된 비감염자의 비율이고 '양성' 검출률은 감염자 중 양성 판정된 감염자의 비율이다. B는 양성으로 판정한 8명 모두 감염자이고 음성으로 판정한 992명 모두 비감염자이므로 모두 100%이다. D 역시 음성으로 판정한 990명 모두 비감염자이므로 100%이고 감염자 8명 모두 양성으로 판정하였으므로 역시 100%이다.

ㄷ. B의 '양성' 정답률과 '음성' 정답률은 100%로 같다.

오답 체크

ㄹ. '양성' 검출률이 0%인 시스템은 A이고, '음성' 정답률은 음성으로 판정된 유증상자 999명 중 음성으로 판정된 비감염자 991명의 비율이므로 100%가 아니다.

빠른 문제 풀이 Tip

'유증상자=감염자+비감염자'라는 점을 체크한다.

09

정답 ⑤

정답 체크

ㄱ. 전, 답을 제외하면 나머지 4개는 2배 이상이고 면적×면적당 지가 역시 전, 답이 작은 편이므로 굳이 계산하지 않아도 2배 이상이라고 판단할 수 있다. 따라서 모든 지목의 보상 배율을 감정가 기준에서 실거래가 기준으로 변경하는 경우, 총보상비는 변경 전의 2배 이상이다. 구체적으로 계산하면 총보상비는 감정가 기준 118,800만 원이고 실거래가 기준 313,800만 원으로 2배 이상이다.

ㄴ. '대지'의 경우 면적×면적당 지가의 값이 가장 크고 감정가 기준 대비 실거래가 기준도 3배로 가장 높은 항목 중 하나이기 때문에 보상 배율을 감정가 기준에서 실거래가 기준으로 변경하는 경우, 보상비가 가장 많이 증가하는 지목은 '대지'이다.

ㄹ. '공장'의 감정가 기준 보상비는 100×150×1.6이고 '전'의 실거래가 기준 보상비는 50×150×3.2이므로 서로 같다.

오답 체크

ㄷ. 각주 4)에 따르면 지장물 보상비는 용지 구입비의 20%이므로 보상비 중 용지 구입비의 비율은 보상 배율 기준과 무관하게 항상 일정하다. 따라서 보상 배율이 실거래가 기준인 경우, 지목별 보상비에서 용지 구입비가 차지하는 비율은 '임야'가 '창고'보다 크지 않다.

빠른 문제 풀이 Tip

- 각주의 정보를 조합하면 2) 보상비는 용지 구입비와 지장물 보상비의 합이고 4) 지장물 보상비는 용지 구입비의 20%이므로 보상비는 용지 구입비의 1.2배로 볼 수 있다.
- 용지 구입비는 <표>에 주어진 3가지 항목의 곱으로 구성되어 있으므로 수치가 일정 배수 관계라면 간단히 정리한다. 즉, 면적은 50을 기준으로 50은 1, 100은 2로 바꾸고, 면적당 지가 역시 50을 기준으로 50은 1, 100은 2, 150은 3, 200은 4로 변경한다.
- 보상 배율을 보면 실거래가 기준은 감정가 기준에 비해 1.6은 3배, 2.5는 2배 이상, 1.8은 2배 미만이다.

10

정답 ③

정답 체크

중간부하 시간대의 총 시간은 여름인 6월 1일이 09:00~10:00(1시간), 12:00~13:00(1시간), 17:00~23:00(6시간)으로 총 8시간이고 겨울인 12월 1일이 09:00~10:00(1시간), 12:00~17:00(5시간), 20:00~22:00(2시간)으로 총 8시간이다.

오답 체크

① 경부하 시간대는 봄, 가을의 전력량 요율(58.7kWh)보다 여름의 전력량 요율(57.6kWh)이 더 낮다. 따라서 모든 시간대에서 봄, 가을의 전력량 요율이 가장 낮지는 않다.

② 월 100kWh를 충전했을 때 월 충전요금의 최댓값은 여름의 전력량 요율의 최대부하 시간대 2,390+232.5×100원이고 최솟값은 여름의 경부하 시간대 2,390+57.6×100원이므로 이 둘의 차이는 16,000원 이상이다.

④ 22시 30분의 전력량 요율은 여름이 중간부하 시간대로 145.3kWh이고 겨울은 최대부하 시간대로 190.8kWh이다. 따라서 여름이 가장 높지는 않다.

⑤ 12월 중간부하 시간대에만 100kWh를 충전한 월 충전요금은 2,390+128.2×100=15,210원으로 6월 경부하 시간대에만 100kWh를 충전한 월 충전요금 2,390+57.6×100=8,150원의 2배 이상이 되지 못한다. 선택지 ②와 달리 '차이'가 아닌 '2배 이상'인지 묻고 있으므로 기본요금을 더한 값을 고려해서 판단해야 한다.

빠른 문제 풀이 Tip

② 기본요금은 동일하고 전력량 역시 100kWh로 동일하므로 충전요금의 차이가 16,000원 이하가 되려면 전력량 요율의 차이가 160kWh 이하이면 된다. 따라서 232.5-57.6=174.9kWh이므로 옳지 않다.

11 정답 ②

정답 체크

ㄱ. 2014년 생산단계에서의 부적합건수비율은 농산물이 $\frac{1,209}{91,211}$≒1.3%로 수산물 $\frac{235}{12,922}$≒1.8%보다 낮다.

ㄷ. 각주 2)에 따라 부적합건수=부적합건수비율×조사건수이므로 생산단계 안전성 조사결과에서 농산물 부적합건수비율이 축산물 부적합건수비율의 10배라면 2013년 부적합건수는 농산물이 91,211×0.99×10이고 축산물은 418,647×1.05가 된다. 정리하면 912,110×0.99≥418,647×1.05×2이므로 전자는 후자의 2배 이상이다.

오답 체크

ㄴ. 2011년 대비 2012년 생산단계 조사건수 증가량은 수산물이 12,922×7%로 농산물 91,211×3%보다 적다.

ㄹ. 축산물의 조사실적지수는 2013년 105에서 2014년 100으로 감소하므로 생산단계 조사건수는 감소하게 된다.

빠른 문제 풀이 Tip

<표 2>의 조사실적지수는 2014년 100을 기준으로 나타낸 것이므로 비율처럼 생각하고, 괄호로 제시된 부적합건수의 빈칸을 미리 채우기보다는 <보기>에서 필요한 부분만 판단한다.

ㄱ. 분자인 부적합건수는 농산물이 수산물의 7배 미만이지만 분모인 조사건수는 농산물이 수산물의 7배 이상이다.

ㄴ. 조사건수는 7배 이상 차이가 나지만 조사실적지수는 약 2배 차이가 난다.

ㄷ. 1.05는 0.99보다 5% 더 큰 수치지만 912천 건은 840천 건보다 약 10% 큰 수로 판단하면 된다.

12 정답 ④

정답 체크

ㄱ. 2008년 세계시장 수출점유율 상위 10개 산업 중에서 2013년 세계시장 수출점유율이 2008년에 비해 하락한 산업은 통신기기, 섬유, IT제품으로 3개이다.

ㄷ. 각주 2)의 식에서 분자가 수출액-수입액이므로 수출액보다 수입액이 더 크다면 (-)가 된다. 결국 무역특화지수가 0보다 작은 산업을 찾으면 된다. 따라서 세계시장 수출점유율 상위 10개 산업 중에서 A국 수출액보다 A국 수입액이 큰 산업은 2008년은 IT부품, 반도체, 기타 전자부품 3개이고 2013년은 반도체, 철강, 기타 전자부품, 석유화학 4개이다.

ㄹ. 2008년 세계시장 수출점유율 상위 5개 산업은 조선, 디스플레이, 통신기기, 반도체, IT부품이다. 이 중에서 2013년 무역특화지수가 2008년에 비해 증가한 산업은 IT부품과 디스플레이로 2개이다.

오답 체크

ㄴ. 세계시장 수출점유율 상위 10개 산업 중에서 세계시장 수출점유율이 10% 이상이면서 무역특화지수가 0.3 이하인 산업은 2013년에 반도체, 철강, 기타 전자부품으로 3개이지만 2008년에는 IT부품과 반도체 2개이다. 2008년 석유화학은 세계시장 수출점유율이 10% 미만이므로 이에 해당하지 않는다.

빠른 문제 풀이 Tip

· 분산형 차트와 각주, 그리고 순위가 결합된 복합형 문제이다. 분산형 차트의 주요 출제 포인트와 각주의 구조, 그리고 순위자료가 제시될 때 유의해야 할 점을 인지하고 풀이한다.

· <그림 1>과 <그림 2>에서 제시된 상위 10개 산업의 종류가 일치하지 않음을 파악해야 한다. 또한 IT제품과 IT부품처럼 비슷한 항목 명칭에 유의한다.

· ㄷ과 같이 식의 구조가 단번에 파악되지 않는 <보기>의 경우 가장 후순위로 검토한다.

13 정답 ③

정답 체크

ㄱ. 각주 2)를 근거로 하행의 경우 B역에서의 정차시간은 A → C 구간의 소요시간 3분 55초에서 A → B 구간의 소요시간 1분 44초와 B → C 구간의 소요시간 1분 46초의 합을 빼주면 된다. 따라서 하행의 경우 B역에서의 정차시간은 25초이다.

ㄴ. 인접한 두 역간 거리는 A↔B(1.5km), B↔C(1.6km), C↔D(2.9km), E↔F(3.1km), D↔E(8.2km) 순으로 길어지고 두 역간 하행의 소요시간 역시 A↔B(1분 44초), B↔C(1분 46초), C↔D(2분 35초), E↔F(2분 54초), D↔E(6분 10초) 순으로 길어진다. 따라서 인접한 두 역간 거리가 짧을수록 두 역간 하행의 소요시간도 짧다.

오답 체크

ㄷ. 인접한 두 역간 상행과 하행의 소요시간이 동일한 구간은 C↔D 구간(2분 35초)과 D↔E 구간(6분 10초)이다.

14 정답 ③

정답 체크

ㄱ. 타지역 전방연관성은 세로축이므로 가장 높은 위치에 있는 인천이 가장 큰 지역이다.

ㄹ. 각주 2)에 따르면 자기지역 전방연관성+타지역 전방연관성=100%이므로, 자기지역 전방연관성이 타지역 전방연관성보다 크다는 의미는 타지역 전방연관성이 50% 미만이라는 의미와 같다. <그림> 자체의 세로축 최대치가 40%이므로 인천, 부산, 대구, 대전, 광주, 울산뿐만 아니라 모든 광역지자체가 각각 자기지역 전방연관성이 타지역 전방연관성보다 크다.

오답 체크

ㄴ. 인천, 충남, 충북, 대전, 대구는 자기지역 전방연관성과 자기지역 후방연관성이 각각의 전국 평균보다 큰 지역이 아니라 타지역 전방연관성과 타지역 후방연관성이 각각의 전국 평균보다 큰 지역이다.

ㄷ. 경남의 타지역 전방연관성은 20~30% 사이의 수치이므로 자기지역 전방연관성은 60~70% 사이의 수치이다. 강원의 타지역 후방연관성은 30~40% 사이의 수치이므로 자기지역 후방연관성은 50~60% 사이의 수치이다. 따라서 경남의 자기지역 전방연관성은 약 74%로 강원의 자기지역 후방연관성 약 69%보다 크다.

빠른 문제 풀이 Tip

- <그림>에서 타지역 전방연관성과 타지역 후방연관성에 대한 자료를 제시하고 있기 때문에 이를 직접적으로 묻는 <보기>인 ㄱ과 ㄹ부터 풀이한다.
- <그림>에 제시된 모든 광역지자체의 타지역 전방연관성과 타지역 후방연관성은 각각 40% 미만이라는 점을 파악한다. 이는 모든 광역지자체의 자기지역 전방연관성과 자기지역 후방연관성이 각각 60%를 넘는다는 의미와 같다.

15

정답 ⑤

정답 체크

내급비는 사육비-일반비이고 이는 순수익-소득이므로 2021년 '젖소'가 1,217천 원/마리로 가장 많다.

오답 체크

① 2020년 대비 2021년 소득 증가율은 '육우' (305/377)×100≒80.9%보다 '산란계' (17/4)×100≒425%가 더 높다.

② '한우번식우'의 사육비는 총수입-순수익이므로 2021년 2,788천 원/마리는 2020년 2,666천 원/마리보다 많다.

③ 사육비가 총수입보다 많다면 순수익이 (-)이므로 2020년의 경우, 사육비가 총수입보다 많은 축종은 육우 1개이다.

④ 일반비는 총수입-소득이므로 2021년 '젖소' 7,070천 원/마리가 '육우' 4,753의 2배인 9,506천 원/마리 이상이 되지 못한다.

16

정답 ①

정답 체크

ㄱ. <그림>의 각주 2)에 따르면 임업소득률(%)=$\frac{\text{임업소득}}{\text{임업총수입}}$×100이고, 각주 1)에 따르면 임업소득=임업총수입-임업경영비이므로 이를 정리하면 임업총수입=임업소득+임업경영비가 된다. 따라서 각주 2)를 변형하면 임업소득률(%)=$\frac{\text{임업소득}}{\text{임업소득+임업경영비}}$이 된다. 여기서 임업소득률이 50% 이상인 연도라는 의미는 임업소득이 임업경영비보다 많은 연도를 찾는 것과 같으므로 2008년뿐이다.

ㄴ. <표>에 직접 주어진 임업의존도를 통해 2008~2010년 동안에는 매년 감소하고 있음을 알 수 있다. 각주 3)에 따라 2010년과 2011년을 비교하면 분모인 임가소득(27,678 → 28,471)의 증가율($\frac{8}{277}$)보다 분자인 임업소득(7,699 → 8,055)의 증가율($\frac{35}{770}$)이 더 크다. 또한 2011년과 2012년을 비교하면 역시 분모인 임가소득(28,471 → 29,609)의 증가율($\frac{11}{285}$)보다 분자인 임업소득 (8,055 → 8,487)의 증가율($\frac{44}{805}$)이 더 크다. 따라서 2011년 이후 임업의존도는 매년 전년대비 증가하게 된다. 임업의존도를 구성하고 있는 임업소득과 임가소득의 연도별 차이가 크지 않다는 점을 파악했다면 이 선택지는 후순위로 검토한다.

오답 체크

ㄷ. 임업총수입=임업소득+임업경영비이므로 2012년은 17,610천 원이고, 2011년은 16,628천 원이다. 따라서 임업총수입의 증가율은 $\frac{10}{166}$×100 >5%이다.

ㄹ. 경상소득=임업소득+임업외소득+이전소득이므로 각 항목의 증감을 연도별로 비교하면 된다. 2009년은 2008년에 비해 임업외소득은 90천 원 증가하였으나 이전소득이 99천 원 감소, 임업소득이 548천 원 감소하였으므로 경상소득은 감소하게 된다.

빠른 문제 풀이 Tip

- A=B+C인 경우, $\frac{B}{A}$×100≧50%를 묻는다면 B≧C임을 고려하여 판단한다.
- 모든 <보기>를 꼼꼼히 검토하기보다는, 가장 까다로운 선택지나 <보기>를 피해갈 수 있어야 한다. 이 문제 역시 가장 간단한 ㄱ을 검토한 후 ㄹ을 검토하면 정답이 도출된다.

17

정답 ⑤

정답 체크

홈 경기 승률이 0.8 이상이라는 의미는 승수가 패수의 4배 이상이 되어야 한다는 뜻이다. A와 B는 승수가 패수의 4배 이상으로 홈 경기 승률이 0.8 이상이지만 C는 승수가 30, 패수가 9로 홈 경기 승률이 0.8 미만이다.

오답 체크

① A팀은 최근 10경기 승수가 9, 패수가 1이고 최근 연승 연패가 1패이다. 따라서 최근에 치른 1경기만 지고 그 이전에 치른 9경기를 모두 이긴 것이 된다.

② 남은 경기를 I가 전승하고 H가 전패하면 46승 38패로 동률을 이루지만 홈 경기 승수가 I는 25, H는 23이 되므로 I팀의 최종 순위는 남은 경기 결과에 따라 8위가 될 수 있다.

③ 최근 연승 연패가 L이 6패, M이 8패이므로 L팀과 M팀은 각 팀이 치른 최근 5경기에서 서로 경기를 치르지 않았다. 최근 5경기에 서로 경기를 치렀다면 두 팀 중 적어도 한 팀의 최근 연승 연패 항목이 5패 미만이 되어야 한다.

④ 현재 1위 A와 2위 B의 승수 차이가 4이고 6경기 남았으므로 A가 남은 경기를 모두 패하고 B가 남은 경기를 모두 승리하면 남은 경기에 따라 1위 팀이 변경 가능하다.

빠른 문제 풀이 Tip

- 각주 2)에 따라 각 팀별로 남은 경기수+승수+패수=84이고, 남은 홈경기수+홈경기 승수+홈경기 패수=42가 된다.
- 각주 3)과 4)에 따라 전체 경기 승률이 같은 경우 홈 경기 승률이 낮은 팀이 해당 순위보다 하나 더 낮은 순위로 결정되고 무승부가 존재하지 않으므로 남은 경기수가 같다면 승률은 승수가 더 많은 팀이 높다.

18

정답 ②

정답 체크

ㄱ. C지점에 가장 빨리 도착하려면 경로 2와 경로 4를 이용해야 한다. 따라서 A → B가 30분, B → C가 30분으로 오전 9시 정각에 도착한다.

ㄹ. 경로 1과 경로 4를 이용하는 경우 A → B가 60분, B → C가 20분으로 9시 20분에 도착한다. 경로 2와 경로 3을 이용하는 경우 A → B가 30분이고 B → C는 9시 전까지는 80km/h의 속도로 달리다가 9시 이후에는 120km/h의 속도로 가게 되므로 30+20분이 소요된다. 따라서 경로 2와 경로 3을 이용하는 경우와, 경로 1과 경로 4를 이용하는 경우 C지점에 도착하는 시각은 9시 20분으로 동일하다.

오답 체크

ㄴ. 경로 1과 경로 3을 이용하게 되면 A → B가 60분, B → C가 40분으로 C지점에 도착하는 시각은 오전 9시 40분이 된다.

ㄷ. 경로 2를 이용하게 되면 30분이 소요되므로 B지점에 가장 빨리 도착하는 시각은 오전 8시 30분이다.

빠른 문제 풀이 Tip

출근 시간대 이후인 오전 9시를 넘어서면 기타 시간대의 주행속도로 간다는 점을 파악한다.

19

정답 ①

정답 체크

ㄱ. 영향력지수는 기술력지수/특허등록건수이다. 따라서 캐나다의 영향력지수 30.8/22는 미국의 영향력지수 600/500=1.2보다 크다.

ㄴ. 특허피인용건수는 결국 기술력지수에 10배를 한 것과 동일하므로 특허피인용건수 차이 비교는 기술력지수 차이 비교와 동일하다. 따라서 프랑스와 태국의 특허피인용건수의 차이는 3.9−1.4이고 프랑스와 핀란드의 특허피인용건수의 차이는 6.3−3.9이므로 전자가 후자보다 크다.

오답 체크

ㄷ. 특허피인용건수 순서는 기술력지수 순서와 동일하므로 특허등록건수 상위 10개국 중 한국의 특허피인용건수는 네 번째가 아닌 여섯 번째로 많다.

ㄹ. 네덜란드의 특허등록건수 30건은 한국의 특허등록건수 59건의 50% 초과이다.

빠른 문제 풀이 Tip

<표>에 주어진 항목을 각주 식의 항목으로 바꿔 아래와 같이 도출한다. 여기서 기술력지수는 '기', 특허등록건수는 '특', 영향력지수는 '영', 피인용비는 '피', 전세계 피인용비는 '전피(10)', 특허피인용건수는 '건'으로 줄여 정리할 수 있다.

- 기 = 특 × 영
- 피 = 영 × 전피(10)
- 건 = 피 × 특

따라서 '건 = 영 × 10 × 특 = 10 × 기'이므로 특허피인용건수는 기술력지수의 10배와 동일하다.

20

정답 ②

정답 체크

인구수 대비 정보탐색 성공자수의 비율이 가장 낮은 지역은 약 90×14인 H 지역이다. 세로축 한 칸 차이보다 가로축 한 칸 차이가 더 크다는 점을 고려해서 판단한다.

오답 체크

① 인구수 대비 정보탐색 성공자수의 비율은 결국 정보탐색 시도율×정보탐색 성공률이므로 B 지역의 약 94×28는 D 지역의 약 92×38보다 낮다.

③ <그림>의 분포를 보면 정보탐색 시도율이 높은 지역일수록 정보탐색 성공률이 높지 않다.

④ 인구수가 가장 작은 지역은 B 지역이고 남성 정보탐색 성공자수는 B 지역이 1,000×0.28×0.929≒260명으로 H 지역의 1,400×16.0×89.3=200명보다 더 많다. 따라서 동일하지 않다.

⑤ D 지역의 여성 정보탐색 성공자수는 3,500×0.4×0.929≒1,301명이고, 이는 C 지역의 여성 정보탐색 성공자수 3,000×0.25×0.92=690명의 2배 이상이 되지 못한다.

빠른 문제 풀이 Tip

각주를 정리하면 다음과 같다.

- 정보탐색 시도자수 = 정보탐색 시도율 × 인구수
- 정보탐색 성공자수 = 정보탐색 성공률 × 정보탐색 시도자수
  = 정보탐색 성공률 × 정보탐색 시도율 × 인구수

21

정답 ③

정답 체크

ㄱ. 2007~2009년 동안 전체 등록사업자 수의 전년대비 증가폭이 각각 240, 235, 155로 감소하고 있다. 전체 등록사업자 수가 매년 증가하지만 증가폭이 감소하는 경우에는 증가율 역시 감소하므로 매년 감소한 것이 된다.

ㄹ. 2006~2009년 동안 전체 등록사업자 수 중 면세사업자 수가 차지하는 비중은 매년 10% 이상임을 알 수 있다. 2005년의 전체 등록사업자 수는 390+2,100+1,650+490=4,630명이고 이 중 면세사업자 수는 490명이므로 역시 10% 이상이 된다.

오답 체크

ㄴ. 일반사업자 중에서 폐업신고자 수는 2007년이 410천 명으로 가장 많았지만 일반사업자 중에서 폐업신고자 수는 45천 명으로 2009년 55천 명보다 적다. 따라서 2007년은 법인사업자 중에서 폐업신고자 수가 가장 많았던 연도가 아니므로 서로 일치하지 않는다.

ㄷ. 2009년의 경우 전체 등록사업자 5,470천 명 중 간이사업자 수와 면세사업자 수의 합은 1,950+565=2,515천 명이므로 50%에 미치지 못한다.

빠른 문제 풀이 Tip

- 연도의 범위에 주의하며 풀이한다.
- <보기>를 검토하기 전에 괄호를 다 채우지 말고 <보기>에서 필요한 괄호만 채우며 풀이한다.

22

정답 ⑤

정답 체크

ㄴ. 수출물가지수는 6월부터 9월까지 각각 96.77, 97.42, 95.75, 95.68로 매월 90 이상이다.

ㄷ. 순상품교역조건지수는 7월이 89.94, 8월이 90.64로 매월 100 이하이다.

ㄹ. 소득교역조건지수는 9월이 101.52로 6월 104.56보다 낮다.

오답 체크

ㄱ. 6월 대비 7월의 수출금액지수와 수출물량지수는 모두 하락하였다.

빠른 문제 풀이 Tip

ㄷ. 순상품교역조건지수가 100 이하가 되려면 수출물가지수≤수입물가지수를 만족하면 된다. 6~9월 모두 수출물가지수는 100 이하, 수입물가지수는 100 이상이므로 쉽게 판단할 수 있다.

ㄹ. 소득교역조건지수=순상품교역조건지수×수출물량지수이므로 6월이 9월보다 순상품교역조건지수도 높고 수출물량지수도 높다.

23

정답 ④

정답 체크

· <표>의 각주에 따르면 재료의 총 매입가격=(톤당 산지가격+톤당 운반비)×매입량(톤)이므로 톤당 산지가격= $\frac{\text{재료의 총 매입가격}}{\text{매입량}}$ −톤당 운반비가 된다. 따라서 $\frac{\text{재료의 총 매입가격}}{\text{매입량}}$ 은 A가 54만 원/톤, B가 53만 원/톤, C가 64만 원/톤, D가 58만 원/톤, E가 51만 원/톤이다.

· <그림 2>의 각주 2)에 따라 <그림 1>에서 최단거리를 도출하면 A(가)는 40km, B(나)는 80km, C(다)는 120km, D(가)는 40km, E(라)는 120km가 된다. 여기서 최단거리가 같다면 톤당 운반비가 같기 때문에 최단거리가 같은 A와 D 중 D가 더 크다. 따라서 선택지 ①이 제거된다. 또한 C와 E 중 C가 더 크기 때문에 선택지 ⑤도 제거되므로, B, C, D 중 톤당 산지가격이 가장 높은 재료가 어떤 것인지 판단하면 된다.

· <그림 2>의 각주 1)에서 각 선분은 직선이라고 하였으므로 최단거리가 80km인 B의 톤당 운반비는 23만 원/톤, 최단거리가 120km인 C의 톤당 운반비는 26만 원/톤, 최단거리가 40km인 D의 톤당 운반비는 18만 원/톤이 된다.

따라서 톤당 산지가격은 D가 58−18=40만 원/톤으로 가장 높다.

빠른 문제 풀이 Tip

· 결국 문제에서 묻는 것은 톤당 산지가격이기 때문에 <표>의 각주를 통해 식을 정리한다.

· 최단거리가 같다면 톤당 운반비가 같다는 점을 이용한다면 비교대상을 줄일 수 있다.

24

정답 ④

정답 체크

ㄴ. LQ지수 식을 다시 쓰면 결국 $\frac{\text{각 업종의 A시 비율}}{\text{제조업 전체 A시 비율}}$ 이다. 따라서 동일한 연도의 LQ값이 가장 크다면 분모인 제조업 전체 A시 비율이 동일하므로 당연히 분자인 해당 업종의 A시 비율이 가장 클 수밖에 없다.

ㄹ. 섬유제품 업종의 2005년 LQ 값은 $\frac{7.13}{3.34}$ 으로 2.0 이상이다.

오답 체크

ㄱ. 음식료품 업종의 전국 생산액에서 A시가 차지하는 비율은 2004년 $\frac{1,602}{42,330}$ 에서 2005년 $\frac{1,472}{42,895}$ 로 감소하였다.

ㄷ. <보기> ㄴ과는 달리 2004년과 2005년 비교이므로 2005년 LQ 값이 전년에 비해 증가한 업종이 실제 해당 업종의 전국 생산액에서 A시가 차지하는 비율 역시 증가하였는지 판단해야 한다. LQ값이 증가한 업종은 '가죽·가방 및 신발', '기타 운송장비', '재생용 가공원료'이고 이중 '가죽·가방 및 신발'의 A시 비율은 2004년 20.11에서 2005년 20.04로 감소하였다.

유형 7 | 조건 판단형

p.165

01	02	03	04	05	06	07	08	09	10
④	①	⑤	④	①	④	③	②	④	①
11	**12**	**13**	**14**	**15**	**16**	**17**	**18**	**19**	**20**
①	③	④	④	①	②	④	④	③	③
21	**22**	**23**	**24**						
⑤	④	③	②						

01

정답 ④

정답 체크

- A와 D를 비교하기 전에 A와 D의 공통점과 차이점을 검토한다. 사유지라는 점에 공통점이 있는데 D의 경우 개발제한구역에 해당하므로 마지막 <조건>에 따라 개발 적합성 점수가 0이 된다. 따라서 D가 가장 낮은 지역이 된다.
- 실질적으로 비교를 해야 하는 항목은 C와 E이다. C와 E는 모든 항목에서 각각 다르기 때문에 평가 점수를 계산한다. C는 농지이므로 8×0.6=4.8점이고 경사도가 10%이므로 10×0.4=4점이다. 그리고 C는 국유지이므로 최종 점수는 8.8점이다. E의 경우 주택지이므로 10×0.6=6.0점이고 경사도는 15%로 5×0.4=2.0점이다. 다만 E의 경우 사유지이므로 8.0의 80%만 부여해야 한다. 따라서 E보다 C가 더 크고, C가 가장 높은 지역이 된다.

빠른 문제 풀이 Tip

- 선택지 배열을 참고하였을 때 가장 낮은 지역은 A 또는 D 중 하나이므로 A와 D부터 비교한다.
- 가장 낮은 지역이 결정되었다면 가장 높은 지역도 양자 간 공통점과 차이점 위주로 파악한다.

02

정답 ①

정답 체크

- 선택지 구성을 참고하였을 때 가장 작은 지역부터 검토한다. 마닐라와 자카르타를 비교하면, 보조금을 고려한 급여는 30×10만큼 자카르타가 더 많고 전력 사용료 역시 5×100만큼 자카르타가 더 많으며 운송비는 동일하므로 가장 작은 지역은 마닐라이다.
- 하노이와 다낭을 비교할 때 국가가 베트남으로 동일하므로 보조금을 고려하지 않아도 된다. 급여는 하노이가 20×10만큼 더 많고 운송비는 다낭이 600×4만큼 더 많기 때문에 가장 큰 지역은 다낭이다.

실제 지역별 순지출액은 자카르타가 7,900달러, 바탐이 9,600달러, 하노이가 16,900달러, 호치민이 11,800달러, 다낭이 19,100달러, 마닐라가 7,100달러, 세부가 10,300달러이다.

따라서 가장 작은 지역은 마닐라, 가장 큰 지역은 다낭이다.

빠른 문제 풀이 Tip

- 급여×10, 전력 사용료×100, 운송비×4
- 구체적인 계산을 하기보다는 동일한 부분을 제외한 차이가 나는 부분 위주로 비교한다.

03

정답 ⑤

정답 체크

ㄱ. B는 A, C, E, F 4명과 일대일채팅방에 참여하고 있으므로 가장 많다.

ㄴ. A는 C와 0이므로 일대일채팅방에 참여하고 있지 않지만, A는 B와, B는 C와 각각 1로 일대일채팅방에 참여하고 있다.

ㄹ. '갑'반으로 전학 온 새로운 학생 G가 C, D와만 각각 일대일채팅방에 참여한다면, '갑'반의 학생 수는 6명에서 7명이 되므로 학생들이 참여할 수 있는 모든 일대일채팅방의 개수는 21개이다. 그리고 학생들이 참여하고 있는 일대일채팅방의 개수 역시 8개에서 10개로 증가하므로 '갑'반의 일대일채팅방 밀도는 $\frac{10}{21}$이 된다. 따라서 '갑'반의 일대일채팅방 밀도는 $\frac{8}{15}$에서 $\frac{10}{21}$으로 낮아진다.

오답 체크

ㄷ. '갑'반의 학생 수는 현재 6명이므로 학생들이 참여할 수 있는 모든 일대일채팅방의 개수는 15개이다. 그리고 현재 학생들이 참여하고 있는 일대일채팅방의 개수는 8개이므로 '갑'반의 일대일채팅방 밀도는 $\frac{8}{15}$로 0.6 이상이 되지 못한다.

빠른 문제 풀이 Tip

- 규칙에서 의도한 핵심을 파악하여 풀이한다. 모든 일대일채팅방의 개수는 학생 수가 일정하다면 고정이고, 학생들이 참여하고 있는 일대일채팅방의 개수는 <표>에 제시된 '1'의 개수 합이다.
- 표의 가로축(행)과 세로축(열)이 비대칭이라는 점을 파악하여 풀이한다.

04

정답 ④

정답 체크

ㄱ. 배포된 설문지 중 제출된 설문지 비율은 $\frac{130}{150}\times100 \fallingdotseq 86.7\%$이므로 85% 이상이다. 반대로 $\frac{2}{15}$가 15% 이하인지 검토해도 된다. $15^2=225$이므로 15×0.15=2.25이다. 분자가 2이므로 15% 이하이다. 또한 분수 비교로도 검토가 가능한데, $\frac{13}{15}=\frac{78}{90}$이 $\frac{85}{100}$를 넘는지 판단한다.

ㄷ. 제출된 설문지의 문항별 응답률을 묻고 있지만 모든 설문지의 제출된 설문지는 130부로 동일하므로 응답수로 비교하면 된다. '직무유형'은 34+28+27+14+8+5+8=124명으로 '소속기관' 71+3+41=115명보다 많다. 따라서 제출된 설문지의 문항별 응답률은 '직무유형'이 '소속기관'보다 높다.

ㄹ. '직급' 문항 응답자 중 '8~9급' 비율은 $\frac{44}{76}\times100≒57.9\%$로 '근무기간' 문항 응답자 중 5년 이상이라고 응답한 비율 $\frac{44}{86}\times100≒51.2\%$보다 높다. $\frac{a}{a+b}$구조이므로 $\frac{a}{b}$비율로 판단한다. 따라서 '직급' 문항 응답자 중 '8~9급' 비율은 '5~7급' 응답자 대비 '8~9급' 비율인 $\frac{44}{32}$이다. '근무기간' 문항 응답자 중 5년 이상이라고 응답한 비율은 5년 미만 응답자 대비 5년 이상 응답자의 비율인 $\frac{44}{43}$이다. 분자가 44로 같으므로 분모가 더 작은 전자의 비율이 더 크다는 것을 알 수 있다.

오답 체크

ㄴ. 전체 '응답자' 130명의 학력 분포 중에서 '고졸 이하'의 비율이 가장 낮다. 하지만 전체 '설문조사 대상자' 150명의 학력 분포에서 '고졸 이하'의 비율이 가장 낮은지는 판단할 수 없다. 응답 거부 및 제출하지 않은 나머지 26명의 학력 분포를 파악할 수 없기 때문이다. 만약 26명 모두 고졸이라면 대학원 재학 이상의 비율이 가장 낮을 수도 있다.

빠른 문제 풀이 Tip

· 설문조사 대상자는 150명이지만 응답자는 130명이라는 점에 주의한다.
· 설문조사가 독립적으로 이루어지고 1인당 1부 배포하였으며 응답 거부는 허용되지만 복수응답은 허용되지 않았으므로 각 문항별 인원수의 합계는 130으로 생각한다. 예를 들어 '성' 문항에서 남성과 여성은 각각 63명이고 응답 거부는 나머지 4명이 된다.

05

정답 ①

정답 체크

ㄱ. 대상액이 10억 원인 경우, 안전관리비는 '일반건설공사(을)'이 10억 원×1.99%+550만 원=2,540만 원이고 '중건설공사'가 10억 원×2.35%+540만 원=2,890만 원이므로 전자가 후자보다 적다.

오답 체크

ㄴ. 대상액이 4억 원인 경우, 안전관리비는 '일반건설공사(갑)'은 4억 원×2.93%=1,172만 원이고 '철도·궤도신설공사'는 4억 원×2.45%=980만 원이므로 차이는 192만 원이다.

ㄷ. '특수 및 기타 건설공사' 안전관리비는 대상액이 100억 원인 경우가 100억 원×1.27%=1억 2,700만 원이고 대상액이 10억 원인 경우는 10억 원×1.20%+325만 원=1,525만 원이다. 따라서 10배 이상이 되지 못한다.

빠른 문제 풀이 Tip

ㄴ. 대상액이 4억 원으로 동일하므로 두 금액의 차이가 200만 원 이상이 되려면 요율의 차이가 0.5%p 차이 이상이어야 한다. 두 요율의 차이는 2.93-2.54=0.49%p이므로 틀린 선택지이다.

06

정답 ④

정답 체크

ㄱ. 표준운송원가인 대당 500천 원의 80% 미만인 구간이 보조금 지급대상이므로, 400천 원 미만 칸을 포함한 그 아래의 버스회사 수를 구하여 더하면 총 60개임을 알 수 있다.

ㄴ. 표준운송원가를 625천 원으로 인상하면 이의 80%가 500천 원이 되므로 보조금 지급대상 버스회사 수는 33개 증가한다. 따라서 93개이다.

ㄷ. 표준운송원가의 50% 미만인 버스회사는 표준운송원가의 25%인 125천 원을 대당 보조금으로 지급받게 되므로 총 보조금은 125천 원×30대=3,750천 원이 된다.

오답 체크

ㄹ. 대당 운송수입금이 230천 원인 버스회사는 표준운송원가의 25%인 125천 원을 대당 보조금으로 받고, 대당 운송수입금이 380천 원인 버스회사는 표준운송원가와 대당 운송수입금의 차액의 50%를 보조금으로 받으므로 (500-380)×0.5=60천 원이다. 따라서 양자 간 차이는 65천 원이다.

빠른 문제 풀이 Tip

· 보조금 지급대상이 되는 대당 운송수입금별 버스회사 수의 구간을 파악하고, 보조금 지급대상이 되는 2개 구간을 구별하여 풀이한다.
· 50~80% 구간과 50% 미만 구간에서 대당 보조금의 산정이 다름에 유의한다.

07

정답 ③

정답 체크

'가'에 의하면 결국 선호순위가 1인 항목의 가중치가 2배이므로 논문 I이 가장 크다. '나'에 의하면 중앙값이 가장 작은 논문이 1점을 받게 되고 이는 역시 논문 I이다. '다'에 의하면 선호 순위의 합이 가장 작은 논문은 III이다.

ㄱ. A에 따르면 각 산정방식이 활용될 확률이 동일하므로 산정방식 두 가지에서 1점을 받게 되는 논문 I의 선정 확률이 가장 높다.

ㄷ. C에 따르면 가중치를 1:2:3의 비중으로 적용하면 논문 I과 III의 점수가 같고 여기서 병의 선호가 더 높은 III이 우수논문이 된다.

오답 체크

ㄴ. B에 따르면 합이 가장 낮은 논문을 묻고 있지만 사실상 A와 동일하다.

빠른 문제 풀이 Tip

규칙이 복잡해 보이지만 일단 각 산정방식 모두 하나의 논문에만 1점이 부여된다는 공통점에 주목하여 풀이한다.

08

정답 ②

정답 체크

2016년 A의 생산량은 150kg이므로 판매가격은 1,500원/kg이고 B의 생산량 역시 150kg이므로 판매가격은 1,000원/kg이 된다. 따라서 2016년 농민 '가'의 작물 총판매액은 50×1,500+100×1,000=175,000원이다.

오답 체크

① 동일 경작지에서 동일 작물을 다년간 연속 재배하였을 때, 전년 대비 생산량 감소를 보인 작물은 A(2015~2017년 '가'), B(2018~2019 '나', 2015~2016 '나'), C(2017~2018 '나')이다.

③ 2018~2019년 '나'와 2015~2019년 '다'에 따르면 E작물은 동일 경작지에서 다년간 연속 재배해도 생산량이 감소하지 않았다.

④ 동일 경작지에서 A작물을 3개년 연속 재배하고 B작물을 재배한 후 다시 A작물을 재배한 경우는 '가'의 경작지1이다. 다시 A작물을 재배한 해인 2019년에는 A작물이 '경작지당 연간 최대 생산량'인 100kg만큼 생산되었다.

⑤ 2016년과 2019년의 작물 판매가격 차이는 D작물이 1,000(총생산량 200kg)-250(총생산량 400kg)=750원/kg이고, E작물이 2,000(총생산량 50kg)-500(총생산량 100kg)=1,500원/kg이다.

09

정답 ④

정답 체크

- 여성은 C 또는 F이므로 C와 F를 먼저 파악한다. C의 경우 1,950이고 F의 경우 1,930이므로 일일 에너지 섭취 권장량은 둘 다 만족한다. 세 영양소 중 탄수화물의 비중이 55~65%가 되어야 하는데, C는 1,200/1,930으로 60%가 넘고 F는 800/1,930은 50% 미만이므로 C가 여성에 해당한다.
- 남성은 B(2,740) 또는 E(2,630)이므로 역시 탄수화물의 비중으로 판단한다. B는 2,000/2,740으로 70% 초과이므로 해당하지 않고, E는 1,600/2,630으로 약 60%이므로 E가 남성에 해당한다.

따라서 남성은 E, 여성은 C이다.

빠른 문제 풀이 Tip

- 조건에 부합하는 사람을 먼저 선택지를 토대로 가려낸다.
- 권장기준 2가지를 모두 만족해야 한다는 점을 유의하며 풀이한다.

10

정답 ①

정답 체크

A팀은 9일과 12일 2경기 승리이고 C팀은 14일, 28일, 30일 3경기 승리이다. 따라서 A팀과 C팀은 승리한 횟수가 같지 않다. 구체적으로 A는 2승 5무 3패, C는 3승 2무 5패로 승점 11점 동률이다.

오답 체크

② B팀은 12일 무승부, 19일 승리, 26일 승리이므로 화요일에는 패배한 적이 없다.

③ 23일은 모든 팀이 이전 경기일에 비해 승점을 1점씩 추가하였으므로 무승부를 기록한 날이 된다. 따라서 모든 팀이 같은 경기일에 무승부를 기록한 적이 있다.

④ 14일은 A, B, D, F 팀은 모두 승점 1점씩 추가하여 무승부를 기록하였고 C팀은 승점 3점, E팀은 승점 0점이므로 C팀은 3월 14일에 E팀과 경기하여 승리하였다.

⑤ 28일에 D의 승점이 16점이고 B, E, F의 승점이 12점으로 4점 차이가 난다. 따라서 30일 경기에서 B, E, F 중 누가 승리를 하더라도 D의 승점보다 클 수 없기 때문에 우승팀은 이미 28일에 결정된 것과 동일하다. 따라서 3월 30일 경기결과가 달라져도 우승팀은 바뀌지 않는다.

빠른 문제 풀이 Tip

- 주어진 <표>의 제목이 누적승점이라는 것에 유의하며 풀이한다.
- 팀별로 다른 5개 팀과 2번씩 경기하므로 각 팀은 총 10번씩 경기한다.
- 승리 +3, 무승부 +1, 패배 0점이다.

11

정답 ①

정답 체크

ㄱ. 참가자 A의 '색상' 점수와 참가자 D의 '장식' 점수가 각각 1점씩 상승하여도 가중치 적용 차이 값의 합은 A가 +4로 +16이 되고 D가 +3으로 +9가 된다. 따라서 전체 순위에는 변화가 없다.

ㄴ. 참가자 B의 '향' 항목 득점기여도는 4×4/69이고 참가자 A의 '색상' 항목 득점기여도는 3×4/63이므로 전자가 후자보다 높다.

오답 체크

ㄷ. 참가자 C는 모든 항목에서 1점씩 더 득점하면 가중치 적용 차이 값의 합이 +20이므로 가장 높은 순위가 될 수 있다.

ㄹ. 순위는 가중치 적용 차이 값의 합으로 도출하였듯이 B, A, D, C 순이다. 분자에 가중치 6은 공통으로 적용되는 수치이므로 이를 제외하고 판단하면, '맛' 항목 득점기여도의 순서는 A(4/63), B(3/69), C(2/51), D(2/57)이다. 따라서 순위가 높은 참가자일수록 '맛' 항목 득점기여도가 높은 것은 아니다.

빠른 문제 풀이 Tip

가중치가 동일한 항목끼리 묶어 판단한다. 또한 참가자 D의 종합점수가 주어져 있으니 이를 참고하여 비교한다. 동일한 가중치끼리 묶어 득점의 차이를 정리하면 아래와 같다.

가중치	A	B	C	D
6(맛)	+2	+1	0	0
4(향, 색감)	0	+3	0	0
3(식감, 장식)	0	0	0	+2
가중치 적용 차이 값의 합	+12	+18	0	+6

따라서 종합점수가 높은 참가자부터 차례대로 나열하면 B, A, D, C 순이다.

12

정답 ③

정답 체크

- 첫 번째 <조건>에서 자동차당 도로연장은 A시와 B시 모두 전국보다 짧다고 했으므로 세종시는 제외된다.
- 나머지 <조건>에 따르면 A시는 B시보다 인구도 2배 이상 많고 면적도 더 넓으며 도로포장률도 더 높다. 따라서 남은 세 가지 <조건>을 동시에 고려한다. 먼저 100% 수치가 있는 도로포장률 항목에서 서울, 대구, 대전을 제외하면 B시가 될 수 있는 도시는 부산, 인천, 광주, 울산이다. 이 중 울산은 면적이 가장 넓기 때문에 B시가 될 수 없다. 인천도 울산 다음으로 면적이 넓지만 인구는 더 적기 때문에 나머지 부산, 광주 중 하나가 B시가 된다. B시가 부산이라면 A시가 될 수 있는 도시는 없고 B시가 광주라면 A시는 사실상 도로포장률이 더 높은 서울만이 가능하다. 따라서 A시는 서울, B시는 광주이므로 두 도시 A, B를 비교한 것으로 옳은 것은 '면적당 도로연장: A > B'이다.

빠른 문제 풀이 Tip

- 먼저 <조건>에 따라 A와 B시를 먼저 찾는다.
- 매칭형 문제처럼 <조건>을 보는 순서를 정하여 접근해야 한다.

13

정답 ④

정답 체크

A방식으로 도출할 때 '갑'이 347점, '을'이 325점, '병'이 330점, '정'이 340점과 같이 단순히 합하여 구할 수 있지만, 아래와 같이 과목별로 가장 점수가 낮은 학생을 기준으로 차이 값을 이용해서 순위를 도출하는 방법도 있다. 두 가지 방법 모두 '갑', '정', '병', '을' 순이다.

학생 \ 과목	국어	영어	수학	과학	차이 값
갑	75(0)	85(+15)	90(+15)	97(+16)	+46
을	82(+7)	83(+13)	79(+4)	81(0)	+24
병	95(+20)	75(+5)	75(0)	85(+4)	+29
정	89(+14)	70(0)	91(+16)	90(+9)	+39

B방식으로 도출하면 과목별 등수의 합은 '갑'은 8, '을'이 12, '병'이 11, '정'이 9이다. 따라서 A방식과 마찬가지로 '갑', '정', '병', '을' 순이다. 등수의 합이 작을수록 순위가 높다는 점에 주의한다.

C방식으로 도출하면 '갑', '을', '정' 3명이 3과목으로 동일하다. 따라서 '갑', '정', '을', '병' 순이다.

ㄱ. A방식과 B방식으로 산정한 '병'의 순위는 3위로 동일하다.
ㄴ. C방식으로 산정한 '정'의 순위는 2위이다.

오답 체크

ㄷ. '정'의 과학점수만 95점으로 변경되더라도 여전히 과학 과목의 순위는 2위로 동일하다. 따라서 B방식으로 산정한 '갑'의 순위에는 변함이 없다.

빠른 문제 풀이 Tip

- 방식을 이해해야 풀 수 있는 계산형 문제이므로 후순위로 풀이한다.
- A, B, C방식은 당연히 차이가 있지만, 공통점이 있다면 B방식이나 C방식으로 동일한 순위가 발생하면 A방식의 순위에 따른다는 점이다.

14

정답 ④

정답 체크

- A지역과 B지역의 고도 차이는 600m이므로 기온 차이는 6℃이다. 즉 A지역에 비해 B지역의 온도가 6℃ 더 낮으므로 <조건>의 세 번째 발아예정일 산정방법의 기온을 +6℃하여 계산한다.
- 첫 번째 파종 후, 일 최고기온이 3℃ 이상인 날이 연속 3일 이상 존재해야 하므로 일 최고기온이 연속 3일 동안 9℃ 이상인 최초의 날을 찾는다. 이는 3월 2일부터 4일까지이다.
- 첫 번째 조건을 만족한 날 이후, 즉 3월 4일 이후 일 최고기온이 0℃ 이하인 날이 1일 이상 존재해야 하므로 3월 4일 이후 6℃ 이하인 최초의 날을 찾는다. 이는 5.8℃인 3월 8일이다.
- 두 번째 조건을 만족한 날 이후, 일 최고기온이 3℃ 이상인 날이 존재해야 하므로 일 최고기온이 9℃인 최초의 날을 찾는다. 이는 9.9℃인 3월 23일이다.
- 발아예정일은 세 번째 조건을 만족한 최초일에 6일을 더한 날이다. 따라서 3월 29일이지만 첫 번째 조건을 만족한 최초일 다음날인 3월 5일부터 세 번째 조건을 만족한 최초일인 3월 23일 사이에 일 최고기온이 0℃ 이상이면서 비가 온 날이 있다면 그 날 수만큼 발아예정일이 앞당겨진다. 이 조건을 만족한 날은 3월 7일과 3월 15일 2일이므로 발아예정일은 최종적으로 3월 27일이 된다.

빠른 문제 풀이 Tip

A지역과 B지역의 차이 값을 판단하여 이를 <표>에서 검토한다.

15

정답 ①

정답 체크

- <보고서>의 두 번째 문단에서 직원을 증원하지 않을 경우 '가', '나'사업장의 2017년 대비 2018년 매출액 증감률은 각각 10% 이하일 것으로 예상된다고 하였으므로 2018년 매출액은 '가'사업장은 217~253백만 원, '나'사업장은 144~176백만 원 범위 내에 존재해야 한다. 따라서 '증원없음' 항목의 '가'사업장 매출액이 256백만 원인 선택지 ④와 '나'사업장 매출액이 178백만 원인 선택지 ⑤는 정답이 될 수 없다.
- <보고서>에서 직원 증원이 없을 때와 직원 3명을 증원할 때의 2018년 매출액 차이는 '나'사업장이 '가'사업장보다 클 것으로 추정된다고 하였으므로 '증원없음'과 '3명'의 차이가 '가'사업장(367-209=158백만 원)의 경우가 '나'사업장(304-150=154백만 원)보다 더 큰 선택지 ②도 역시 답이 될 수 없다.
- <보고서>에서 '나'사업장이 2013~2017년 중 최대 매출액을 기록했던 2014년보다 큰 매출액을 기록하기 위해서는 2018년에 최소 2명의 직원을 증원해야 한다고 하였으므로, '나'사업장의 '2명' 매출액 244백만 원이 2014년 252백만 원보다 더 적은 선택지 ③은 답이 될 수 없다.

빠른 문제 풀이 Tip

- <그림>과 <보고서>를 통해 가능한 그래프를 찾는 새로운 패턴의 문제이다.
- 옳은 그래프는 1가지뿐이므로 옳은 부분을 확인하는 접근방법보다는 옳지 않은 부분을 제거하는 방향으로 접근하여 풀이한다.

16

정답 ②

정답 체크

ㄴ. 식에 숫자를 대입해서 비교하려 하기보다는 식의 구조를 고려하여 판단한다. A의 개체수가 일정한 상황에서 D는 F에 비해 개체수가 적고 누적 주입량 역시 적다. 따라서 소독효율 식의 분자가 D가 더 큰 반면 분모는 D가 더 작기 때문에 소독효율은 F가 D보다 낮다.

오답 체크

ㄱ. 실험시작 후 2시간이 경과한 시점은 C에서 측정한 소독효율값이므로 약 $\frac{94}{5}$이고 1시간이 경과한 시점에서 B의 소독효율은 $\frac{80}{2.8}$이다. 따라서 소독효율은 B가 C보다 더 높다. 정확한 값을 도출하지 않고 20을 기준으로 대략적으로 검토해도 판단이 가능한 선택지이다.

ㄷ. 구간 소독속도 식의 분모가 두 측정시점 사이의 시간이므로 B~C 구간과 E~F 구간의 시간은 1시간으로 동일하다. 결국 B~C 구간과 E~F 구간의 개체수 차이가 클수록 소독속도 역시 크게 되므로 구간 소독속도는 B~C 구간이 E~F 구간보다 높다.

빠른 문제 풀이 Tip

- 소독효율의 A 개체수는 100으로 일정하다. 이에 유의하여 <실험정보>에서 주어지는 식을 파악한다.
- 각 시점의 간격은 1시간으로 동일하다는 점에 유의한다. 소독제 누적주입량과 헷갈릴 수 있으므로 특히 구간 소독속도 비교시 주의해야 한다.
- 소독효율은 기울기로도 판단할 수 있으므로 식을 재구성하여 풀이한다.

17

정답 ④

정답 체크

<조건>을 다시 정리하면 다음과 같다.

- 1차 고객기관은 자체활용 또는 제공하는 기관 두 종류로 구분된다.
- 1차 고객기관 중 25%인 150개는 공공데이터를 자체활용만 한다. 따라서 개인고객 또는 2차 고객기관에 공공데이터를 제공하는 1차 고객기관은 450개이다.
- 1차 고객기관 중 50%인 300개는 2차 고객기관에게 공공데이터를 제공하고, 1차 고객기관 중 60%인 360개는 개인고객에게 공공데이터를 제공한다. 여기서 주의해야 할 점은 2차 고객기관에 공공데이터를 제공하는 300개 기관과 개인고객에게 공공데이터를 제공하는 360개 기관의 합은 공공데이터를 자체활용 150개를 제외한 공공데이터를 제공하는 기관 450개보다 많다는 점이다.
- 2차 고객기관 중 30%인 90개는 공공데이터를 자체활용만 하고, 70%인 210개는 개인고객에게 공공데이터를 제공한다.
- 1차 고객기관으로부터 공공데이터를 제공받지 않는 2차 고객기관은 없다.

ㄱ. 개인고객에게 공공데이터를 제공하는 기관의 수는 1차 고객기관이 360개로 2차 고객기관 210개보다 크다.

ㄴ. 공공데이터를 자체활용만 하는 기관의 수는 1차 고객기관이 150개로 2차 고객기관 90개보다 크다.

ㄷ. 1차 고객기관 중 공공데이터를 자체활용하는 150개를 제외하고 공공데이터를 제공하는 기관 450개 중 2차 고객기관에 공공데이터를 제공하는 기관은 300개이다. 따라서 1차 고객기관 중 개인고객에게만 공공데이터를 제공하는 기관의 수는 450-300=150개이므로 1차 고객기관 600개의 25%가 된다.

오답 체크

ㄹ. 1차 고객기관 중 개인고객에게만 공공데이터를 제공하는 기관의 수는 ㄷ에서 도출하였듯이 150개이고, 1차 고객기관 중 2차 고객기관에게만 공공데이터를 제공하는 기관의 수는 450-360=90개이므로 60개가 더 많다. 따라서 70%(63개) 이상 더 크다는 것은 옳지 않다.

빠른 문제 풀이 Tip

- <조건>을 잘 이해하여 경우의 수가 발생한다는 사실을 판단한다.
- <표>의 수치는 1차와 2차 고객기관 전체 수치이다. 이 중 개인고객에게 공공데이터를 제공하는 기관과 <보기>에서 묻는 개인고객에게만 공공데이터를 제공하는 기관의 차이를 구분해야 한다.

18

정답 ④

정답 체크

<표 1>의 구조를 통해 철거가 가능한 구역은 활용이 불가능하고 활용이 가능한 구역은 철거가 불가능함을 파악할 수 있다. 또한 정비구역은 둘 다 불가능하므로 먼저 가, 바, 사 구역은 철거와 활용 둘 다 불가능한 구역이다.(선택지 ② 제거). 따라서 위 3개 구역을 제외한 나머지 구역은 철거 또는 활용이 가능한 구역이므로 먼저 활용이 가능한 구역부터 검토한다. 공가기간이 20년 이하이면서 건축물 연령이 건축구조의 사용연한 이하인 구역은 나(20년 ≥ 10년 초과 20년 이하), 다(40년 ≥ 20년 초과 30년 이하), 마(40년 ≥ 10년 이하), 아(30년 ≥ 10년 초과 20년 이하)로 4개 구역의 빈집이 활용 가능하다. 나머지 구역은 철거가 가능한 구역이므로 공가기간이 20년 이하이면서 건축물 연령이 건축구조의 사용연한 초과인 구역은 라(30년 < 30년 초과), 자(20년 < 30년 초과)로 2개 구역의 빈집이다.

④ 활용이 가능한 빈집은 나, 다, 마, 아 4개이다.

오답 체크

① 철거가 가능한 빈집은 라, 자 구역의 2개이다.

② '가', '바', '사' 구역의 빈집은 철거가 불가능하다.

③ '다' 구역의 빈집은 활용이 가능하다.

⑤ '마' 구역의 빈집은 철거가 불가능하다. 활용만 가능한 빈집이다.

빠른 문제 풀이 Tip

정비구역으로 철거와 활용이 둘 다 불가능한 사 지역을 제외하면 공가기간은 모든 구역에서 20년 이하이므로 건축물 연령이 건축구조의 사용연한 이하라면 활용이 가능, 사용연한 초과라면 철거가 가능하다는 단일기준으로 판단한다.

19

정답 ③

정답 체크

- 2022년 1월 기준 대여시간이 1분일 때 A는 200원, B는 400원, C는 870원, D는 1,660원으로 A가 가장 낮고, 대여시간이 10분일 때 A는 2,000원, B는 1,750원, C는 1,950원, D는 2,200원으로 B가 가장 낮으며, 대여시간이 100분일 때 A는 20,000원, B는 15,250원, C는 12,750원, D는 7,600원으로 D가 가장 낮다. 따라서 2022년 1월 기준 대여요금제에 따르면, 운영사 C는 이용자의 대여시간이 몇 분이더라도 해당 대여시간에 대해 운영사 A~D 중 가장 낮은 대여요금을 제공하지 못하므로 (가) 에 들어갈 운영사는 C이다.
- 운영사 C가 2월부터 잠금해제 이후 처음 5분간 분당대여료를 면제하는 것으로 대여요금제를 변경하면 대여시간이 10분일 때 A는 2,000원, B는 1,750원, C는 1,350원, D는 2,200원으로 C가 가장 낮기 때문에 2022년 2월 기준 대여요금제에 따르면 운영사 B는 이용자의 대여시간이 몇 분이더라도 해당 대여시간에 대해 운영사 A~D 중 가장 낮은 대여요금을 제공하지 못한다. 따라서 (나) 에 들어갈 운영사는 B이다.
- 이에 운영사 B는 3월부터 분당대여료를 50원 인하하는 것으로 대여요금제를 변경하였고 그 결과 대여시간이 20분일 때, 3월 기준 대여요금제로 산정된 공유킥보드 대여요금은 B가 250+100×20=2,250원, C가 750+120×15=2,550원이므로 차이는 300원이다. 따라서 (다) 에 들어갈 수치는 300이다.

따라서 <보고서>에서 (다)에 해당하는 값은 300이다.

빠른 문제 풀이 Tip

잠금해제료가 없지만 분당대여료가 가장 높은 A와, 잠금해제료가 가장 높지만 분당대여료가 가장 낮은 D는 대여시간에 따라 가장 낮은 대여요금을 제공할 가능성이 있다. 이를 파악했다면 (가)에 들어갈 운영사는 C이고 (나)에 들어갈 운영사는 B라는 것을 어렵지 않게 판단할 수 있다.

20

정답 ③

정답 체크

<정보>에서 제시하는 내용을 토대로 <표 1>과 <표 2>의 구분항목별 합을 더해서 <보기>를 판단한다.

ㄱ. 2021년 실무자의 절반은 여성이므로 실무자 800명 중 400명은 여성이다. 따라서 남성 실무자는 400명이고 전체 남성 415명 중 남성 관리자는 15명이므로 전체 관리자 200명 중 여성 관리자는 185명이다.

ㄴ. 소속이 본사인 직원은 2022년이 100명으로 2021년 95명보다 5명 많다.

오답 체크

ㄷ. 각 설문조사에서 '부당한 지시'의 갑질 발생 위험도를 '높음' 또는 '매우 높음'으로 답변한 응답자는 '언어'와 '불리한 처우'에 대해서도 '높음' 또는 '매우 높음'으로 답변하였으므로 2021년 부당한 지시에서 높음 이상으로 응답한 91명은 모두 언어에서도 높음 이상으로 응답하였다. 즉 언어에서도 높음 이상으로 응답한 118명 중 91명을 제외한 27명은 '부당한 지시'의 갑질 발생 위험도를 '매우 낮음', '낮음' 또는 '보통'으로 답변한 응답자이다. 마찬가지로 2022년 부당한 지시에서 높음 이상으로 응답한 38명은 모두 언어에서도 높음 이상으로 응답하였기 때문에 언어에서도 높음 이상으로 응답한 75명 중 38명을 제외한 37명은 '부당한 지시'의 갑질 발생 위험도를 '매우 낮음', '낮음' 또는 '보통'으로 답변한 응답자이다. 따라서 '부당한 지시'의 갑질 발생 위험도를 '매우 낮음', '낮음' 또는 '보통'으로 답변한 응답자 중 '언어'의 갑질 발생 위험도를 '높음' 또는 '매우 높음'으로 답변한 응답자는 2021년 27명으로 2022년 37명보다 적다.

빠른 문제 풀이 Tip

ㄴ. 갑질 발생 위험도가 동일한 항목끼리 증감폭으로 비교하면 매우 낮음부터 +10, +2, -1, -2, -4명이므로 증감폭의 합은 +5명이므로 이를 토대로 쉽게 판단 가능하다.

21

정답 ⑤

정답 체크

ㄴ. A는 4강에 80회 진출하였으므로 만약 A의 4강 승률이 100%라면 결승에 80회 진출한 것이 된다. 이 경우 A가 8번 우승했다면, A는 결승에 진출한 80회 중 8회 우승이므로 승률은 10%가 된다. 따라서 결승 라운드 승률 최솟값은 10%이다. 만약 A의 4강 승률이 10%라서 결승에 진출한 횟수가 8회라면 결승 라운드 승률은 100%가 되고 이는 최댓값이다.

ㄷ. 16강 승률은 A가 80%, B가 100%, C가 96%이다. B가 16강에서 전승했기 때문에 만약 16강에서 A와 B 간 경기가 있었다면 대회 수는 최대 20회가 될 것이고 B와 C 간 경기가 있었다면 대회 수는 최대 4회가 될 것이다. 따라서 16강에서 A와 B 간 또는 B와 C 간 경기가 있었던 대회 수는 24회 이하이다.

ㄹ. 4강에 진출한 대회 수는 A가 80회, B가 90회, C가 84회이다. 반대로 4강에 진출하지 못한 대회 수는 A가 20회, B가 10회, C가 16회이다. 만약 A, B, C 각각 4강에 진출하지 못한 대회가 모두 다른 대회라고 한다면 A, B, C 중 한 명이라도 4강에 진출하지 못한 대회 수는 최대 20+10+16=46회이다. 따라서 사원 A, B, C가 모두 4강에 진출한 대회 수는 54회 이상이므로 50회 이상이다.

오답 체크

ㄱ. 사원 A는 100회 출전한 16강의 승률이 80%이므로 8강에 80회 진출하였고 8강 승률이 100%이므로 4강에는 총 80회 진출하였다. 사원 B는 100회 출전한 16강의 승률이 100%이므로 8강에 100회 진출하였고 8강 승률이 90%이므로 4강에는 총 90회 진출하였다. 사원 C는 100회 출전한 16강의 승률이 96%이므로 8강에 96회 진출하였고 8강 승률이 87.5%이므로 4강에는 총 84회 진출하였다. 따라서 사원 A, B, C 중 4강에 많이 진출한 사원부터 순서대로 나열하면 90회 B, 84회 C, 80회 A 순이다.

빠른 문제 풀이 Tip

ㄱ. 87.5%는 7/8이므로 96이 12의 8배라는 사실을 확인 후 96에서 12를 빼주면 된다.

ㄹ. 4강에 진출한 대회 수의 최소교집합으로 판단할 수도 있다. A는 80, B는 90, C는 84이므로 A+B+C-2U=80+90+84-200=54이다.

22

정답 ④

정답 체크

서울사무소에서 서울역이나 강남고속버스터미널로 가거나 오송역 또는 세종시터미널에서 정부세종청사로 갈 때 택시를 이용하게 되면 일반버스에 비해 시간은 절반 이상 줄어들지만 비용이 7배 이상 더 들게 된다. 또한 서울역에서 오송역까지 무궁화호를 타게 되면 KTX보다 비용은 절반밖에 들지 않지만 시간은 3배 이상 걸리게 된다. 따라서 시간 제한이나 비용 제한에 걸리지 않을 것 같은 선택지 위주로 검토한다. 선택지를 정리하면 다음과 같다.

① 택시(5km) - 무궁화(100km) - 일반버스(8km)
② 일반버스(5km) - 무궁화(100km) - 일반버스(8km)
③ 일반버스(5km) - KTX(100km) - 일반버스(8km)
④ 일반버스(8km) - 고속버스(90km) - 택시(4km)
⑤ 택시(8km) - 고속버스(90km) - 택시(4km)

선택지 ②의 경우 총 소요시간 2시간 20분=140분을 넘는 165분이 소요된다. 무궁화호+버스(오송역→정부세종청사) 조합은 140분이므로 무조건 시간 제한에 걸린다는 점을 파악할 수 있으므로 선택지 ① 역시 조건을 만족하지 못한다.

선택지 ③의 경우 KTX를 이용하였기 때문에 비용 조건에 초점을 맞춰서 본다. 서울역→오송역 구간만 30,000원이 들고 나머지 이동수단은 모두 일반버스로 하였기 때문에 거리가 10km를 초과하면 비용 조건을 만족하지 못한다. 실제 13km 이동하였기 때문에 32,600원이 들게 된다.

선택지 ④, ⑤의 경우 고속버스는 무궁화호와 시간은 같으면서 비용은 KTX와 50원 차이밖에 나지 않는다. 따라서 비용과 시간 두 가지를 모두 고려해야 한다. 다만 선택지 ⑤의 경우 고속버스 이동 외에 모두 택시를 이용하였으므로 비용 제한에 걸릴 가능성이 높으므로 실제 계산은 선택지 ④만 하면 된다. 선택지 ④에서 시간은 40+90+8=138분 소요되고 비용은 1,600+22,500+6,000=30,100원이 든다. 따라서 <조건>에 맞는 이동방법이다.

빠른 문제 풀이 Tip

- 난이도는 어렵지 않으나 시간이 오래 걸리는 계산 유형의 문제이다. 경로가 2가지이고 각 경로별로 이동수단 역시 2가지씩 존재하며, 시간과 비용을 동시에 고려해야 하기 때문이다. 표의 수치관계를 파악하여 시간 또는 비용 한 가지만 고려하도록 선택지를 해결한다.
- <조건>에서 시간과 교통비 제한이 있다는 점을 주의한다. 즉, 시간이 적게 들지만 비용이 비싼 KTX나 택시를 이용하는 경로는 비용 초과를 하는지 여부에 초점을 맞추고, 시간은 오래 걸리지만 비용이 저렴한 일반버스나 무궁화호의 경우에는 시간 초과를 하는지 여부에 초점을 맞추면 쉽게 해결할 수 있다.

23 정답 ③

정답 체크

ㄱ. <조건>을 검토하지 않아도 판단이 가능한데, 표훈원 직원 수는 11명이므로 내각 전체 직원 수 99명의 $\frac{1}{9}$이다.

ㄹ. <조건>을 정리하면 A=1.5E, D=A+B, D+3B+C, E=2C+B이다. A~E 중 <표>에서 직접 도출할 수 있는 C=1을 대입하여 <조건>의 식을 다시 정리하면 A=1.5E, D=A+B, D=3B+1, E=2+B가 된다. 이 중 E=2+B를 중심으로 나머지 식을 B와 E에 관해서 정리한다. D=A+B와 D=3B+1을 대입하여 3B+1=1.5E+B로 만들면 2B+1=1.5E가 되고, 다시 이 식에 E=2+B를 대입하면 B=4가 도출되므로 E=6, A=9, D=13임을 알 수 있다. 따라서 A+B+C+D의 값은 9+4+1+13이므로 27이다.

오답 체크

ㄴ. 법전조사국 서무과 직원 수와 표훈원 서무과 직원 수의 합은 E+4=10명이므로 법전조사국 조사과 직원 수 12명보다 작다.

ㄷ. 법전조사국 직원 수는 D(13)+E(6)+5+12=36명이므로 내각 전체 직원 수 99명의 30%를 넘는다.

빠른 문제 풀이 Tip

A~E까지 전부 다 도출한 후 <보기>를 검토하기보다는, <보기>를 먼저 보고 쉽게 판단할 수 있는 항목부터 추려낸 다음에 검토한다.

24 정답 ②

정답 체크

ㄴ. 4월 C의 경유 원가는 1,806/1.65≒1,095원/L이다. 5월 C의 경유 원가가 전월인 4월과 같다면, 1,095원/L이고 만약 5월 C의 경유 유류세가 600원/L 이상이면 가격은 1,695×1.1≒1,865원 이상이 되어야 한다. 실제 5월 C의 경유 가격은 1,885원/L이므로 유류세가 600원/L 이상임을 판단할 수 있다.

오답 체크

ㄱ. 5월 B의 휘발유 유류세가 원가의 40%라면, 유류세는 0.4원가이고 부가가치세는 0.1(원가+유류세)이므로 가격은 1.54원가가 된다. 따라서 5월 B의 휘발유 원가가 1,300원/L 이상이면 가격은 1,300×1.54=2,002원 이상이 되어야 하지만 5월의 휘발유 가격은 1,849원/L이므로 원가는 1,300원/L미만임을 알 수 있다.

ㄷ. 4월 D의 경유 원가는 1,827/1.65≒1,107원/L이므로 유류세는 이의 50%인 약 554원이다. 6월 D의 경유 유류세가 4월과 같은 금액이고 6월 D의 경유 유류세가 원가의 50% 이상이라면 원가는 1,107원/L 이하가 되어야 하고 유류세가 554원/L이므로 가격은 1.1(1,107+554)=1,827원/L 이하가 되어야 한다. 하지만 실제 6월 D의 경유 가격은 2,024원이므로 옳지 않다.

빠른 문제 풀이 Tip

ㄱ. 1,300원의 50%는 650원이므로 1,300원의 1.5배는 1,950원이다. 따라서 1,950원으로 판단해도 1,849원이 더 작기 때문에 틀린 선지임을 보다 쉽게 도출할 수 있다.

ㄷ. 4월 유류세가 원가의 50%이므로 6월 D의 경유 유류세가 원가의 50% 이상이라면 6월의 가격은 4월의 가격 이하가 되어야 한다.

3 자료검토·변환

유형 8 | 보고서 검토·확인형

p.200

01	02	03	04	05	06	07	08		
⑤	④	⑤	①	②	②	④	⑤		

01 정답 ⑤

정답 체크

- 보고서 두 번째 문장 '문화예술교육 수강 경험이 있는 응답자가 가장 많이 수강한 상위 5개 분야는 기타를 제외하고 영화, 사진, 음악, 공예, 미술 순이었다.'고 하였으므로 선택지 ①은 사용된 자료이다.
- 보고서 세 번째 문장 '문화예술교육 수강자의 평균 지출 비용은 38만 8천 원이었는데, 연령대별로는 40대가 48만 4천 원으로 가장 많았다.'고 하였으므로 선택지 ②는 사용된 자료이다.
- 보고서 네 번째 문장 '또한 문화예술교육 수강자의 동반자 유형 구성을 살펴보면, '혼자(동반자 없음)' 수강한 비율은 50% 이상이었고, '친구 및 연인'과 함께 수강한 비율은 18.4%였다.'고 하였으므로 선택지 ③은 사용된 자료이다.
- 보고서 다섯 번째 문장 '문화예술교육 인지 경로는 '인터넷 검색'이 33.2%로 가장 높았고, 다음으로 '주변 지인'이 19.0%였다.'고 하였으므로 선택지 ④는 사용된 자료이다.

따라서 보고서를 작성하는 데 사용되지 않은 자료는 ⑤이다.

02 정답 ④

정답 체크

ㄱ. <보고서>의 첫 번째 문단 두 번째 문장 '오후돌봄교실의 경우 2021년 기준 전체 초등학교의 98.9%가 참여하고 있다.'를 작성하기 위해서는 [연도별 오후돌봄교실 참여 초등학교 수 및 참여율]이 추가로 필요하다.

ㄴ. <보고서>의 두 번째 문단 첫 번째 문장 후단 '19시를 넘는 늦은 시간까지 이용하는 학생 비중은 11.2%에 불과하다.'를 작성하기 위해서는 [2021년 저녁돌봄교실 이용학생의 이용시간별 분포]가 추가로 필요하다.

ㄹ. <보고서>의 네 번째 문단 '초등돌봄교실 담당인력은 돌봄전담사, 현직교사, 민간위탁업체로 다양하다. 담당인력 구성은 돌봄전담사가 10,237명으로 가장 많고, 다음으로 현직교사 1,480명, 민간위탁업체 565명 순이다. 그중 돌봄전담사는 무기계약직이 6,830명이고 기간제가 3,407명이다.'를 작성하기 위해서는 [2021년 초등돌봄교실 담당인력 현황]이 추가로 필요하다.

오답 체크

ㄷ. <보고서>의 두 번째 문단 두 번째 문장 '2021년 현재 저녁돌봄교실 이용학생은 1~2학년이 8,570명으로 전체 저녁돌봄교실 이용학생의 83.7%를 차지한다.'는 내용은 <표 1>에 제시된 저녁돌봄교실의 1학년과 2학년 학생 수 및 비율을 합하여 도출할 수 있으므로 [2021년 저녁돌봄교실 이용학생의 학년별 분포]는 추가로 필요하지 않다.

03 정답 ⑤

정답 체크

ㄴ. 두 번째 문단 두 번째 문장에서 '2013~2022년 국외 출원 특허 건수를 대상 국가별로 살펴보면, 미국에 출원한 특허가 매년 가장 많았다.'고 하였으므로 이를 작성하기 위해서는 ['갑'국 국방연구소의 국외 출원 대상 국가별 특허 출원 건수]가 추가로 필요하다.

ㄷ. 세 번째 문단 첫 번째 문장에서 '2013~2022년 '갑'국 국방연구소는 2015년에만 상표권을 출원하였으며, 그중 국외 출원은 없었다.'고 하였으므로 이를 작성하기 위해서는 ['갑'국 국방연구소의 연도별 상표권 출원 건수]가 추가로 필요하다.

ㄹ. 세 번째 문단 두 번째 문단에서 '또한, 2016년부터 2년마다 1건씩 총 4건의 실용신안을 국내 출원하였다.'고 하였으므로 이를 작성하기 위해서는 ['갑'국 국방연구소의 연도별 실용신안 출원 건수]가 추가로 필요하다.

04 정답 ①

정답 체크

ㄱ. <보고서>의 첫 번째와 두 번째 단락에서 전 세계 대학들과 순위를 비교하는 내용이 등장하므로 [2017~2018년 세계대학평가 순위]가 추가로 필요하다.

ㄴ. <보고서>의 세 번째 단락 마지막 문장에서 C대학은 연구와 산학협력 부문에서 2017년 대비 점수가 대폭 하락하여 순위 또한 낮아졌다고 하였으므로 [2017~2018년 세계대학평가 C대학 세부지표별 점수]가 추가로 필요하다.

05 정답 ②

정답 체크

문제에 2020년 4분기 자료만 주어진 점을 먼저 확인한다. 또한 전국을 수도권과 비수도권으로 나누고 규모별, 공급주체별 자료가 주어진 점 역시 체크한다.

ㄱ. <보고서> 두 번째 문장에서 '수도권은 48,534세대로 전년동기 및 2015~2019년 4분기 평균 대비 각각 37.5%, 1.7% 증가했고, 비수도권은 32,101세대로 전년동기 및 2015~2019년 4분기 평균 대비 각각 47.6%, 46.8% 감소하였다.'고 하였으므로 [2015~ 2019년 4분기 수도권 및 비수도권 아파트 입주 물량]이 추가로 필요하다.

ㄷ. <보고서> 세 번째 문장에서 '시도별로 살펴보면, 서울은 12,097세대로 전년동기 대비 7.9% 증가하였다. 그 외 인천·경기 36,437세대, 대전·세종·충남 8,015세대, 충북 3,835세대, 강원 646세대, 전북 0세대, 광주·전남·제주 5,333세대, 대구·경북 5,586세대, 부산·울산 5,345세대, 경남 3,341세대였다.'고 하였으므로 [2019 ~2020년 4분기 시도별 아파트 입주 물량]이 추가로 필요하다.

오답 체크

ㄴ. <보고서>에서 규모별 또는 공급주체별 입주물량은 2020년에 한정하여 설명하고 있으므로 [2015~2019년 공급주체별 연평균 아파트 입주 물량]은 추가로 필요하지 않다.

ㄹ. <보고서>에서 규모별 또는 공급주체별 입주물량은 2020년에 한정하여 설명하고 있으므로 [2019년 4분기 규모 및 공급주체별 아파트 입주 물량]은 추가로 필요하지 않다.

06 정답 ②

정답 체크

ㄱ. <보고서>의 두 번째 단락 첫 번째 문장 '호수 내 질소의 농도와 인의 농도를 월일별로 살펴보면 밀접한 상관관계가 있었다.'에서 [2008~2013년 호수 A와 B의 월일별 질소 및 인 농도 측정 현황]이 추가로 필요함을 알 수 있다.

ㄷ. <보고서>의 세 번째 단락 두 번째 문장 "주의보'가 발령되는 시기는 주로 8월에서 10월까지 집중되어 있으며, 동절기인 12월에는 '주의보' 발령이 없었다.'에서 [2008~2013년 호수 A와 B의 월일별 조류예보 발령 현황]이 추가로 필요함을 알 수 있다.

ㅁ. <보고서>의 두 번째 단락 첫 번째 문장 '2008~2013년 호수 A와 B에서 클로로필 농도와 남조류 세포수의 월일별 증감 방향은 일치하지 않았으나'에서 [2008~2013년 호수 A와 B의 월일별 클로로필 농도 및 남조류 세포수 측정 현황]이 추가로 필요함을 알 수 있다.

07 정답 ④

정답 체크

ㄴ. <보고서>의 첫 번째 단락 세 번째 문장에서 '금융자산 역시 금융소득과 함께 증가하였는데 특히 전체가구 중 금융소득 1분위 가구당 금융자산은 자산총액의 약 35% 수준으로 나타났다.'고 하였으므로 [2019년 금융소득 분위별 가구당 금융자산]이 추가로 필요함을 알 수 있다.

ㄹ. <보고서>의 첫 번째 단락 여섯 번째 문장에서 '이는 금융소득 분위별로 구한 가구당 금융소득과 유사한 비율로 증가한 것이다.'고 하였으므로 [2019년 금융소득 분위별 가구당 금융소득]이 추가로 필요함을 알 수 있다.

08 정답 ⑤

정답 체크

ㄱ. 보고서 세 번째 문장에서 '사업체 규모별 종사자 수 동향을 살펴보면, 2023년 7월 300인 미만 사업체의 경우 전년 동월 대비 33만 3천 명 증가하였으며, 300인 이상 사업체는 전년 동월 대비 6만 9천 명 증가하였다.'고 하였으므로 [사업체 규모별 종사자 수 동향]이 추가로 필요하다.

ㄷ. 보고서 네 번째 문장과 다섯 번째 문장에서 '한편, 2023년 7월 입직자는 전년 동월 대비 2만 6천 명 증가하였고 전월 대비 5만 8천 명 증가하였다. 2023년 7월 이직자는 전년 동월 대비 약 4.0% 증가하였고 전월 대비 약 7.0% 증가하였다.'고 하였으므로 [입직자 및 이직자 수 동향]이 추가로 필요하다.

ㄹ. 보고서 여섯 번째 문장에서 '또한, 2023년 7월 전체 입직자 중 채용을 통한 입직자는 전년 동월 대비 2만 5천 명 증가하였으며, 기타 입직자는 전년 동월 대비 1천 명 증가하였다.'고 하였으므로 [입직유형별 입직자 수 동향]이 추가로 필요하다.

빠른 문제 풀이 Tip

표의 분류는 종사상지위별 구분이고 ㄱ은 사업체 규모별, ㄴ은 주요산업별, ㄷ은 입직자 및 이직자, ㄹ은 입직유형별 입직자가 키워드이므로 보고서를 빠르게 읽어나가면서 해당 키워드를 중점적으로 판단한다.

01	02	03	04	05	06	07	08		
⑤	①	③	⑤	⑤	③	⑤	①		

01

정답 ⑤

정답 체크

2022년의 경우 <표>에서 양자내성암호는 754백만 원으로 양자통신 723백만 원보다 많지만 그림에서는 양자내성암호가 29.2%로 양자통신 31.4%보다 작게 표시되어 있으므로 옳지 않다.

빠른 문제 풀이 Tip

선택지 ③, ⑤처럼 구성비 혹은 비중 그래프는 실제 수치와 비교하여 비중이 큰 순서가 일치하는지 먼저 검토한다.

02

정답 ①

정답 체크

[TV의 세계수출시장 규모 대비 A국 전체 수출액의 비율]은 (품목별 세계수출시장에서 A국의 점유율)/(A국의 전체 수출액에서 차지하는 비중)으로 판단해야 한다. 따라서 2016년이 71%, 2017년이 143%, 2018년이 192%이므로 옳지 않은 그래프이다. 그래프는 (A국의 전체 수출액에서 차지하는 비중)/(품목별 세계수출시장에서 A국의 점유율)을 나타내고 있다.

03

정답 ③

정답 체크

그래프에서 2018년 공기업의 여성 비율은 25.0%인데 <표 2>에서 공기업 전체 9,070명 중 여성은 2,087명이므로 25.0%가 되지 못한다.

빠른 문제 풀이 Tip

<표 2>에서 여성 합격자 수×4=전체 합격자 수가 성립하는지 확인한다.

04

정답 ⑤

정답 체크

2022년 전체 여행객 중 여행횟수가 3회 이하인 여행객 비율은 8,444/10,811 ≒ 78%이나 85%라고 표시하였으므로 틀린 선택지이다.

빠른 문제 풀이 Tip

⑤ 여행횟수 구간을 1회, 2회, 3회, 4회 이상으로 구분하였고 모든 연도에서 3회 이하인 여행객 비율이 80%이상이므로 4회 이상이 차지하는 비율이 20% 미만인지 판단한다.

05

정답 ⑤

정답 체크

ㄴ. <표>의 경기도, 강원도, 충청북도, 충청남도, 전라북도, 전라남도, 경상북도, 경상남도, 제주특별자치도 면적과 세대수를 통해 확인할 수 있다.

ㄹ. <설명>에 따르면 기초지방자치단체는 시, 군, 구로 구분되고, 도의 하위 행정구역인 시는 하위 행정구역으로 구를 둘 수 있다. 그러나 이 구는 기초지방자치단체에 해당하지 않는다. 또한 특별자치도의 하위행정구역인 시도 기초지방자치단체에 해당하지 않으므로 전체 기초지방자치단체 중 시는 77-2=75개, 군은 82개, 구는 101-17-4-2-2-2-5=69개이다. 이에 따라 전국 기초지방자치단체 구성 비율을 확인할 수 있다.

오답 체크

ㄱ. <표>에 제시된 여성인구는 도 전체에 거주하는 인구이므로 도 지역의 하위 행정구역인 군에 거주하는 여성인구 수는 판단할 수 없다.

ㄷ. 광역시 중 부산의 공무원 수가 가장 많지만 그래프에서는 인천이 가장 높은 비율을 차지하고 있다. 부산의 경우에는 30%를 넘어야 한다.

06

정답 ③

정답 체크

2019년 중식이 10.5명으로 되어 있지만 <표>에 따르면 종사자 68,360명은 사업체 10,099개의 10배 미만이므로 [업종별 사업체당 종사자]는 옳지 않게 작성한 그래프임을 알 수 있다.

07

정답 ⑤

정답 체크

2019~2021년 D 마을의 전년 대비 1인 가구수 증가율은 2019년이 {(190-80)/80}×100=137.5%, 2020년이 {(190-75)/190}×100≒-60.5%, 2021년이 {(315-75)/75}×100=320%이므로 옳게 작성한 그래프이다.

오답 체크

① 2021년 '갑'지역 1인 가구수는 120+205+160+315=800가구이다.

② 2021년 '갑'지역 2인 이상 가구수는 A 마을이 480가구, B 마을이 345가구, C 마을이 340가구, D 마을이 185가구이다. 따라서 C 마을이 D 마을보다 구성비가 더 커야 한다. 그래프에는 C와 D 마을의 비중이 반대로 표시되어 있으므로 옳지 않다.

③ 그림에 표시된 비율은 연도별 '갑'지역 1인 가구수 중 A 마을의 비중이다. 연도별 A 마을의 총가구수 대비 1인 가구수 비중은 2018년이 15.0%, 2019년이 36.7%, 2020년이 50.8%, 2021년이 20.0%이다.

④ 2021년 2인 이상 가구수와 1인 가구수의 차이는 B 마을은 550-410=140가구, C 마을은 500-320=180가구이다. 그래프에는 B와 C 마을의 가구수가 반대로 표시되어 있으므로 옳지 않다.

빠른 문제 풀이 Tip

④ 2인 이상 가구수는 총가구수에서 1인 가구수를 뺀 값이므로 2인 이상 가구수와 1인 가구수의 차이는 총가구수에서 1인 가구수를 두 번 빼주면 된다.

08

정답 ①

정답 체크

<표 3>은 2018년 피해유형별 접수 건수만 제시되어 있고 전년 대비 증가 현황은 합계만 주어졌기 때문에 <표 2>에서 판단해야 한다. 우선 <표 3>을 통해 국적항공사 638-36=602건, 외국적항공사 486-7=479건이라는 접수 건수를 도출하여 반영한다. 기타의 경우 0.99로 표시되어 있으나, 2017년 국적항공사의 기타 접수 건수인 7.64×602와 외국적항공사의 기타 접수 건수 7.72×479를 비교하면 국적항공사가 더 크기 때문에 외국적항공사 대비 국적항공사의 기타 접수 건수 비는 1.0보다 커야 한다.

오답 체크

② <표 3>에서 2018년 합계와 전년 대비 증가를 통해 2017년 국적항공사별 피해구제 접수 건수를 도출할 수 있다. 태양항공부터 각각 140건, 108건, 29건, 37건, 41건, 133건, 51건, 63건이고 전체 602건에서 항공사가 차지하는 비중은 그래프의 수치와 동일하다.

③ <표 2>의 국적항공사 피해유형별 비율에 각각 602건을 곱해서 도출하면 그래프의 수치와 동일하다.

④ <표 1>에서 저비용항공사의 국내선과 국제선 전체를 합해서 증가율을 도출하면 그래프의 수치와 동일하다.

⑤ <표 1>에서 대형항공사의 국내선과 국제선 운송실적 합계를 도출할 수 있고 <표 3>에서 대형항공사의 피해구제 접수 건수를 도출하여 비를 나타내면 그래프의 수치와 동일하다. 운송실적의 단위가 <표 1>의 단위인 천 명이 아닌 백만 명이라는 점을 고려하여 판단한다.

4 자료이해

유형 10 | 평균 개념형

p.241

01	02	03	04	05	06	07	08		
⑤	④	⑤	④	⑤	②	⑤	⑤		

01

정답 ⑤

정답 체크

ㄴ. |편차|가 절댓값이라는 점에 주의한다. '을'과 '정'의 편차 합은 +2이고 '무'는 −2이다. 따라서 '갑'과 '병'의 |편차| 값은 같지만 부호가 다르기 때문에 '갑'도시의 '드림카페' 점포수와 '병'도시의 '드림카페' 점포수는 다르다. 점포수는 하나가 6개면 다른 하나는 2가 된다.

ㄷ. 해피카페 편차의 합이 0이 되어야 한다는 점을 이용한다. '갑'이 +3, '병'이 −2이므로 0이 되려면 '정'도 −1이 되어야 한다. 따라서 '정'도시는 '해피카페' 점포수는 3개로 '드림카페' 점포수 5개보다 적다.

ㄹ. '무'도시에 있는 '해피카페' 중 1개 점포가 '병'도시로 브랜드의 변경 없이 이전할 경우, '병'의 |편차|는 1이 되고 '무'의 |편차| 역시 1이 되므로 변경 후 '무'와 '병'의 |편차| 합은 변경 전 값인 2로 동일하다. 따라서 '해피카페' |편차|의 평균은 변하지 않는다. 만약 '무'의 1개 점포가 '병'으로 이전하는 것이 아니라 '을'로 이전하는 경우에는 |편차|의 평균이 바뀌게 된다. 변경 전 |편차|의 합은 0이지만 변경 후 |편차|의 합은 2가 되기 때문이다. 따라서 점포수가 변할 때 항상 |편차|의 평균이 동일하다는 보장이 없다. 이는 편차 값이 절댓값으로 주어져 있기 때문이다.

오답 체크

ㄱ. '해피카페' |편차|의 평균은 $\frac{5}{6}$=1.2로 '드림카페' |편차|의 평균 1.6보다 작다.

빠른 문제 풀이 Tip

· 기본적인 통계개념인 평균과 편차의 절댓값을 묻는 문제이다. |편차|를 통해 괄호 안에 들어갈 수치를 쉽게 판단할 수 있다.

· 평균의 기본적인 성격인 항목들의 편차 합이 0이 된다는 점을 이용하자.

02

정답 ④

정답 체크

물질B에 대한 기관 간 비교이므로 실험오차율의 대소비교는 결국 실험오차의 비교와 같다. 따라서 기관1은 14.5이고, 기관2, 3, 4의 합은 4.5+4.5+5.5=14.5가 된다. 물질B의 기관1은 (+), 기관2~4는 모두 (−)이므로 격차의 합은 당연히 0이 되어야 한다. 따라서 실험오차율 합은 같을 수밖에 없다.

오답 체크

① 같은 물질 간 실험오차율은 곧 실험결과와 유효농도 간 차이의 절댓값과 같다. 따라서 물질A의 기관2와 기관4의 결과가 모두 평균과 차이가 2.5로 동일하므로 실험오차율 역시 동일하다.

② 물질C에 대한 실험오차율 역시 기관1의 실험결과가 평균과 가장 차이가 크므로 실험오차율 역시 가장 크게 된다.

③ 물질A에 대한 기관2의 실험오차율은 $\frac{2.5}{4.5}$×100이고 물질B에 대한 기관1의 실험오차율은 $\frac{14.5}{11.5}$×100이므로 전자가 더 작다.

⑤ 기관1의 막대그래프가 평균선 위에 있으므로 기관1의 실험결과가 모두 평균치를 웃돌고 있다. 이를 제외하면 평균수치인 유효농도의 값은 당연히 작아진다.

03

정답 ⑤

정답 체크

ㄱ. <그림>에서 원점과 각 항목의 점을 잇는 선분의 기울기가 가장 큰 국가를 찾으면 G이다.

ㄷ. 가중평균을 이용하면 된다. L국가의 빈곤율은 22.4%이고 남성은 18.5%, 여성은 26.8%이므로 L국가의 빈곤율과 남녀의 빈곤율 차이는 각각 3.9%p, 4.4%p이다. 따라서 남성인구와 여성인구의 비율은 4.4 : 3.9이므로 여성인구가 남성인구보다 적다.

오답 체크

ㄴ. 65세 이상 빈곤율이 국가 빈곤율보다 낮은 국가는 B, D로 2개이다.

04

정답 ④

정답 체크

ㄱ. 80점을 기준으로 편차를 도출하면 +10, +5, −20, +15, −5이고, 이를 모두 더한 편차의 합은 (+)이므로 국어 평균 점수는 80점 이상이다.

ㄷ. 국어, 영어, 수학 점수에 각각 0.4, 0.2, 0.4의 가중치를 부여했지만 그냥 국어와 수학 점수를 합하고 영어는 점수의 절반만 고려한다. 이에 따른 점수의 합은 '갑'이 210점, '을'이 197.5점, '병'이 195점, '정'이 227.5점, '무'가 225점이다. 따라서 국어, 영어, 수학 점수에 각각 0.4, 0.2, 0.4의 가중치를 곱한 점수의 합이 가장 큰 학생은 '정'이다. 국어와 수학 점수의 합에 2배를 곱한 다음 영어 점수를 더해서 판단하면 더 쉽게 해결할 수 있다.

ㄹ. '병'의 성별이 주어지지 않은 상황에서 남학생 '갑'과 '무'의 수학 평균 점수는 87.5이고 여학생 '을'과 '정'의 수학 평균 점수는 85점이다. '병'의 수학 점수가 85점이므로, '병'이 남학생이라고 해도 평균은 85점보다 높고 '병'이 여학생이라면 동일하므로 '갑'~'무'의 성별 수학 평균 점수는 남학생이 여학생보다 반드시 높다.

오답 체크

ㄴ. '을'과 '정'을 비교하면 국어는 '을'이 +10, 영어는 '무'가 +15, 수학은 '무'가 +30이므로 '무'가 '을'보다 +35점이 더 높다. 따라서 3개 과목 평균 점수가 가장 높은 학생과 가장 낮은 학생의 평균 점수 차이는 10점 이하가 아니다.

05

정답 ⑤

정답 체크

남성과 여성의 50대 취업자 수는 전체 취업자 수의 비율과 남성과 여성의 취업자수 비율 차이로 판단 가능하다. 즉, 가중평균 개념에 따라 50대 전체 취업자 비율과 해당 성별의 취업자 비율 격차가 더 작은 쪽이 취업자 수가 더 많다. 미취학, 초등학교 졸업, 중학교 졸업, 고등학교 졸업, 대학 졸업 이상 순으로 전체와 남성의 취업자 구성비는 각각 0.16, 2.95, 3.76, 2.62, 9.49 차이가 나고, 전체와 여성의 취업자 구성비는 각각 0.14, 2.45, 3.14, 2.18, 7.91 차이가 난다. 따라서 50대의 모든 최종학력 구간에서 각각 |전체-남성|의 차이보다 |전체-여성|의 차이가 작기 때문에 50대 취업자 수는 남성이 여성보다 적다.

오답 체크

① 서비스직 취업자 비율은 30대가 50대보다 크지만 각 연령대별 취업인구가 주어지지 않는 한 30대와 50대 서비스직 취업자 수의 많고 적음은 판단할 수 없다.

② 최종학력이 고등학교 졸업인 30대 전체 비율은 14.50%이고 30대 남성의 비율은 15.50%, 30대 여성의 비율은 13.50%이다. 즉, 전체 비율과 남성 비율의 격차와 전체 비율과 여성 비율의 격차가 동일하므로 최종학력이 고등학교 졸업인 30대 남성과 여성의 취업자 수는 동일하다. 따라서 전체에서 최종학력이 고등학교 졸업인 30대 남성의 비율 15.50%의 절반인 7.75%는 30대 기능직 취업자의 비율인 7.20%보다 크다. 따라서 30대 기능직 취업자 수가 최종학력이 고등학교 졸업인 30대 남성 취업자 수보다 적다.

③ 30대 판매직 취업자의 비율은 16.11%이고 30대 최종학력이 고등학교 졸업 이하인 비율은 15.10%이므로, 30대 최종학력이 고등학교 졸업 이하인 취업자가 모두 판매직이라 하더라도 나머지 30대 판매직 취업자 1.01%의 최종 학력은 반드시 대학 졸업 이상이 된다. 따라서 모든 30대 판매직 취업자의 최종학력이 고등학교 졸업 이하는 아니다.

④ 최종학력이 중학교 졸업인 50대 취업자 수는 50대 취업자의 16.56%이고, 50대 기계조작직 취업자 수는 50대 취업자의 16.00%이므로 전자가 후자보다 취업자 수가 많다.

06

정답 ②

정답 체크

<표> 직원 '갑'~'무'에 대한 평가자 A~E의 직무평가 점수

(단위: 점)

평가자 / 직원	A	B	C	D	E	종합 점수
갑	91	87	(86/↓)	89	95	89.0
을	89	86	90	88	(91↑)	89.0
병	68	76	( )	74	78	( )
정	71	72	85	74	(86↑)	77.0
무	71	72	79	85	(83)	78.0

ㄱ. '을'의 종합점수가 89점이므로 88, 89, 90점에 대한 평균임을 판단할 수 있다. 따라서 B와 E의 점수를 제외해야 하므로 '을'에 대한 직무평가 점수는 평가자 E가 91점 이상으로 가장 높다.

ㄹ. 먼저 ㄱ에 따라 '을'의 경우 B, E가 제외되었다. '갑'의 경우 종합점수가 89점이므로 이는 87, 89, 91점에 대한 평균이고 C, E가 제외되었음을 알 수 있다. A와 D가 제외될 상황만 판단해 보면 '정'의 경우 종합점수가 77점이므로 만약 E가 71점 미만이라면 71, 72, 74점에 대한 평균인데 이는 불가능하므로 71점이 최솟값임을 알 수 있다. 따라서 A가 제외되어야 한다. 마지막으로 '무'의 경우 종합점수가 78점인데 만약 E가 86점 이상이면 72, 79, 85점에 대한 평균인데 이는 78점 기준으로 한 편차의 합이 0이 되지 않아 불가능하다. 따라서 D가 제외되어야 한다. 즉, '갑'~'무'의 종합점수 산출 시, 부여한 직무평가 점수가 한 번도 제외되지 않은 평가자는 없다.

오답 체크

ㄴ. '병'이 C에게 받은 점수가 68점 미만이라면 종합점수×3은 최소 68+74+76이고 78점 초과라면 종합점수×3은 최대 74+76+78이다. 따라서 이 둘의 차이는 10점이므로 종합점수는 10/3 차이가 난다. 따라서 '병'의 종합점수로 가능한 최댓값과 최솟값의 차이는 5점 이상이 되지 못한다.

ㄷ. 평가자 C의 '갑'에 대한 직무평가 점수가 '갑'의 종합점수 89점보다 높다면 '갑'의 종합점수는 89, 90, 91점 또는 89, 91, 92~94점 또는 89, 91, 95점의 평균이다. 이 중 어떤 경우도 평균이 89점이 될 수 없으므로 평가자 C의 '갑'에 대한 직무평가 점수는 '갑'의 종합점수보다 높지 않다.

07

정답 ⑤

정답 체크

초등학생의 경우 전체 섭취율과 남녀 섭취율 차이가 동일하므로 남학생과 여학생의 수는 1,000명으로 동일하다. 중학생의 경우 전체 섭취율과 남녀 섭취율 차이가 3 : 2이므로 남학생 : 여학생 = 2 : 3이다. 따라서 채소를 매일 섭취하는 여학생 수는 중학생이 1,200×0.29이고 초등학생이 1,000×0.332이므로 전자가 후자보다 많다. 학생 수는 중학생이 20% 더 많고 비율은 반대로 초등학생이 20% 미만 더 크다.

오답 체크

① 중학교 과일 섭취율의 비율을 보면 남학생 28%, 여학생 30%인데 전체가 29%가 아닌 29.2%이므로 남학생보다 여학생이 더 많다는 것을 알 수 있다. 따라서 라면 섭취율이 89%로 동일하더라도 라면을 주 1회 이상 섭취하는 중학교 남학생 수와 중학교 여학생의 수는 같을 수가 없다. 구체적으로 중학교 남학생:여학생=2:3이므로 남학생 800명, 여학생 1,200명이다. 따라서 라면을 주 1회 이상 섭취하는 중학교 남학생 수는 800명의 89%이고 중학교 여학생의 수는 1,200명의 89%이다.

② 채소를 매일 섭취하는 중학교 남학생 수는 남학생 중 28.5%이고 과일을 매일 섭취하는 중학교 남학생 수는 남학생 중 28%이므로 전자가 후자보다 많다.

③ 우유를 매일 섭취하는 중학교 여학생 수는 1,200×0.275=330명이므로 275명보다 많다.

④ 각주 2)에서 전체 조사 대상자는 6개 식품에 대해 모두 응답하였다고 했고 과일을 매일 섭취하는 초등학교 남학생 36.1%와 햄버거를 주 1회 이상 섭취하는 학생 64.4%의 합은 100.5%이므로 과일을 매일 섭취하는 초등학교 남학생 중 햄버거를 주 1회 이상 섭취하는 학생 수는 1,000명 중 0.5%인 5명 이상이다.

빠른 문제 풀이 Tip

③ 1,200×0.275=600×0.55=300×1.1=330명

08

정답 ⑤

정답 체크

ㄱ. 공장 관리직의 임직원 수는 4명이므로 각 분위당 인원은 1명씩이다. 따라서 최저인 15,000원을 받는 1분위 인원 1명과 30,000원을 받는 3분위 인원 1명을 알 수 있고 중간값 25,000원을 통해 2분위에 속한 인원 1명이 받는 시간당 임금은 20,000원임을 알 수 있다. 따라서 전체 평균이 25,000원이므로 공장 관리직의 '시간당 임금' 최고액은 35,000원이다.

ㄴ. 본사 임원은 8명이므로 각 분위당 인원은 2명씩이다. 임금이 낮은 임직원부터 순서대로 1~8번이라고 가정하면 1번은 24,000원이고 8번은 55,000원이다. Q1이 25,600원이므로 이는 2번의 시간당 임금임을 알 수 있고 Q3가 48,000원이므로 6번이 48,000원임을 알 수 있다. 중간값이 48,000원이고 이는 4번과 5번의 평균이 되어야 하는데 집단의 분위 자체가 시간당 임금 순서이므로 6번이 48,000원인 상황에서 4번과 5번의 평균이 48,000원이 되기 위해서는 4번과 5번 모두 48,000원이 되어야 한다. 따라서 '시간당 임금'이 같은 본사 임원은 4, 5, 6번이 48,000원으로 3명 이상이다.

ㄷ. ㄴ에서 도출한 대로 1번은 24,000원, 2번은 25,600원, 4번부터 6번은 모두 48,000원, 8번이 55,000원이다. 40,000원 이상인지 묻고 있으므로 3번은 2번과 같은 25,600원, 7번 역시 6번과 같은 48,000원으로 최솟값을 설정해서 판단하면 본사 임원의 '시간당 임금' 평균은 40,275원으로 40,000원 이상이다.

오답 체크

ㄹ. '시간당 임금'이 23,000원 이상인 공장관리직의 경우 2명, 본사 임원은 8명이다. 공장 생산직의 임직원 수는 52명이므로 각 분위당 인원은 13명씩이다. 중앙값인 23,500원이므로 3분위와 4분위 인원 26명은 시간당 임금이 23,000원 이상이다. 마찬가지로 본사 직원의 임직원 수는 36명이므로 각 분위당 인원은 9명이다. 중앙값이 23,500원이므로 역시 3분위와 4분위 인원 18명은 시간당 임금이 23,000원 이상이다. 따라서 '시간당 임금'이 23,000원 이상인 임직원은 2+8+26+18=54명 이상이므로 50명 미만이 아니다.

빠른 문제 풀이 Tip

ㄷ. 40,000원을 기준으로 편차를 도출하면 1번 -16,000원, 2번 14,400원, 4~6번 각 +8,000원, 8번 +15,000원으로 3번과 7번을 제외한 편차의 합은 +8,600원이다. 3번과 7번을 각각 최솟값으로 가정하여 40,000원 기준 편차를 도출하면 각각 -14,400원과 +8,000원이므로 1~8번 편차 합의 최솟값은 +8,600-14,400+8,000=+2,200으로 0보다 크다. 따라서 평균은 40,000원 이상임을 판단할 수 있다.

01	02	03	04						
①	①	②	⑤						

01 정답 ①

정답 체크

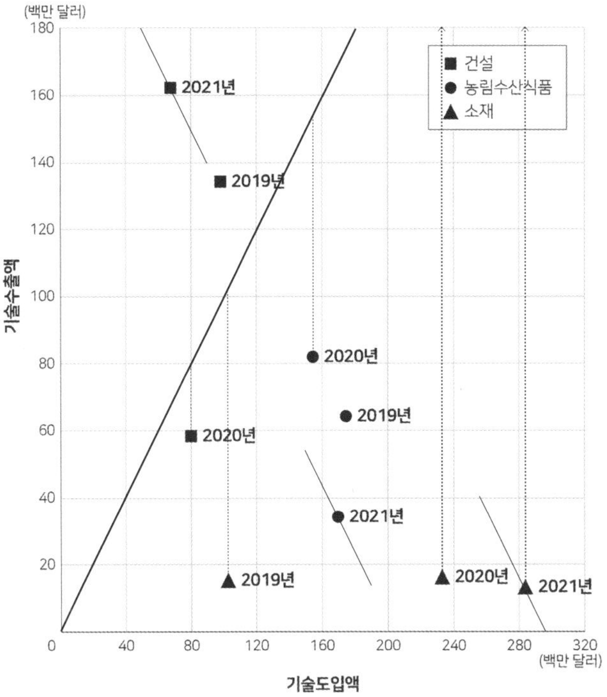

기술무역수지는 Y-X이므로 Y=X인 보조선(진한 실선)을 그어 보조선과의 거리(점선)로 판단할 수 있다. 2020년 3개 산업은 보조선 우하방에 위치하므로 기술무역수지가 가장 작은 산업은 보조선과의 거리가 가장 먼 소재 산업이다. 따라서 2020년 3개 산업 중 기술무역수지가 가장 작은 산업은 건설 산업이 아니다.

오답 체크

② 기술무역규모는 X+Y이므로 기울기가 -1인 선분(실선)을 그어 Y절편이 가장 큰 산업을 고르면 된다. 따라서 위 그림에서 Y절편 값이 가장 큰 산업은 소재 산업이므로 2021년 3개 산업 중 기술무역규모가 가장 큰 산업은 소재 산업이다.

③ 2019년 건설과 소재의 기술도입액은 각각 8천만 달러 이상, 농림수산식품은 1억 6천만 달러 이상이므로 3개 산업의 전체 기술도입액은 3억 2천만 달러 이상이다.

④ 기술무역수지는 ①에서 판단한 대로 보조선과의 거리로 판단할 수 있다. 소재 산업은 보조선 우하방에 위치하기 때문에 보조선과의 거리가 멀수록 기술무역수지는 감소한다고 판단할 수 있다. 따라서 소재 산업에서 기술무역수지는 매년 감소한다.

⑤ 기술무역수지비는 원점과 각 점을 잇는 선분의 기울기이므로 농림수산식품 산업에서 기술무역수지비가 가장 큰 해는 2020년이다.

02 정답 ①

정답 체크

ㄱ. 먼저 2016년 D의 배출량과 2017년 전체 배출량을 도출해야 정확하게 판단할 수 있다. 3년 평균과 각 연도별 배출량의 편차 합이 0이라는 원리를 이용하면 D의 경우 3년 평균 284천tCO2eq.를 기준으로 2015년 +72, 2017년 -24이므로 2016년은 284-48=236천tCO2eq.이다. 2017년 전체 배출량은 3년 평균 2,917tCO2eq.를 기준으로 2015년 +221, 2016년 -53이므로 2017년은 2,917-168=2,749천tCO2eq.이다. 따라서 2015~2017년 동안 매년 온실가스 배출량 기준 상위 2개 업체는 A, B이고 이 두 업체는 2015년 (1,611/3,138)×100≒51.3%, 2016년 (1,525/2,864)×100≒53.3%, 2017년 (1,460/2,749)×100≒53.1%이므로 해당년도 전체 온실가스 배출량의 50% 이상을 차지하고 있다. 이는 A와 B의 합에 2배를 곱한 값이 전체 이상인지 확인하여 판단할 수 있다.

ㄴ. ㄱ에서 2017년 전체 배출량을 도출하였으므로 2015~2017년 동안 철강 산업의 전체 온실가스 배출량은 각각 3,138, 2,864, 2,749천tCO2eq.로 매년 감소하고 있다는 것을 쉽게 판단할 수 있다.

오답 체크

ㄷ. 2015~2017년의 온실가스 배출 효율성은 <그림>에서 원점과 각 업체별 점을 잇는 선분의 기울기 역수로 판단할 수 있다. 따라서 업체 A~J 중 2015~2017년의 온실가스 배출 효율성이 가장 낮은 업체는 A이고, 가장 높은 업체는 J이다.

ㄹ. ㄱ에서 도출한 바와 같이 D의 경우 온실가스 배출량은 2017년에 전년대비 증가하기 때문에 2015~2017년 동안 D의 온실가스 배출량은 매년 감소하지 않는다.

03 정답 ②

정답 체크

ㄱ. '면적당 서식종 수'는 108/18인 F가 가장 많고 '면적당 토속종 수'도 33/18인 F가 가장 많다.

ㄷ. '면적당 서식종 수'가 많은 섬부터 순서대로 나열하면 E, C, D, A, E, B 순으로 C섬의 순위는 2위이고 '서식종당 토속종 수'가 많은 섬부터 순서대로 나열하면 E, F, B, C, D, A 순이므로 F섬의 순위는 2위이다. 따라서 순위가 같다.

오답 체크

ㄴ. 먼저 '서식종당 토속종 수'는 원점과 각 섬의 원 중심을 잇는 선분의 기울기이므로 가장 적은 섬은 기울기가 가장 낮은 A이다. '면적당 토속종 수'는 95/904인 A보다 89/4,669인 B가 더 적기 때문에 '면적당 토속종 수'가 가장 적은 섬이 '서식종당 토속종 수'도 가장 적지 않다.

ㄹ. '면적'이 큰 섬부터 순서대로 나열하면 B, A, E 순이므로 E가 세 번째로 큰 섬이지만 '서식종 수'가 많은 섬부터 순서대로 나열하면 A, B, C 순이므로 세 번째로 많은 섬은 C이다. 따라서 서로 동일하지 않다.

빠른 문제 풀이 Tip

ㄱ. 괄호 안의 수치를 토대로 판단하면 F는 유일하게 면적의 수치가 서식종 수나 토속종 수에 비해 작다.

04

정답 ⑤

정답 체크

2022년 A~H학생의 체질량지수 중 가장 큰 학생은 기울기가 가장 큰 G이고 가장 작은 학생은 기울기가 가장 작은 C이다. G와 C의 체질량 지수를 비교하면 107/3.24가 51/2.89의 2배인 102/2.89보다 큰 지 확인한다. 분수 비교로 판단하면 107/324는 102/289보다 분자는 5만큼 크고 분모는 39만큼 크기 때문에 분자는 10% 미만 차이, 분모는 10% 이상 차이가 나기 때문에 G가 C의 2배보다 작다.

오답 체크

① '저체중'으로 분류된 학생의 수는 2022년이 B와 C 2명으로 2017년 C 1명보다 많다.

② A~H학생 체중의 평균은 2017년 67kg에서 2022년 77.375kg으로 15.5% 증가하여 10% 이상 증가하였다.

③ 2017년과 2022년에 모두 '정상'으로 분류된 학생은 A와 D 2명이다.

④ 2017년과 2022년 신장의 차이가 가장 큰 학생은 신장²의 차이가 가장 큰 학생이므로 0.39차이인 A이다.

빠른 문제 풀이 Tip

20에 해당하는 선과 25에 해당하는 선을 그리면 다음과 같다.

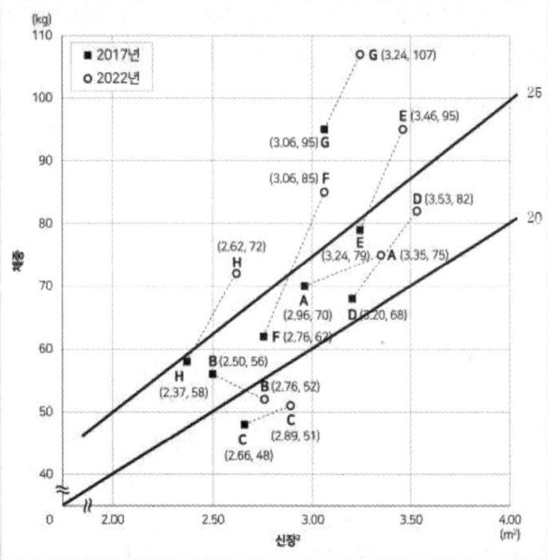

① 저체중은 20 미만이므로 20 선분 하단에 위치한 학생이 이에 해당한다.

③ 정상은 20 이상 25 미만이므로 20 선분과 25 선분 사이에 있는 학생이 이에 해당한다.

01	02	03							
④	①	④							

01 정답 ④

정답 체크

ㄴ. 산림청의 국비 지원금액은 33,008천만 원이고 산림시설복구 국비 지원금액은 32,594천만 원이다. 만약 산림 시설 복구를 제외한 나머지 지원항목의 국비 지원금액 22,464천만 원이 모두 산림청 지원금액이라고 하더라도 그 차이인 33,008−22,464=10,544천만 원, 즉 1,054억 4천만 원은 최소 산림청의 '산림시설 복구' 지원금액이므로 1,000억 원 이상이다.

ㄹ. 전체 지방비 지원금액 합은 12,592천만 원으로 '상·하수도 복구' 국비 지원금액 10,930천만 원보다 크다.

오답 체크

ㄱ. 국비 지원금액 대비 지방비 지원금액 비율은 '주택 복구'가 1,800/5,200≒0.35이고 '생계안정 지원'이 660/1,320=0.5이므로 '주택 복구'가 가장 높은 지원항목이 아니다.

ㄷ. 국토교통부의 지원금액은 9,010천만 원이고 이는 전체 국비 지원금액 55,058의 9,010/55,058≒16.4%로 20% 이상이 되지 못한다.

빠른 문제 풀이 Tip

ㄴ. 산림청의 국비 지원금액 33,008천만 원을 A, 산림시설복구 국비 지원금액 32,594천만 원을 B, 전체 국비 지원금액 55,058천만 원을 U라고 하고 A+B−U≥10,000천만 원(1,000억 원)이상인지 판단한다.

02 정답 ①

정답 체크

ㄱ. 청년통장 사업에 참여한 근로자 6,500명 중 정규직 근로자는 4,591명이므로 (4,591/6,500)×100≒70.6%이다. 따라서 청년통장 사업에 참여한 근로자의 70% 이상이 정규직 근로자이다.

ㄴ. 청년통장 사업에 참여한 정규직 근로자는 4,591명이고 근무연수가 2년 이상인 근로자는 2,044명이다. 만약 청년통장 사업에 참여한 비정규직 근로자 1,909명 모두 근무연수가 2년 이상이라면 청년통장 사업에 참여한 정규직 근로자 중 근무연수가 2년 이상인 근로자의 최솟값은 2,044−1,909=135명이다. 따라서 청년통장 사업에 참여한 정규직 근로자 중 근무연수가 2년 이상인 근로자의 비율은 (135/4,591)×100≒2.9%로 2% 이상이다.

오답 체크

ㄷ. 제조업과 서비스업 직종 근로자 합 1,280+2,847=4,127명 모두 정규직이라고 가정하면 청년통장 사업에 참여한 정규직 근로자 중 제조업과 서비스업을 제외한 직종의 근로자는 최소 4,591−4,127=464명이다. 따라서 450명보다 많다.

ㄹ. 참여인원 대비 유지인원 비율은 청년통장Ⅰ이 95.2%, 청년통장Ⅱ가 98.4%, 청년통장Ⅲ이 99.68%이다. 따라서 청년통장Ⅲ이 가장 높고 다음으로 청년통장Ⅱ, 청년통장Ⅰ 순이다. 참여인원 대비 중도해지인원 비율로 반대해석하면 비율을 도출하지 않고도 쉽게 판단할 수 있다.

03 정답 ④

정답 체크

ㄱ. 변경주기가 1년 이하인 응답자수는 남성이 2,059×0.425≒875명, 여성이 1,941×0.355≒689명으로 남성이 여성보다 많다.

ㄴ. 전체 무응답자는 12명이고 '사무직' 무응답자는 1,321명의 0.6%인 8명이다. 여성 무응답자가 1,941명의 0.2%인 4명이므로 만약 여성 무응답자 모두 '사무직'이라고 하더라도 무응답자 중 '사무직' 남성은 최소 8−4=4명 이상이다. 따라서 전체 무응답자 중 '사무직' 남성은 2명 이상이다.

ㄷ. 20대 응답자 중 변경주기가 6개월 이하인 비율은 (18.2/100.0)×100=18.2%이고 40대 응답자 중 변경주기가 6개월 이하인 비율은 (16.5/99.5)×100≒16.6%이므로 전자가 후자보다 높다.

오답 체크

ㄹ. 비밀번호를 변경한 응답자 중 변경주기가 1년 초과인 응답자수는 '학생'이 611×0.275≒168명, '전업주부'가 506×0.364≒184명이므로 '학생'이 '전업주부'보다 많지 않다.

빠른 문제 풀이 Tip

ㄱ. 대상자 수는 남성이 여성보다 많고 1년 이하 응답 비율도 남성 42.5%가 여성 35.5%보다 높다.

ㄴ. 대상자에 비율을 곱한 값이 소수점으로 도출되더라도 자연수인 사람 수를 묻는 <보기>이므로 도출된 결괏값의 가장 가까운 자연수로 판단한다. 예를 들어, 여성 무응답자는 1,941명의 0.2% 수준이고, 19의 2배인 38을 고려하면 3.8명보다 조금 큰 수치이므로 4명으로 판단한다.

ㄷ. 40대 응답 비율의 합은 99.5%로 거의 100%이므로 그중 6개월 이하가 차지하는 비율 역시 16.5%에서 크게 벗어나지 않는 수치라고 판단한다.

기출 재구성 모의고사

정답

p. 264

01	⑤	평균 개념형	06	②	각주 판단형	11	①	빈칸형	16	①	매칭형	21	④	보고서 검토·확인형
02	③	각주 판단형	07	①	분수 비교형	12	③	조건 판단형	17	③	분산·물방울형	22	⑤	최소여집합형
03	③	분수 비교형	08	②	곱셈 비교형	13	③	평균 개념형	18	④	조건 판단형	23	①	매칭형
04	③	매칭형	09	②	빈칸형	14	④	최소여집합형	19	③	조건 판단형	24	④	각주 판단형
05	③	조건 판단형	10	⑤	매칭형	15	④	각주 판단형	20	⑤	빈칸형	25	④	조건 판단형

취약 유형 분석표

유형별로 맞힌 문제 개수와 정답률, 틀린 문제 번호, 풀지 못한 문제 번호를 적고 나서 취약한 유형이 무엇인지 파악해 보세요. 그 후 취약한 유형은 유형 특징, 풀이 전략, 유형 공략 문제들을 복습하고 틀린 문제와 풀지 못한 문제를 다시 한번 풀어보세요.

유형		맞힌 문제 개수	정답률	틀린 문제 번호	풀지 못한 문제 번호
자료비교	곱셈 비교형	/1	%		
	분수 비교형	/2	%		
	반대해석형	-	-		
자료판단	매칭형	/4	%		
	빈칸형	/3	%		
	각주 판단형	/4	%		
	조건 판단형	/5	%		
자료검토·변환	보고서 검토·확인형	/1	%		
	표-차트 변환형	-	-		
자료이해	평균 개념형	/2	%		
	분산·물방울형	/1	-		
	최소여집합형	/2	%		
TOTAL		**/25**	**%**		

해설

01 평균 개념형 정답 ⑤

정답 체크

'우수수준'은 550점 이상 625점 미만이므로 550점 이상 누적 학생비율에서 625점 이상 누적 학생비율을 빼면 된다. 따라서 2018년 '우수수준'의 학생비율은 D국이 67−34=33%이므로 B국의 72−42=30%보다 높다.

오답 체크

① <그림>에 따르면 '갑'국 남학생과 여학생의 평균점수 차이는 2018년이 1998년보다 작다.

② '갑'국의 평균점수는 2018년이 605~606점이고 2014년이 610~616점으로 전자가 후자보다 작다.

③ G, H, I를 보면 2018년 주요 10개 국가는 '수월수준'의 학생비율이 높을수록 평균점수가 높지 않다는 것을 알 수 있다.

④ '기초수준 미달'의 학생비율이 가장 높으려면 400점 이상의 비율이 가장 작아야 한다. 따라서 2018년 주요 10개 국가 중 '기초수준 미달'의 학생비율이 가장 높은 국가는 I국이 아니라 F국이다.

빠른 문제 풀이 Tip

- <그림>에 성별 평균점수는 주어졌지만 전체 평균점수는 주어지지 않았다는 점을 파악한다.
- <표>에 제시된 비율은 누적 학생비율이라는 점을 주의한다.

02 각주 판단형 정답 ③

정답 체크

'갑' 자동차회사가 납품받은 엔진과 변속기 납품액의 합은 2017년이 5,000×100+5,000×80=900,000만 원, 2018년이 7,500×90+7,500×75=1,237,500만 원으로 37.5% 증가하였으므로 30% 이상 증가하였다.

오답 체크

① A 기업의 엔진 납품 개수는 2018년이 3,000개로 2017년 5,000개의 60%이다.

② 2018년 B 기업은 변속기 납품 개수가 500개로 엔진 납품 개수 4,500개의 500/4,500≒11.1%이다.

④ '갑' 자동차회사가 납품받은 변속기 납품 개수는 2018년이 2017년의 7,500/5,000=1.5배이므로 2배 이상이 되지 못한다.

⑤ 각주 3)에 따르면 매년 '갑' 자동차회사가 납품받는 엔진 개수는 변속기 개수와 같고 2018년 엔진의 납품 단가 90만 원/개보다 변속기 납품 단가 75만 원/개가 더 많기 때문에 계산하지 않더라도 2018년 A, B 기업의 엔진 납품액 합은 변속기 납품액 합보다 많다는 것을 어렵지 않게 판단할 수 있다.

빠른 문제 풀이 Tip

연도별 A, B 기업의 납품 엔진 및 변속기 개수는 아래와 같다.

구분 / 연도	엔진		변속기	
	A	B	A	B
2017	5,000	0	5,000	0
2018	3,000	4,500	7,000	500

03 분수 비교형 정답 ③

정답 체크

ㄴ. 2021년 급수 사용량 159,000백만 m^3 중 가정용 105,350백만 m^3가 차지하는 비중은 66.3%로 60% 이상이다.

ㄹ. 2021년 공공용 급수단가 7,227/1,449≒5.0달러/m^3는 가정용 급수단가 57,011/105,350≒0.54달러/m^3의 9배 이상이다.

오답 체크

ㄱ. 2019년의 전년 대비 증가율은 4.1%로 2018년의 전년 대비 증가율 1.4%에 비해 증가하였다. 따라서 2018년 이후 급수 사용량의 전년 대비 증가율은 매년 감소하지 않는다.

ㄷ. 2021년 용도별 급수단가는 104,875천 달러/159,000백만 m^3≒0.66달러/천 m^3이므로 2016년 용도별 급수 사용량의 구성비와 용도별 급수단가가 2021년과 동일하다면, 2016년 전체 급수 사용료는 0.66/천 m^3×144,000백만 m^3≒95,040천 달러≒9,504만 달러로 1억 달러 이상이 아니다.

빠른 문제 풀이 Tip

ㄱ. 2018년 이후 연간 급수 사용량은 매년 증가하고 전년 대비 증가폭은 +2,000, +6,000, +2,000, +4,000으로 증감을 반복하고 있으므로 전년 대비 증감폭이 늘어난 2019년과 2021년을 검토한다.

ㄴ. 159천을 기준으로 판단하므로 이보다 살짝 많은 160천의 60%인 96천과 가정용 105천 이상을 비교한다.

ㄷ. 용도별 급수단가가 동일하다면 2016년 대비 2021년 급수 사용량의 증가율과 2016년 대비 2021년 급수 사용료의 증가율이 동일해야 한다. 2016년 대비 2021년 급수 사용량의 증가율은 144천에서 159천으로 +15천 증가했기 때문에 증가율이 10% 이상이다. 따라서 2016년 급수 사용료가 1억 달러 이상이라면 증가율이 10% 이상이 되어야 하므로 2021년 급수 사용료는 1억 1,000만 달러 이상이 되어야 한다. 하지만 실제로는 104백만(=1억 4백만) 달러로 1억 1,000만 달러 미만이다.

ㄹ. 유효숫자 3자리로 설정하면 공공용 급수단가는 723/145이고 가정용 급수단가는 57/105이므로 가정용 분자의 57에 9배를 해서 513/105과 비교한다.

04 매칭형 정답 ③

정답 체크

- 네 번째 조건에서 주거용 빌딩과 상업용 빌딩의 온실가스 배출량 합은 '을'국이 가장 적다고 하였다. 먼저 C국의 주거용 빌딩의 온실가스 배출량을 도출하면 3.5이다. 따라서 주거용 빌딩과 상업용 빌딩의 온실가스 배출량 합은 D국이 2.0+2.8=4.8로 가장 적기 때문에 '을'국이 된다.(선택지 ②, ④ 제거)
- 첫 번째 조건에서 '갑'국은 온실가스 총배출량이 50백만 톤 CO_2eq. 이상이고, 1인당 온실가스 총배출량이 가장 적다고 하였다. 남은 선택지에서 '갑'을 A 또는 B로 나열하고 있으므로 두 국가만 비교하면 A(51.7/9.7)가 B(64.0/2.9)보다 더 작기 때문에 '갑'국은 A가 된다.(선택지 ⑤ 제거)
- 세 번째 조건에서 온실가스 총배출량 대비 주거용 빌딩의 온실가스 배출량 비율은 '병'국이 '정'국보다 높다고 하였다. 남은 선지를 통해 '병'국과 '정'국은 B 또는 C임을 알 수 있으므로 두 국가의 온실가스 총배출량 대비 주거용 빌딩의 온실가스 배출량 비율을 비교한다. B(4.5/64.0)보다 C(3.5/17.3)가 더 높기 때문에 '병'국은 C, '정'국은 B가 된다.

> **빠른 문제 풀이 Tip**
> 순서를 알려주는 네 번째 조건부터 검토한다.

05 조건 판단형 정답 ③

정답 체크

- 첫 번째 <보기>에서 신호위와 금오위의 군사 수는 같다고 하였으므로 5+B=D+1이 된다. 이에 따라 4+B=D이다.
- 두 번째 <보기>에서 좌우위의 정용의 수와 신호위의 정용의 수를 합하면 흥위위의 정용의 수와 같다고 하였으므로 A+B=C이다.
- 세 번째 <보기>에서 좌우위의 정용의 수는 금오위의 정용의 수의 절반이라고 하였으므로 D=2A이다.
- <표>를 정리하면 A+B+C+D=16이 도출된다.
- 식이 총 4개이므로 이를 정리해서 값을 도출한다. 먼저 4+B=D와 D=2A의 식을 정리하면 2A−B=4이고 A+B+C+D=16에 A+B=C와 D=2A를 대입해서 A와 B에 관한 식으로 정리해주면 2A+B=8이 도출된다. 이에 따라 A=3, B=2, C=5, D=6이다.

따라서 가장 큰 값은 6, 두 번째로 큰 값은 5이다.

> **빠른 문제 풀이 Tip**
> <보기>를 통해 직접 주어진 3개의 식과 <표>를 통해 도출할 수 있는 1개의 식을 이용하여 방정식 형태로 접근한다.

06 각주 판단형 정답 ②

정답 체크

ㄱ. 면적직불금 지급단가는 모든 면적구간에서 '비진흥지역 논'이 '비진흥지역 밭'보다 높기 때문에 동일한 면적에 대한 면적직불금은 '비진흥지역 논'이 '비진흥지역 밭'보다 많다는 것을 쉽게 판단할 수 있다.

ㄷ. '진흥지역 논·밭', '비진흥지역 논', '비진흥지역 밭'이 각각 10ha인 총면적 30ha의 면적직불금은 (205+178+134)×2+(197+170+117)×4+(189+162+100)×4=4,774만 원으로 4,500만 원 이상이다.

오답 체크

ㄴ. 면적이 2ha로 같을 경우 면적직불금은 '비진흥지역 논'과 '비진흥지역 밭'이 각각 1ha인 경우가 178+134=312만 원이고 '진흥지역 논·밭'만 2ha인 경우는 205×2=410만 원이므로 전자가 후자보다 적다.

ㄹ. 면적직불금은 '비진흥지역 논' 5ha가 178×2+170×3=866만 원이고 '비진흥지역 밭' 5ha가 134×2+117×3=619만 원이므로 차이는 866−619=247만 원으로 250만 원 이상이 되지 못한다.

07 분수 비교형 정답 ①

정답 체크

ㄱ. 2020~2023년 교통사고 발생건수당 사망자수는 2020년 0.199, 2021년 0.194, 2022년 0.184, 2023년 0.175로 매년 감소하여 2023년 교통사고 발생건수 100건당 사망자수는 1.8명 이하였다

ㄴ. 2020~2023년 부상자수 중 중상자수의 비율은 2020년 0.264, 2021년 0.249, 2022년 0.242, 2023년 0.230으로 매년 감소하여 2023년에는 부상자수 중 중상자수의 비율이 약 23%로 25% 이하였다.

오답 체크

ㄷ. 특별광역시도의 교통사고 발생건수는 2021년 220.8×0.397≒87.6에서 2022년 217.1×0.406≒88.1로 증가하였다. 따라서 2020~2023년 특별광역시도의 교통사고 발생건수는 매년 감소하지 않았다.

ㄹ. 일반국도의 교통사고 발생건수는 2022년 217.1×0.08≒17.4천 건과 2023년 215.9×0.08≒17.3천 건으로 각각 16,000건을 넘었다.

> **빠른 문제 풀이 Tip**
> ㄹ. 2022년과 2023년 일반국도의 비율이 8.0%로 동일하므로 전체 발생건수가 200천 건 미만이어야 16천 건을 넘지 않았다고 판단할 수 있다.

08 곱셈 비교형 정답 ②

정답 체크

ㄱ. 2008년 5월 한국의 총관광수지 절대값은 504백만 달러이고 절반은 252백만 달러이다. 2008년 5월 중국인 및 일본인 관광객의 한국 내 전체 관광지출은 단위를 고려하면 관광객수(천 명)×1당 평균 관광지출(천 달러)=전체 관광지출(백만 달러)이므로 91×(1,050)+191×(1,171)>282백만 달러이다. 따라서 절반 이상이 된다.

ㄷ. 2008년 일본인 관광객의 한국 내 전체 관광지출은 7월이 177×1,038이고 8월이 193×1,016이므로 7월보다 8월에 더 많다. 177에서 193은 5% 이상 증가, 1,016에서 1,038은 5% 미만 증가한 수치이다.

오답 체크

ㄴ. <표 1>에서 2008년 6월 중국과 일본에서의 한국인 관광객 수는 각각 305천 명, 196천 명으로 파악 가능하지만 <표 3>에서 한국인 관광객의 1인당 평균 관광지출은 중국과 일본으로 구분되어 있지 않으므로 판단할 수 없다.

ㄹ. 2008년 10월 한국의 총관광수입은 1,301백만 달러이고 이의 50%는 약 650백만 달러이다. 2008년 10월 중국인 및 일본인 관광객의 한국 내 전체 관광지출은 105(천 명)×0.6(천 달러)+232(천 명)×2.0(천 달러)=63+464=527백만 달러이므로 50% 미만이다.

> **빠른 문제 풀이 Tip**
> <표 1>의 단위가 천 명이고 <표 3>의 단위가 달러이지만 금액이 천 단위임을 감안하여 어림산한다.

09 빈칸형 정답 ②

정답 체크

2017년 농림어업 생산액 상위 3개국은 중국, 인도, 미국이고, 이들의 GDP 합은 12,237+2,600+19,800=34,637십억 달러이다. 이는 전세계 GDP 80,737십억 달러의 50% 미만이다.

오답 체크

① 2017년 농림어업 생산액 상위 5개국은 중국, 인도, 미국, 인도네시아, 브라질이다. 브라질의 GDP 대비 비율은 4.5%이므로 이 중 농림어업 생산액의 GDP 대비 비율이 전세계보다 낮은 국가는 미국뿐이다.

③ 2017년 농림어업 생산액 상위 20개국 중, 2012년 대비 2017년 농림어업 생산액의 GDP 대비 비율이 증가한 국가는 브라질, 러시아, 이란, 멕시코, 호주, 스페인이고, 이들 모두 2012년 대비 2017년 GDP가 감소하였다.

④ 2017년 농림어업 생산액은 중국이 967십억 달러로 인도 403십억 달러의 2배 이상이다.

⑤ 파키스탄은 농림어업 생산액의 GDP 대비 비율이 2012년 23.7%에서 2017년 22.7%로 감소하였다.

빠른 문제 풀이 Tip

① 브라질의 GDP 앞 2자리 20과 농림어업 생산액 93을 비교하면, 농림어업 생산액의 GDP 대비 비율이 4.5%를 넘는다는 것을 쉽게 판단할 수 있다.

② 미국의 GDP 대비 비율이 1.0%이므로 GDP는 농림어업 생산액 198의 100배인 19,800임을 쉽게 판단할 수 있다. 전세계 GDP는 8만을 넘고 상위 3개국의 GDP 합은 4만 미만이므로 틀린 선택지라는 것을 쉽게 판단할 수 있다.

④ 중국과 인도의 GDP 대비 비율이 2배 정도 차이가 나므로 인도의 농림어업 생산액 식을 2,600×15.5=5,200×7.75로 바꾼 다음 GDP끼리 비교한다. 중국의 GDP는 12,237이므로 인도 5,200의 2배 이상이다.

10 매칭형

정답 ⑤

정답 체크

· 세 번째 <조건>에서 '박재'와 '수련'이 부적합이라고 하였으므로 선택지 조합상 A에 '수련'이 포함된 선택지가 3개라는 점을 고려하여 A가 '수련'인지 확인한다. 각주 2)에 따르면 대장균군수가 1,000MPN/100ml 이상인 경우 총점과 상관없이 부적합이므로 A가 '수련'이 된다. 따라서 선택지 ③, ④는 제거된다.

· 두 번째 <조건>에서 부유물질량의 항목점수가 총인의 항목점수보다 큰 해수욕장은 '남현'이라고 하였으므로 부유물질량은 4점이고 총인은 2점인 C가 '남현'이 된다. 따라서 선택지 ①이 제거된다.

· 첫 번째 <조건>에서 수질기준이 '적합'인 해수욕장은 '서지'와 '호민'이라고 하였으므로 총점을 도출하면 A는 10점, B는 5점으로 B가 '서지'가 된다.

빠른 문제 풀이 Tip

'박재'를 언급하는 세 번째 조건부터 검토한다.

11 빈칸형

정답 ①

정답 체크

각주의 식을 토대로 <표>의 빈칸을 채우면 아래와 같다.

연도	총수입	전년 대비 증가율	경영비	전년 대비 증가율	소득	소득률
2015	993,903	-6.1	432,937	-2.2	560,966	56.4
2016	856,165	-13.9	426,619	-1.5	429,546	50.2
2017	974,553	13.8	433,103	1.5	541,450	55.6
2018	1,178,214	20.9	477,280	10.2	701,037	59.5
2019	1,152,580	-2.2	485,230	1.7	667,350	57.9
2020	1,216,248	5.5	484,522	-0.1	731,726	60.2
2021	1,294,242	6.4	508,375	4.9	785,867	60.7
2022	1,171,736	-9.5	566,121	11.4	605,615	51.7

소득은 2017년 541,450백만 원에서 2018년 701,037(1,178,214×0.595)백만 원으로 159,587백만 원 증가하여 160/541≒29.5%로 전년 대비 25% 이상 증가하였다.

오답 체크

② 소득은 2018년 701,037백만 원에서 2019년 667,350백만 원으로 감소하여 2016년부터 2021년까지 매년 증가하지 않았다.

③ 경영비는 2017년 433,103백만 원 대비 2021년 508,375백만 원은 75,272백만 원 증가하여 75/433≒17.3% 증가하였다. 따라서 증가율은 20% 이상이 아니다.

④ 2020년 총수입은 증가한 반면 경영비는 감소하였기 때문에 전년 대비 증감 방향은 동일하지 않다.

⑤ 총수입의 전년 대비 증가율은 2016년이 -13.9%로 가장 낮은 해지만 소득의 전년 대비 감소폭은 2016년 131,420백만 원보다 2022년 180,252백만 원이 더 크다.

빠른 문제 풀이 Tip

① 소득은 총수입 약 1,180천에 소득률 약 60%를 곱하여 708천으로 도출한 다음 541천과의 증가율로 판단한다.

② 2019년 소득률은 57.9%로 전년 대비 감소하였는데 분모인 총수입이 전년대비 -2.2% 감소하였기 때문에 분자인 소득 역시 반드시 감소하였다는 것을 파악할 수 있다.

④ 2019년 총수입의 전년 대비 증가율은 -2.2%로 감소하였고 경영비의 전년 대비 증가율은 1.7%로 증가한 것을 쉽게 판단할 수 있다.

12 조건 판단형

정답 ③

정답 체크

(가) 1급지에서 개최되고 위원장 1인과 위원 2인이 참석하며, 회의시간이 1시간인 전체위원회 소위위원(장) 안건검토비는 전체위원회 소위이므로 250+200×2=650천 원이고 회의시간이 1시간이므로 회의참석비는 150×3=450천 원이며 교통비는 1급지이므로 12×3=36천 원으로 총지급액은 1,136천 원이다.

(나) 2급지에서 개최되고 위원장 1인과 위원 2인이 참석하며, 회의시간이 3시간인 조정위원회 전체회의 위원(장) 안건검토비는 조정위원회 전체회의이므로 200+150×2=500천 원이고 회의시간이 3시간이므로 회의참석비는 200×3=600천 원이며 교통비는 2급지이므로 16×3=48천 원이므로 총지급액은 1,148천 원이다.

(다) 3급지에서 개최되고 위원장 1인과 위원 2인이 참석하며, 회의시간이 1시간인 전문위원회위원(장) 안건검토비는 전문위원회이므로 200+150×2=500천 원이고 회의시간이 1시간이므로 회의참석비는 150×3=450천 원이며 교통비는 3급지이므로 25×3=75천 원이므로 총지급액은 1,025천 원이다.

(라) 4급지에서 개최되고 위원장 1인과 위원 2인이 참석하며, 회의시간이 4시간인 기타 위원회위원(장) 안건검토비는 기타위원회이므로 150+100×2=350천 원이고 회의시간이 4시간이므로 회의참석비는 200×3=600천 원이며 교통비는 4급지이므로 30×3=90천 원이므로 총지급액은 1,050천 원이다.

따라서 총 지급액이 가장 큰 회의는 1,148천 원인 (나)이고 세 번째로 큰 회의는 1,050천 원인 (라)이다.

빠른 문제 풀이 Tip

선택지에서 경우의 수를 고려하면 가장 큰 회의부터 도출해야 하고 (나)와 (라)만 비교하면 선택지를 지울 수 있기 때문에 먼저 두 회의부터 비교하여 답이 될 수 있는 선택지를 좁혀 나간다.

13 평균 개념형

정답 ③

정답 체크

ㄱ. 학년이 높아질수록 장학금을 받는 학생의 1인당 평균 교내특별활동 수가 증가하고 있다. 그러나 학년이 높아질수록 장학금을 받는 학생 수가 늘어났는지는 판단할 수 없다.

ㄴ. 장학금을 받는 4학년생이 참가한 1인당 평균 교내특별활동 수는 2.5개 이상이므로 장학금을 받지 못하는 4학년생이 참가한 1인당 평균 교내특별활동 수 0.5개의 5배 이상이다.

ㄹ. 전체 2학년생이 참가한 1인당 평균 교내특별활동 수에 비해 전체 3학년생이 참가한 1인당 평균 교내특별활동 수가 많은지는 판단할 수 없다. <그림>에서는 전체 학생 수가 아닌 장학금을 받거나 받지 못하는 학생의 인당 평균 교내특별활동 수를 도해하고 있기 때문에, 전체 학생 수의 평균은 장학금을 받거나 받지 못하는 학생의 두 막대그래프 사이에 존재한다고 추정할 수 있다. 따라서 전체 2학년생이 참가한 1인당 평균 교내특별활동 수는 0.4~0.9개이고 전체 3학년생이 참가한 1인당 평균 교내특별활동 수는 0.3~1.3개이므로 항상 전체 3학년생이 참가한 1인당 평균 교내특별활동 수가 많다고 판단할 수는 없다.

오답 체크

ㄷ. 학년이 높아질수록 장학금을 받는 학생과 받지 못하는 학생 간의 1인당 평균 교내특별활동 수의 차이를 대략적으로 검토하면 0.3, 0.5, 1.0, 2.2로 커지고 있다.

14 최소여집합형

정답 ④

정답 체크

ㄴ. '타기관이송' 처리건수는 2017년이 511건으로 가장 많고 정보공개 청구건수 대비 '전부공개' 처리건수의 비율 역시 837/3,097 ≒ 27.0%로 가장 낮다.

ㄹ. 2021년 '전부공개' 처리건수는 2,355건이고 청구방법이 '정보통신망'인 처리건수는 5,495건이다. 청구방법이 정보통신망이 아닌 나머지 직접출석, 우편, 팩스, 기타의 합을 도출하면 213건이므로 이들이 모두 '전부공개' 처리건수라고 하더라도 2,355−213=2,142건은 '전부공개' 처리건수 중 청구방법이 '정보통신망'인 처리건수의 최솟값이 된다. 따라서 2,100건 이상이다.

오답 체크

ㄱ. 정보공개 청구건수는 2017년 3,097건에서 2018년 2,951건으로 매년 증가하지 않았다.

ㄷ. 2017년 '비공개' 처리건수와 '취하' 처리건수의 합은 334+251=585건으로 해당연도 정보공개 청구건수 3,097건의 20%인 619건보다 작다.

빠른 문제 풀이 Tip

ㄴ. 정보공개 청구건수 대비 '전부공개' 처리건수의 비율은 2016년과 2017년 두 해만 30% 미만이므로 실질적으로 2017년과 2016년만 비교하면 된다.

ㄷ. 2017년 청구건수가 3천 건 이상이므로 '비공개' 처리건수와 '취하' 처리건수의 합이 600건을 넘는지 확인한다.

ㄹ. A=2,355, B=5,495, U=5,708으로 설정하고 A+B−U ≥ 2,100이 성립하는지 확인한다.

15 각주 판단형

정답 ④

정답 체크

ㄴ. 2005년 실업자는 <그림 1>의 경제활동인구에 <그림 3>의 실업률을 곱하면 된다. 22,000천 명×4.5%=1,110만 명×9%=1,110만 명×(10−1)%=111−11.1이므로 100만 명 미만이다.

ㄷ. 비경제활동인구=생산가능연령인구−경제활동인구 이므로 생산가능연령인구의 증가폭보다 경제활동인구의 증가폭이 커야 비경제활동인구가 감소한다. 2008년 대비 2009년 생산가능연령인구의 증가폭과 경제활동인구의 증가폭이 동일하므로 비경제활동인구 역시 2008년과 2009년이 동일하다.

오답 체크

ㄱ. 취업자의 수=경제활동인구×(100−실업률)로 구할 수 있다. 경제활동인구는 매년 증가하고 있고, 실업률도 2010년을 제외하고는 매년 하락하고 있으니 (100−실업률)인 취업률은 매년 상승하고 있다. 따라서 취업자 식은 2009년 234×966이고 2010년 237×958이므로 이를 곱셈비교하면 2009년 대비 2010년 경제활동인구의 증가율이 $\frac{3}{234}$으로 1% 이상, 2010년 대비 2009년 취업률의 증가율은 $\frac{8}{958}$로 1% 미만이므로 경제활동인구의 증가율이 더 크다. 따라서 취업자는 매년 증가하고 있다.

ㄹ. $\frac{243}{377}$×100 이므로 380으로 잡아 어림산해도 60% 이상이다.

빠른 문제 풀이 Tip

ㄹ. 377−234=143이므로 143×1.5 ≤ 234가 성립하는지 판단한다.

16 매칭형

정답 ①

정답 체크

- 저소음 환경과 고소음 환경에서의 주의력 점수 차이는 남성과 여성이 동일하다.
  → C의 경우 저소음 환경과 고소음 환경에서의 주의력 점수 차이는 남성이 8.3−4.4=3.9이고 여성이 7.9−4.1=3.8이므로 동일하지 않다.(선택지 ③ 제거)
- 고소음 환경에서, 주의력 점수가 더 높은 성별이 공간지각력 점수도 더 높다.
  → E의 경우 고소음 환경에서 주의력 점수는 3.7인 남성보다 4.0인 여성이 더 높지만 공간지각력 점수는 3.9인 남성이 3.6인 여성보다 높다.(선택지 ⑤ 제거)
- 남성과 여성 모두 저소음 환경에서의 주의력 점수가 고소음 환경에서의 주의력 점수의 2배 이상이다.
  → D의 경우 저소음 환경에서 여성의 주의력 점수 6.8은 고소음 환경에서의 여성 주의력 점수 3.5의 2배 이상이 아니다.(선택지 ④ 제거)
- 저소음 환경에서, 남성은 공간지각력 점수가 주의력 점수보다 높고 여성은 주의력 점수가 공간지각력 점수보다 높다.
  → B의 경우 저소음 환경에서 남성의 공간지각력 점수 6.5가 주의력 점수 6.8보다 높지 않고 여성 역시 주의력 점수 7.3이 공간지각력 점수 8.1보다 높지 않다.(선택지 ② 제거)

빠른 문제 풀이 Tip

A~E 중 조건을 모두 만족하는 집단 하나를 고르는 문제이므로 소거법으로 접근한다.

17 분산·물방울형

정답 ③

정답 체크

ㄱ. 2019년 어획량은 2020년 어획량/전년비로 도출할 수 있다. 고등어는 2020년 어획량이 가장 많고 전년비는 광어 다음으로 작기 때문에 광어와 분수 비교하면 전년비는 2배 정도 차이가 나고 어획량은 10배 이상 차이가 난다. 따라서 8개 어종 중 2019년 어획량이 가장 많은 어종은 고등어이다.

ㄷ. 갈치의 2020년 평년비는 120 이상이므로 2020년 어획량은 2011~2020년 연도별 어획량 평균보다 20% 이상 더 많다. 따라서 2021년 갈치 어획량이 2020년과 동일하다면, 2021년 갈치 어획량도 2011~2020년 연도별 어획량 평균보다 20% 더 많을 것이기 때문에 이를 더해서 2011~2021년 연도별 어획량의 평균을 도출하면 2011~2020년 연도별 어획량의 평균보다 크다.

오답 체크

ㄴ. 2019년 어획량이 해당 어종의 2011~2020년 연도별 어획량의 평균보다 적으려면 전년비가 평년비보다 커야 한다. 조기의 경우 평년비가 전년비보다 크므로 2019년 어획량은 2011~2020년 연도별 어획량의 평균보다 많다.

빠른 문제 풀이 Tip

전년비의 분자와 평년비의 분자가 2020년 어획량으로 동일한 점을 체크하여 식을 정리한 다음 답을 도출한다.

18 조건 판단형

정답 ④

정답 체크

ㄱ. A 유치원은 교사조건 132<12×15, 차량조건 132<3×100, 여유면적조건 450+2,400+650<3,800을 모두 충족한다.

ㄴ. 1단계 4개 조건 중 A는 교실조건, B는 교사조건, C는 차량조건과 여유면적조건을 충족하지 못하므로 예비 선정된 유치원은 D와 E가 된다. 따라서 이 중 교사평균경력이 더 긴 D 유치원이 '갑'사업에 최종 선정된다. 어렵지는 않지만 ㄱ을 먼저 판단했다면 ㄴ과 ㄷ 둘 중 하나만 검토하면 되므로 시간이 오래 걸리겠다는 생각이 들면 ㄷ을 검토하자.

ㄹ. 증원 전 B 유치원은 교사조건을 제외하면 다른 조건은 모두 충족했으므로 교사경력 4.0년 이상인 준교사 6명을 증원한다면 교사조건을 만족하게 되고 교사평균경력도 무조건 D의 4.0년보다 크게 되므로 B 유치원이 '갑'사업에 최종 선정된다.

오답 체크

ㄷ. C 유치원은 차량조건을 충족하려면 원아수를 20명 이상 줄여야 한다. 원아수는 120명이므로 15%인 18명을 줄인다고 하더라도 차량조건을 충족하지 못한다.

빠른 문제 풀이 Tip

- 선정절차가 두 단계로 구성되어 있는 문제이고 이러한 유형은 보통 1단계를 통과한 항목이 2개 이상이며 그 중 2단계 기준을 적용해서 선정하는 경우가 많다.
- <표>의 구성이 복잡하기 때문에 1단계에서 요구하는 조건의 숫자를 <표>에 옮겨 적은 다음 판단하는 것이 편하다.
- 1단계의 각 조건들을 판단할 때에도 나눗셈 또는 차이 값으로 판단하는 것보다 곱셈 또는 더한 값으로 파악하자.

19 조건 판단형

정답 ③

정답 체크

<정보>와 <표 1>, <표 2>를 토대로 상을 받은 학생 수를 정리하면 아래와 같다.

반	1	2	3	4	5	6	계
상 받은 학생 수	5	4	4	5	3	1	
3개 모두 받은 학생 수	2	2	1	1	2	1	
받은 상 개수	9	8	9	8	8	3	
개근상 받은 학생 수	2	4	1	1	3	1	12
우등상 받은 학생 수	5	2	4	2	3	1	17
봉사상 받은 학생 수	2	2	4	5	2	1	16

따라서 개근상을 받은 학생 수는 12명이고 우등상을 받은 학생 수는 17명이다.

20 빈칸형

정답 ⑤

정답 체크

학생 \ 학기	1학기	2학기
A	4.3	4.2
B	3.7	3.6
C	4.0	3.8
D	2.8	2.7
E	3.4	1.9
F	0.4	0.2
G	3.9	3.6
H	2.8	1.8
I	3.4	2.2
J	1.2	1.1

등급 \ 학기	1학기	2학기
상	3.98	3.80
중	3.10	2.45
하	0.80	1.25

위 정리된 <표>에서 확인할 수 있듯이 학생 A~J는 모두 1학기 점수가 2학기 점수보다 높다.

오답 체크

① '상'등급에 해당하는 학생 수는 1학기가 A, B, C, G 4명이고 2학기 역시 A, B, C, G 4명으로 같다.

② 1학기와 2학기의 점수 차이는 H가 2.8-1.8=1.0이고 E가 3.4-1.9=1.5로 H보다 E가 더 크다.

③ 학생 E의 2학기 점수는 1.9로 등급은 '하'이다.

④ '하'등급의 평균점수는 1학기가 0.80으로 2학기 1.25보다 낮다.

빠른 문제 풀이 Tip

2학기부터 검토하면 E를 제외한 '하'등급을 받은 F 0.2, H 1.8, J 1.1의 점수 합이 3.1로 2학기 '하'등급 평균점수 1.25의 3배인 3.75와 일치하지 않기 때문에 E의 점수가 '하'등급인 1.9점이 되어야 한다.
마찬가지로 1학기의 I를 제외한 '중'등급을 받은 D 2.8, E 3.4, H 2.8의 점수 합이 9.0으로 1학기 '중'등급 평균점수 3.10의 3배인 9.30과 일치하지 않기 때문에 I의 점수가 '중'등급인 3.4점이 되어야 한다.

21 보고서 검토·확인형 정답 ④

정답 체크

<표 2>와 <표 3>은 <표 1>의 2020년 행정소송 현황을 세목별, 소송가액별로 세분화한 자료로 이해한다.

ㄱ. <보고서> 첫 번째 문단 세 번째 문장에서 '2017~2020년 처리대상건수 대비 국가승소 건수의 비율은 매년 감소하였는데, 특히 2017년에는 전년 대비 20%p 감소하여 가장 큰 폭으로 감소하였다.'고 하였으므로 [2016년 행정소송 처리대상건수 및 국가승소 건수]가 추가로 필요하다.

ㄷ. <보고서> 첫 번째 문단 네 번째 문장에서 '2017~2020년 국가승소 건수 중 법인세 관련 행정소송 건수가 차지하는 비율 또한 매년 감소하였다.'고 하였으므로 [2017~2019년 국가승소 건수 중 법인세 관련 행정소송 건수]가 추가로 필요하다.

ㄹ. <보고서> 세 번째 문단 마지막 문장에서 '한편 2017~2020년 행정법원 소송 처리미완료건수 중 소송가액 10억 원 이상인 건수가 차지하는 비율은 2018년이 가장 높았으며 2020년이 가장 낮았다.'고 하였으므로 [2017~2019년 소송가액이 10억 원 이상인 행정법원 소송 처리미완료 건수]가 추가로 필요하다.

오답 체크

ㄴ. [2021년 소송가액별 행정소송 처리대상건수]는 <보고서>에서 언급되지 않았다.

22 최소여집합형 정답 ⑤

정답 체크

ㄱ. 방위산업의 국내 매출액이 가장 큰 연도는 2020년이고, 방위산업 총매출액 중 국외 매출액 비중 역시 11.5%로 가장 작다.

ㄴ. '기타'를 제외하고, 2018년 대비 2020년 매출액 증가율은 '탄약'이 2.5%로 가장 낮다.

ㄹ. 2020년 '항공유도' 분야의 매출액은 49,024억 원이고 대기업의 국내 매출액은 119,586억 원이다. 만약 대기업의 국내 매출액을 제외한 나머지 합인 대기업 국외 매출액과 중소기업 총매출액의 합 16,612+17,669=34,281억 원 모두 '항공유도' 분야라고 가정하더라도 49,024-34,281=14,743억 원은 '항공유도' 분야이면서 동시에 대기업 국내 매출액의 최솟값이 된다. 따라서 2020년 '항공유도' 분야 대기업 국내 매출액은 14,500억 원 이상이다.

오답 체크

ㄷ. 2020년 방위산업의 기업유형별 종사자당 국외 매출액은 대기업이 0.61억 원으로 중소기업 0.17억 원의 4배인 0.68억 원 이상이 되지 못한다.

빠른 문제 풀이 Tip

ㄱ. <표 1>에서 2020년 국내 매출액이 13만 이상으로 가장 크다는 것을 판단했다면, '총매출액 중 국외 매출액 비중'인 전체비 대신 '국내 매출액 대비 국외 매출액 비율'인 상대비로 2020년의 비중이 가장 작다는 것을 쉽게 판단할 수 있다.

ㄹ. 2020년 49,024(항공유도)+119,586(대기업 국내)-153,867(전체)=14,743 ≥ 14,500인지 판단한다.

23 매칭형 정답 ①

정답 체크

- 2018년 대비 2020년 방위산업 분야별 매출액은 모두 증가하였으나 종사자 수는 '통신전자', '함정', '항공유도' 분야만 증가하고 나머지 분야는 감소한 것으로 나타났다고 하였으므로, 2018년 대비 2020년 종사자 수가 증가한 A, C, D가 '통신전자', '함정', '항공유도' 중 하나임을 알 수 있다.
- 2018~2020년 동안 매출액과 종사자 수 모두 매년 증가한 방위산업 분야는 '통신전자'뿐이고, '탄약'과 '화생방' 분야는 종사자 수가 매년 감소하였다고 하였으므로, 2018~2020년 동안 매출액과 종사자 수 모두 매년 증가한 항목인 D가 '통신전자'임을 알 수 있다. 이에 따라 선택지 ④가 제외된다.
- 특히, '기동' 분야는 2018년 대비 2020년 매출액 증가율이 방위산업 분야 중 가장 높았지만 종사자 수는 가장 많이 감소하였다고 하였으므로, 2018년 대비 2020년 종사자 수가 445명으로 가장 많이 감소한 E가 '기동'임을 알 수 있다. 이에 따라 선택지 ⑤가 제외된다.
- 2018년 대비 2020년 '함정' 분야 매출액 증가율은 방위산업 전체 매출액 증가율보다 낮았으나 종사자 수는 방위산업 분야 중 가장 많이 증가하였다고 하였으므로, 2018년 대비 2020년 종사자 수가 527명으로 가장 많이 증가한 C가 '함정'임을 알 수 있다. 이에 따라 선택지 ③이 제외된다.

따라서 '항공유도'에 해당하는 방위산업 분야는 A이다.

24 각주 판단형 정답 ④

정답 체크

- <표 1>은 1~7위 필즈상 수상자의 최종 박사학위 취득 대학의 소속 국가별 현황을 제시하고 있으므로 34개 대학에서 65명의 수상자가 배출되었음을 알 수 있다. <표 2>는 3명 이상 배출한 대학 현황이므로 7개 대학에서 30명의 수상자가 배출되었음을 알 수 있다. 또한 <표 1>의 6위 이내에 포함되지 못한 소속 국가의 대학수는 24개이고 수상자 수는 54명이다. 따라서 2명 이하를 배출한 대학 수는 34-24=10개 대학이고 수상자 수는 11명이다. 즉, 이 중 1개 대학에서 2명을 배출하고 나머지 9개 대학은 1명씩 배출했음을 알 수 있다.

  국가별로 판단하면 미국은 7개 대학에서 21명이 배출되었고 그 중 프린스턴과 하버드 2개 대학에서 13명이 배출된 것이므로 나머지 5개 대학에서 8명이 배출되었음을 알 수 있다. 따라서 5개 대학은 1명 또는 2명 배출한 것이므로 조합을 고려하면 2개 대학에서 1명씩 배출하고 나머지 3개 대학에서 2명씩 배출했다는 것을 알 수 있다. (수상자가 1명인 미국의 대학은 2개)
- 프랑스의 경우 7개 대학에서 12명이 배출되었고 이 중 ENS에서 3명이 배출되었으므로 나머지 6개 대학에서 9명이 배출되었음을 알 수 있다. 따라서 6개 대학은 1명 또는 2명 배출한 것이므로 조합을 고려하면 3개 대학에서 1명씩 배출하고 나머지 3개 대학에서 2명씩 배출했다는 것을 알 수 있다. (수상자가 1명인 프랑스의 대학은 3개)
- 영국의 경우 4개 대학에서 8명이 배출되었고 이 중 케임브리지에서 4명이 배출되었으므로 나머지 3개 대학에서 4명이 배출되었음을 알 수 있다. 따라서 3개 대학은 1명 또는 2명 배출한 것이므로 조합을 고려하면 2개 대학에서 1명씩 배출하고 나머지 1개 대학에서 2명을 배출했다는 것을 알 수 있다. (수상자가 1명인 영국의 대학은 2개)
- 러시아의 경우 3개 대학에서 6명이 배출되었고 이 중 모스크바에서 4명이 배출되었으므로 나머지 2개 대학에서 2명이 배출되었음을 알 수 있다. 따라서 2개 대학 모두 1명씩 배출하였다.(수상자가 1명인 러시아의 대학은 2개)

· 독일의 경우 2개 대학에서 4명이 배출되었고 이 중 본에서 3명이 배출되었으므로 나머지 1개 대학에서 1명이 배출되었음을 알 수 있다. (수상자가 1명인 독일의 대학은 1개)

따라서 필즈상 수상자의 최종 박사학위 취득 대학 중 수상자가 1명인 대학의 수는 총 19개이다.

빠른 문제 풀이 Tip

<표 2>에서 3명 이상 배출한 대학은 7개이고 30명을 배출하였다. 전체 34개 대학에서 65명을 배출하였으므로 나머지 27개 대학에서 35명을 배출한 셈이 된다. 27개 대학은 1명 또는 2명을 배출하였으므로 35-27=8개 대학은 2명씩 배출하였고 27-8=19개 대학이 1명씩 배출한 대학의 수가 된다.

25 조건 판단형

정답 ④

정답 체크

• 8월 13일의 전일 및 당일 수질측정항목은 다음과 같다.

측정월일	클로로필 농도	남조류 세포수
8월 12일	30.5	5,315
8월 13일	21.5	1,312

클로로필 농도는 8월 12일 30.5mg/㎥로 경보, 8월 13일 21.5mg/㎥로 주의보이고, 남조류 세포수는 8월 12일 5,315개/mL로 경보, 8월 13일 1,312개/mL로 주의보이다. 따라서 4가지 측정수치 중 경보 2개, 주의보 2개이므로 3번째 조건인 모두 주의보 단계 기준을 만족한 것이 되어서 8월 13일에는 주의보를 발령한다.

• 8월 14일의 전일 및 당일 수질측정항목은 다음과 같다.

측정월일	클로로필 농도	남조류 세포수
8월 13일	21.5	1,312
8월 14일	16.8	389

클로로필 농도는 8.13일 21.5mg/㎥, 8월 14일 16.8mg/㎥로 둘 다 주의보이고, 남조류 세포수는 8월 13일 1,312개/mL로 주의보, 8월 14일 389개/mL로 주의보 단계 기준 미만이다. 따라서 4가지 측정수치 중 주의보가 3개이므로 5개 조건 중 1)~4) 모두 만족하지 못하게 되어 예보 전일과 동일한 발령을 유지하게 된다. 따라서 8월 14일에는 주의보를 발령한다.

• 8월 15일의 전일 및 당일 수질측정항목은 다음과 같다.

측정월일	클로로필 농도	남조류 세포수
8월 14일	16.8	389
8월 15일	10.3	987

클로로필 농도는 8월 14일 16.8mg/㎥로 주의보, 8월 15일 10.3mg/㎥로 주의보 수준 미만이고, 남조류 세포수는 8월 14일 389개/mL로 주의보 수준 미만, 8월 15일 987개/mL로 주의보이다. 따라서 4가지 측정수치 중 주의보가 2개이므로 4번째 조건인 2개 이상이 주의보 단계 기준을 만족하지 못하게 되어 해제를 발령하게 된다.

빠른 문제 풀이 Tip

· 수질측정항목은 클로로필 농도와 남조류 세포수 2가지이지만 측정수치는 각각 당일뿐만 아니라 전일을 포함하므로 총 4개이다.

· 4개 모두 만족하여야 해당 조류예보를 하며, 2개 이상이 주의보 단계 기준을 만족하지 못하면 해제 발령을 한다. 또한 1)~4) 조건 중 하나를 만족하지 못하면 예보 전일과 동일하다는 사실을 기억하자.